PORTE-AVIONS

Du même auteur
aux Éditions Albin Michel

Romans

À LA POURSUITE D'OCTOBRE ROUGE

TEMPÊTE ROUGE

JEUX DE GUERRE

LE CARDINAL DU KREMLIN

DANGER IMMÉDIAT

LA SOMME DE TOUTES LES PEURS, tomes 1 et 2

SANS AUCUN REMORDS, tomes 1 et 2

DETTE D'HONNEUR, tomes 1 et 2

SUR ORDRE, tomes 1 et 2

RAINBOW SIX, tomes 1 et 2

L'OURS ET LE DRAGON, tomes 1 et 2

Série de Tom Clancy et Steve Pieczenick :

OP'CENTER 1

OP'CENTER 2 : IMAGES VIRTUELLES

OP'CENTER 3 : JEUX DE POUVOIR

OP'CENTER 4 : ACTES DE GUERRE

OP'CENTER 5 : RAPPORT DE FORCES

OP'CENTER 6 : ÉTAT DE SIÈGE

NET FORCE 1

NET FORCE 2 : PROGRAMMES FANTÔMES

NET FORCE 3 : ATTAQUES DE NUIT

Série de Tom Clancy et Martin Greenberg :

POWER GAMES 1 : POLITIKA

POWER GAMES 2 : RUTHLESS.COM

POWER GAMES 3 : RONDE FURTIVE

POWER GAMES 4 : FRAPPE BIOLOGIQUE

Documents

SOUS-MARINS. VISITE D'UN MONDE MYSTÉRIEUX :
LES SOUS-MARINS NUCLÉAIRES

AVIONS DE COMBAT : VISITE GUIDÉE
AU CŒUR DE L'US AIR-FORCE

LES MARINES. VISITE GUIDÉE AU CŒUR D'UNE UNITÉ D'ÉLITE

TOM CLANCY

PORTE-AVIONS

Visite guidée d'un géant des mers

Traduit de l'américain par Jean-Pierre Gillet

Albin Michel

Titre original :

CARRIER

A Berkley Book, published by arrangement
with Rubicon, Inc.

Traduction française :

22, rue Huyghens, 75014 Paris

www.albin-michel.fr

ISBN 2-226-13129-9

Perdre des amis est toujours douloureux. Surtout ceux qui sont proches ou qui ont une importance particulière dans les travaux que vous menez. 1997 fut une année particulièrement cruelle, qui a vu disparaître quatre d'entre eux. Ce livre leur est dédié :

Dr. Jeffery Ethell : historien de l'aviation, pilote, commentateur de meetings et ami au renom sans égal, mort en Oregon en juin 1997 aux commandes d'un P-38 de la Seconde Guerre mondiale.

M. Russell Eggnor : responsable du département photographique de la marine au Pentagone, emporté par un cancer en juin 1997. Quoique Russ ne participât pas à la rédaction de nos livres, le service qu'il avait monté nous procurait des illustrations et des textes pour chaque volume de la série.

Lieutenant-colonel Henry Van Winkle, USMC: commandant du VMFA-251, un sage et un homme intègre que nous avions apprécié au mess du USS *George Washington* (CVN-73). « Rip » Van Winkle est mort le 6 février 1998 lors d'une collision aérienne dans le golfe Persique alors qu'il pilotait un F/A-18 Hornet.

Lieutenant-général David J. McCloud : patron de toutes les forces et organisations aériennes de l'Alaska. Dave McCloud était l'un de nos vieux amis. Quand il est mort avec un autre aviateur le 26 juillet 1998 dans le crash d'un petit appareil de voltige aérienne, ses amis et le pays ont perdu quelqu'un d'irremplaçable. Tu vas nous manquer, « Sheriff ».

Préface

« Où sont les porte-avions ? » Telle est la première question qu'ont posée pratiquement tous les présidents des États-Unis confrontés à une crise internationale menaçant les intérêts américains. Elle fut certainement formulée par l'amiral Isoroku Yamamoto (chef d'état-major de la Marine japonaise) juste après l'attaque nippone sur Pearl Harbor qui provoqua l'embrasement de la Seconde Guerre mondiale. La même question hanta les responsables de la Marine soviétique tout au long de la guerre froide. Elle généra un gaspillage de leur budget militaire et pesa lourd sur certaines de leurs décisions en matière de prospective opérationnelle.

Plus récemment, en mars 1996, deux groupes de combat aéronavals américains (CVBG) furent déployés en mer de Chine à l'annonce du programme de tirs de missiles balistiques de la République populaire de Chine à proximité de Taiwan. La seule présence de ces deux groupes de combat, dont les porte-avions étaient l'épine dorsale, suffit à désamorcer la crise en interdisant l'escalade aux Chinois et en ne laissant aucun doute sur la fermeté de notre résolution.

L'année suivante vit une série d'incidents avec l'Irak à la suite du refus de Saddam Hussein de se conformer aux contrôles des Nations unies sur ses armes de destruction massive. La réponse américaine consista en l'envoi de deux autres groupes de combat aéronavals dans le golfe Persique avec pour mission de programmer des frappes sur des objectifs irakiens si cela se révélait nécessaire.

En clair, la flexibilité, la mobilité et l'auto-suffisance font de ces escadres l'atout majeur des États-Unis dans leur volonté de garantir à un monde en transition l'accès à la démocratie.

Le développement spectaculaire et l'ampleur de la puissance aérienne, qui s'est imposée comme vecteur indispensable des opérations militaires, en ont fait l'une des révolutions du XXe siècle. À l'aube du nouveau millénaire, alors que les vols spatiaux et les satellites sont devenus banals, il est difficile de concevoir qu'il y a moins de cent ans les frères Wright s'envolaient pour la première fois à Kitty Hawk, en Caroline du Nord. Au cours de ce vol historique, ils parcoururent une distance inférieure à l'envergure d'un Boeing 747. Les choses explosèrent dès le début de la Première Guerre mondiale. Le potentiel militaire de l'aviation n'échappa pas à certains visionnaires de tous pays. Dès 1914, le ministre américain de la Marine, Josephus Daniels, déclarait : « Le moment est venu où les avions doivent constituer une part importante de nos forces navales tant pour des missions offensives que défensives. » Une vision pénétrante.

Les vingt-cinq années qui suivirent, à la veille du second conflit mondial, témoignèrent de l'effort des États-Unis pour développer la puissance aéronavale à un niveau inconnu à l'étranger. Leur position de nation maritime, donc tributaire pour leur économie et leur sécurité du contrôle des mers, les obligeait à forger un outil aéronaval capable de mener, et de remporter, des opérations transocéaniques d'une ampleur inconnue. À la lumière des archives concernant la campagne du Pacifique, l'histoire montre bien la dette des Américains envers leurs pionniers de l'aéronautique navale. Beaucoup comme Glenn Curtis, Eugene Ely, Theodore Ellyson, John Towers, John Rogers, Washington Chambers, Henry Mustin et bien d'autres, trop nombreux pour être cités, sont entrés dans la légende.

Ce fut pourtant à Pearl Harbor le 7 décembre 1941, au cri de « *Tora... Tora... Tora*[1] ! » que les Japonais, profitant du laxisme américain, secouèrent le monde par l'impact de leur aviation embarquée. L'absence des trois porte-avions américains du Pacifique en cette funeste matinée constitua le facteur déterminant de la victoire finale des Américains. Lors de l'entrée en guerre des

1. « Tigre... Tigre... Tigre... » en japonais. Tel était l'indicatif radio confirmant le succès des attaques sur le port et les bases aériennes hawaïennes.

États-Unis, l'US Navy disposait de sept porte-avions en service : le *Saratoga*, le *Lexington*, le *Ranger*, le *Yorktown*, l'*Enterprise*, le *Wasp* et le *Hornet*. Ces « sept frères » menèrent la vie dure à nos ennemis, de Casablanca à Malte et de Midway à Guadalcanal.

De toute évidence, l'amiral Yamamoto savait que le Japon avait réveillé un « géant endormi » et qu'une guerre prolongée tournerait en faveur des États-Unis. Il connaissait le potentiel industriel et humain des Américains pour en avoir été le témoin visuel quand il était attaché naval à Washington. Le Japon avait donc besoin d'une victoire décisive – et rapide – dans le Pacifique. Il en résulta la grande bataille aéronavale de Midway à la mi-1942 [1]. Yamamoto rassembla une irrésistible armada pour prendre Midway et infliger aux porte-avions américains une défaite totale. Mais, à l'issue de la bataille, le vent avait tourné dans le Pacifique, et pas en faveur de l'Empire du Soleil levant. Le courage et l'agressivité des pilotes des porte-avions américains, soutenus par de superbes services de renseignement, avaient pulvérisé les quatre porte-avions japonais et un croiseur. La puissance aéronavale nippone était à jamais anéantie.

Théoriquement, les porte-avions américains et leurs valeureux aviateurs n'avaient pas la moindre chance de l'emporter. Pourtant, ils gagnèrent. Le prix payé ne fut pas négligeable : tous les avions du Torpedo Squadron* et vingt-neuf des trente aviateurs de la formation furent perdus. En plus des appareils et de leurs équipages, l'US Navy perdit le PA *Yorktown* et un destroyer [2]. Toutefois, vaincre l'adversité est une tradition de l'aéronautique navale.

Actuellement, les porte-avions sont étroitement associés aux concepts américains de la présence permanente et du pouvoir des

---

1. Midway et les batailles de la mer de Corail, des Salomon orientales et des îles Santa Cruz en 1942 n'opposèrent que les porte-avions nippons et américains. Toutes présentent une particularité : les adversaires ne furent jamais au contact visuel et la plupart des dommages résultèrent des attaques aériennes et non de tirs de pièces de marine ou de torpilles. Au cours de ces actions, six porte-avions japonais et trois américains allèrent par le fond.

* Groupe d'avions torpilleurs. (*N.d.T.*)

2. Au printemps 1998, l'expédition montée par le docteur Robert Ballard, océanographe et aventurier, localisa l'épave du *Yorktown* qui gisait au nord de l'atoll de Midway. Debout sur le fond, le porte-avions conservait une silhouette intacte avec ses canons pointés comme s'ils étaient en action.

forces de projection en vertu de la doctrine « la puissance vient de la mer ». Depuis la fin du conflit Est/Ouest, les États-Unis ont perdu la plupart de leurs bases d'outremer. En conséquence, la capacité de l'Amérique à assurer sa présence sous toutes les latitudes et à fournir une assistance musclée résulte de la combinaison de sa puissance navale et du pouvoir de projection de ses forces continentales. Cela signifie que dans le contexte de l'après-guerre froide, alors que la majorité des métropoles mondiales se trouvent à moins de 200 milles du littoral, les forces navales sont de plus en plus impliquées car capables d'influencer le cours des événements de toute nature susceptibles de modifier la stabilité d'une région. Et que cela puisse être accompli avec un faible soutien ou sans soutien terrestre, et sans le secours d'une nation amie, constitue un immense avantage pour une nation qui dispose d'une force aéronavale.

L'autonomie et la puissance d'une escadre en font un instrument privilégié pour les instances suprêmes. Assurer la protection des routes maritimes indispensables à une économie de libre marché, épauler les ambassades américaines et assurer l'évacuation des citoyens américains non combattants œuvrant à l'étranger, autant de missions taillées sur mesure pour des forces navales postées dans des zones à risques. La démonstration en a été faite à Taiwan, dans le golfe Persique, en Somalie, en Albanie, en République centrafricaine, au Libéria, au Zaïre et en Sierra Leone. Les États-Unis dépendent de la mer pour leur sécurité comme pour leur commerce. Autant de bonnes raisons qui expliquent le choix des pères fondateurs de la nation qui se prononcèrent pour le maintien de forces navales et pour lever une armée. De nos jours, il serait bon que nous n'oubliions pas cette réalité car c'est la géopolitique et non la géographie qui fait bouger le monde au fil des décennies.

Malheureusement, les porte-avions, tout comme les forces navales en général, sont souvent considérés comme provocants et vulnérables à la fois. Beaucoup de détracteurs ignorants de la science des opérations navales contemporaines ont déclaré que les systèmes satellitaires et la technologie des missiles rendaient les porte-avions extrêmement vulnérables aux attaques aériennes et aux missiles. De fait, la technologie actuelle rend la menace de ces systèmes d'armes plus redoutable, mais pas plus que la menace terroriste ou les missiles tactiques visant des bases terrestres.

Pour commencer, un problème se pose à tout ennemi potentiel : celui de localiser en haute mer une escadre aéronavale. Les bâtiments sont très mobiles et les mers immenses. Essayez donc de programmer des attaques à longue distance sur un objectif capable de franchir 30 milles nautiques en une heure ou 700 cents milles en un jour et dans n'importe quelle direction. Non, un porte-avions n'est pas un canard posé. Sa mobilité intrinsèque combinée avec ses moyens de guerre et de leurres électroniques (modification de l'écho radar, leurre de signature radar, etc.) auxquels s'ajoutent les systèmes antiaériens des bâtiments d'escorte dotés du système Aegis comme les croiseurs de la classe *Ticonderoga* (CG-47) ou les destroyers de la classe *Burke* (DDG-51) – sans oublier les moyens aériens du porte-avions – sont autant de facteurs propres à relativiser la soi-disant vulnérabilité du porte-avions.

La menace des missiles tactiques et celle des missiles de croisière ne sont pas à négliger et tout est fait pour accroître les moyens américains de défense. Ainsi le développement du système d'armes Aegis permet le contrôle de l'enveloppe de protection non seulement par les unités navales mais aussi par les forces terrestres et côtières. Une unité navale mobile offrira toujours une surviabilité supérieure à ces menaces plutôt qu'une base terrestre, donc fixe. En plus de ces nouvelles capacités, la conception des futurs avions et des bâtiments, y compris celle des porte-avions, conservera aux escadres aéronavales leur crédibilité bien après le retrait des derniers avions pilotés. Toutefois, de telles escadres ne seront pas destinées à un rôle purement défensif.

La vocation réelle d'un groupe de combat aéronaval reste l'offensive envers un despote ou autre dictateur. Capable de délivrer quotidiennement des centaines de frappes aériennes ou par missiles, de jour comme de nuit, le groupe de combat aéronaval est un outil puissant qui s'affranchit de l'avis de ses alliés – que dire de ses opposants – pour mener à bien sa mission. De nos jours, alors qu'il s'agit de tirer le maximum d'un budget limité de la défense, il est significatif de constater que les États-Unis n'ont perdu aucun porte-avions depuis la dernière guerre, que ce soit du fait de l'ennemi ou de bouleversements géopolitiques.

Ce qui est loin d'être le cas pour les bases terrestres américaines outre-mer. En des pays tels que l'Iran, la Libye, le Sud-Viêtnam et les Philippines, pour ne citer que ceux-là, les Américains ont perdu non seulement des bases aériennes dont ils avaient dirigé et financé la construction mais aussi leurs corollaires, à savoir les ateliers de maintenance, les moyens de soutien ainsi que les magasins de fournitures générales propres à assurer le quotidien. Il faut aussi tenir compte des coûts prohibitifs – auxquels s'ajoutent des conditions politiques souvent inacceptables – liés aux bases aériennes et militaires en pays étrangers. En 1997, l'US Air Force n'a pas été autorisée par l'Arabie Saoudite à déployer ses appareils alors que sa présence est permanente depuis 1990. À partir de ce simple exemple, on conçoit que le porte-avions, dont la durée de vie égale quarante-cinq ans, représente un investissement intéressant dans une ère de restrictions budgétaires.

En fonction de l'évolution de l'économie mondiale et de l'émergence de nouvelles puissances militaires dans les prochaines années, la valeur des porte-avions américains pour la politique étrangère des États-Unis va prendre une importance croissante. L'une des vérités premières de la guerre moderne veut que l'on ne peut triompher dans un conflit sans la maîtrise de l'air et de l'espace. En cette époque d'armes de précision, notamment les missiles de croisière et les missiles intercontinentaux, il s'agit d'un moyen terme qui permet à nos forces terrestres et navales de combattre avec un taux de risques acceptable. La supériorité aérienne est encore plus déterminante pour les forces de projection qui tâchent de stabiliser le théâtre opérationnel et d'empêcher la dégradation de la situation du fait de leur seule présence. De plus en plus, cette puissance flexible de combat reposera sur les groupes de porte-avions et les moyens amphibies. Ceci est d'autant plus vrai que les eaux recouvrent près de 70 % de la planète et que l'économie de libre marché repose sur la sécurité des routes maritimes.

Les forces navales représentent davantage que des navires, des moyens aériens et des armes. Je formule l'espoir que ce livre traduise bien la qualité et l'abnégation des personnels qui composent ce bras armé de la Nation. Les porte-avions, les croiseurs Aegis, les destroyers avec leurs avions et les sous-marins d'attaque d'accompagnement ne seraient que des blocs inertes sans les hommes et les femmes qui les servent. Mettre en œuvre un aérodrome à grand volume de mouvements aériens, de jour comme de nuit, à quelque trente nœuds et par des mers pas toujours clémentes, est une chose. Fournir le soutien qui permettra à l'ensemble d'opérer pendant une longue période et loin du port d'attache en est une autre.

Avec ses 20 500 m^2, un porte-avions de la classe *Nimitz* (CVN-68) équivaut à une petite ville américaine. Petite ville qui aurait un aéroport sur ses toits et qui serait capable de se déplacer sur plus de sept cents milles nautiques par jour. Et comme toute communauté digne de ce nom, le porte-avions fournit l'assistance médicale, a ses restaurants, son réseau informatique, sa centrale électrique, plus les ateliers et les bancs d'essais de réacteurs qui font sa spécificité, sans compter tout ce que vous pouvez imaginer d'autre.

Un porte-avions ressemble à une société d'un capital de six à sept milliards de dollars et qui emploie plus de six mille personnes. L'âge moyen du personnel est inférieur à vingt et un ans. Le P-DG (l'amiral et son état-major), le directeur général (l'officier responsable des moyens aériens) et tous les directeurs subalternes ainsi que tous les cadres de cette société sont mutés tous les deux à trois ans. Le bon sens veut que vous ne puissiez jamais faire de profits dans de telles conditions. C'est pourtant la politique adoptée par l'US Navy, non sans succès, avec pour bénéfices la liberté et la protection des intérêts nationaux.

Ce résultat n'est rendu possible que grâce à l'abnégation des jeunes Américains, leur esprit d'entreprise et l'indomptable esprit du marin américain. Nous leur devons le respect et notre gratitude et il faut éviter de considérer comme normales les épreuves qu'eux et leurs familles endurent. Ce fut un privilège que de faire partie de cette caste pendant plus de trente-sept ans. À ce titre, je rends hommage aux marins américains, aux Marines, aux soldats, aux aviateurs et aux personnels des gardes-côtes de toutes générations qui assurèrent notre liberté sur notre littoral comme à l'extérieur.

Leon A. « Bud » Edney
Amiral (ER), USN
Ancien commandant du secteur de l'Atlantique
et commandant en chef des forces navales
de l'OTAN de l'Atlantique

Introduction

Présence, influence et faculté de choisir. Telles sont les trois idées maîtresses qui motivent l'intérêt des politiques au point d'affecter plus d'un trillion de dollars à la construction d'une douzaine de porte-avions. Encore que ce ne soit pas la raison principale. Dans les années qui suivirent la Première Guerre mondiale, les puissances maritimes s'efforcèrent de trouver une échappatoire aux clauses des traités sur le contrôle des armements (qui concernaient aussi les marines militaires). Comme le nombre et le tonnage des cuirassés ainsi que des autres unités lourdes se trouvaient limités par ces accords, plusieurs pays commencèrent à s'intéresser aux navires porte-avions. Au début, la mission première des aéronefs embarqués consistait à permettre le réglage du tir de l'artillerie navale et à fournir une protection pour la flotte. En quelques années, la technologie aéronautique fit de telles avancées qu'elle généra une révolution. On commença à équiper les avions de carcasses métalliques, de propulseurs de plus en plus performants, de même que les carburants, et aussi les instruments – ancêtres de ce que nous appelons avionique de nos jours. À l'aube de la Seconde Guerre mondiale, des observateurs et des responsables de la marine prévoyaient que les porte-avions et leurs appareils seraient capables de couler le cuirassé pour lequel ils avaient été conçus – et *a fortiori* n'importe quelle autre unité de moindre tonnage.

Les historiens maritimes retiendront de la Seconde Guerre mondiale qu'elle vit l'avènement de deux classes de bâtiments : les porte-avions rapides et les sous-marins. Ces derniers, à propulsion mixte, moteurs diesel et électrique, s'imposèrent au point de disputer aux marines et aux nations l'usage des voies maritimes commerciales et de constituer une menace mortelle pour les unités de surface. Malheureusement pour la Kriegsmarine et l'amiral Karl Dönitz, on ne gagne pas une guerre en exerçant une menace létale sur un seul secteur comme l'océan Atlantique. La victoire navale revient à celui qui possède les moyens – et l'intelligence – de mener l'offensive à ses conditions et au moment choisi. Cela implique le contrôle de vastes zones, dans les airs, les mers et même l'atmosphère. Faute de force capable de projeter ce potentiel pour exploiter au maximum les possibilités et les occasions, l'arme sous-marine allemande a été broyée.

Au contraire, les porte-avions et leurs bâtiments d'escorte se révélèrent capables de porter l'offensive en n'importe quel point du globe. Du cap Nord aux îles du Pacifique central, les porte-avions firent la loi au cours de la plus grande guerre navale de l'histoire. Ils contribuèrent grandement à éradiquer la menace sous-marine allemande et à effacer les navires et avions ennemis des mers. La capitulation japonaise fut signée à bord du cuirassé *Missouri* dans la baie de Tokyo mais sous les ailes de centaines d'appareils de l'aéronavale qui semblaient obscurcir le ciel. Cette manifestation aérienne, surnommée la « dinguerie » de l'amiral Halsey, désignait bien le véritable vainqueur de la seconde guerre totale du siècle. Et malgré les dénégations des responsables de l'US Air Force qui déclaraient que les marines ne servaient plus à rien à l'ère du bombardier nucléaire, ce furent pourtant les porte-avions qui sauvèrent la situation quand la guerre de Corée éclata en couvrant le retrait des forces puis en assurant le maintien de la tête de pont de Pusan en attendant la contre-offensive avec le débarquement à Inchon en Corée du Nord. Les années suivantes ont vu les porte-avions jouer le rôle qu'ils allaient tenir pendant près de cinquante ans, à savoir celui de base aérienne mobile au profit des troupes engagées dans des combats terrestres.

Malgré les efforts titanesques de l'ex-Union soviétique pour créer une flotte océanique au cours de la guerre froide, l'US Navy a toujours conservé sa prédominance partout où les circonstances l'exigeaient. L'une des raisons principales en est la présence d'escadres aéronavales qui, tel un bastion avancé, maintenaient toujours l'avantage sur l'ennemi potentiel. Déployant des avions pilotés par la fine fleur de l'Amérique et qui, techniquement, tenaient la dragée haute à n'importe quel appareil basé à terre, les porte-avions et leurs bâtiments d'escorte ont incarné les « poids lourds » dans le bras de fer naval de la guerre froide. Position qu'ils occupent encore, et plus que jamais.

Les États-Unis ont gagné la guerre froide et, pour ce faire, ils n'ont pas hésité à faire appel à quiconque pouvait les aider. En conséquence, ils n'ont pas ménagé eux-mêmes leurs efforts en établissant des bases aériennes ou navales pour épauler n'importe quel potentat, pourvu que ce dernier s'avérât un ennemi du communisme. La volonté de contrer les ambitions de l'Union soviétique et de leurs séides ne fit pas toujours bon ménage avec le bon sens et les droits de l'homme. Il en résulta une série d'alliances avec des dictateurs comme Ferdinand Marcos et Manuel Noriega. Il fallait gagner une guerre et nous l'avons gagnée. Mais, nous Américains, nous en payons maintenant le prix. Un peu partout dans le monde, les Américains sont invités à quitter les bases étrangères. N'en soyons pas offensés, nous en sommes les premiers responsables. Que nos sanctuaires comme Olongapo aux Philippines, et d'autres sous n'importe quelles latitudes, aient constitué un barrage à la misère locale sans tenter d'y remédier n'est pas du goût des jeunes démocraties qui sortent de l'après-guerre froide. Ajoutez-y nos interventions permanentes dans la politique locale des pays hôtes, nous ne pouvons que nous féliciter de garder encore des amis à la fin du XXe siècle.

Malgré leur consternante politique étrangère, les États-Unis et leurs alliés n'en conservent pas moins des responsabilités dans le monde actuel. Mais cela implique que, dans le cas d'un déploiement militaire, il nous reste peu d'options. L'une d'elles consiste à décrocher l'accord d'une nation amie pour nous permettre de déployer sur son territoire du personnel, des avions et l'équipement nécessaire à contrecarrer la menace armée de ses voisins. Dans l'imbroglio de notre époque, ce n'est pas toujours aisé. George Bush s'en est bien tiré en 1991 dans la guerre du Golfe, mais Bill Clinton s'est cassé les dents en 1997 et 1998. C'est que, même en face d'un tyranneau style Saddam Hussein, beaucoup de pays préfèrent courber l'échine plutôt que de risquer de subir l'invasion et la destruction qui frappèrent le Koweit en 1990 et en 1991. Ce qui ne laisse que deux possibilités : compter sur la puissance militaire basée sur le continent américain ou se reposer sur les navires de l'US Navy. La première option implique que l'on maintienne en permanence un parc matériel pour constituer un pont aérien et naval qui interviendra au moment d'une crise internationale. Et cela prend du temps que d'amener des avions et des unités terrestres sur un site en ébullition. D'où l'importance cruciale de disposer aujourd'hui de bâtiments de guerre à proximité des points chauds.

En cas de crise, le facteur temps vaut de l'or. Le délai de réaction face à un conflit latent sera déterminant pour aboutir à la guerre, la paix ou bien encore un désastreux immobilisme. Même si nous n'en serons jamais sûrs, il y a de fortes chances que l'arrêt de Saddam Hussein à la frontière saoudienne soit dû au prompt déploiement dans le royaume des troupes américaines et de la coalition. Situation difficile à répéter actuellement. L'un des atouts de notre puissance militaire dans les dernières années de la guerre froide résidait dans la possibilité de maîtriser ces situations dans tous les cas. En plus de forces basées à l'extérieur et disposant d'une capacité de transport optimale, nous avions des porte-avions et des moyens amphibies prépositionnés pour répondre à une crise. Malheureusement, cette opulence de moyens appartient maintenant au passé.

Aujourd'hui, l'US Navy s'estime heureuse de pouvoir compter sur sa douzaine de porte-avions flanqués de leurs groupes d'intervention amphibies. Grâce à leur capacité de maintenir deux ou trois unités immédiatement opérationnelles, les États-Unis gardent un avantage précaire dans les régions où ils ne disposent que de peu d'alliés et d'aucune base. L'épreuve de force avec l'Irak au sujet des inspecteurs des Nations unies aurait pu déboucher sur un nouveau conflit si deux porte-avions n'avaient pas croisé dans le golfe Persique. Au contraire de la coalition de 1990/1991, la situation ne résista pas aux intérêts nationaux des pays de la région, notamment parce qu'aucun n'acceptait la présence de troupes et d'avions américains sur son sol. C'est un tournant à 180° par rapport à la situation d'il y a dix ans, quand la majorité des forces aériennes alliées étaient implantées localement à terre.

Cela nous ramène aux trois mots clés du début de cette introduction : présence, influence et faculté de choisir. Les forces navales sont généralement synonymes de présence. Des escadres aéronavales contrôlent une zone de plusieurs centaines de kilomètres de rayon. Une frégate ou un destroyer impressionnent mais uniquement ceux qui les voient tandis qu'un groupe de combat articulé autour d'un porte-avions peut modifier l'équilibre militaire ou politique d'une région entière. Un pays militairement faible mais soutenu par un porte-avions américain sera une noix plus dure à craquer pour un potentat local tenté par une invasion. Telle est la définition de la présence internationale de nos jours. Reste la faculté de choisir.

En face d'une crise grave, le plus grand désir de chaque politique est de disposer d'un éventail de solutions. Le porte-avions en est une. Paradoxalement, jusqu'à ce qu'il devienne président ou premier ministre, chaque politicien proclame souvent et publiquement que le maintien de grandes unités militaires comme les porte-avions est un gâchis pour le contribuable. Arrivé au faîte du pouvoir, il entonne une tout autre chanson. C'est d'ailleurs entré dans le folklore. Chaque président a prononcé au moins une fois dans son mandat la fameuse phrase : « Où sont les porte-avions ? » Cela remonte au temps où Franklin Roosevelt hantait les salles de la Maison-Blanche. De fait, aujourd'hui, un porte-avions peut rester la seule option crédible pour un chef d'État.

Certes, il est malaisé de cerner le potentiel que représentent un porte-avions et l'escadre qui le flanque. Ne considérer que le seul armement, purement défensif et de portée réduite, du « pont plat » équivaudrait à regarder par le petit bout de la lorgnette. Pour pleinement mesurer la potentialité d'une escadre aéronavale croisant dans votre voisinage, il est nécessaire de plonger dans les entrailles et au cœur du porte-avions. Vous devez vous arrêter à son parc aérien avec sa diversité d'aéronefs et d'armements. Sans omettre l'escorte. Celle-ci va du croiseur lance-missiles Aegis et des destroyers jusqu'aux sous-marins nucléaires d'attaque. Armés de missiles surface-air et de missiles de croisière Tomahawk, ces unités font plus que d'assurer la protection, disons rapprochée, du porte-avions. Ces moyens lui confèrent une frappe offensive. Il faut aller au-delà de ce que rapportent les médias. Pour connaître les porte-avions, il faut passer beaucoup de temps avec des gens. Des tas de gens. Des responsables de l'US Navy, certes, sur qui repose la responsabilité de maintenir la marine américaine à sa première place mondiale. Mais il faut rencontrer aussi ceux qui construisent les navires, les avions, les armes, tout ce qui rend cette force crédible et dangereuse pour les dictateurs. Et le tableau ne serait pas complet sans ceux qui servent et naviguent en tous lieux et places du monde, quand il le faut.

Puisse ce livre vous brosser le portrait de ces gens qui font la véritable puissance d'une escadre aéronavale et de la Nation. Tandis que vous restez dans la douceur de votre foyer, entouré des vôtres, eux sont aux antipodes, à faire respecter le droit et les valeurs traditionnelles. Ils font ce sacrifice et parfois ils payent le prix maximum. Si mon message est bien reçu, alors vous ne douterez plus que leur métier est difficile et ô combien vital.

Tom Clancy
Juillet 1998

Aviation embarquée 101

« Où sont les porte-avions ? »

Chaque président américain
depuis Franklin Delano Roosevelt

Les porte-avions forcent les perceptions. D'abord ils sont immenses, plus grands que bien des gratte-ciel et ils traversent les mers à une allure qui n'a rien de la promenade. Et pourtant, malgré leurs dimensions, si vous avez la chance d'observer le ballet aérien qui se déroule sur leur pont, vous ne pouvez que vous demander comment c'est possible dans un espace aussi restreint. Les porte-avions ne font pas que déformer les perceptions. Ils pompent les crédits gouvernementaux et les capacités industrielles. D'où une réputation entachée. Aucun autre vecteur d'armes ne provoque autant de controverses.

Controverse qui a perturbé l'aviation maritime dès les premiers jours du XXe siècle, dès que les « cages à poule » ont survolé les flots. Fondamentalement, l'aviation militaire était considérée comme d'autant plus inutile qu'elle empiétait sur un budget restreint, jugé plus utile pour la construction de cuirassés. Plus tard, quand l'aviation maritime menaça de détrôner les « grosses bailles », la querelle ne fit que s'amplifier entre les tenants de l'artillerie navale et ceux de l'aviation. Aujourd'hui, le porte-avions est reconnu comme le « gourdin » de la marine américaine, mais il est encore soumis aux attaques de détracteurs qui lui préfèrent de meilleurs vecteurs de projection extérieure. Les généraux de l'aviation font du battage autour du bombardier furtif B-2A bardé

Le USS *George Washington* (CVN-73) et une partie de son potentiel aérien embarqué du carrier air wing One (CVW-1). Le groupe de combat qui s'articule autour des porte-avions forme la colonne vertébrale de la puissance navale américaine. *US Navy*

d'armes de précision (dénommées « présence virtuelle »). Les sous-mariniers et marins de la flotte de surface ne jurent que par leurs missiles de croisière. L'expérience permet de trancher. Dans ce monde de plus en plus explosif de l'après-guerre froide, les porte-avions ont à leur crédit une efficacité vérifiée. Ce que ne peuvent revendiquer ni les bombardiers ni les « arsenaux flottants ».

Question : Qu'est-ce qui fait l'efficacité des porte-avions ?

Réponse : Les porte-avions et leurs groupes de combat d'accompagnement peuvent naviguer sur toutes les mers du globe (faculté de mouvement légalement reconnue par les principes internationaux de la « liberté de navigation ») et aussi longtemps qu'ils le veulent tant qu'ils ne pénètrent pas dans des eaux territoriales.

Un navire de guerre est légalement considéré comme territoire national où qu'il puisse naviguer, et les autres nations n'ont juridiquement aucun droit d'intervenir sur ses mouvements comme sur son personnel. Rappelons qu'un porte-avions, qui abrite l'équivalent d'une escadre d'avions de combat de l'Air Force, peut, à partir des eaux internationales, déployer de grandes activités aériennes ou des missions de combat. Autrement dit, si une crise éclate dans une zone « littorale » et qu'un groupe de combat aéronaval (CVBG) y croise, la nation dont le CVBG arbore le pavillon peut contrôler l'évolution de la situation [1]. Ajoutez à ce CVBG un groupe d'action immédiate amphibie (ARG) formé d'une unité de projection de Marines spécialisée dans les opérations spéciales (MEU-SOC) et votre influence en sera doublée [2]. Voilà en résumé ce qui fait toute la valeur des porte-avions.

Une telle influence ne s'acquiert pas sans y mettre le prix. Chaque CVBG représente un investissement de 20 milliards de dollars. Et la nourriture, la solde, le bien-être de plus de dix mille membres d'équipage embarqués coûtent près d'un milliard de dollars annuels. Avec de telles sommes, on peut construire pas mal d'écoles et en nourrir les élèves ! D'autant que vous devez les multiplier par douze en raison de la volonté américaine de maintenir en service ce nombre de CVBG. Il faut aussi tenir compte du coût de l'infrastructure afférente aux CVBG (ravitailleurs et navires de soutien, ports, aérodromes de l'aviation navale, formation des équipages, etc.) ainsi que des vastes crédits accordés aux chantiers navals, aux avionneurs et constructeurs d'armement, etc., pour maintenir la modernité et la crédibilité de ces groupes de combat. Il faut savoir également que ces douze CVBG ne sont pas disponibles simultanément. En raison des radoubages ponctuels et des stages de rafraîchissement ou de formation des personnels marins et aériens, seuls deux à trois groupes de combat aéronaval sont déployés outremer. (En règle générale, un groupe opère en Méditerranée, un deuxième dans le Pacifique occidental et un troisième soutient les opérations dans le golfe Persique.)

Cette poignée d'aérodromes flottants en vaut-elle le prix ? Une question qui en implique d'autres : quelle influence les États-Unis veulent-ils exercer sur le monde ? Dans quel domaine ? Dans quelle mesure les Américains veulent-ils interférer sur les actions et le développement d'autres nations ? Ainsi de suite.

Certes, il est tentant de comparer le rôle des CVBG à celui des canonnières du XIXe siècle. Une façon réductrice de considérer la valeur intrinsèque des porte-avions pour l'Amérique comme pour

---

1. On entend par zone « littorale » toute aire géographique située à plusieurs centaines de kilomètres d'une façade maritime. Comme la majorité des centres urbains, financiers, industriels et toutes les infrastructures se situent dans cette zone, l'importance d'une action navale prend toute sa valeur.

2. Pour en savoir plus sur les ARG et les MEU-SOC, se reporter à *Marines, visite au cœur d'une unité d'intervention extérieure*, éditions Albin Michel, 2000.

ses alliés. Parmi les leçons tirées de ces toutes dernières années, il en est une incontournable : les États-Unis ont une responsabilité globale. Cela va bien au-delà de la sauvegarde des voies maritimes et du soutien à nos alliés en cas de crise. Que cela plaise ou non, beaucoup de pays voient dans l'Amérique un leader. Ces mêmes pays (qu'ils le proclament ou le souhaitent secrètement) considèrent les États-Unis comme le gendarme de la planète. Que des troubles éclatent quelque part, qui appelle-t-on ? La Chine ? La Russie ? Le Japon ? Non. Du moins pas aujourd'hui.

Il est certain que l'intérêt des États-Unis n'est pas de répondre positivement à chaque demande d'aide ou de soutien. Mais en cas de réponse positive, le problème est de répondre comme il se doit. En un temps maintenant révolu, le réseau des bases à l'étranger assurait une présence permanente. C'est fini. Depuis vingt-cinq ans, une politique étrangère bâclée nous a fait perdre plus de 75 % de nos bases extérieures. La diminution drastique des budgets consacrés à la défense ne laisse que peu d'options. C'est ainsi que les CVBG et ARG constituent les bastions avancés de la marine américaine.

En permanence, deux à trois CVBG croisent en mer en exerçant une vigilance sans faille pour la défense des intérêts de l'Amérique et de ses alliés, notamment grâce à la couverture satellitaire. Avec la présence des navires de soutien et des ravitailleurs, seuls la fonctionnabilité de l'appareil propulsif et le moral des équipages restreignent une prolongation de campagne. Avec une ferme volonté nationale, les CVBG peuvent évoluer au large de n'importe quel littoral et s'y poster tels des rapaces.

Il s'agit bien de *présence*, au sens fort du terme.

La raison d'être des porte-avions

Pourquoi l'Amérique a-t-elle réellement besoin de porte-avions ? Nous avons vu la raison théorique et l'angle politique. Qu'en est-il dans la pratique ? Que représentent encore, à l'époque des satellites de surveillance et des missiles balistiques, un système d'armes conçu il y a quatre-vingt-dix ans ? Comment une poignée d'avions basés sur un navire peut-elle influer localement ? Et enfin, qu'apporte cette capacité à un commandant en chef ou autre responsable militaire ? Pour comprendre l'indéniable importance des porte-avions, il faut approfondir chacune de ces questions.

Les porte-avions : une architecture ouverte

En moins de cent ans, nous sommes passés des balbutiements du premier aéroplane aux sondes spatiales. Durant le même laps de temps, la prédominance du canon qui avait fait la puissance navale a touché à son terme. Le déclin de l'artillerie navale et la montée en puissance de l'aéronautique ne s'imposèrent pas à première vue. Les premiers avions étaient des jouets réservés à de riches aventuriers et des amateurs de sensations fortes. Leur charge utile, leur rayon d'action et leur valeur à des fins militaires étaient insignifiants. La technique des premiers vols humains s'inspirait des cerfs-volants, des bicyclettes et des automobiles. Les cellules étaient à la fois fragiles et lourdes et les moteurs encombrants et poussifs.

L'industrie aéronautique fit d'immenses progrès au cours de la Première Guerre mondiale. Beaucoup de chefs militaires se convainquirent alors de l'importance de l'aviation, ce qui n'empêcha pas les principales puissances d'investir dans la construction de cuirassés que les responsables des marines s'entêtaient à placer au pinacle. En conséquence, l'aviation maritime voyait son rôle très amoindri car limité par les traités sur les armements, d'autant qu'elle était la dernière dans l'ordre des budgets militaires. Néanmoins, même si peu s'en aperçurent, le destin de l'aviation maritime était déjà tracé. Deux raisons l'expliquent :

Premièrement : les avions prouvèrent qu'ils étaient capables d'emporter des bombes bien au-delà de la portée des canons et avec plus de souplesse.

Deuxièmement : un porte-avions se prête davantage à des travaux d'améliorations et à la modernisation qu'un navire doté de blindage et armé de canons sous tourelles.

Pour monter des canons de calibre supérieur à l'armement précédent, il faut remplacer les tourelles et les barbettes, ce qui implique une reconstruction du cuirassé ou du croiseur concerné. À l'inverse, si un porte-avions doit recevoir un nouvel avion embarqué ou de nouvelles munitions – bombes ou missiles –, il suffit de s'assurer que le nouveau matériel trouvera sa place dans les hangars et les ascenseurs. Il faut aussi vérifier que le poids ne constituera pas une surcharge pour le pont d'envol (dans le cas d'un avion, qu'il puisse décoller et atterrir). Dès qu'un avion ou un système d'armes trouve sa place à bord, il a de bonnes chances d'être employé avec succès. Dans l'actuelle terminologie, le porte-avions est un système d'armes à « architecture ouverte » avec des interfaces et des paramètres sophistiqués. Ce bâtiment présente beaucoup d'analogies avec l'ordinateur qui peut recevoir de nouvelles extensions de mémoire ou de connexion à un réseau car il offre de vastes possibilités pour recevoir de nouvelles armes et systèmes divers. Cela explique pourquoi certains cuirassés construits au début de la Première Guerre mondiale furent mis à la ferraille après moins de cinq ans de service alors que les actuels super porte-avions ont une durée de vie qui s'étale sur des décennies.

Certes, des navires conventionnels sont capables de frapper les porte-avions. De fait, au cours de la Seconde Guerre mondiale plusieurs ponts plats furent coulés à la suite de rencontres avec des navires de surface. Aujourd'hui, les bâtiments armés de missiles et les sous-marins représentent une menace encore plus dangereuse pour les porte-avions. Pourtant le rayon d'action de ses appareils confère au porte-avions un avantage de taille. Il peut rester hors de portée d'un navire ennemi ou d'un objectif qu'il veut neutraliser ou détruire. Le mot pour qualifier cet avantage est « l'allonge ». Grâce à cette allonge, l'ennemi maintenu à distance verra ses capacités offensives considérablement réduites. De plus, repérer un porte-avions est beaucoup plus difficile qu'on pourrait le croire, les Soviétiques s'en sont aperçus au cours de la guerre froide. Et la prochaine génération des porte-avions américains incorpore la technologie furtive. L'on peut donc être sûr que l'existence du porte-avions se prolongera bien loin dans le XXIe siècle.

Quelques propositions concernant l'aviation embarquée

Les effets de l'aviation embarquée sur le « monde réel » et les principes qui régissent le difficile commandement d'un groupe de combat aéronaval sont nombreux, variés et complexes. Les maîtriser demande des années. Ce qui suit ne les remet pas en cause. Pourtant, la connaissance de quelques propositions de base sur l'emploi de l'aviation embarquée, qui étaie la stratégie et l'action de nos responsables de la marine, ne peut qu'être utile :

- **La maîtrise du champ de bataille littoral est exclue sans l'aviation** – Si l'aviation ne peut remporter une bataille, une campagne ou une guerre, il n'y a pas de victoire possible sans la maîtrise aérienne. Elle est vitale pour le contrôle de l'espace aérien des régions littorales. Il suffit de se reporter aux opérations lancées par les Britanniques aux Falkland en 1982 pour mesurer les difficultés d'une flotte qui opère à portée d'une aviation basée à terre sans bénéficier d'une couverture aérienne adéquate. Finalement, la victoire anglaise fut tangente.
- **L'aviation embarquée comporte un éventail de systèmes** – Les forces navales déploient divers systèmes de capteurs sur le théâtre opérationnel. Pour n'en citer que quelques-uns : avions de chasse et hélicoptères de transport ; missiles sol-air pour la défense antiaérienne et anti-missiles balistiques ; missiles de croisière. Une diversité fonctionnelle qui permet au commandant du CVBG un usage approprié de tout ou partie de ces moyens, accroissant d'autant le problème de la défense chez un adversaire. Bien employée, l'aviation embarquée est l'ossature de n'importe quel genre d'opération militaire. Parmi les exemples d'interventions, citons : la dissuasion de missiles balistiques ou de croisière dans un conflit local ; l'appui d'opérations amphibies ou aéroportées assurant la couverture pour l'évacuation de non-belligérants ; le tir de missiles air-sol et le contrôle d'engins sans pilote à partir de sous-marins.
- **L'aviation embarquée est fondamentalement flexible et mobile** – Puisqu'elles sont embarquées, les composantes aériennes sont très mobiles. Les CVBG modernes peuvent franchir cinq cents milles nautiques par jour. Ils peuvent donc se déployer à l'autre bout du monde en quelques semaines. Et sur simple avis, une escadre pré-positionnée peut rejoindre une région chaude en quelques jours voire quelques heures. Parce qu'ils ne sont liés à aucune chaîne de commandement terrestre, le personnel et les formations embarquées sont entraînés et équipés

Un F-14D Tomcat enveloppé par la vapeur émise par la catapulte sur le pont du USS *Carl Vinson* (CVN-70). Les quatre acres et demi du pont d'envol constituent l'un des environnements les plus actifs et les plus dangereux au monde. C'est là que les porte-avions prouvent toute leur valeur dans la réalité. *US Navy*

pour agir de leur propre initiative. Les formations aériennes concentrent une redoutable puissance avec peu de vecteurs, ce qui leur assure une précieuse flexibilité en cas de crise dans un contexte incertain ou de conflit ouvert.

• **L'aviation embarquée est fondamentalement offensive** – Quoiqu'elle offre un puissant potentiel défensif, l'aviation trouve son rôle premier dans l'attaque en exerçant toute sa puissance par d'efficaces frappes ciblées et programmées. L'aptitude à changer rapidement de position permet par exemple aux unités embarquées de varier les axes d'attaque, compliquant d'autant la défense adverse. Du simple fait de leur présence dans le ciel d'une région à risques, elles influencent la situation militaire et les intentions d'un ennemi potentiel. Si les opérations sont lancées, les unités aériennes embarquées sont à même de frapper les objectifs ennemis aussi longtemps qu'il le faudra. Même si les forces ennemies décident de riposter contre la flotte, les frappes aériennes auront entamé leur potentiel aérien et naval.

• **L'aviation embarquée fournit une vision instantanée d'une crise locale** – Où qu'elle croise, une escadre offre au commandant en chef local un large éventail de moyens d'investigation électronique. La conjugaison des capteurs aériens et navals procure à chaque responsable d'unité une masse de renseignements tant sur le plan local que sur l'ensemble du territoire. Toutes ces informations se combinent rapidement en une analyse situationnelle cohérente qui pèsera sur la décision future et rendra moins aléatoire l'intervention des forces de projection. Atout supplémentaire, la présence menaçante d'une force navale signifie que l'évolution politico-militaire d'une région en crise ou d'une zone de combat est suivie minute par minute, que ses développements sont constamment observés, permettant une perception affinée de la situation locale.

• **L'aviation embarquée est préservée des effets de la politique internationale** – Au contraire des unités aériennes basées à terre et des forces terrestres qui ne peuvent agir sans l'accord d'un allié local ou d'un pays hôte, les forces navales (*a fortiori* l'aviation embarquée) s'affranchissent de cette contrainte. Leur vulnérabilité aux attaques ennemies ou à des actes terroristes est moindre. Sous le couvert de la réglementation internationale protégeant la liberté de navigation, les navires sont libres d'agir indépendamment. Chaque bâtiment ou aéronef est partie intégrante du pays dont il bat pavillon et toute attaque en sa direction constitue un acte de guerre et une violation des lois internationales. Quelques pays sont enclins à violer ces accords, et l'aviation embarquée constitue une force qui n'a pas besoin d'autorisation pour passer à l'action.

• **L'aviation embarquée garantit une présence à long terme** – Les nations maritimes pratiquent depuis longtemps le ravitaillement et le soutien de leurs forces en mer. Aussi longtemps que la sécurité des routes maritimes est maintenue et que la relève des navires et la rotation des avions s'effectuent, bâtiments et unités aériennes peuvent rester à leur poste, et le rythme opérationnel peut s'étaler sur des mois sinon des années. C'est un atout clé des grandes puissances navales, et les formations aériennes embarquées à une escadre en mission ajoutent l'effet considérable de leur présence et de leur puissance. Le blocus naval de l'Irak et des Balkans et le dénouement de la guerre du Golfe en 1991 constituent des exemples récents.

• **L'aviation embarquée peut mener des missions simultanées** – En raison de la structure de commandement et de contrôle dont disposent les forces navales et de la polyvalence des avions embarqués, les formations aéronavales apportent une réponse à n'importe quel genre de missions qu'elles peuvent mener simultanément. Ainsi, les avions d'attaque – auparavant désignés

Lancement d'un missile de croisière BGM-109 Tomahawk à partir du destroyer lance-missiles *Laboon* (DDG-58) lors de l'opération Frappe du désert en 1996. *US Navy*

comme chasseurs-bombardiers – peuvent supprimer les défenses antiaériennes ennemies tandis que d'autres appareils sont engagés dans des frappes de précision à l'aide de missiles de croisière, et que des hélicoptères armés assurent la sécurité du périmètre naval de l'escadre, dont les bâtiments armés de missiles sol-air veillent contre toute menace de missiles balistiques ou de croisière ennemis. Une telle flexibilité donne aux responsables de la marine le choix vital de l'action appropriée lorsque la crise se dégrade à vitesse grand V ou lorsque des missions opérationnelles sont en jeu.

• **L'aviation embarquée peut générer de multiples effets** – Une force navale génère des réactions qui vont de la coercition à la terreur. L'aviation embarquée ajoute à cette potentialité avec sa panoplie d'armes et sa gamme de missions qui va de la surveillance aérienne à l'infiltration de forces spéciales, en plus de son rôle conventionnel d'attaque. Dans ce dernier cas, la diversité est le mot d'ordre. Les formations aériennes embarquées ne connaissent pas de restriction quant aux munitions qu'elles peuvent employer. Cela signifie qu'un ennemi peut s'attendre à des frappes de bombes intelligentes à forte pénétration à guidage laser, de bombes à fragmentation, voire de projectiles nucléaires tactiques. Pour une nation hostile, ces menaces ont souvent pour effet suprême de les dissuader d'utiliser la force contre un pays voisin.

• **L'aviation embarquée a un rôle protecteur** – Tout au long de son histoire, la plus grande vertu de la marine américaine fut de contenir le péril ennemi au large du littoral national. De fait, aucune force navale n'a violé le territoire américain depuis la guerre avec les Anglais en 1812. Aujourd'hui, notre marine continue d'assumer cette mission avec l'apport musclé de l'aviation embarquée.

Les grandes dates du développement d'une arme contemporaine

Il va sans dire que l'avènement d'un organisme aussi puissant et polyvalent que l'aviation maritime ne relève pas de la génération spontanée. Son évolution est constante dans le temps et résulte de la conviction et des personnalités qui l'ont forgée. L'aviation maritime a rapidement atteint sa maturité et la plupart des événements et des tendances qui l'ont façonnée tiennent en cinquante ans, de 1908 au milieu des années 50. Ce demi-siècle a vu la conception puis le développement tant des porte-avions que des appareils qui les équipent. Évoquons quelques faits saillants de cette évolution. Commençons par la genèse du plus puissant système mondial d'armes conventionnelles.

Le tour de force d'Eugene Ely

Par une journée de 1908, cinq ans après le premier vol des frères Wright, Glenn Curtiss, l'un des pionniers de l'aéronautique, simule l'attaque à la bombe d'un cuirassé matérialisé au sol par une simple silhouette aux dimensions réelles. Tout en suivant avec attention les essais de Curtiss, l'US Navy ne prend pas la moindre mesure. Quelques années plus tard, lorsque les tentatives allemandes de faire décoller un avion du pont d'un navire furent connues en Amérique, l'US Navy se lança dans un programme similaire. Une plateforme en bois fut construite sur le pont du croiseur léger *Birmingham* (CL-2) et l'US Navy engagea le pilote casse-cou Eugene Ely pour procéder aux essais. Dans l'après-midi du 14 novembre 1914 à 15 h, alors que le *Birmingham* était ancré à Hampton Roads en Virginie, Ely alluma son moteur, roula sur la plate-forme en bois et s'en arracha. Il atterrit quelques kilomètres plus loin près de Norfolk. Quelques mois plus tard, Ely procéda à la manœuvre inverse en atterrissant sur la plateforme montée sur la proue du croiseur cuirassé *Pennsylvania* (ACR-4) ancré dans la baie de San Francisco. Convaincu, le Congrès débloqua des crédits qui permirent la formation des premiers marins-aviateurs et aux premiers avions d'accompagner la flotte en mer. Début modeste mais ce qui ressemblait à une campagne électorale de la part d'Ely avait déclenché un phénomène irréversible.

Le premier « pont-plat » : la transformation du USS *Langley* (CV-1)

Les acrobaties sont une chose, mais transformer un noyau d'aviation maritime en une force crédible en est une autre. Au cours de la Première Guerre mondiale, les aviateurs de l'aéronavale américaine volant sur des hydravions furent principalement affectés au réglage d'artillerie et aux patrouilles anti-sous-marines. De leur côté, les Britanniques avaient enregistré de notables succès en utilisant des chasseurs conventionnels décollant de chalands remorqués avant de construire des porte-avions après modifications des coques de navires destinés à un autre usage. Les avions britanniques attaquèrent les hangars des zeppelins ainsi que d'autres objectifs côtiers [1]. L'expérience fut tellement concluante que la Royal Navy s'attacha rapidement à transformer des navires en porte-avions. Cette tendance ne passa pas inaperçue des autres puissances à la fin du conflit. En 1919, les Japonais construisirent un porte-avions conçu comme tel, le *Hosho*. Parallèlement, les Britanniques poursuivaient leur programme de transformation en porte-avions de navires en chantier tout en mettant au point la réalisation de leur premier porte-avions, le *Hermes*.

Ces travaux incitèrent le ministère de la Marine américaine à lancer son propre programme. En 1919, les fonds débloqués permirent la transformation d'un navire-charbonnier en porte-avions, le premier de l'US Navy. Son équipage surnomma le USS *Langley* (CV-1) la « charrette ». Pour les vingt ans à venir, le *Langley* sera

1. La base originelle des zeppelins, destinés à opérer sur l'Angleterre et contre la navigation en mer du Nord était à Wilhelmshaven, près de la frontière germano-danoise. En juillet 1917, sept Sopwith Camel décollèrent du pont du HMS *Furious* pour attaquer les hangars à Zeppelin. Trois dirigeables furent détruits au cours du raid.

Eugene Ely décolle du USS *Pennsylvania* le 14 novembre 1910. L'aviation embarquée était née. *US Navy*

la pépinière des premiers pilotes de l'aéronavale en leur offrant l'entraînement de base sur un vrai pont plat, tout en permettant à la flotte de s'intégrer à la doctrine opérationnelle combinée. À l'entrée en guerre des États-Unis, ce bâtiment fut converti en transport d'aviation au profit des bases outremer et coulé en 1942 dans les parages de Java. Il n'en reste pas moins que son nom est chéri de tous ceux qui apprirent leur métier de marin-aviateur à son bord.

Le traité de Washington ou la naissance du porte-avions moderne

Alors que le *Langley* constituait un banc d'essai, la marine américaine, forte de cette expérience, se lança dans la construction de porte-avions plus grands, capables de servir avec la flotte. L'écueil, c'était le coût. Les années 20 n'étaient pas propices à débloquer des fonds pour le développement de nouvelles techniques sans assises opérationnelles. De plus, la marine traditionnelle se battait bec et ongles pour la suprématie des cuirassés dont la plupart avaient été construits au cours de la Première Guerre. La solution vint de la signature par les cinq grandes puissances navales d'alors (États-Unis, Royaume-Uni, Japon, France, Italie) du premier traité sur le contrôle des armements à la conférence navale de Washington en 1922. Ce traité imposait des quotas et limitait toutes les catégories de navires de guerre, y compris les porte-avions. Il

Le premier porte-avions américain, le USS *Langley* (CV-1). Il fut converti d'après le navire charbonnier *Jupiter*. Il servit comme banc d'essais flottant pour l'aéronautique navale dans les années 30 avant d'être coulé par les Japonais lors de la bataille de la mer de Java en 1942. *US Navy/ collection A.D. Baker*

n'empêcha pourtant pas tous les signataires d'y déroger, quand ils le purent, afin de tirer les marrons du feu.

À la fin du premier conflit, plusieurs pays construisirent des bâtiments de ligne et des croiseurs de bataille[1] qui restèrent inachevés au début des années 20. Entre-temps, le traité de Washington de 1922 limitait le tonnage et le calibre des canons de chaque navire (le fameux ratio 5,5 : 3)[2]. Même la mise au rebut des plus vieux navires de combat laissait peu de marge aux nations pour la construction de nouveaux cuirassés et croiseurs de bataille (deux catégories confondues en raison du calibre de leur artillerie principale). Toutefois le traité autorisait les signataires à convertir en porte-avions un certain pourcentage des coques de cuirassés inachevés. Que l'on puisse doter ces bâtiments de pièces de 203 mm, calibre identique à celui d'un croiseur lourd, rendait la clause attractive. Et si les porte-avions tournaient au fiasco, ces pièces d'artillerie lourde leur donneraient toujours une valeur.

Les Britanniques utilisèrent leur quota pour mettre en ligne le *Furious*, le *Courageous*, le *Glorious* et l'*Eagle* tandis que les Nippons transformaient le croiseur de bataille inachevé *Akagi* et le cuirassé *Kaga*. Les porte-avions américains différaient. L'US Navy

---

1. Invention britannique, le croiseur de bataille combinait la coque et les machines puissantes d'un croiseur avec l'armement d'un cuirassé. Aussi rapide qu'un croiseur (plus de 25 nœuds) et doté d'une puissance de feu égale à celle d'un navire de ligne, il n'avait pas le blindage d'un cuirassé classique. Ce qui le rendait vulnérable en cas de confrontation avec une unité de tonnage moyen.

2. Le ratio 5,5 : 3 représente le tonnage autorisé par le traité de Washington entre les États-Unis, le Royaume-Uni et le Japon. Les termes du traité furent relativement respectés jusqu'au début des années 30, et plus du tout au-delà.

insistait pour que ses deux nouveaux porte-avions soient les plus imposants, les plus rapides et les plus performants du monde. L'aventure commença avec deux coques de croiseurs de bataille partiellement achevées. Leur nom de baptême fut conservé, *Lexington* et *Saratoga*, mais ils devinrent les bâtiments dont la jeune aéronavale avait toujours rêvé. Lors de leur mise en service en 1927, le *Lexington* (CV-2) et le *Saratoga* (CV-3) n'étaient pas seulement les plus grands (36 000 tonnes), les plus rapides (35 nœuds) et parmi les plus puissants navires de guerre du monde mais (très important) ils emportaient jusqu'à quatre-vingt-dix avions, c'est à dire deux fois la capacité des porte-avions japonais ou britanniques [1].

Le *Lexington* et le *Saratoga* bénéficiaient aussi d'innovations (notamment « l'îlot » maintenant familier qui abrite la passerelle, le central des opérations aériennes et les réducteurs d'émissions de fumée des chaudières) qui augmentaient considérablement leur efficacité et leur utilité. Les canons autorisés par le traité étaient montés sous tourelles de part et d'autre de la passerelle.

Avec la mise en service du *Lexington* et du *Saratoga* (et les progrès dans la conception et la construction des avions destinés à la marine) l'US Navy se plaça en tête de tous les pays dans le développement de l'aviation maritime. Pratiquement tous les commandants de porte-avions ou de formations aériennes de la Seconde Guerre mondiale entamèrent leur carrière à bord des deux porte-avions géants. De plus, les manœuvres auxquelles participèrent le *Lexington* et le *Saratoga* servirent à l'élaboration des tactiques de la guerre aéronavale que l'Amérique allait mettre en application lors de la prochaine guerre avec le Japon.

---

1. Même s'il fallut des années d'expérimentations pour le prouver, le principal atout du porte-avions réside dans sa capacité aérienne. Aucun autre facteur, qu'il s'agisse de la vitesse, de son armement antiaérien ou de sa protection, n'importe plus que le nombre et la catégorie d'avions qu'un porte-avions peut mettre en œuvre. Les Britanniques optèrent pour la solution inverse en sacrifiant la capacité aérienne au profit de la protection pour les porte-avions de la classe *Illustrious* qui n'emportaient que trente-six avions contre les quatre-vingt-dix des classes *Yorktown* (CV-5) pour les Américains et des *Shokaku* japonais.

Les porte-avions *Saratoga* (CV-3, au premier plan) et *Lexington* (CV-2) près de Diamond Head à Hawaii. Construits à partir de coques de croiseurs de bataille, ils étaient, quand la photographie fut prise, les plus grands, les plus rapides et les plus puissants porte-avions du monde. *US Navy/ collection A.D. Baker*

Le raid sur Tarente et la destruction du cuirassé *Bismarck*

Toujours en tête dans le développement des techniques aéronavales comme des tactiques, les Britanniques avaient depuis longtemps intégré leurs porte-avions dans leur flotte. Intégration qui n'avait rien de dogmatique car les plans existaient pour des opérations exclusivement menées par des porte-avions. L'un d'eux, conçu dans les années 30, prévoyait une attaque surprise contre la flotte italienne mouillée dans le port de Tarente, en Italie méridionale. Une escadre de porte-avions s'approcherait de nuit et lancerait ses avions-torpilleurs pour couler les cuirassés italiens au mouillage.

L'occasion d'appliquer ce plan survint peu après la déclaration de guerre italienne à la Grande-Bretagne et la défaite de la France (en juin 1940). Toutefois, malgré l'agressivité de la flotte de la Méditerranée commandée par le légendaire amiral Sir Andrew Cunningham, cette flotte connut des problèmes dès le début. Elle était largement surclassée par le nombre et éparpillée, en raison de la position même de la péninsule italienne qui s'enfonce profondément en Méditerranée. À la fin de 1940, l'Italie déployait six cuirassés contre les deux de Cunningham. Le seul avantage réel de ce dernier tenait dans les quelques bâtiments équipés du radar, l'aptitude des services de renseignements britanniques à déchiffrer les codes de l'Axe et enfin les deux porte-avions, le vieil *Eagle* et le récent HMS *Illustrious* au pont blindé. Avec ces atouts, il s'arrangea pour rendre les choses égales. Cunningham ordonna donc à son état-major de concocter l'attaque de la flotte italienne à Tarente au moyen de porte-avions. Sans aucune expérience pratique et ne disposant que des rapports des manœuvres combinées de l'avant-guerre, mais avec cet aplomb typiquement britannique, les équipages s'entraînèrent spécialement dans le contexte de ce raid jusqu'à modifier la procédure de lancement des torpilles pour qu'elles ne s'enlisent pas dans les bas-fonds du port de Tarente. Dans le même temps, des bombardiers Martin Maryland observaient régulièrement les mouillages de la flotte italienne. En novembre 1940, tout était prêt pour déclencher l'opération « Judgment ».

L'opération prévoyait l'implication de plus d'une trentaine de bombardiers-torpilleurs Swordfish basés sur les porte-avions *Eagle* et *Illustrious* mais des problèmes de moteurs sur l'*Eagle* et l'incendie d'un hangar sur l'*Illustrious* réduisirent considérablement le nombre d'appareils disponibles. Pour finir, ce fut le seul *Illustrious* avec son escorte de cuirassés, de croiseurs et de destroyers qui conduisit le raid. Dans la nuit du 11 novembre, le porte-avions et plusieurs croiseurs quittèrent le giron de l'escadre pour mettre le cap plein nord vers le golfe de Tarente. Au cours de la nuit, l'*Illustrious* lança vingt et un Swordfish dont douze étaient dotés de torpilles à basse immersion. Les deux vagues d'avions torpilleurs coulèrent trois des six cuirassés italiens, endommagèrent des bâtiments de plus faible tonnage ainsi que des installations portuaires [1]. Ainsi, en quelques heures, après une attaque hardie et brillamment conçue, le fer de lance de la marine italienne était amputé de moitié et l'équilibre de la puissance navale en Méditerranée modifié d'autant.

Si l'attention de la plupart des observateurs était focalisée sur la bataille d'Angleterre, les responsables navals ne se trompèrent pas sur l'opération Judgment. Bien avant que les Italiens n'aient entamé

1. Des trois cuirassés italiens reposant sur le fond de Tarente, le *Littorio* et le *Caio Duilio* furent ultérieurement remis en service. Le troisième, le *Conte di Cavour* resta indisponible jusqu'à l'armistice de 1943 qui vit l'Italie basculer dans la cobelligérance aux côtés des Alliés.

les travaux de renflouement, les attachés navals se rendirent sur place pour constater de visu les dommages, avant d'envoyer leur rapport à leurs gouvernements respectifs. La plupart de ces rapports furent lus avec attention puis archivés. Dans certains pays, on les lut puis on les mit à la corbeille (là où l'on croyait encore à la suprématie du cuirassé). Ce fut différent à Tokyo. Le rapport de l'attaché naval en Italie servit à l'élaboration d'un raid encore plus dévastateur un an plus tard par plus de trois cent soixante appareils lancés de six porte-avions. La flotte américaine du Pacifique basée à Pearl Harbor constituait l'objectif. Du raid « mineur » sur Tarente naquit la suprématie aéronavale de la Seconde Guerre mondiale.

Moins de six mois après le raid sur Tarente, les tenants du cuirassé subirent un nouveau camouflet par la traque puis la mise à mort de l'un des plus puissants navires de surface au monde, le cuirassé *Bismarck.* Le bâtiment sortit de la Baltique pour gagner l'Atlantique Nord où il expédia par le fond le cuirassé HMS *Hood.* Outragé et humilié, le Premier ministre Winston Churchill ordonna que le *Bismarck* soit coulé à n'importe quel prix. Malgré les dommages résultant de sa rencontre avec le *Hood* qui l'autorisaient à regagner un port ami, la flotte britannique lui donna la chasse. Le *Bismarck* restait un ennemi d'autant plus mortel qu'il était capable de rompre le contact à volonté pour rejoindre la sécurité d'un port français.

Ce qui se serait probablement produit sans l'intervention de deux porte-avions britanniques. Un premier raid d'avions torpilleurs du *Victorious* provoqua le ralentissement du monstre cuirassé. Un second raid de l'*Ark Royal* le désempara. Le lendemain, le *Bismarck* recevait le coup de grâce des cuirassés *King George V* et *Rodney*. Pourtant, dans l'euphorie de la victoire, la contribution des aviateurs du *Victorious* et de l'*Ark Royal* passa inaperçue. Sauf pour les spécialistes des affaires navales et les officiers de marine responsables dans le monde entier qui commencèrent à se demander si les porte-avions n'étaient pas capables de davantage que de frapper une flotte au mouillage. L'un des plus modernes et puissants navires de combat au monde n'avait-il pas été neutralisé par une seule torpille lancée par un biplan obsolète entoilé ?

La fin de 1941 apporta la preuve supplémentaire que l'ère des cuirassés était révolue par l'attaque japonaise sur Pearl Harbor et la destruction quelques jours plus tard du cuirassé *Prince of Wales* et du croiseur de bataille *Repulse* par des avions basés à terre. Au cours du conflit, les cuirassés continueront de jouer une part importante mais c'est l'aéronavale qui s'imposera comme la clé de la victoire de la guerre navale. Le raid sur Tarente et la destruction du *Bismarck* en étaient les signes annonciateurs.

Task Force 34/58 : l'escadre ultime

Maintenant que la nouvelle arme se justifiait, l'étape suivante de son évolution consistait à lui trouver sa plus grande efficience. Ce qui arriva en 1943. Année qui marqua la reconstitution des flottes américaine et japonaise. À la suite des batailles aéronavales (mer de Corail, Midway, Salomon orientales et Santa Cruz) qui avaient émaillé l'année précédente, les deux marines reprenaient leur souffle après avoir virtuellement perdu tous leurs porte-avions de l'avant-guerre. Ce qui n'empêchait pas les forces terrestres alliées de mener les premières opérations amphibies aux Salomon, en Nouvelle-Guinée et dans les îles Marshall du centre Pacifique et qui constituaient des étapes sur la route de Tokyo.

Le 1er janvier 1943, la première unité d'une génération de nouveaux porte-avions d'escadre américains, le USS *Essex* (CV-9) entrait en service. Au cours des deux années à venir, plus de deux douzaines de ces incomparables bâtiments seront lancés. Profitant de l'expérience acquise par les précédents porte-avions américains, les bâtiments de la classe *Essex* étaient grands, rapides et construits pour encaisser tout ce que la guerre navale moderne peut réserver. Leur conception prévoyait leur adaptabilité à des modifications ou des installations ultérieures. À tel point que certaines unités étaient encore en service dans les années 70 et opéraient avec le dernier cri en matière d'avions à réaction et à capacité nucléaire !

La classe *Essex* n'était que le dixième de l'iceberg de la construction des ponts plats de 1943 car l'US Navy avait approuvé la reconversion de neuf coques de croiseurs légers en porte-avions légers (avec un parc aérien de trente-cinq appareils). Bien que plus petits et aux superstructures spartiates, leurs 33 nœuds étaient dignes de la lignée des *Essex*. Connus comme appartenant à la classe *Independence* (CVL-22), ils servirent avec distinction tout au long du conflit.

En plus de la flotte de porte-avions rapides, les États-Unis construisirent une bonne centaine de porte-avions légers d'escorte surnommés « Jeep ». Construits à partir de coques de navires de commerce, ils montaient à 20 nœuds et alignaient vingt-quatre avions. Leurs équipages maniaient l'humour noir en transcrivant à leur façon la désignation officielle de CVE (porte-avions léger d'escorte) en « inflammable, vulnérable et jetable ». Ces bâtiments s'acquittèrent pourtant de tâches vitales : lutte anti sous-marine, transport d'aviation, soutien d'opérations amphibies, soutien aérien rapproché, etc. Avec pour corollaire de permettre aux porte-avions d'escadre de se consacrer à régler son compte à la Marine impériale.

Les nouveaux porte-avions d'escadre qui faisaient route à l'ouest dans le Pacifique s'arrêtaient à Pearl Harbor pour s'y entraîner et s'intégrer dans des escadres aéronavales. De concert avec de nouveaux et rapides cuirassés, croiseurs, destroyers et autres bâtiments de soutien logistique, ils formèrent les « task groups ». L'expérience tirée des raids sur divers avants-postes japonais en 1943 permit de fixer le nombre optimal de porte-avions à trois ou quatre par groupe (au-delà, l'escadre devenait trop pesante à manœuvrer), deux cuirassés rapides, quatre croiseurs et entre douze à seize destroyers.

Lorsque les circonstances exigeaient de plus gros moyens, deux à trois groupes fusionnaient pour former une « task force ». Toutes ces armadas étaient commandées par des marins aviateurs de haut rang et se voyaient assignées des missions d'attaque, des ravitaillements en mer, voire des raids autonomes. Cela prit du temps pour réunir de tels moyens et trouver les hommes dignes de les commander. Pourtant à l'hiver 1943/1944, la Task Force 34/58, qui deviendra célèbre sous cette désignation, était prête à entrer en action[1]. La Task Force 34/58, la plus puissante armada de l'his-

1. Au contraire des Nippons qui maintenaient au combat leurs hommes jusqu'à ce que mort s'ensuive, les Américains mirent au point un système de rotation avec périodes de repos qui concernait les combattants de tout grade, y compris les amiraux. Ainsi la flotte de porte-avions d'escadre avait deux équipes de commandement et leurs états-majors : la 3e Flotte de l'amiral Halsey et la 5e Flotte commandée par l'amiral Raymond Spruance. Après chaque opération, les deux états-majors permutaient et celui qui était relevé pouvait récupérer, tout en mettant au point le plan de la prochaine campagne. Lorsque Halsey exerçait le commandement, la flotte était désignée Task Force 34 et devenait Task Force 58 à la relève par l'amiral Spruance.

Les navires de la force rapide de porte-avions dans l'atoll d'Ulithi en 1944. *US Navy/ collection A.D. Baker*

toire, allait refermer le couvercle du cercueil de la Marine japonaise et le clouer pour de bon.

En février 1944, la Task Force 58 de l'amiral Marc Mitscher, maintenant composée de quatre task groups réunissant douze porte-avions, attaqua la flotte japonaise au mouillage à Truk, détruisant la base et boutant la flotte impériale du Pacifique central. Bourru pionnier de l'aviation navale, Mitscher, secondé par son légendaire chef d'état-major le *captain* Arleigh Burke, menait la Task Force 58 comme une mécanique bien huilée. À la fin mai, les préparatifs de l'invasion des îles Mariannes s'achevaient. Situées à 2 800 km de Tokyo, elles mettraient la capitale à la portée des nouveaux quadrimoteurs de bombardement lourd B-29. L'archipel étant essentiel pour la défense de la métropole, les Japonais étaient décidés à se battre jusqu'à la mort. Il en résulta la plus grande confrontation de porte-avions de toute la guerre.

Dès que les forces d'invasion de la 5ᵉ Flotte de l'amiral Spruance débarquèrent sur les plages de Saipan au début juin, toute la flotte impériale sortit de sa base du Nord Bornéo pour contre-attaquer. En arrivant dans le secteur, le 19 juin, les neuf porte-avions de la flotte japonaise aéronavale reconstituée (trois unités lourdes, trois moyennes et trois légères) lancèrent la première frappe contre la Task Force 58 (comportant sept porte-avions lourds et huit légers). Ce fut leur chant du cygne. Les chasseurs américains, dirigés par les radars et l'artillerie antiaérienne des navires cassèrent l'offensive nippone. Des trois cent vingt-six avions lancés contre la flotte américaine, deux cent vingt furent descendus. Pas un seul bâtiment américain ne fut coulé ou même sérieusement endommagé.

Le lendemain, la flotte américaine dénicha les porte-avions japonais et lança la contre-attaque. Pulvérisant les derniers avions nippons survivants, les Américains coulèrent le porte-avions *Hiyo* et plusieurs précieux pétroliers-ravitailleurs et endommagèrent de nombreuses autres unités avant de regagner la Task Force 58 [1]. Le surlendemain, la flotte vaincue se retirait au Japon. Les aviateurs de la flotte aéronavale japonaise avaient payé un tel prix que leurs porte-avions ne constitueraient jamais plus une force crédible. Lors de l'invasion des Philippines en octobre 1944 par la 3e Flotte américaine, les quatre porte-avions japonais engagés dans la bataille du golfe de Leyte servirent uniquement de leurres et finirent détruits par les attaques aériennes de la Task Force 34.

La révolte des amiraux, le USS *United States* (CV-58) et la guerre de Corée

À la reddition du Japon en septembre 1945, les États-Unis disposaient de plus d'une centaine de porte-avions en service ou en construction. Quelques mois plus tard, la marine était sabrée pour n'être plus que l'ombre de ce qu'elle avait été peu de temps auparavant. Seuls les bâtiments les plus récents et les plus performants, porte-avions comme autres unités de surface, furent maintenus en activité dans cette mini-marine. L'explication de cette réduction drastique tenait dans la fin du conflit et le fait que la menace de l'Axe était éliminée. Mais les coupes effectuées au détriment de la marine comme des autres forces conventionnelles avaient aussi d'autres motifs.

En fait le développement de l'arme nucléaire était la raison principale. Le lobby de la toute récente United States Air Force (USAF) avait persuadé l'administration Truman que ses bombardiers lourds armés de la bombe atomique protégeaient la paix et

1. En plus de la perte du *Hiyo*, les Japonais perdirent les porte-avions lourds *Shokaku* et *Taiho* sous les coups des sous-marins américains.

les intérêts des États-Unis, tout en s'affranchissant d'imposantes et coûteuses forces terrestres et navales. Argument spécieux que les événements se chargeront d'infirmer. Mais qui provoqua immédiatement une « guerre sainte » entre la marine et l'aviation à la fin des années 40.

L'hostilité était bien antérieure. Elle puisait ses racines dans les années 20 dans les confrontations opposant la marine et le *Brigadier General* (grade qui assimile le récipiendaire à un officier général) Billy Mitchell. Ce dernier, visionnaire et apôtre acharné de la puissance aérienne, n'était pas un homme facile à vivre. Il avait déjà mené une campagne perdue à convaincre les responsables de l'armée du bien-fondé de ses convictions aéronautiques. Dans le même temps, la poignée d'aviateurs militaires voyait d'un œil réprobateur le développement de l'aviation maritime comme un détournement de crédits qui auraient dû leur être alloués. Pour prouver le danger de ce déséquilibre, Mitchell et ses aviateurs (à l'encontre des ordres) coulèrent à la bombe aérienne le cuirassé allemand *Ostfriesland* qui faisait partie des prises de guerre. Démonstration mal perçue par la marine. En 1925, excédés par les attaques vipérines de Mitchell, ses supérieurs le traduisirent devant une cour martiale devant laquelle il persista à déclarer que l'aviation rendait toutes les marines du monde désuètes et inutiles. Comme on s'en doute, la marine ne resta pas sans réagir. Elle répondit à ces accusations par des campagnes publiques et fit tant et si bien que la carrière de Mitchell fut brisée. Les tenants de Mitchell ne l'oublièrent jamais. Avec pour résultat une lutte à mort pendant des dizaines d'années.

Le sommet de cette guerre atteignit son paroxysme en 1949 pour l'affectation des armes nouvelles. À l'époque, comme de nos jours, les nouveaux systèmes d'armes étaient coûteux. La marine et l'aviation n'envisageaient pas de compromis : tu gagnes/je perds (et réciproquement). Le combat se circonscrivait à deux possibilités. La défense de la nation reposait soit sur le bombardier stratégique B-36 (armés de bombes H), soit sur une nouvelle flotte de super-porte-avions à capacité d'armement nucléaire. Le budget de la défense ne permettait la mise en place que d'un système. La marine perdit. La construction du premier super porte-avions, le USS *United States* (CV-58) fut arrêtée quelques jours après avoir commencé aux chantiers de Newport News en Virginie.

Outragés, l'état-major de la marine et tous ceux qui représentaient quelque chose plaidèrent la cause de l'aviation maritime lors d'interventions passionnées devant le Congrès (pour ne pas dire que les marins tirèrent à boulets rouges) qui mettaient en cause la capacité du B-36 et la connivence du ministre Johnson et de l'Air Force. Le ministre ne perçut pas la campagne avec sérénité. Beaucoup d'amiraux de haut rang furent mis à la retraite et la marine paya le prix fort tant au point de vue du personnel que des allocations de crédits [1]. Néanmoins, des fonds furent débloqués pour remoderniser des porte-avions d'escadre qui commençaient à accuser le temps et pour développer de nouveaux avions à réaction.

Mais les dieux manifestèrent à leur façon contre la faiblesse du budget de l'administration Truman avec le conflit coréen qui prit les États-Unis, comme le monde entier, le « froc baissé ». À l'exception de quelques unités de l'Air Force au Japon et de rares porte-avions avec leur escorte, il n'y avait pas grand-chose pour s'opposer au raz de marée nord-coréen qui déferlait sur le Sud. S'articulant autour du USS *Valley Forge* (CV-45) et du porte-avions léger britannique *Triumph*, la Task Force 77 fut chargée par les Nations unies d'interdire le transit de matériel et de personnel nord-coréens. Au fil des ans, la Task Force 77 allait exercer une présence permanente dans cette région tourmentée, non seulement pendant la guerre de Corée mais tout au long de la guerre froide.

Pendant trois ans, les chasseurs-bombardiers embarqués semèrent la destruction sur les forces nord-coréennes puis chinoises dès leur intervention de novembre 1950. Pour les pilotes et les équipages aériens des porte-avions, la guerre de Corée n'engendrait pas la gloire. Ce n'était qu'une suite de combats sans fin, dans un climat implacable, et chaque succès n'arrivait pas à faire se dessiner la victoire. Il en allait différemment pour les pilotes de l'Air Force qui, à bord de leurs chasseurs F-86 Sabre, se coltinaient les pilotes coréens, chinois et soviétiques de MiG-15 dans « l'allée des MiG ». Pour les pilotes de la marine et des Marines embarqués, la Corée signifiait l'attaque des mêmes ponts et des mêmes voies ferrées que la semaine précédente, et qu'ils devraient encore bombarder la semaine suivante. Pourtant, la Corée apportait la démonstration

1. L'un des rares rescapés de cette purge fut l'amiral Arleigh Burke qui deviendra – non sans raison – l'un des plus grands responsables de l'US Navy.

à l'Amérique de l'utilité d'une aviation embarquée pour répliquer à des confrontations potentielles au cours de la guerre froide.

Avec la fin du conflit coréen et l'avènement d'un nouveau président, le cas des porte-avions prit une autre tournure. Dans les années qui suivirent, le premier des quatre super porte-avions de la classe *Forrestal* (CV-59) sortirait des chantiers et constituerait un modèle pour tous les autres porte-avions à venir. Malgré tous les bouleversements technologiques (des réacteurs nucléaires aux missiles surface-air à guidage radar) les *Forrestal* ont modelé les porte-avions américains des quarante années suivantes. Parallèlement, la réalisation d'avions comme le F-4 Phantom II, le E-1 Tracer, le S-2 Tracker et d'autres a présidé à l'actuelle composition des escadres aériennes embarquées. Dans le même temps, les rôles et les missions des porte-avions et de leur escorte – que leurs mouvements apparentaient à des pions sur l'échiquier mondial de la guerre froide – s'imposaient dans l'esprit des responsables politiques qui pouvaient les utiliser. Le binôme *Forrestal* et son potentiel aérien formaient le parfait cocktail au temps de la guerre froide. Moyennant quelques améliorations structurelles et aéronautiques, il a perduré en accomplissant parfaitement sa mission.

Procédures critiques : atterrir et décoller du pont

Qu'est-ce qui rend possible une aviation embarquée ? Apparemment les conditions techniques des appareils maritimes diffèrent peu des aéronefs conventionnels et des avions conçus pour décoller à terre. Il importe d'atterrir et de quitter le navire et que l'avion soit assez robuste pour répéter ces manœuvres... un certain temps.

Besoin de vitesse pour annuler le vent

Outre la griserie qu'elle engendre, la vitesse est essentielle aux porte-avions pour deux raisons :

- Une vitesse élevée génère un vent au niveau du pont d'envol qui facilite le décollage et l'appontage des avions.
- Une vitesse élevée soutenue permet au porte-avions de gagner rapidement un point éloigné dans le monde.

Un vent soufflant sur le pont d'envol amène un avion à une vitesse limite tout en gardant assez de puissance pour se maintenir en l'air. Plus basse sera cette vitesse (sans aller jusqu'au crash !) plus facile sera le catapultage (ou décollage) comme l'appontage (considération qui prend d'autant plus d'importance si le bâtiment est soumis au tangage). Ce flux d'air s'obtient déjà en mettant le bâtiment *dans* le vent. Chaque nœud acquis par la vitesse équivaut à un nœud de vitesse supplémentaire pour l'avion en configuration de décollage ou d'appontage, et c'est la raison pour laquelle les porte-avions se placent toujours dans le vent pour leurs mouvements aériens. Si les propulseurs du bâtiment sont poussés au maximum, le vent sera d'autant plus puissant. Exemple, si vous avez un vent de quinze nœuds et que le porte-avions navigue à 25 nœuds, vous pouvez lancer ou réceptionner vos avions à 40 nœuds *en deçà* de leur vitesse de décrochage. Générer le vent sur le pont maximise la charge utile de l'avion et réduit la tension à laquelle le pont est soumis. Cela signifie que, de tous les navires, le porte-avions est celui qui utilisera le plus souvent sa vitesse maximum. Mais les porte-avions n'ont pas seulement besoin d'une pointe de vitesse (pour les décollages et les appontages), il leur faut une vitesse soutenue, s'ils ont besoin de traverser les océans dans les meilleurs temps. La meilleure solution reste encore le prépositionnement. Soutenir une vitesse élevée pour une certaine durée impose des contraintes. Un grand nombre de bâtiments sont capables de fournir des pointes de vitesse au maximum de leur puissance et pendant un temps limité, mais ils n'en sont pas moins conçus pour naviguer à un rythme plus économique. La vitesse de croisière de 12 nœuds d'un cargo lambda, qui transporte des voitures ou des chaussures de sport, convient parfaitement, mais il en va différement pour un porte-avions croisant en mer de Chine et qui reçoit l'ordre de rallier le golfe Persique en quelques jours. Ce qui implique que l'ensemble propulseur du porte-avions doit être capable de développer une vitesse élevée pendant des jours, voire des semaines, sans risquer de réparations ou de révisions. C'est l'une

Un prototype du F/A-18E Super Hornet prêt pour un essai de catapultage à partir du USS *John Stennis* (CVN-74). Le patron de l'avion guide le pilote vers le sabot de la catapulte qui propulsera l'appareil. *US Navy*

des raisons pour lesquelles les réacteurs nucléaires et leurs machines si fiables sont tellement appréciés pour les porte-avions depuis près de trente ans. Jusqu'où va le « assez rapide » ? La plupart des spécialistes des marines de guerre estiment que les porte-avions ont besoin d'une vitesse minimum de 33 nœuds (61 km/h) afin de disposer du meilleur éventail de possibilités pour leurs opérations aériennes en dépit de conditions météorologiques, et afin de pouvoir soutenir des vitesses au moins égales à 20 nœuds (37 km/h) pour gagner une zone de crise.

Catapultes et brins d'arrêt : comment décoller et apponter

Malgré les vastes dimensions des porte-avions, l'espace du pont d'envol qui focalise l'activité aérienne est minime. Parce qu'un porte-avions génère autant de mouvements aériens qu'un aéroport régional sur une superficie bien inférieure (environ 4,5 acres pour un bâtiment de la classe CVN-68 *Nimitz*), il va de soi que des muscles mécaniques pour faciliter les décollages et les appontages des avions ne sont pas superflus. C'est ainsi que, depuis des lustres, les constructeurs de porte-avions utilisent les techniques bien éprouvées de la catapulte (qui fournit à l'avion la vitesse vitale pour s'arracher du pont) et des brins d'arrêt (qui stoppent sa poussée lors d'un appontage).

L'actuelle génération de catapultes n'est rien d'autre que des pistons actionnés par la vapeur... mais capables de projeter une Cadillac à près de 1 km. Une sacrée puissance ! Qui n'est pas de trop pour faire s'envoler d'un pont d'envol des avions comme l'intercepteur F-14 bourré d'électronique, de missiles et de bombes intelligentes, ou un E-2C Hawkeye de surveillance électronique. Comment fonctionne une catapulte ? Pour faire simple, disons qu'elle se compose de deux cylindres-moteurs de quelques dizaines de mètres de longueur qui propulsent deux pistons coulissant dans ces cylindres. Ces pistons sont reliés à un patin glissant dans un rail solidaire d'un sabot en caoutchouc synthétique coulissant, incorporé dans une encoche au niveau du pont. La roulette de nez de l'avion destiné à être catapulté est attelée à cette navette au moyen d'une élingue de lancement (câble d'acier). Au moment du catapultage, la vapeur à haute pression produite par les chaudières du porte-avions comprime les cylindres derrière les pistons. Quand la pression voulue est atteinte, le sabot entraîne l'avion. Au terme de sa course (l'extrémité du pont d'envol) l'élingue se dégage du sabot et libère l'avion. Pistons et sabot sont alors ramenés dans leurs logements à l'arrière des rails en prévision du prochain catapultage.

Les catapultes sont des équipements complexes, très exigeants au niveau maintenance et entretien et qui ont la fâcheuse propension à tomber en panne ou hors service s'ils ne bénéficient pas de soins amoureux. C'est l'une des raisons qui ont amené quelques pays à choisir pour leur(s) porte-avions une rampe de lancement pour des avions à décollage et atterrissage vertical ou court (V/STOL) comme le Harrier, qui s'affranchit d'une catapulte. Il est vrai que la technique de la catapulte est relativement primaire mais la taille des pistons et la magnitude de la puissance développée posent de sérieux problèmes de conception et de construction. Très peu de nations ont les connaissances techniques ou les capacités industrielles pour maîtriser ce problème. Ainsi les Français à la fierté exacerbée mais hautement compétents (ils n'admettront jamais d'être seconds en matière militaire) ont acheté des catapultes américaines pour leur récent super-porte-avions *Charles de Gaulle*. Après vingt-cinq ans d'essais, les Soviétiques n'ont pas réussi à mettre en œuvre une catapulte digne de ce nom pour leur porte-avions *Kouznetsov*.

Si décoller d'un porte-avions n'est pas une sinécure, y apponter est carrément effrayant ! Ainsi poser un chasseur-bombardier conventionnel comme le F/A-18 Hornet équivaudrait à faire le saut de l'ange à partir d'une fenêtre du deuxième étage et à atteindre de votre langue un timbre-poste. Au cours de la guerre du Viêtnam, les spécialistes cherchèrent à déterminer le plus grand stress des aviateurs de l'aéronavale au cours d'une mission. Le rythme cardiaque enregistré prouvait qu'il était de loin inférieur lors d'un bombardement à celui d'un appontage par mauvais temps. Pour faciliter les appontages et réduire l'appréhension des pilotes, la marine a mis au point une série d'aides et d'assistances automatiques. Il n'en reste pas moins que, une fois posée, comment arrêter une masse de 30 à 40 tonnes qui développe une poussée de plusieurs centaines de kilomètres/heure ?

Bien, vous mettez un crochet à la queue de votre avion (la fameuse crosse d'appontage) et vous « chopez » l'un des câbles (brins d'arrêt) en travers du pont. Ces brins sont des câbles d'acier très extensible et de haute résistance tendus en travers de la portion arrière du pont d'envol. Ils sont généralement au nombre de quatre. Le premier est placé à l'extrémité du porte-avions (surnommée la « rampe » par les aviateurs de l'aéronavale) ; le second, à environ une trentaine de mètres et ainsi de suite. Le dernier se situe juste après l'angle formé par « l'angle-deck » ou pont latéral et le pont principal. L'espace créé est souvent mis à profit par le pilote pour accrocher.

Que se passe-t-il si un pilote loupe les brins ? Les porte-avions conventionnels possèdent cet angle-deck avec un angle de 14° sur la gauche vis-à-vis de la ligne médiane du pont principal. Avec pour résultat que, si un avion n'accroche pas, il ne risque pas de percuter les avions parqués à l'avant du pont principal. Au contraire il poursuit sa course sur la gauche. C'est la raison pour laquelle à

Un prototype du F/A-18E Super Hornet va accrocher un brin d'arrêt lors d'essais à bord du porte-avions *John Stennis* (CVN-74). *Boeing Military Aircraft*

chaque appontage, dès que le pilote sent que son train touche le pont, il met la manette des gaz à fond. Ainsi, s'il ne perçoit pas le rassurant crochage du brin (et ce n'est pas un vulgaire claquement), il dégage comme s'il effectuait un « touch and go » et reprend sa place dans le circuit d'appontage. Ce qui s'appelle « décamper », et la majorité des marins aviateurs ont connu cette expérience bien des fois au cours de leur carrière.

En règle générale, accrocher le dernier brin est considéré comme dangereux car votre approche risque d'être trop basse et vous faire toucher la poupe du porte-avions (surnommée « la rampe surprise »). Voilà le risque du numéro quatre. Et parce que vous ne disposez pas d'espace pour regagner de la vitesse, vous risquez le décrochage et l'écrasement en essayant de prendre de l'altitude pour vous remettre dans le circuit. Accrocher le deuxième brin est acceptable. Mais le troisième brin rallie tous les suffrages (le « OK trois » pour les équipages). Il laisse un espace confortable entre lui et la poupe et permet le maximum de roulage pour regagner de la vitesse et de la puissance en cas de « décampage ». Accrocher le numéro trois est faire preuve de professionnalisme et de maîtrise. Pour peu que votre habileté et votre courage soient reconnus et que vous collectionniez les « OK trois », c'est la voie royale pour les promotions et un bon déroulement de carrière.

Que se passe-t-il après ? Vous avez chopé le « OK trois », la crosse de votre piège* a bien croché un brin mais vous continuez à foncer à toute vitesse et vous pouvez dépasser l'angle-deck à tout moment si rien ne va dans les règles. Autrement dit, la tension ne s'interrompt pas dès l'accrochage. Les extrémités de chaque brin sont reliées à une série de pistons hydrauliques amortisseurs de recul qui régulent la tension du brin. Quand la crosse accroche le brin, les pistons absorbent l'énergie cynétique de l'avion et provoquent son arrêt rapide. Dès que l'avion est immobilisé, le pilote rétracte la crosse et quitte rapidement l'aire d'appontage sous la direction d'un directeur de pont**. Pendant ce temps, les brins se remettent en place en prévision du prochain appontage qui doit succéder au précédent, le plus rapidement possible. Avec une

* Avion. (*N.d.T.*)

** Les « chiens jaunes » de notre aéronautique navale. (*N.d.T.*)

équipe de pont confirmée, les porte-avions contemporains sont capables d'accueillir un avion toutes les 20 à 30 secondes.

Les cellules des avions : l'écrasement contrôlé

Chaque avion de combat subit d'énormes contraintes. Pourtant, comparé à un Airbus qui dessert, disons, Paris-Nice, les avions embarqués ajoutent le choc des catapultages et des accrochages de brins lors de l'appontage qui ne sont pas autre chose que des « écrasements contrôlés ». Ainsi tout avion embarqué, chasseur comme avion de soutien, a besoin d'une cellule renforcée, beaucoup plus musclée que celle d'un F-16 de l'USAF qui opère à partir d'une base terrestre et de son magnifique réseau de pistes, longues et larges. Cette robustesse additionnelle de l'avion embarqué (comparée à celle de leurs cousins terrestres, parfois du même type) présente aussi l'avantage d'une protection supplémentaire quand des « sales types » veulent à tout prix vous envoyer au tapis à coup de missiles ou de projectiles antiaériens ! Le revers de la médaille est que, en raison de cette surcharge, les avions embarqués ont une capacité d'emport de charges et de rayon d'action inférieure à leurs homologues terrestres.

Pénalité structurelle qui pourrait bien devenir une chose du passé. Les avionneurs actuels disposent d'une série de matériaux structurels non métalliques (alliages, carbone-carbone, etc.) ainsi que d'une nouvelle génération de machines-outils informatisées qui réalisent la conception, elle-même informatisée. Il en résulte une génération futuriste d'avions embarqués à la fois légers et résistants, capables de performances similaires à celles des avions terrestres. Cela explique le succès à l'exportation d'avions conçus pour l'aéronavale comme le F/A-18 Hornet, adopté par les armées de l'air australienne, finlandaise et suisse. En matière de performances, le Hornet ne le cède en rien à ses rivaux de chez Lockheed Martin, Dassault-Bréguet, Saab, MiG et Sukhoi. De fait, la nouvelle génération d'avions tactiques américains ne devrait pas être handicapée par une pénalité « structurelle ». Les plans prévoient trois versions (terrestre, embarquée et V/STOL) structurellement similaires et donc aux performances identiques. Ce qui n'est pas si mal pour un aéronef embarqué, actuellement pénalisé par les centaines de kilogrammes supplémentaires de cellules renforcées et d'équipements spécifiques.

Toutes les techniques que nous avons vues et leurs applications technologiques ont fait du porte-avions un bâtiment qui tutoie la perfection. Et pourtant des changements interviendront dans les prochaines années. Par exemple, le développement de la technologie des propulseurs débouchera sur des aéronefs à tuyère basculante qui les fera s'affranchir des catapultes pour les décollages et des brins d'arrêt lors des appontages. Quelle que soit l'avancée technologique, on peut être sûr que les avionneurs d'aéronefs maritime sauront en tirer le maximum d'avantages qui leur feront gagner une livre sur la charge emportée, ou un nœud de vitesse, ou un gain sur le rayon d'action. Parce que nous vivons dans un monde sordide et cruel !

Les Ailes d'or :
La vie d'un marin aviateur

« Pourquoi l'Amérique a-t-elle la chance d'avoir de tels hommes ? Ils quittent ce minuscule bâtiment pour voler vers l'ennemi. Au retour, perdus au-dessus de l'immensité de la mer, ils doivent le retrouver. Et quand ils le voient, il leur faut se poser sur ce pont qui roule. Où avons-nous trouvé de tels hommes ? »

Les Ponts de Toko-Ri
James Michener, 1953

Quand James Michener écrivit ces mots, il y a près de cinquante ans, les ponts des porte-avions étaient droits, construits en bois et la génération originelle de pilotes d'avions à réaction embarqués faisait ses premières armes sur eux. Les porte-avions, les jets et leur pilotage ont grandement changé depuis mais ces mots présentent toujours la même résonance aujourd'hui.

Les aviateurs de la marine sont un trésor national. Ils sont les premiers combattants de l'air de l'Amérique. À l'instar de leurs frères du Marine Corps, ils ont la certitude d'être engagés les premiers si des troubles éclatent. Si pour quelques-uns d'entre eux, cela ajoute un attrait supplémentaire, la condition d'aviateur de la marine cache bien autre chose que d'avoir le privilège d'incarner la première cible. Être aviateur naval requiert une vocation et une condition physique au-dessus de la moyenne (notamment une acuité visuelle et une coordination psychomotrice exceptionnelles, quel que soit le stress) et des sacrifices que les autres pilotes militaires ne peuvent imaginer. Tout cela confère aux marins aviateurs une mystique ô combien justifiée (en grande partie).

Décoller d'un porte-avions et y revenir contribuent à cette mystique. Un vieux dicton chez les pilotes dit que le vol n'est pas intrinsèquement dangereux, il est tout simplement inoubliable. Rien n'est plus vrai mais il existe des exceptions notables – « se chier » sur le pont d'un porte-avions qui roule et qui tangue par une nuit d'orage en est une. C'est cette pratique – l'appontage sur un pont instable sous n'importe quelles conditions – qui différencie d'abord un pilote de la marine de tous les autres. Il n'y a rien de comparable entre, d'un côté, décoller d'une longue piste en dur d'une base terrestre et, de l'autre, la tension et les responsabilités qui assaillent le pilote embarqué à chaque catapultage. Dès que le pilote s'arrache du porte-avions, il doit oublier qu'il pourrait bien se perdre lors du retour, ne pas revenir à bord et être éjecté au-dessus de flots hostiles. L'enjeu est terrible avec un appareil de 50 millions de dollars (sans compter la carrière). Maîtriser une telle tension et les responsabilités inhérentes au service implique une race particulière d'aviateurs.

Heureusement pour les pilotes de la marine, cette maîtrise ne repose pas sur leurs seules épaules. Ils n'ont plus à l'assumer seule. Le monde de l'aéronavale ne représente qu'une fraction au milieu de l'Air Force, aussi tout le monde se connaît et chacun est solidaire des autres. Ce n'est pas sans rappeler la fraternité d'une grande école (pour le meilleur comme pour le pire). Pour être plus précis, l'aéronavale forme une mosaïque de communautés (ceux des F-14, F/A-18, EA-6B, etc.) au sein de laquelle un aviateur pourra passer jusqu'à vingt ans de sa vie. L'aspect positif est le soutien que l'on y trouve. Le point noir c'est que les aviateurs sont d'incurables compétiteurs. Vos pairs comptent toujours les points.

Un tel milieu engendre des personnalités affirmées, de celles qui ont hissé l'homme en haut de la chaîne alimentaire. Pour y réussir, il faut un ego d'acier, une intelligence fulgurante, déborder d'ambition et faire preuve de larges qualités sociales. Il appartient aux plus doués d'en faire profiter les autres.

> « Un pilote de la marine (selon la légende en tout cas) commença à hurler : "J'ai un MiG en plein ! Un MiG en plein !" Ce qui signifiait que l'ennemi avait manœuvré pour se placer

juste derrière sa queue*. Dans la radio, une voix irritée rompit le monologue : "Tais-toi et meurs en aviateur." Il faut être un pilote de l'aéronavale pour apprécier la fin de l'histoire. Un bon pilote de la marine est un authentique aviateur ; dans l'Air Force, ils ont une ribambelle de pilotes mais sans la véritable étoffe. »

The Right Stuff (Tom Wolfe, 1979)

La marine n'hésite pas à entraîner durement ses équipages aériens. Franchement, ils en bavent. Alors que les autres armes insistent sur la promesse pour leurs officiers d'avoir une carrière confortable et programmée, les aviateurs embarqués des unités de combat se focalisent sur leur préparation. Ça ne signifie pas que les aviateurs de la marine soient dégagés des tâches quotidiennes. Ils abattent de la paperasse comme n'importe qui. Mais encore une fois, la marine met plus l'accent sur l'entraînement au combat que l'armée et l'aviation n'en dispensent à leurs unités de « garnison ». L'aviateur naval type passera cinquante pour cent de son temps à se tenir prêt au combat et à entretenir ses compétences. Si le nombre d'heures de vol qu'accomplissent mensuellement les aviateurs de la marine est égal à celui de leurs homologues de l'Air Force, la finalité du vol et son environnement sont très différents. La plus grande partie des vols est consacrée au combat aérien et à l'entraînement tactique. La sécurité fait l'objet d'une obsession maniaque et qui demande beaucoup de travail et de pratique.

Quand un groupe aérien embarqué (CVW) est destiné à servir en mer, les équipages en prennent pour six mois d'entraînement et d'épreuves probatoires de qualification opérationnelle. Le CVW est envoyé dans un centre spécial de guerre aérienne de la base aérienne navale (NAS) de Fallon au Nevada durant plusieurs semaines pour se roder aux opérations combinées de frappes aériennes. Juste avant ce déploiement, le CVW mène une série de vols de simulation d'opérations très réalistes dont le rythme et l'intensité sont supérieurs à ceux d'une réelle campagne opérationnelle. Une telle préparation fait de l'aviateur naval, quand il rejoint son porte-avions pour un déploiement outremer de six mois, l'un des mieux préparés au combat au monde. Ce n'est pas de la vantardise. Son-

* En jargon de pilote, il le « suçait »... (*N.d.T.*)

gez que, depuis 1972, pas un seul aviateur de l'aéronavale n'a été descendu en combat aérien et que, dans une génération de combats, du Viêtnam à Tempête du désert (Irak 1990-1991), le ratio de victoires en faveur des marins aviateurs est de 17 à 1.

En plus de vols mouvementés, la vie d'un aviateur de l'aéronavale lui apporte l'excitation de long déploiements extérieurs qui durent au moins six mois. Une carrière sur vingt ans procurera à l'officier huit à dix de ces « croisières ». Dès qu'un groupe de combat aéronaval croise dans la région qui lui est impartie, même s'il s'agit d'eaux « amies » comme le Pacifique occidental ou la Méditerranée, les avions (même en mission d'entraînement) sont armés en munitions réelles. C'est que, dès que vous êtes en croisière, la seule différence entre un vol conventionnel et un vol de combat tient uniquement à la position du bouton de tir placé sur le manche à balai. Cela est révélateur de la confiance des responsables nationaux en chaque pilote. Entre le président et un acte potentiel de guerre, il n'y a que la décision d'un jeune pilote de l'aéronavale. On comprend mieux la rigueur de l'entraînement et le maintien des critères professionnels.

La culture de l'Aéronautique navale

Bien que j'aie rencontré des pilotes de chasse qui jugent excitant d'être abattus et portés disparus (ils adorent vivre dans cet état de tension extrême), aucune guerre n'est une bonne guerre. La guerre n'est en aucune façon « drôle ». Pourtant, pour les jeunes gens qui y prirent part, la Seconde Guerre mondiale fut la plus belle des guerres. Ils avaient des avions formidables, des ennemis qui étaient de *vrais* ennemis et une victoire légitime à gagner. L'industrie américaine produisit de superbes avions (comme le F-6F Hellcat et le TBF/TBM Avenger) à bord desquels un jeune homme, après deux ans d'école militaire et cinq cents heures de vol d'entraînement, pouvait atteindre une certaine sécurité au combat, retourner à la base et repartir à la castagne. Ces jeunes gens qui décollaient d'un porte-avions pour combattre étaient d'origines diverses, acteurs de cinéma, garçons de ferme, futur président des États-Unis. La série de victoires qu'ils remportèrent – Midway, la mer de Corail, le golfe de Leyte et tant d'autres – atteste de la valeur de la marine et de sa sagesse en misant sur l'aéronavale.

La clé de ce succès tient dans le vaste réseau de bases-écoles qui formèrent des dizaines de milliers de pilotes et membres d'équipage. À titre comparatif, et alors que la guerre tournait mal pour eux, les Japonais et les Allemands engagèrent des équipages avec un bagage aéronautique de plus en plus réduit. Les responsables américains de l'aéronautique navale jugeaient criminel d'affecter un jeune « poulet de grain [1] » sur un porte-avions ayant moins de cinq cents heures de vol. Plutôt que de maintenir au front les vétérans jusqu'à ce qu'ils soient tués, comme le faisaient les nations de l'Axe, les pilotes de l'aéronavale américaine (souvent contre leur volonté) étaient renvoyés au pays, après un tour d'opérations, pour se requinquer et entraîner les élèves-pilotes avant de repartir en opérations. De cette façon, les vétérans pouvaient recharger leurs batteries tandis que les bleus bénéficiaient de l'expérience de leurs anciens.

Sur place, les conséquences de cette politique ont été qu'à la fin de la guerre (par exemple, durant les batailles de la mer des Philippines et du golfe de Leyte en 1944) les formations aériennes embarquées étaient commandées par des capitaines de frégate ayant deux ou trois cycles opérationnels, tandis que les unités japonaises se contentaient, dans le meilleur des cas, de lieutenants de vaisseau avec quelques centaines d'heures de vol à leur actif. Les résultats étaient prévisibles. Au cours d'affrontements à l'issue toujours en faveur des Américains, ces derniers balayèrent du ciel leurs ennemis avec un ratio de victoires de plus de dix à un [2]. L'implacabilité

1. Jargon de la marine qui s'applique à un pilote fraîchement émoulu de l'école de formation et affecté à son premier embarquement ou à sa première mutation à l'extérieur.

2. L'engagement le plus violent intervint au début de la bataille du golfe de Leyte quand le commandant de l'Air Group Nine du porte-avions *Essex* (CV-9), le capitaine de frégate David McCampbell et son ailier, le lieutenant Roy Rushing, engagèrent une formation de plus de cinquante chasseurs japonais. McCampbell en descendit au moins neuf tandis que Rushing s'en adjugeait six. Fait sans précédent dans l'histoire de la chasse américaine, tout conflit et armes

du rouleau compresseur américain accula les Nippons à recourir aux kamikazes, les avions suicide, pour tenter d'arrêter l'inexorable assaut. Ce fut un échec supplémentaire. L'aéronavale avait gagné la grande guerre du Pacifique en rendant possibles les assauts amphibies des Marines et des unités de l'armée tout en balayant des mers les navires ennemis. Pour expliquer la reddition qui tomba après les bombes nucléaires d'Hiroshima et de Nagasaki, le feu atomique fut plus une excuse que la vraie raison.

Vous pouvez vous poser la question suivante : la guerre a t-elle eu un impact sur la culture de l'aéronautique navale aux États-Unis ? Elle a forgé une tradition de succès et de confiance – succès et confiance basés sur un entraînement rigoureux. Cette tradition se maintiendra même au cœur des jours les plus sombres de la guerre du Viêtnam et les années qui suivront cette horreur.

La corrosion : l'ère du Viêtnam

Déjà avant la fin de la guerre de Corée, de nouveaux porte-avions venaient d'entrer en service et une nouvelle génération de chasseurs à réaction commençait à apparaître sur leurs ponts. On avait l'impression que chaque mois voyait l'éclosion d'un nouveau porte-avions, d'une arme ou d'une innovation technique. L'âge d'or pour l'aéronautique navale. Il en sortit beaucoup d'astronautes qui mèneront l'Amérique à la conquête de l'espace et de la lune. Il y eut aussi le revers de la médaille. Les nouveaux avions à réaction n'étaient pas fiables – sous-motorisés –, et leurs réacteurs avaient une fâcheuse propension à prendre feu ou à exploser. Avec pour conséquence immédiate de faire de l'aéronautique navale, toujours dangereuse, une profession carrément mortelle. Motivés et risquant le tout pour le tout dans les airs comme dans leur vie personnelle, les marins aviateurs adoptèrent une attitude fataliste devant leurs chances d'atteindre l'âge de la retraite. Il en résulta une philosophie du « vivre au jour le jour » à partir des années 60 et du Viêtnam.

Avec le début de la guerre du Viêtnam, ce fatalisme augmenta exponentiellement car le taux de pertes des équipages de l'aéro-

---

confondus. Pour ce fait d'armes, McCampbell reçut la Medal of Honour et Rushing la Navy Cross.

navale en mission au Sud-Est asiatique (dues à la DCA, aux missiles sol-air (SAM) et aux intercepteurs MiG) réduisait à pratiquement à zéro les chances de survivre à une carrière de navigant sur vingt ans. En plus d'une pénurie d'équipages opérationnels et, pour des raisons de politique interne, incapable d'impliquer des vétérans sur plus de deux tours opérationnels, la marine connut un moment critique en matière de pilotes. En plus du manque de navigants disponibles, le conflit eut un effet corrosif sur l'ensemble de la communauté aéronautique navale. Les équipages aériens de la flotte de l'Atlantique, dont les porte-avions n'avaient pratiquement pas l'occasion de permuter au Sud-Est asiatique, devinrent presque des équipages de seconde catégorie comparés aux ténors des combats de la flotte du Pacifique. Et l'impact de cette guerre empoisonna de plus en plus le moral des aviateurs qui en revenaient.

> « Je doute que monsieur McNamara et son équipe puissent trouver une once de morale dans leurs ordinateurs. »
>
> Vice-amiral Daniel V. Gallery, 1965*

Le Viêtnam fut une guerre que les aviateurs ne pouvaient gagner. Ceux de l'aéronavale perdirent leurs premiers camarades avant l'incident du golfe du Tonkin de 1964 et furent les derniers à avoir les « pieds au sec » lors de l'évacuation de Saigon en 1975. Entre ces deux dates, la marine maintint en permanence deux à trois porte-avions à la « Yankee Station » (le nom de code américain pour la zone opérationnelle des porte-avions au nord du golfe du Tonkin) pour participer à l'effort commun de bombardement des forces nord-vietnamiennes. Pour les marins aviateurs, ce fut un aspect de la guerre incompréhensible, notamment pour ceux qui avaient grandi dans le contexte de la guerre froide. Ils se trouvaient

* L'amiral Gallery est une légende pour l'US Navy. Commandant du porte-avions *Guadalcanal* en 1944, il réussit à réaliser un projet qui le tenaillait depuis sa prise de commandement, à savoir la capture d'un bâtiment ennemi. De fait, le sous-marin allemand U-505 fit les frais de cette volonté et de la compétence des marins américains. L'U-Boot est toujours visible au musée des sciences de Chicago. L'amiral – dont le patriotisme est difficilement contestable – fait partie de ces responsables militaires qui ont toujours désapprouvé l'engagement américain au Sud-Est asiatique. (*N.d.T.*)

ligotés par d'absurdes règles d'engagement qui régissaient impérativement les voies d'approche des objectifs, les tactiques et l'armement. Le ministre de la Défense Robert S. McNamara, brillant mais à l'esprit tordu, et son équipe de « jeunes prodiges » sont responsables de cette absurdité. Au cours d'une des pires gaffes militaires d'un siècle qui n'en manqua pas, ils se gardèrent bien d'écouter les responsables de terrain sur la conduite de la guerre aérienne. Au contraire, ils s'imaginèrent pouvoir mener une guerre électronique, imparable, à partir de leurs bureaux de Washington. Il en résulta le pire fiasco militaire de l'histoire de l'Amérique.

Privés de tous moyens de victoire, les pilotes embarqués accomplissaient quotidiennement mission sur mission à partir de Yankee Station mais le taux de pertes – avions abattus, pilotes capturés ou tués – sème encore l'effroi chez les historiens contemporains [1]. Leur mission : ne pas entreprendre d'actions qui puissent déboucher sur une victoire militaire mais délivrer à l'ennemi des « messages politiques » de la part des responsables de Washington qui ne comprirent jamais que l'ennemi de Hanoï n'avaient rien à faire de ces messages. Dire que les équipages furent traumatisés reste bien en deçà de la vérité.

> « Le pilote de chasse manifestait très vite le besoin de s'associer uniquement avec d'autres pilotes de chasse. Qui d'autre pouvait comprendre l'équation valeur/mort avec laquelle ils étaient toujours confrontés ? Et quel autre sujet pouvait soutenir la comparaison ? C'était obsessionnel ! »
>
> *The Right Stuff* (Tom Wolfe, 1979)

Dans chaque communauté régulièrement soumise au stress, à la tragédie et à la folie d'une guerre « limitée », les survivants se lient de façon unique. Il en est ainsi avec les pilotes de l'aéronavale qui

1. Les pertes les plus importantes se produisirent lors du déploiement des USS *Oriskany* (CVA-34) et du CVW-16 en 1967/68. En 122 jours d'action dans le golfe du Tonkin, trente-neuf avions du CVW-16 furent perdus au combat comme en accidents, ce qui représente vingt aviateurs tués et sept faits prisonniers soit la moitié des avions embarqués et plus de 10 % du personnel. Des déploiements au Viêtnam aboutissant à plus de vingt appareils perdus n'étaient pas rares.

connurent le Sud-Est asiatique. Ils affrontèrent la mort de face et ils gagnèrent (n'oublions jamais que les pilotes de chasse sont d'incurables compétiteurs). De « l'étoffe des héros », ils étaient les détenteurs de la combinaison magique du courage, de la fierté et des compétences qui leur permettait d'accomplir des actions avec une précision satanique que nulle machine ne pourrait répéter jour après jour. Ils étaient de vrais guerriers qui – dès la fin du conflit – n'envisageaient rien de mieux que de passer leurs moments de détente entre eux.

Bientôt, la communauté aérienne de la marine s'isola d'elle-même non seulement de la société américaine mais même de la marine, ce qui n'alla pas sans frictions. Il en résulta une sous-culture qui persista dans les carrés des formations aériennes à bord des ponts-plats comme dans les clubs d'officiers des bases américaines et extérieures (comme Cubi Point aux Philippines). Le plus apparent était que les aviateurs qui sortaient des opérations frisaient l'insubordination. Cela comprenait des beuveries dans les espaces réservés aux unités aériennes dans les ports de mouillage des bâtiments de Yankee Station et le beuglement de chansons de corps de garde lors du retour à la base à l'heure du lever. Les pachas des navires comme les commandants des formations aériennes fermaient les yeux sur ces débordements de jeunesse. Tout en déplorant la conduite des aviateurs, les pontes de la marine la toléraient jusqu'aux plus hauts échelons du Pentagone. La raison voulait que la nature perverse de la guerre du Viêtnam autorisât les aviateurs à « lâcher la vapeur » dans les mêmes termes. Il s'ensuivit une douzaine d'années de beuveries et de partouzes dès que les équipages n'étaient plus en mission ou au combat.

> Une loi de la nature veut que l'alcool entretient tous les conflits. Et les garçons de Cubi ne connaissaient jamais de pénurie de « carburant ». Quand ils ne marchaient pas sur les genoux, c'était « à moi la terre, les murs m'abandonnent » mais ils se requinquaient avec le golf, la natation ou la plongée sous-marine.
>
> *On Yankee Station*,
> *Commander* John B. Nichols et Barrett Tillman, 1987

Les effets de la débauche suscitée par l'expérience vietnamienne affectèrent l'aéronautique navale pour une génération. Quand bien même la fin de la guerre s'accompagna d'un semblant de retour à la normale à bord des bâtiments (officiellement, c'était « l'alcool ne passera pas ! »), l'esprit des aviateurs resta marqué. Ils se considéraient désormais comme les gardiens d'un savoir tribal – une connaissance intrinsèque et ésotérique dont ils étaient les seuls détenteurs et qui les autorisait à dire comment les opérations aéronavales en temps de guerre devaient être conduites. En tant qu'anciens de la tribu, ils jugeaient impératif de transmettre ce savoir aux aviateurs les plus prometteurs de la génération suivante. C'est ainsi que lorsque les jeunes officiers subalternes au moment de la guerre du Viêt-nam devinrent commandants de formations aériennes ou de porte-avions, ils prônèrent de vivre intensément – boire sec, s'éclater sexuellement –, bref, tout l'héritage de casse-cou qu'ils avaient reçu. Ça allait devenir une bombe à retardement.

Les dernières années de la guerre froide virent l'aéronautique navale et son personnel vivre dans un vacuum prophylactique qui les préserva des grandes secousses sociales qui agitaient la société américaine. Grâce à ce vide sanitaire institué par leurs chefs, les équipages qui partaient en croisière allaient vivre complètement déconnectés du monde civil dans une bulle hermétique aux influences extérieures. Le désastre couvait. Il éclata en 1991 au Hilton de Las Vegas.

La gangrène et la fin de la guerre froide

Durant les vingt ans qui suivirent le Viêtnam, les mouvements féministes et ceux des droits civiques transformèrent la société américaine. Parallèlement, ces deux révolutions touchèrent peu les forces armées, notamment la marine et encore moins l'aéronautique navale. En dépit de réformateurs comme l'amiral Elmo Zumwalt (chef des opérations navales au début des années 70), l'esprit de l'aéronavale resta inchangé [1]. Elle restait un sanctuaire professionnel

1. Elmo Zumwalt s'était déjà fait un nom en améliorant les conditions du personnel de base de la marine. Il fut largement responsable de l'impulsion favorable aux forces armées composées de volontaires après la guerre du Viêtnam. Il contribua également à la restauration des relations entre le corps des

pour les Blancs de la classe moyenne confortés par les associations familiales de la deuxième ou troisième générations. Pourtant, ironiquement, au cours de l'opération Tempête du désert, l'aéronautique navale, même en traînant les pieds, se retrouva sur la même route que le reste de la population américaine.

La désagrégation de la puissance militaire commença dès la fin des années 40, quand le président Harry S. Truman prit une décision à cet effet. Qui eut peu de retombées immédiates sur l'aéronautique navale car peu de Noirs postulaient à la rejoindre. Pourtant une petite phalange afro-américaine prit le taureau par les cornes. Jesse Brown, le premier Noir de cette phalange, perdit la vie au combat en Corée. Il faudra bien d'autres sacrifices comme celui de Brown pour faire admettre une certaine minorité au sein de la marine. L'admission des femmes dans l'aéronautique navale prit davantage de temps. Et malheureusement à ce jour, cette intégration à parité égale est inachevée. Il n'en reste pas moins que la révolution féministe a modifié de façon irréversible le monde militaire américain, y compris l'aéronautique navale.

Il est tout aussi vrai que des questions fondamentales restent sans réponse. Des femmes soldats sont-elles nécessaires ? La nature humaine l'exige-t-elle ? L'égalité des droits doit-elle en passer par là ? Je ne me hasarderai pas à répondre. Mais il en est une sur laquelle je peux être affirmatif sans grand risque : les femmes sous l'uniforme connaîtront-elles le combat ? La réponse est oui. Elles l'ont connu et ça continue. Sur le fond, il n'existe aucune situation conflictuelle qu'une femme entraînée ne pourraît maîtriser. Depuis l'avènement d'une armée de volontaires depuis le début des années 70, l'armée a recruté un grand nombre de femmes dans ses rangs. À l'origine, elles ne pouvaient postuler qu'à des postes de non-combattants dans des postes de soutien, de maintenance ou administratifs. Toutefois, cette conception fit long feu et la notion de « non-combattant » et de « soutien » s'édulcora vite et le rôle des femmes s'en trouva valorisé. Au début des années 80, on en voyait aux commandes d'avions de transport et d'hélicoptères ainsi que d'avions d'entraînement et de servitude.

---

officiers et le personnel subalterne, notamment en matière de respect et de courtoisie entre ces deux communautés.

Mais les femmes pilotes de l'aéronautique navale restent interdites de bord en raison des restrictions qui régissent la présence de femmes à bord d'un bâtiment de guerre. Je me dois de préciser que ces restrictions sont d'ordre *législatif* et *non* du fait de la marine. La législation qui restreint le rôle des femmes embarquées – et limite le rôle des femmes au combat – relève de l'article 10 du Code fédéral américain qui doit être amendé et approuvé par le Congrès. Les officiers de carrière peuvent avoir leur opinion sur le bien-fondé ou l'inanité de cette restriction (le devoir de réserve les contraint à la garder pour eux) mais leur ultime responsabilité se situe davantage au niveau du gouvernement qu'à celui de leur position hiérarchique.

Quoi qu'il en soit, la situation des femmes de l'aéronautique navale au terme de la guerre froide n'avait rien d'une sinécure. Étant systématiquement écartées des affectations au sein d'unités d'intercepteurs et de chasseurs-bombardiers, toute promotion et commandement valorisants leur étaient fermés, au contraire de leurs homologues masculins qui, en monopolisant les affectations de première ligne, les reléguaient au rôle de potiches. La fin de la guerre froide changea tout ça. Deux fois au cours de la présidence Bush, les forces américaines furent engagées au combat, opération Juste Cause (Panama) et Bouclier du désert/Tempête du désert (golfe Persique). Au cours de ces campagnes (nonobstant l'article 10 et autres restrictions), des femmes se trouvèrent au cœur de la tourmente. Certaines commandaient des unités qui se trouvèrent impliquées au combat, même s'il s'agissait d'un rôle de « soutien » (police militaire, batteries de missiles anti-missiles Patriot, hélicoptères de transport, etc). Quelques-unes furent faites prisonnières et certaines furent tuées. Après la courageuse et professionnelle conduite au feu des femmes lors de ces deux confrontations, les Américains ne pouvaient que s'interroger sur les raisons qui écartaient les femmes des unités opérationnelles d'intervention.

Peu après la guerre du Golfe, le Congrès ne tarda pas à amender l'article 10 et ouvrit aux femmes des responsabilités opérationnelles jusqu'alors réservées au personnel masculin. Dorénavant, les femmes pouvaient être incorporées dans des équipages de combat et servir à bord de navires de guerre. À la fin de 1997, seules les unités de combat de l'armée (infanterie, artillerie, blindés, etc.), les forces d'opérations spéciales et les sous-marins restaient fermés aux femmes. Et moins de deux ans après Tempête du désert, les services se livraient à une compétition pour mettre les premiers des femmes aux commandes d'avions de combat. Pourtant, le changement ne se fit pas en douceur.

Ainsi, la première femme pilote de bombardier dans l'US Air Force fut contrainte de démissionner pour raison d'adultère. La presse transforma l'affaire en véritable cirque médiatique. La première femme pilote de l'aéronavale se tua lors de sa tentative d'éjection d'un F-14 Tomcat au cours d'une mauvaise approche du USS *Abraham Lincoln* (CVN-74). Erreurs et échecs, quel que soit le nom que vous leur donnez, qui ne facilitèrent pas la condition des autres femmes pilotes qui briguaient d'atteindre le statut de pilote de combat. Mais c'est le parti pris contre les pilotes féminins qui constitua le plus gros écueil. Une fois de plus, les pilotes mâles avaient un os à ronger. D'autant plus que la fin de la guerre froide engendra une réduction des forces armées et que bon nombre de pilotes de l'aéronautique navale furent « largués » et se retrouvèrent dans le civil. Les « vieilles tiges » ne purent rien pour infléchir cet état de fait mais ressentirent d'autant plus mal l'invasion des femmes (au nom du « politiquement correct ») en remplacement de leurs compagnons. La mentalité de ces hommes qui prenait ses racines au Viêtnam leur faisait condamner ces innovations « socioculturelles ». Aussi rien d'étonnant à ce que les premières femmes pilotes de la marine se soient heurtées au harcèlement moral et à l'hostilité ouverte des navigants masculins avec qui elles volaient.

Mais le scandale éclata au cours du week-end du 1er mai 1991 à l'hôtel Hilton de Las Vegas : il fut baptisé « l'incident de Crosse d'appontage ». Incident qui déborda au point de devenir un réquisitoire contre les traitements réservés aux femmes servant dans les marines. « Crosse d'appontage » était une réunion annuelle des aviateurs de l'aéronautique navale et de leurs supporters de Las Vegas au Nevada, qui depuis longtemps véhiculait une réputation de beuverie et de débauche[1]. Mais Crosse d'appontage 1991 fit

1. Le nom reprend celui d'une association civile dont la vocation est la promotion et le soutien de l'aéronautique navale. Cette association qui sponsorise les réunions à Las Vegas n'a aucune responsabilité dans le scandale de

exploser les ultimes barrières de la décence : plusieurs femmes officiers et des subalternes féminines furent prises à partie par des soûlards de l'aéronautique navale qui ne se maîtrisaient plus. Une femme officier rapporta les événements auprès du commandant de son unité qui refusa de prendre des sanctions (d'autres allèrent jusqu'au mensonge pour couvrir les protagonistes irresponsables de Crosse d'appontage). Cette femme officier porta alors l'affaire devant la Chambre d'investigation de la marine. Une enquête officielle fut entamée et le scandale parvint jusqu'aux médias.

Dans le même temps, la marine sabota si bien l'enquête que pas le moindre chef d'accusation ne put être prononcé contre les officiers accusés de violences et d'outrages contre les femmes. Puis, la situation échappa aux responsables de la marine. Il en résulta la démission (forcée) de plusieurs officiers supérieurs comme de pontes civils. Dans la foulée, des milliers d'officiers de marine, complètement étrangers à cette affaire, virent leur carrière entachée par les retombées politiques. La cassure ne tenait pas tant au bâclage de l'enquête et à l'idiote politique de la marine. Moins encore au fait que des officiers se soient enivrés, aient molesté des femmes puis menti (ce dernier point est suffisamment dégradant). Outre les beuveries, la débauche, le machisme, le problème central restait la culture tribale de l'aéronautique navale qui en faisait un clan à part. Les aviateurs de la marine, un bastion d'exclusivité masculine, avaient clairement fait savoir qu'ils refusaient les femmes dans leurs unités de combat. D'autres problèmes allaient surgir. Pourtant – lentement – on apercevait le bout du tunnel.

Les aviateurs de l'aéronautique navale après l'affaire « Crosse d'appontage »

Il avait fallu payer le prix fort, connaître des crises, mais l'esprit des aviateurs de la marine évolua après l'affaire. Aujourd'hui, le nombre de femmes servant à bord de navires de guerre ne fait que

---

« Crosse d'appontage » (ce qui fut dûment prouvé par l'enquête du ministère de la Défense). Cette association accomplit un travail épatant et publie un superbe magazine, *The Hook*.

Des aviateurs terminent une journée de vols au carré des « chemises dégueu » du USS *George Washington* (CVN-73). Ceux des flottilles embarquées apprécient particulièrement ces moments empreints de camaderie. *John D. Gresham*

croître. Chaque groupe de combat aéronaval a ses équipages féminins et le personnel féminin non volant augmente. Qu'elles soient aux commandes d'hélicoptères décollant de plate-formes des navires d'escorte ou de chasseurs patrouillant dans des zones d'interdiction, les femmes sont là et n'ont pas l'intention de se faire évincer. Certes, beaucoup de vieilles traditions de la marine s'en sont trouvées reléguées dans les souvenirs. Certains changements sont d'une simplicité biblique, ainsi ce nouveau règlement qui stipule que chaque membre d'équipage doit dormir revêtu (au moins) d'un T-shirt et d'un sous-vêtement pour éviter certaines « expositions » nocturnes au personnel parcourant les coursives la nuit ; les marins ont appris à frapper et à attendre l'autorisation d'entrer dans un carré féminin. De façon plus substantielle, des bâtiments ont été reconstruits avec des zones de repos et des sanitaires séparés. C'est le plus important changement dans la philosophie de la marine depuis l'introduction du volontariat des années 70. La marine a tiré d'importantes leçons de l'intégration effective des femmes dans des unités et des domaines auxquels rien ne les prédisposait :

- **La masse critique** – Les êtres humains ne sont pas conçus pour exercer seuls des métiers dangereux. Sans partenaires disposant du même état d'esprit pour partager les problèmes et les solutions, les émotions et les échecs, un individu sera vite tenté de baisser les bras ou sera soumis à une grande tension. Aussi les femmes embarquées ont-elles besoin de partager leurs expériences avec des consœurs (tout comme les hommes le font avec des copains). Forte de cette réalité, la marine n'affecta plus de femmes isolées au sein d'une flottille ou d'une escadre mais constitua de petits noyaux féminins. La marine désigne cette affectation comme « masse critique ». Maintenant que les femmes peuvent s'épauler, la tension d'être « nouvelle » et « différente » dans le milieu à dominante masculine de l'aéronautique navale est infiniment mieux gérée. C'est ainsi que l'on trouve des formations volantes avec trois ou quatre femmes ou pas du tout. Cette « masse critique » permet à une jeune femme fraîchement émoulue de l'académie militaire de surmonter l'impact émotionnel des rigueurs de la première affectation à bord.

• **Le recrutement** – Si la « masse critique » facilite l'intégration des femmes au sein d'unités particulières, en trouver suffisamment est une autre affaire. Car les entreprises américaines mènent une guerre acharnée pour s'attacher les quelques femmes bardées de licences en des domaines phares comme les mathématiques, les sciences, l'ingénierie et l'informatique et le petit nombre de ces génies désireux de rejoindre l'armée est assez restreint. Beaucoup de femmes tentées par une carrière militaire préfèrent s'enrôler dans l'armée ou l'aviation dont la culture présente moins de difficultés d'adaptation. La marine paie ses efforts de recrutement dépourvus d'attraits envers les femmes (et les minorités). Tout reste à faire dans le futur pour redorer le blason.

• **Les standards** – Si l'expérience du vol est inoubliable, les standards de performances et de compétences chez *tous* les aviateurs doivent être respectés. Une leçon que la marine a apprise à ses dépens. Faire preuve d'indulgence ne conduit qu'à l'échec, à la perte d'un appareil de 50 millions de dollars et au malheur d'une famille. Les femmes de l'aéronautique navale qui servent dans les formations actuelles ne trichent pas, pas plus qu'elles ne bénéficient de faveurs quelconques pour avoir le droit de siéger dans un habitacle. Ce qu'elles font, elles le font *bien*. C'est-à-dire qu'elles font exactement *tout* ce que font leurs homologues masculins aux commandes d'un avion et selon les mêmes standards. Et ceci, plus que n'importe quel autre argument, a fini par faire admettre les aviatrices navales au sein des unités aériennes.

• **L'entraînement** – La société actuelle ne prépare guère les hommes et les femmes à vivre et à travailler dans les conditions qu'impose une marine moderne. Après les échecs mis au jour par Crosse d'appontage et devant l'esprit de clan de l'aéronautique navale, la marine institua une série de séminaires *obligatoires* destinés aux officiers et qui se tiennent à différents moments de leur carrière. Parallèlement, *tous* les personnels reçurent une formation complémentaire pour les sensibiliser sur les relations entre officiers et marins de sexe opposé. Aux yeux de la marine, ces efforts pédagogiques n'ont rien à voir avec le « politiquement correct ». Depuis que l'enseignement du civisme, des bonnes manières et des relations sociales sont de moins en moins dispensés aux jeunes par leurs familles et l'école, les services de la marine ont jugé qu'il leur appartenait d'éduquer les leurs. Les manières comptent !

Toutes ces initiatives ont commencé à élargir le champ d'action des femmes et leur ont permis de mettre un pied dans les formations aériennes de la marine. Il reste quelque chose qui ne s'enseigne dans aucune formation ou séminaire pour appartenir à la sphère des guerriers. Difficile d'apprendre à un « bleu » comment devenir « un des mecs » dans l'unité de sa première affectation. Pas toujours facile même si l'on a un chromosome Y. Quel que soit leur sexe, tous les aviateurs navals doivent être chevillés à leur unité, s'ils veulent surmonter la tension émotionnelle et psychique inhérente à leur première croisière. Les aviateurs dont c'est le cas sont traditionnellement bousculés (moralement) par les moustachus de l'unité et pour une bonne raison. Cette pression n'a d'autre but que de faire émerger les battants.

Un certain nombre d'aviateurs n'ont pas survécu à la pression de la première affectation opérationnelle et il en est ainsi de beaucoup de femmes qui ont essayé. Reconnaissons que certaines de ces dernières ont fait preuve d'un grand courage, identique à celui des pionnières des droits civiques. Elles sont allées là où aucune de leurs consœurs n'était allée. Celles qui réusissent comptent souvent parmi les meilleures de leur promotion. Elles doivent le rester.

En contrepartie, ceux qui sont destinés à prendre le commandement de flottilles ou d'escadres aériennes devront témoigner d'une plus grande sensibilité et de compréhension devant les conditions des « poussins », tous sexes confondus. Un plus dont toute la communauté de l'aéronautique navale retirera un bénéfice car plus on gardera d'officiers subalternes après leur période originelle, moins il faudra former de nouveau personnel. À plus de 1 million de dollars par individu, ce n'est pas négligeable pour le budget.

La matière brute : le recrutement

Comment devient-on pilote dans la marine ? Faisons un rapide tour d'horizon d'une hypothétique carrière dans l'aéronautique navale. Même si cela ressemble à une bouffée d'orgueil ou de vantardise, il n'en est rien : les jeunes qui choisissent de tenter l'aéronavale appartiennent à ceux qui veulent faire partie de « l'élite de l'élite ». Si vous êtes capable de décoller et d'atterrir aux commandes d'un aéronef moderne du pont d'un porte-avions ou d'une plate-forme de croiseur, destroyer, frégate ou d'un bâtiment amphibie, vous n'aurez jamais à faire la preuve de vos qualités de pilote devant quiconque. Personne, ni les Britanniques, ni les Israéliens, ni même l'US Air Force, ne fabrique de meilleurs pilotes que l'US Navy. À l'instar de l'entraînement de base du Marine Corps qui produit des fantassins hors pair, la marine forme ses aviateurs dès la base puis à l'entraînement au combat avec des procédures insurpassées. Bien sûr que l'USAF et les autres armées de l'air forment d'excellents pilotes de combat. Cela va sans dire. Toutefois, si vous cherchez un pilote rompu à toutes les facettes du combat aérien et sachant opérer de nuit à partir d'un pont d'envol qui roule et tangue sous les coups de boutoir d'une tempête, alors n'hésitez pas, adressez-vous à la marine.

À quel genre de personne la marine est-elle désireuse de confier ses avions ? Il ou elle devra avoir quatre ans d'université [1]. Avant la Seconde Guerre mondiale, la plupart des élèves pilotes sortaient

1. Des postes ne requérant pas de diplômes universitaires sont encore vacants dans l'aéronautique navale mais ils se limitent au personnel subalterne spécialisé dans la manutention des cargaisons des avions de transport, les parachutistes chargés de sauvetages et quelques opérations concernant des capteurs. En règle générale, tous les postes à responsabilité sont confiés à un officier.

de l'École navale. Mais au fur et à mesure de l'évolution de la guerre, la demande d'équipages se faisait sentir et les critères de sélection pour les élèves pilotes furent ramenés à deux ans d'école supérieure. Aujourd'hui, les services de la marine estiment que la responsabilité de piloter un avion de 50 millions de dollars (doté à lui seul d'une électronique et d'une informatique supérieures à celle d'une flotte entière vingt-cinq ans auparavant) exige quelqu'un bardé de diplômes universitaires. Le pilote moderne doit maîtriser l'ingénierie, la tactique, être un athlète autant qu'un officier de marine avec les tâches et missions afférant à cette condition.

Une fois que vous êtes diplômé et désireux de voler au-dessus des flots pour votre pays, que votre vision et votre condition physique sont bonnes, que vous êtes apte à subir les batteries de tests psychologiques et de coordination, que vous manque-t-il ? D'abord, être officier de l'US Navy ou du Marine Corps [1]. Si vous sortez de l'École navale (ou en l'occurrence de West Point ou de Colorado Springs), vous êtes immédiatement commissionné officier de réserve avec le grade de midship ou d'enseigne de vaisseau de 2e classe [2]. Il en est de même si vous avez achevé avec succès le cycle d'officier de réserve du Training Corps dans une université. Mais si vous êtes simple universitaire postulant à l'aéronautique navale, il vous faudra passer par une école d'élèves officiers (OCS) qui vous dispensera la formation de base identique à celle des officiers de la marine et du Marine Corps. De ces écoles qui existaient dans tout le pays, il n'en subsiste plus que deux : Quantico, en Virginie, pour les Marines et Pensacola, en Floride, pour la marine. Mais que vous soyez promu midship ou enseigne de vaisseau, pour vous installer dans un cockpit et tâter du manche à balai, il vous faudra passer par la base aéronavale (NAS) de Pensacola.

---

1. Le cycle de formation navale forme également les équipages des Coast Guards qui dépendent du ministère des Transports. L'aéronautique navale américaine accueille aussi des élèves étrangers pour les former comme pilotes d'aéronautique navale.

2. Quelques années auparavant, les élèves promus recevaient automatiquement leur commission dans l'active. Mais dans un souci d'égalité vis-à-vis de ceux qui ne sortent pas de l'École navale, chaque nouvel officier reçoit sa commission au titre de la réserve. C'est à partir de sa promotion de lieutenant qu'il peut demander la régularisation de son statut dans le cadre de l'active.

NAS Pensacola : le creuset de l'aéronavale

Pensacola tire son nom de la baie où la base est implantée. Sa création remonte à 1914. Mais les relations de la région avec la marine remontent bien avant. Découverte au XVIe siècle par le navigateur espagnol Tristan da Luna, la baie provoqua l'intérêt de l'US Navy au début des années 1800 en raison des arbres magnifiques qui constituaient les forêts alentour. Or, les arbres représentaient la matière première des chantiers de constructions navales au XIXe siècle. En 1825, la marine y construisit un arsenal proche de l'actuel site de la base aéronavale. De Pensacola, les voiliers américains menèrent des patrouilles qui mirent fin au trafic d'esclaves et à la piraterie au milieu du XIXe siècle. Détruite par les forces confédérées en retraite lors de la guerre de Sécession, la base fut rapidement reconstruite à la fin de la guerre civile. Gravement endommagée par les ouragans et les raz de marée de 1906, la base offrait trop d'avantages pour s'incliner devant les éléments. Elle fut non seulement reconstruite mais étendue.

L'association entre Pensacola et l'aéronautique navale commence en 1913 : la marine y établit une base d'entraînement avec l'assurance de bénéficier d'un climat identique tout au long de l'année, facteur de choix pour les besoins d'une aviation encore balbutiante. À partir de son ouverture, en 1914, la base va connaître une expansion croissante et le parc aérien à la fin de la Première Guerre mondiale comprendra tout ce qui vole : avions, hydravions, dirigeables et même cerfs-volants et ballons libres ! Mais au cours de la période de vaches maigres qui suivit la guerre, c'est seulement une centaine de pilotes qui y sera brevetée. Le tournant s'amorça dans les années 30 avec la création du programme de formation de cadets de l'aéronautique navale, conçu pour augmenter le nombre d'aviateurs en prévision de la guerre qui s'annonçait. Pour atteindre cet objectif, plusieurs autres bases de formation furent créées dont les NAS de Corpus Christi, Texas et Jacksonville en Floride. Dès lors, le complexe de formation pour l'aéronautique navale formera plus de 1 100 aviateurs par mois, chiffre qui se réduira dès la fin de la Seconde Guerre mondiale. Au cours des guerres de Corée et du Viêt-nam, 2 000 aviateurs seront brevetés annuellement et ce total

Le tarmac de la Naval Air Station de Pensacola en Floride. Cette base est le berceau de chaque aviateur de la marine, des Marines et des Coast Guards. *US Navy*

tombera à 1 500 pour la période de paix. Aujourd'hui, Pensacola est encore une solide pépinière de formation des équipages de l'aéronavale américaine.

La formation : la filière

Peu après son arrivée à Pensacola, l'élève pilote devra prendre une décision majeure, à savoir quelle filière choisir : pilote (NA) ou officier d'armes (NFO – officier de systèmes). Quoique le choix du postulant puisse être largement conditionné par les tests oculaires. Le degré d'acuité visuelle est le sésame – ou la voie de garage – pour un pilote. Les autorités insistent pour une bonne vision à longue distance mais une excellente vision nocturne est requise. Beaucoup de candidats comme NFO le sont en raison d'une acuité visuelle insuffisante pour la qualification de pilote. L'éventuelle désillusion s'estompe vite car l'expérience montre que la carrière d'un NFO est rarement décevante. Il arrive très souvent que le commandement d'une flottille ou celui d'une escadre soient décrochés par des NFO car beaucoup ont le sens du commandement et de la direction d'une communauté.

Quelle que soit la filière, les élèves partagent les mêmes salles de cours. Une période initiale de six semaines de préparation au vol leur dispense les connaissances et la pratique élémentaires en aérodynamique, motorisation, navigation et physiologie. Parallèlement aux cours théoriques, les élèves pratiquent des stages de survie en milieu humide, de préparation physique ainsi que les procédures d'évacuation d'urgence. Cette phase d'instruction augmente les connaissances basiques des élèves et offre une sérieuse chance supplémentaire à ceux qui n'ont pas étudié (par exemple) la physique ou l'informatique au collège. C'est à la fin de cette période que la filière offre deux voies : la formation élémentaire au pilotage (PFT) pour les élèves officiers systèmes d'armes (SNFO), l'autre s'adresse aux élèves pilotes (SNA).

La formation d'un pilote : la filière SNA

La PFT du SNA est sensiblement identique à celle d'un élève pilote civil briguant son brevet de pilote. Elle représente soixante-six heures de vol, des cours théoriques en salle ainsi que des séances de simulateur. La partie aérienne comprend les figures acrobatiques de base, le vol en formation et toutes les procédures militaires du vol. Il y a peu de différence avec la formation basique de l'USAF et de l'US Army. Mais récemment est intervenu un changement d'une importance capitale pour tous les navigants militaires américains. Ce changement résulte de la loi de réforme de la défense Goldwater-Nichols de 1986. Sur le fond, Goldwater et Nichols encourageaient la marine, les Marines et l'Air Force à s'entendre sur des unités composites (interarmes et polyvalentes) pour des missions combinées. L'entraînement au pilotage a donc fusionné les parties basique et élémentaire pour inclure un éventail de missions spécifiques ainsi que l'ingénierie des cellules. Pour ce faire, les différentes armes créèrent des unités d'entraînement à travers le pays et mirent au point les spécifications d'un avion d'entraînement commun, le T-6A Texan II, qui vient d'entrer en service. Extrapolé du Pilatus PC-9 suisse à turbopropulseur, cet appareil permet de dispenser une solide formation au pilotage.

Ainsi l'on peut trouver un jeune élève pilote à la base Vance de l'Air Force, près de Enid en Oklahoma. Affecté au 8th Flying Training Squadron, il va obtenir son brevet de pilote sur un T-37B de l'Air Force mais dans une unité composite commandée par un officier de marine. De semblables escadrons existent à la NAS de Pensacola, à Randolph AFB (aviation) et NAS Corpus Christi, au Texas, ainsi que sur d'autres bases. Depuis le succès de ces escadrons de formation commune au pilotage, un programme commun est à l'étude pour former les pilotes sur des appareils spécifiques. Un exemple : toutes les armes utilisant les versions du vénérable C-130 Hercules, il n'y aura bientôt plus qu'une seule unité d'entraînement et de qualification sur ce type d'appareil.

Au terme de leur formation élémentaire, les élèves pilotes font connaissance avec la communauté vers laquelle ils seront dirigés quand ils seront brevetés. Si pour la taille, les composantes aériennes de la marine sont réduites par rapport à l'US Air Force, leurs rôles et leurs missions offrent une plus grande diversité. À l'issue de la phase initiale du PFT, les élèves sont dirigés vers l'une des cinq filières suivantes (toutes ont des phases de transition et de perfectionnement) :

• **Attaque (chasseurs-bombardiers)** – Cette partie d'entraînement s'adresse aux élèves destinés à piloter les F-14 Tomcat, F/A-18 Hornet, AV-8B Harrier, EA-6B Prowler, S-3 Viking et ES-3 Shadow (avion AWACS de surveillance aérienne). La formation spécifique se déroule généralement à la même base où les élèves ont passé leur brevet élémentaire. Beaucoup de cours théoriques en aérodynamique, ingénierie, météorologie, transmissions, navigation. Et du vol. *Plein* d'heures de vol ! Au total, la phase de transition et de perfectionnement pour les avions de combat offre près de 150 heures de vol aux « poussins ». Vol diurne en conditions optima mais aussi vol aux instruments, la voltige aérienne (de précision, pas pour la frime), tirs, vols à haute altitude comme au ras des pâquerettes, combat aérien, manœuvres évolutives (ACM) et vol en formation. Le vol de nuit ainsi que celui sous les pires conditions météorologiques sont pratiqués, de même que l'approche aveugle du terrain uniquement par radar. C'est aussi la première confrontation avec la qualification redoutée d'appontage sur porte-avions. Les élèves sont préparés par un entraînement informatique intensif sur simulateur. Pourtant, quels que soient le degré de préparation et l'intensité des simulations, l'issue de ces seize mois d'intense entraînement reste incertaine.

Pendant des années, cette phase se déroulait sur T-2C Buckeye ou TA-4J Skyhawk, tous deux des biplaces d'entraînement confirmés. Après bien des problèmes divers et des retards, le remplaçant est enfin mis en service. Le T-45 Goshawk, extrapolé du British Aerospace Hawk mais largement modifié par les exigences américaines, est conçu pour assurer la formation intégrale des élèves, d'un bout à l'autre de la session « attaque ». Cela implique que l'avionneur (en l'occurrence Boeing par le biais de son rachat de McDonnell Douglas) assume l'intégralité des exigences – du simulateur jusqu'aux ordinateurs de bord, de l'avion d'entraînement T-45C au personnel de maintenance. Pour assurer la bonne marche du système de formation, la marine ne doit fournir que le personnel (instructeurs et élèves), une base et le carburant. La dernière version, le T-45C, offre un habitacle « vitrifié » agencé comme celui du F/A-18 ou comme celui d'autres avions tactiques que les élèves auront à piloter en unités[1]. Le T-45C est davantage qu'un clone des avions qu'il remplace. Grâce à sa motorisation – conséquente mais restant économique – et son nouveau système d'avionique, le T-45 constitue un vecteur d'entraînement peu onéreux tout en améliorant la qualité de l'entraînement et il colle aux différentes phases du cursus.

• **E-2/C2** – Cette phase de formation concerne les équipages destinés à opérer sur l'avion de surveillance E-2C Hawkeye et son cousin version transport C-2 Greyhound, tous deux dotés de deux turbopropulseurs. Ces avions sont bourrés d'équipements, donc très lourds et difficiles à piloter à partir de porte-avions. La filière E-2 est donc particulière. Certaines phases afférentes à des tactiques opérationnelles et à certaines armes sont supprimées. Les élèves font d'abord leurs premières armes sur T-44A Pegasus (bimoteur de Raytheon/Beech King Air) au sein de l'unité de transformation VT-31 à la NAS Corpus Christi, au Texas. La qualification finale est assumée par le VT-4 de la NAS Pensacola en Floride et sur T-45.

• **Maritime** – Depuis la mise en service de quadrimoteurs à

1. La plupart des avions de la nouvelle génération ne disposent plus des instruments et agencements du tableau de bord « de papa ». Les écrans numériques ont pris le relais. Ils offrent l'avantage d'une présentation claire et immédiate sans distraire l'attention du pilote des paramètres essentiels à l'équipage. De plus, leurs calculateurs peuvent être reconfigurés en cours de vol. Par exemple, au cours du décollage, l'équipage ne s'occupe que du plus important à la minute M. Entre cinq et douze écrans numériques équipent chaque appareil et recueillent l'adhésion des jeunes élèves.

Formation d'avions d'entraînement Boeing T-45 Goshawk. Version extrapolée du British Aerospace Hawk, ils constituent pour la marine une version économique et performante qui remplace les T-2 Buckeye et TA-4 Skyhawk. *Boeing Military Aircraft*

turbopropulseurs (le P-3/EP-3 Orion et C-130/KC-130/HC-130 Hercules), une filière maritime est instituée. Elle représente six semaines de perfectionnement qui s'ajoutent à la formation PFT.

Pendant vingt autres semaines (de perfectionnement), les élèves volent sur les T-44A Pegasus du VT-31 à la NAS Corpus Christi, ce qui représente quatre-vingt-quatre heures de vol aux instruments. Ces avions étant incapables d'opérer sur porte-avions, la formation sur multimoteurs insiste principalement sur les missions d'urgence et patrouilles tous-temps.

• **E-6** – L'une des missions les plus pointues de l'aéronautique navale (et unique dans la marine) est d'opérer sur E-6 Mercury ou TACMO (prise en charge et direction). La fonction originelle consistait à guider des missiles stratégiques Trident lancés par les sous-marins nucléaires américains. Mais l'éventail de leur mission s'est élargi. Extrapolé du Boeing 707, le E-6 Mercury est bardé de systèmes de communication et de gestion électronique du champ de bataille. Outre cet équipement propre aux missions TACMO, chaque E-6 emporte un état-major opérationnel du US Strategic Air Command (STRATCOM dépendant de la base d'Offut près de Omaha au Nebraska). Ce qui permet au E-6 de contrôler le lancement d'armes de *tous* les vecteurs nucléaires américains (bombardiers, missiles terrestres, missiles lancés par sous-marins) à partir d'un PC volant (relativement) protégé (cette mission était préalablement assumée par les EC-

135 Looking Glass de l'US Air Force). Dans l'hypothèse de la destruction par une frappe nucléaire du Commandement suprême à Washington et d'autres sites sensibles, l'avion TACMO serait toujours capable d'assurer la riposte. Cette mission hautement spécialisée a incité la marine à créer une filière spécifique pour ceux appelés à servir sur cet appareil. Si cette filière présente beaucoup d'analogies avec la maritime, l'entraînement sur multimoteur est assuré par le nouveau T-1A Jayhawk Tanker/Transport Trainer System (TTTS – extrapolé de l'avion d'affaire Raytheon/Beech 400A). Tout comme le T-45, le cursus de formation Jayhawk fait un usage extensif d'informatique et de simulateurs. Mais par-dessus tout, la filière E-6 met l'accent sur toutes les facettes du vol tous-temps et de l'exploitation de l'habitacle.
• **Hélicoptères** – Le parc aérien naval étant constitué pour la moitié de voilures tournantes, cette filière ne le cède qu'à celle des avions d'attaque pour le nombre d'élèves pilotes. La phase de transition se compose de six semaines après le PFT, principalement axées sur le vol aux instruments. Viennent ensuite les vingt et une semaines de perfectionnement de la filière hélicoptère qui se décomposent en cent seize heures de vol d'entraînement sur TH-57B/C Sea Ranger (la version navale d'entraînement du fameux hélicoptère Bell Jet Ranger). Parallèlement aux séances pratiques de vol, les études théoriques portent sur l'aérodynamique, la motorisation et l'ingénierie, le vol de nuit et à basse altitude en terrain accidenté ainsi que les procédures de recherches et de sauvetage en milieu hostile. Les épreuves finales se déroulent à bord d'un bâtiment spécialement configuré servant de plate-forme d'entraînement à l'atterrissage à la NAS de Pensacola.

L'affectation d'un élève à telle ou telle filière dépend de plusieurs facteurs mais il en est un crucial, le classement de l'élève pilote au terme de son PFT. En général, les mieux classés sont dirigés vers les affectations de prestige comme les intercepteurs et les chasseurs-bombardiers. Et comme les patrons d'unités aériennes et les commandants de porte-avions sont traditionnellement issus de ces deux milieux flatteurs, une affectation est synonyme d'envergure, de carrière tracée et de statut social. Néanmoins, de plus en plus de « poussins » choisissent d'autres spécialités telles que les hélicoptères ou les avions de servitude. Certains ont l'arrière-pensée que la pratique d'un avion de transport vaudra cher sur le marché civil, d'autres ne demandent pas autre chose que de piloter une catégorie particulière d'appareils ou de servir dans un cadre précis de missions. En fonction des aspirations des élèves pilotes, les responsables de l'orientation font leur possible pour les concilier avec les impératifs de la marine et du Marine Corps.

Chaque élève pilote subit une formation rigoureuse mais ceux des filières attaque et E-2/C2 ont la partie la plus difficile à savoir l'entraînement à l'appontage. On n'insistera jamais assez sur l'importance de cette épreuve dans la différenciation entre un pilote de l'aéronautique navale et l'un de ses confrères terriens. Atterrir sur une plate-forme mouvante comme peut l'être un navire est une entreprise qui demande une absolue précision à *chaque* fois. Le fait est qu'aucune autre épreuve de la formation d'un pilote ne *lessive* autant d'élèves. Le moment de vérité est bien celui où l'élève sort d'un virage pour s'aligner dans l'axe du porte-avions pour son premier appontage. Terrifiant. Le cœur bat la chamade. C'est fou ! C'est ce que chacun dit et éprouve au premier regard sur le porte-avions quand il réalise qu'il doit se poser sur *ça* et dans les quinze secondes !

Pour survivre à cette première phase de qualification sur porte-avions (et les aviateurs de l'aéronautique navale subissent des douzaines de sessions de rafraîchissement au cours de leur carrière), l'idéal est de faire le maximum de « bons » appontages dès cette première qualification. Parce que la moyenne d'un élève sera calculée en fonction de *toutes* ses tentatives d'appontage. Prendre un mauvais départ c'est comme creuser un trou dont on ne pourra s'extraire. La marine apprécie les « poussins » qui sont à « à l'aise » et « naturels » (comme si c'était *toujours* possible !) plutôt que les pilotes qui ont encore « à apprendre » ou qu'il faut « stimuler », car ceux-là sont considérés comme potentiellement dangereux et inaptes à la condition de pilote embarqué.

La formation des NFO : ceux de derrière

Pilotes et officiers systèmes d'armes ont besoin des uns et des autres pour survivre. Pas seulement pour un moment donné ou une circonstance. Les hommes et les femmes de l'aéronautique navale ont des attaches qui leur sont propres ; ils veillent les uns sur les autres, en l'air comme au sol. Cette fraternité, ajoutée à d'autres aspects valorisants de l'aéronavale, est un atout majeur pour rempiler. Tout comme pour les pilotes, la formation de base des NFO commence à la base de Pensacola pendant six semaines. Au terme desquelles les élèves NFO sont affectés à leur formation spécifique dispensée par le VT-10. Pendant quatorze semaines, ils reçoivent les données de base de tout aviateur et effectuent vingt-deux heures de vol sur avion d'entraînement. Même s'ils passent huit de ces heures au poste de pilote, ils ne sont pas admis à voler en solo. Après cela, la formation met l'accent sur tous les systèmes de l'avion, les procédures radio et de navigation tandis que l'étude en salle porte sur l'aérodynamique, les procédures d'urgence, les règles du vol et la maîtrise de tous les instruments et systèmes informatisés de vol. Cette phase initiale achevée, les élèves sont dirigés sur l'une des deux filières : navigateur et phase de perfectionnement de navigateur tactique :

- **Navigateur** – De cette filière sortent ceux destinés à opérer sur P-3 et EP-3 Orion ; C-130, KC-130 et HC-130 Hercules ; E-6 Mercury en mission TACMO. C'est le 562nd FTS de l'Air Force, basé à Randolph AFB au Texas, qui assume les vingt-deux semaines de formation. Les élèves enregistrent quatre-vingts heures de vol d'entraînement sur T-43A (un Boeing 737 modifié) pour s'initier aux difficiles vols à longue distance et à la navigation au-dessus de la mer. Ils se servent de toute la panoplie technique en service : instruments astronomiques, radio, équipement de navigation satellitaire et systèmes de transmissions informatiques fiables.
- **Navigateur tactique** – Le NFO non affecté au stage navigateur à Randolph AFB est dirigé sur la filière de perfectionnement de navigateur tactique (TNIT). « Tactique » parce que cette filière fournit les NFO à tous les avions de combat de la marine – F-14 Tomcat, S-3B Viking, E-2C Hawkeye, EA-6B Prowler. Les élèves sont pris en main pour quatorze semaines au VT-10 à Pensacola. L'entraînement en vol du TNIT familiarise les élèves à la navigation à basse altitude ainsi qu'aux procédures de contrôle des mouvements aériens. Cette période s'effectue

sur T-39N (version modifiée de l'avion d'affaire Sabreliner) mais un changement va prochainement intervenir car la transition commence à se faire avec le T-1A Jayhawk. Les avions de ce type épaulent le T-39N pour les épreuves de navigation. Au terme du TNIT, les élèves sont affectés à l'une des trois phases de perfectionnement suivantes :
– **Attaque :** Cette phase forme les NFO destinés à opérer sur S-3 Viking, ES-3 Shadow et EA-6B. Elle relève du VT-86 à NAS Pensacola qui met en ligne des T-2C (en instance de remplacement par les T-45), T-39N et T-1A. Les NFO volent soixante heures au cours des dix-huit semaines principalement consacrées à la navigation au-dessus de la mer et à basse altitude. Mais l'objectif majeur reste de bâtir la cohésion de l'équipage afin que, au cours du combat ou en situation d'urgence, il survive et accomplisse la mission qui lui est assignée. Le cycle attaque achevé, les NFO destinés aux EA-6B et ES-3 vont passer un stage spécial de guerre électronique à Corry Station qui fait partie de la base de Pensacola.
– **Attaque et Chasse :** Cette filière alimente la petite communauté des avions d'attaque biplaces en service dans la marine (F-14 Tomcat) et dans le Marine Corps (F/A-18D Hornet). Similaire au programme précédent, attaque et chasse est plus long (vingt-cinq semaines) pour affiner la pratique de l'interception et du combat radar, les manœuvres en combat aérien ainsi que les procédures d'attaques air-sol.
– **Contrôle aérien tactique (ATDS) :** C'est le stage qui forme les contrôleurs aériens qui volent sur E-2C Hawkeye. Ce stage a la particularité d'être assuré par une unité opérationnelle de la Flotte, le Carrier Airborne Early Warning Squadron 120 (VAW-120) de la base NAS de Norfolk. Les trente-deux heures de vol d'entraînement (sur vingt-deux semaines de stage) se déroulent à bord des E-2C opérationnels (ce qui est unique dans le cursus de formation des NFO).

Les « poussins » sont maintenant brevetés et peuvent savourer leurs efforts. Le couronnement vient quand ils reçoivent leur matricule d'aviateur de l'aéronautique navale et les fameuses ailes d'or de pilote. Depuis l'aube de l'aviation maritime, cet insigne est le seul emblème qui les différencie des autres officiers de marine.

L'heure est venue pour eux de rejoindre les communautés et les appareils qui seront au centre de leur carrière pour les prochaines années.

Sauf pour quelques-uns qui, avant de rejoindre leur premier embarquement, vont encore passer par une école. La fameuse SERE (Survie, Évasion, Résistance et Exfiltration) dont la rigueur du stage de formation en fait l'une des écoles les plus dures des écoles d'officiers. Beaucoup de ses aspects sont classés secret mais je sais qu'elle comporte des risques pour les pilotes à qui l'on aura confié des secrets ou des responsabilités vitales et qui seront alors confrontés à une situation quasi virtuelle de « prisonniers de guerre ». La SERE soumet les stagiaires aux mêmes pressions physiques et psychologiques que celles auquelles les soumettront en cas de capture l'un de nos actuels ennemis implacables (Corée du Nord, Iran, Irak, etc.). En 1996, il n'existait qu'une seule école SERE, ouverte à toutes les armes, et située sur la base aérienne de Fairchild près de Spokane, dans l'État de Washington.

Rejoindre la Flotte

Les officiers ayant opté pour un service aérien au sein de la marine ont maintenant un peu plus de deux ans d'apprentissage du milieu militaire et sont prêts à franchir l'obstacle final avant de rembourser le million de dollars d'investissement que coûte chaque vocation aux contribuables. Ultime qualification qui passe par un Fleet Readiness Squadron (FRS) qui affine leurs compétences professionnelles sur chaque type d'aéronefs en service dans la marine et le Marine Corps. Durant ce stage, la marine va inculquer à tous ses professionnels les ficelles pour les rendre dangereux quand ils seront en unités. Sous la supervision des instructeurs pilotes du FRS, les jeunots, pilotes comme officiers systèmes d'armes, vont apprendre toutes les procédures tactiques du combat : armement, systèmes électroniques/informatiques et capteurs de leurs avions. Les instructeurs sont eux-mêmes dûment sélectionnés pour leur efficience et ont à leur actif plusieurs croisières. Leur avis est

Le moment de vérité. Un pilote américain se prépare au catapultage de son F/A-18C à partir du USS *George Washington* (CVN-73). *US Navy*

déterminant pour l'affectation embarquée d'un jeune pilote. On trouve un FRS à bord d'un bâtiment où la « connaissance tribale » d'une communauté spécifique est en vigueur, pour être transmise à la nouvelle génération de navigants. Et c'est dans le cadre des FRS que sont nés beaucoup des nouveaux concepts opérationnels tactiques tant pour l'armement que pour l'électronique[1].

Pour les jeunes pilotes et officiers systèmes d'armes, la phase FRS peut se dérouler rapidement comme durer un certain temps ! Tout dépend de leur facilité à manier un appareil selon les critères des instructeurs FRS et de la disponibilité d'un poste dans l'une des unités embarquées. Les avions les plus pointus comme le F-14 Tomcat ou le EA-6B Prowler imposent une parfaite initiation du pilote en des domaines particuliers et qui demandent du temps. Quelques-uns sont rejetés pour un type précis d'avion et sont alors mutés sur un type moins exigeant.

1. Dans les années 60, lorsque le taux de victoires aériennes contre les MiG nord-vietnamiens se mit à fléchir de façon inquiétante, deux instructeurs FRS sur F-8 Crusader (James « Ruff » Ruliffson et J. R. « Hot Dog » Brown) créèrent l'école qui deviendra célèbre sous le nom de Top Gun. Plus récemment, le FRS de la NAS Oceana en Virginie dota un F-14 d'un pod modifié d'acquisition laser pour le largage de bombes intelligentes. Ce petit truc augmenta d'environ 25 % le nombre d'avions pour chaque porte-avions capable de lâcher des armes de précision, ce qui n'est pas négligeable pour un effort *ad hoc* !

Le second foyer : la vie en unité

Dès que le « poussin » est jugé apte par les instructeurs FRS, le bureau du personnel s'affaire à lui trouver une affectation dans l'une des flottilles embarquées. Les flottilles forment les unités opérationnelles de base et le noyau des porte-avions (ainsi que de toute l'aéronautique navale) ; pour les dix années à venir, parfois même plus, la vie en flottille va régir l'existence du « poussin ». Avant d'aller plus loin, jetons un rapide coup d'œil sur quelques abréviations de la marine. La marine est renommée pour son penchant pour les sigles rébarbatifs voire euphoniquement atroces, il n'empêche que ce charabia a son utilité : (voir tableau ci-contre).

Dès que l'on connaît les lettres codes de l'unité et le numéro qui les suit, on sait à quelle sorte d'unité on a affaire. Par exemple, le VF-14 est une flottille de chasse dotée du F-14 Tomcat. Son origine remonte aux années 20 quand sa désignation officielle était VF-2 opérant à partir du *Lexington* (CV-2). Le système est assez logique et simple, si l'on prend le temps d'y réfléchir un tout petit peu.

D'autres faits concernant les formations aériennes de la marine ne sont pas aussi évidents ; comme le nombre d'avions et de personnels d'une unité particulière. Une flottille de F/A-18 Hornet met généralement en ligne une douzaine d'avions, dix-huit hommes d'équipage et plusieurs centaines d'hommes d'entretien et de maintenance. Inversement, chaque flottille de EA-6B Prowler ne déploie que quatre avions mais dispose d'environ deux douzaines d'équipages et du personnel de maintenance supérieur en nombre à ceux affectés aux Hornet. Car chaque Prowler emporte quatre hommes d'équipage (contre un pilote pour le F/A-18) et cet avion de brouillage électronique nécessite beaucoup plus de maintenance que le chasseur. L'organigramme des unités aériennes est sensiblement le même pour toutes. Un *commander* est à la tête de l'unité avec pour adjoint un *lieutenant-commander**. Pour les seconder,

* Correspondent respectivement à capitaine de frégate et à capitaine de corvette. (*N.d.T.*)

Flottille	Spécialité	Sigle
HC	Hélicoptères de soutien avancé	HELSUPPRON
HCS	Hélicoptères de soutien avancé – Ops Spéciales	HELLSUPPRONSPEC
HM	Hélicoptères anti-mines	HELMINERON
HS	Hélicoptères anti-sous-marins	HELANTISUBRON
HSL	Hélicoptères légers anti-sous-marins	HELANTISUBRONLIGHT
HT	Hélicoptères d'entraînement	HELTRARON
VA	Bombardiers	ATKRON
VAQ	Avions tactiques de guerre électronique	TECELRON
VAW	Avions embarqués de surveillance et contrôle électronique	CARAEWRON
VC	Avions composites de la Flotte	FLECOMPRON
VF	Chasseurs	FITRON
VFA	Chasseurs-bombardiers	STRIKEFITRON
VFC	Chasseurs composites	FITCOMPRON
VP	Surveillance maritime	PATRON
VPU	Surveillance maritime – missions spéciales	PATRONSPECTROJUNIT
VQ	Reconnaisance aérienne embarquée	FAIRECONRON
VQ	Communications stratégiques	STRATCOMMROM
VR	Soutien logistique embarqué	FLELOGSUPPRON
VRC	Soutien logistique embarqué	FLELOGSUPPRON
VS	Surveillance embarquée	SEACONRON
VT	Entraînement	TRARON
VX	Essais et évaluations	AIREVRON
VXE	Expérimentations en milieu polaire	ANTARTICDEVRON
TACRON	Contrôle aérien tactique	TACRON

un officier est placé à la tête de chaque service, tels que maintenance, renseignements, entraînement, opérations et parfois relations publiques. Les sans-grade sont coiffés par un *master chief petty officer** ou officier marinier le plus ancien directement attaché au *commander*. En période normale, le personnel d'une formation la sert trois à quatre ans, ce qui correspond à deux détachements outremer.

Les « poussins » sont maintenant dans l'attente de leur première affectation en mer. Pour ce faire, ils se voient attribuer un indicatif radio. Indicatif qui sert au sein d'une unité pour différencier les Tom, Dick, Jack et Harry qui saturent les vestiaires et rendent virtuellement impossible la moindre identification phonique sur un réseau saturé. La plupart de ces indicatifs sont attribués en fonction d'une caractéristique particulière au pilote. Un Davidson a toutes les chances d'être surnommé « Harley ». D'autres sont plus typés. Ainsi cet officier systèmes d'armes sur F-4 qui perdit plusieurs doigts lors d'une éjection au-dessus du Nord Viêt-nam et dont l'indicatif devint « Doigts ». Un autre pilote devint « Arroseur » en raison de sa propension à tirer au canon de 20 mm comme s'il s'agissait d'une lance à incendie. La majorité de ces indicatifs sont attribués à vie et s'intègrent dans la personnalité de chaque pilote.

Les nouveaux pilotes et les NFO arrivent dans une formation au cours des premiers mois après sa dernière croisière. On attend d'eux qu'ils se familiarisent vite avec les avions, les armes, les systèmes divers, et toutes les tactiques pour en faire le meilleur usage. Ainsi pour le prochain déploiement, on peut escompter que les bleus seront plus dangereux pour un ennemi potentiel que pour eux-mêmes et leurs partenaires. Pour les y aider, les nouveaux aviateurs sont affectés à titre individuel à un membre du squadron plus âgé et donc plus expérimenté. Par exemple, dans un squadron de F-14, on voit couramment un pilote novice chapeauté par un senior RIO (avec deux ou trois tours d'opérations à son actif) et qui est probablement un capitaine de corvette. Si le squadron opère sur monoplace comme le F/A-18 Hornet, le bleu se retrouvera ailier d'un chef de patrouille confirmé. Les derniers six mois précédant le premier embarquement du bleu sont consacrés à le « fondre dans le moule » avec le reste du squadron, du wing et le

---

* Sans équivalent dans notre Royale, ce grade s'insinue entre premier maître et maître principal. (*N.d.T.*)

personnel non volant du porte-avions pour en faire une partie intégrante de l'équipe.

Au cours de la croisière, on attend des bleus qu'ils accomplissent leur lot de missions aériennes, qu'ils assument les quarts sur la passerelle comme les officiers de marine qu'ils sont, et qu'ils évitent de se tuer ou de tuer quiconque sans permission ! Si un bleu (homme comme femme) accomplit convenablement ces tâches au cours de sa première croisière (qui dure normalement six mois), lui ou elle aura un avenir dans l'aéronautique navale. Mais il faut être efficace dans toutes les gammes de missions imparties au squadron et se qualifier pour devenir chef de patrouille. Au retour du déploiement en mer, les bleus ont normalement acquis assez d'expérience et de ferveur pour remettre ça l'année suivante.

À ce moment, la plupart des aviateurs ont reçu leur promotion de lieutenant de vaisseau et ont été initiés à des tâches mineures pour une formation aérienne comme les relations publiques ou l'entretien du moral des hommes de base. C'est précisement le moment où la marine commence à noter les jeunes officiers susceptibles d'émerger de la masse. Pour ces derniers, un des signes indicateurs est d'être envoyé dans une école. Celui qui a la pêche dans un squadron de F-14 ou de F/A-18 a des chances de se retrouver à NAS Fallon près de Reno, Nevada, à la Naval Fighter Weapons School plus connue comme Topgun. Sacrément réaliste, Topgun a pour fonction de transformer les néophytes remarqués en experts, au niveau de l'unité des tactiques du combat aérien et de l'armement. La communauté des E-2C possède également sa propre école, également à NAS Fallon, Topdome, en raison de la forme du radôme sur les surfaces supérieures de l'avion. Ceux qui sortent de ces académies auront toujours l'avantage sur les autres aviateurs de même niveau et auront le privilège de choisir leur affectation tant qu'ils maintiendront leur niveau. Plus d'un breveté de Topgun a été muté au centre de pilotes d'essais de Patuxtent River dans le Maryland ou même comme membre d'équipage pour la navette spatiale.

La deuxième croisière arrive vite. Maintenant initiés, ceux qui entament cette phase sont chargés de chapeauronner les nouveaux « poussins » pour leur première affectation en mer comme de prouver leur leadership au sein de la formation. Ils volent un max. Le moment est venu de commencer le remboursement du million de dollars qu'a coûté la formation de chaque pilote aux contribuables. Pour la plupart des aviateurs, la vie est particulièrement belle à ce moment. Ils ont une once de supériorité sur les bleus-bites tout en étant dégagés des responsabilités qui reposeront plus tard sur leurs épaules. La belle époque pour un pilote embarqué de l'aéronautique navale !

La belle époque des deuxième et troisième croisières

La marine est bien consciente qu'après deux croisières les jeunes aviateurs ont besoin de respirer un peu et qu'une affectation à terre leur permet de recharger leurs batteries. Lors de cette affectation – qui dure environ trois ans –, le jeune homme ou la jeune femme devrait décrocher un titre universitaire du niveau licence ou maîtrise (indispensable pour accéder aux plus hauts niveaux de la hiérarchie militaire), fonder une famille et pourquoi pas bâtir un foyer.

L'officier qui se révèle apte à accéder aux plus hautes fonctions se verra affecté dans l'une des plus prestigieuses académies militaires (tels que la Naval Post-Graduate School, le Naval War College – équivalent de l'École de guerre –, le National War College à Fort McNair à Washington ou l'École de l'air sur la base de Maxwell en Alabama). Ces écoles sont destinées à former les officiers destinés à commander des unités au moins au niveau de la flottille, à les préparer à un poste d'état-major au niveau du wing (escadre) comme à seconder un commandant en chef de secteur opérationnel. Les jeunes brevetés peuvent aussi être affectés à l'état-major d'un amiral ou autre officier supérieur responsable.

Au terme de ces trois années, ils devraient être prêts à rejoindre une formation aérienne en mer. Notre aviateur se situe maintenant dans la trentaine avec plus de huit ans passés dans la marine, ce qui implique qu'il est à mi-parcours de sa carrière d'aviateur. Le deuxième embarquement (qui s'étale sur trois ou quatre ans) signifie pour l'aviateur deux croisières sur porte-avions – soit comme membre d'une flottille, soit comme officier d'état-major d'escadre.

Quelle que soit son affectation, l'aviateur va enregistrer les heures de vol, augmentant d'autant les responsabilités qui lui seront imparties. C'est à cette époque que l'officier entre dans « la cour des grands ». Ce qui signifie un plus grand nombre de sorties aériennes et la conduite opérationnelle en missions, plus une expérience au niveau état-major dans la planification des mouvements aériens.

Une fois cette affectation achevée, l'aviateur est sûr d'être muté à terre comme instructeur dans une unité FRS. Ceci s'accompagnera probablement d'une augmentation substantielle de sa solde car la promotion au grade de lieutenant commander (capitaine de corvette) intervient à cette période. Cette phase est en fait un tremplin pour accéder au commandement supérieur.

Le commandement : le sommet

Pour l'aviateur de l'aéronautique navale, la piste pour parvenir à un commandement opérationnel débute dès son arrivée en unité pour son troisième tour (qui va durer trois à quatre ans pour deux croisières). Il est affecté dans un secteur sensible (maintenance, entraînement, opérations, sécurité, intendance, etc.). La façon dont il va gérer sa fonction sera déterminante pour son futur dans la marine. Au terme de cette affectation, les officiers qui se sont qualifiés juste dans la moyenne se verront affectés à un autre poste à terre, peut-être dans un état-major ou dans un bureau de projets au Naval Air Systems Command, et pourront encore servir une vingtaine d'années avant d'être admis à la retraite. Mais si la marine renifle un officier potentiellement apte à un haut commandement, alors les choses vont se précipiter. Ça va commencer par une affectation dans un état-major combiné qui permettra de cerner son aptitude à travailler avec les officiers et le personnel subalterne d'autres armes, comme à l'étranger. L'appréciation servira à « arrondir » d'éventuels angles aigus... À la suite de quoi, l'officier retrouve ce qui sera probablement sa dernière affectation d'aviateur comme commandant adjoint d'une flottille (XO). Si sa première croisière en tant que tel se déroule sans anicroche, sa deuxième croisière s'accompagnera du bonus de sa promotion comme *commander* (capitaine de frégate) et « patron » d'une flottille.

C'est aussi la fin de la vie de l'officier en formation aérienne. En moins de dix-huit mois, il transmettra ses prérogatives de commandant d'unité à son adjoint (homme ou femme) et le cycle se reproduira ainsi. À partir de ce moment, deux voies s'ouvrent pour les aviateurs concernés. Soit ils se retrouvent dans un état-major avant de prendre le commandement de toutes les formations aériennes d'un porte-avions (air wing) conforté par la promotion au grade de capitaine de vaisseau. Soit ils entament le cursus pour prendre le commandement d'un porte-avions. Nomination qui passe d'abord par un stage sur l'énergie nucléaire, une promotion au grade supérieur et deux ans comme second d'un porte-avions. Ensuite tombe le commandement d'un « gros cul » (ravitailleur d'escadre, bâtiment de guerre amphibie ou logistique) voire, cela s'est vu, le commandement du porte-avions dont l'officier était le second. À ce stade, la promotion au grade de vice-amiral est virtuellement acquise et représente souvent le « sésame » d'une carrière flatteuse. Il n'en reste pas moins que ce sont les « facettes » de pilote qui pèseront lourd sur le destin de l'officier. D'ailleurs, une fois dans le cadre de réserve ou exerçant des responsabilités dans le secteur civil, tous les aviateurs ont cette nostalgie de la « belle époque ». Celle de la jeunesse quand ils faisaient des ronds dans l'air avant de rejoindre la « baille ».

La construction des bateaux

Officiellement, la marine attribue au porte-avions le sigle « CV » ou « CVN ». Les marins des bâtiments d'escorte le surnomment « la volière ». Sardoniques, les sous-mariniers l'appellent « l'objectif ». Mais les aviateurs de l'aéronavale parlent avec révérence et respect du « bateau ». Il incarne le *diamant* de leur carrière navale. Non seulement foyer et base aérienne, le porte-avions occupe une place mythique dans le monde de l'aéronautique navale. Comme nous l'avons déjà vu, les compétences des jeunes aviateurs (et leurs chances de promotion) sont principalement déterminées par leur aptitude à décoller et à apponter sans problèmes du « bateau ». Plus tard, en prenant de la bouteille, ils vont s'échiner à décrocher le commandement d'un super porte-avions nucléaire. Pour finir, au couchant de leur carrière, ils espéreront faire partie de la commission présidant à la construction des nouveaux porte-avions qui serviront à plusieurs futures générations de marins aviateurs.

Pourquoi cette quasi-obsession du « bateau » ? Les réponses sont à la fois simples et complexes. Dans le premier chapitre, j'ai évoqué les raisons qui font de l'aéronautique navale une composante indispensable de la défense nationale. Néanmoins, pour la marine, une réponse supplémentaire existe, celle de maintenir la communauté aéronavale : « Forgez-la, ils viendront ! » Ce qui revient à dire que, tant que l'Amérique continuera de construire des porte-avions, la nation continuera de mettre au point et de réaliser de nouveaux avions et des armes pour les mettre en œuvre et d'entraîner des équipages pour manier les aéronefs. En d'autres termes, le maintien et la construction de porte-avions concrétise l'engagement de la marine et de la nation vis-à-vis des autres secteurs de l'aéronautique navale. De nouveaux porte-avions signifient que la profession a un futur et que les jeunes, hommes et femmes, ont de bonnes raisons d'opter pour une carrière dans l'aéronautique navale. La construction de nouveaux porte-avions fournit à un « poussin » la motivation d'épouser une carrière pour au moins vingt ans de danger, de séparation familiale et ce, parfois, sans la moindre reconnaissance.

Jusqu'à présent tout est pour le mieux. Pourtant, à l'aube d'un nouveau siècle, alors que le porte-avions s'est révélé un élément essentiel, il n'est pas inutile d'évaluer sa valeur. Les plus sérieux analystes en matière navale ont été interrogés pour savoir si les porte-avions en construction aujourd'hui ont un avenir, alors que les aviateurs et les sous-mariniers réclament la réaffectation des fonds alloués au bénéfice de leurs moyens chéris. Deux solides arguments l'emportent. Les super-porte-avions sont encore la plate-forme la plus flexible et la plus efficace pour acquérir une maîtrise aérienne permanente et cela restera valable dans le temps. Deuxièmement, le fait de disposer d'une telle puissance aérienne aux portes d'un adversaire laisse aux dirigeants politiques une gamme de solutions inégalée en temps de crise.

Faisons maintenant le tour des « bateaux » que l'Amérique a construits au cours des cinquante dernières années. Vous aurez une idée de la conception, du développement et de la construction des porte-avions, mais également de leur taille, de leur place et de la sophistication de l'effort industriel qu'ils ont exigé.

Histoire des super-porte-avions américains

Les bombes atomiques qui forcèrent le Japon à la capitulation en 1945 ne furent pas loin de couler les porte-avions américains. Avec la fin des hostilités et dans un souci d'épargne publique, la plupart des porte-avions furent mis à la ferraille ou dans la naphtaline. À tel point qu'en 1947, le potentiel était descendu de plus d'une centaine d'unités à moins de deux douzaines de bâtiments. À cette époque, le président Harry S. Truman avait promu un moratoire sur le développement des armes nouvelles, à l'exception de l'armement nucléaire et des bombardiers chargés de le délivrer. La marine, anxieuse de faire sa preuve à l'ère nucléaire, lança l'étude d'un porte-avions et de ses vecteurs aériens capables de frappes nucléaires[1]. S'il avait vu le jour, le USS *United States* (CVA-58 – « A » pour atomique) aurait été le plus grand porte-avions jamais construit avec son déplacement de 65 000 tonnes. La marine arguait que les bases fixes outremer de l'US Air Force étaient vulnérables aux pressions politiques comme aux attaques préventives soviétiques alors que les porte-avions, en sécurité dans les espaces de l'Atlantique, de la mer de Barents ou de la Méditerranée, pouvaient lancer des frappes nucléaires sur les bases navales et au cœur du territoire soviétiques.

Forts de l'argument que la nouvelle US Air Force pouvait lancer les armes atomiques grâce à ses bombardiers géants B-36, des ténors de l'aviation comme le général Carl « Tooey » Spaatz* s'ingénièrent à tuer le projet du nouveau porte-avions. En persuadant le gouvernement Truman qu'elle pouvait frapper atomiquement à meilleur compte que la marine, l'aviation réussit à casser la construction du *United States* peu de jours après sa mise en carène (23 avril 1949). Le secrétaire d'État à la Marine John L. Sullivan démissionna en protestation et prit la tête de la « révolte des amiraux » (dont nous avons parlé dans le premier chapitre) qui permit à la marine de porter sur la place publique le débat sur les forces conventionnelles. Dès que l'administration Truman comprit le coût politique de l'arrêt du *United States*, la réduction des forces navales fut stoppée. Il était temps, comme les événements allaient le démontrer. Car les porte-avions récemment jugés périmés à l'âge du nucléaire allaient tenir le premier rôle dans la

---

1. La doctrine du combat atomique fit l'objet d'un célèbre moratoire en 1947, préparé par le vice-amiral Dan Gallery. Figure légendaire de l'aéronautique navale (il commandait le groupe de combat articulé autour de son porte-avions et qui captura le sous-marin allemand U-505 en 1944), l'étude de Gallery allait déclencher une guerre virtuelle entre la marine et la toute nouvelle armée de l'air américaine.

* Le grand patron de l'aviation de bombardement au cours de la Seconde Guerre mondiale. (*N.d.T.*)

Le USS *Forrestal* (CV-59), premier super-porte-avions américains, photographié dans le golfe du Tonkin au cours de son cycle opérationnel de 1967. *US Navy/ collection A.D. Baker*

guerre conventionnelle de Corée qui éclata au matin du 25 juin 1950.

Bien avant la fin du conflit coréen, l'administration Truman reconnaissait le besoin de nouveaux porte-avions, plus grands, plus modernes. Bien qu'il n'ait jamais été un ami de la marine, le président Truman autorisa tardivement – mieux vaut tard que jamais – la construction d'une nouvelle classe de » super-porte-avions » similaires au *United States* annulé trois ans auparavant. Les premier des ponts plats fut le USS *Forrestal* (CVA-59 – cette fois le « A » désigne la vocation d'attaque du bâtiment), bientôt suivi par trois *sister-ships* : le *Saratoga* (CVA-60), le *Ranger* (CVA-61) et l'*Independence* (CVA-62). Ces bâtiments étaient géants avec leurs 316 mètres de long et plus de 60 000 tonnes de déplacement. La classe *Forrestal* incorporait un certain nombre d'innovations pour la plupart d'origine britannique. Un pont oblique à 14° permettait aux avions d'apponter sans gêner le catapultage sur le pont principal. Les catapultes à vapeur lançaient des avions plus lourds ou plus grands. Un système lumineux et stabilisé d'appontage guidait les pilotes plus sûrement que le batman (officier d'appontage) et son ballet de raquettes de signalisation. Simultanément, la première génération d'avions à réaction embarqués fit son apparition. Et dans le même temps, la marine entreprenait un vaste programme de reconstruction et de modernisation des anciens porte-avions ainsi que de certains bâtiments de surface pour leur insuffler une vingtaine d'années de service de plus et retarder la construction si coûteuse d'unités supplémentaires comme le *Forrestal*.

La crise de Suez en 1956 fut la première confrontation de la guerre froide dans laquelle les porte-avions jouèrent un rôle majeur. Ceux affectés à la Sixième Flotte appuyèrent les opérations amphibies des US Marines et d'autres forces d'intervention pour restaurer la situation dans un Liban secoué par la guerre israélo-arabe. En Extrême-Orient, la Task Force 77 s'interposa avec succès entre les forces de Taiwan et celles de la République populaire de Chine lors de la confrontation pour les îles Quemoy et Matsu. Deux nouveaux super porte-avions furent commandés : le *Kitty Hawk* (CVA-63) en 1956 et le *Constellation* (CVA-64) en 1957. Largement extrapolés de la classe *Forrestal*, mais en plus imposants, ces bâtiments approchaient les limites extrêmes des dimensions et des caractéristiques des navires à propulsion traditionnelle. L'heure était venue de reléguer dans l'histoire l'ère des chaudières. Le prochain porte-avions serait révolutionnaire.

Le succès du développement des réacteurs nucléaires pour la propulsion des sous-marins encouragea la marine à en doter ses unités de surface. Soutenu par l'énergique directeur des réacteurs navals, le vice-amiral d'escadre Hyman Rickover, un programme d'étude fut lancé pour une version améliorée de la classe *Kitty Hawk* à propulsion nucléaire. Farouche promoteur de la maximisation de l'influence du nucléaire dans la marine, l'amiral Rickover imposa que le nouveau porte-avions ait autant de réacteurs nucléaires (huit !) que la classe conventionnelle des *Kitty Hawk* avait de chaudières. Quand le nouveau porte-avions, baptisé USS *Enterprise* (CVAN-65), entra en service au début des années 60, il était

Le USS *Enterprise* (CVN-65), le premier porte-avions à propulsion nucléaire au monde. Ici en croisière en Méditerranée flanqué des croiseurs atomiques *Long Beach* (CGN-9) et *Bainbridge* (CGN-26) au cours de l'opération Sea Orbit en 1964. *US Navy/ collection A.D. Baker*

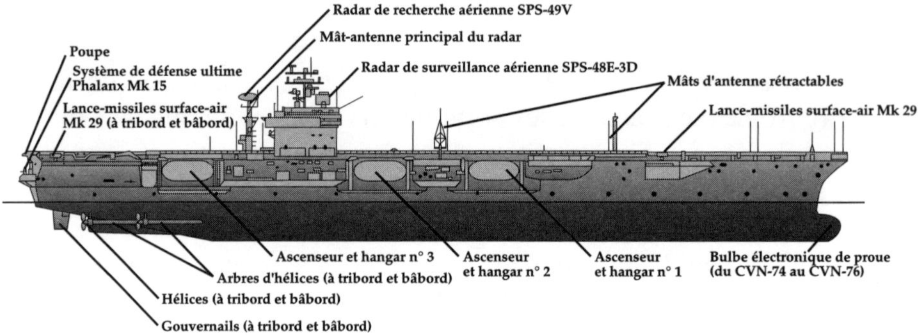

Profil d'un porte-avions nucléaire de la classe *Nimitz* améliorée (CVN-68). *Jack Ryan Enterprises, Ltd, Laura DeNinno*

tellement surmotorisé que la coque ne supportait pas le martèlement des propulseurs à grande vitesse. Des histoires circulent sur les essais de vitesse, au large de la Virginie, au cours desquels l'*Enterprise* naviguait si vite (certains parlent de plus de quarante nœuds ; le chiffre réel est toujours classé secret) qu'il laissa loin derrière son escorte de destroyers ; et le porte-avions ne déployait pas sa vitesse maximale !

Si l'*Enterprise* a largement fait honneur à son nom de baptême, il n'en reste pas moins le seul de sa catégorie [1]. Le secrétaire d'État à la marine de l'époque, Robert S. MacNamara, qui n'a jamais été un ami de la marine, fit interrompre la construction de porte-avions supplémentaires. Au cours des dix années suivantes, seulement deux porte-avions seront construits, l'*America* (CVA-66) et le *John F. Kennedy* (CVA-67). Ces ponts-plats n'étaient que des copies de la classe antérieure des *Kitty Hawk* à propulsion conventionnelle. Après la démission de MacNamara en 1968, le ban sur les porte-avions nucléaires fut levé et la marine reçut l'autorisation de lancer la construction de trois porte-avions d'attaque à propulsion nucléaire. On allait les connaître comme la puissante classe des *Nimitz* (CVN-68).

---

1. Le premier porte-avions du nom, USS *Enterprise* (CV-6), est sans conteste le plus valeureux des bâtiments de l'US Navy. Sa carrière opérationnelle est sans équivalent. Il combattit dans cinq affrontements sur les six combats majeurs entre porte-avions au cours de la Seconde Guerre mondiale. Bien que gravement touché à plusieurs reprises, il fit toute la guerre du Pacifique. Les Japonais lui vouaient une telle haine qu'ils proclamèrent à plusieurs reprises l'avoir coulé.

Les super-porte-avions de la classe Nimitz (CVN-68)

En raison de l'expérience acquise depuis quarante ans, et bien avant la conception de la classe *Nimitz* à la fin des années 60, le Naval Sea Systems Command (NAVSEA) avait des idées précises à mettre en œuvre sur la prochaine génération de porte-avions. À dire vrai, ses exigences étaient démesurées ! La classe *Nimitz*, les plus grands navires de guerre jamais construits à l'époque (par les dimensions et le tonnage), incarnait l'ultime réalisation de la puissance aéronavale. Parmi les caractéristiques de « combat » de la classe *Nimitz*, citons :

- **Aviation embarquée** – Depuis plus de soixante-quinze ans, la valeur d'un pont-plat se mesurait au nombre et à la variété des aéronefs qu'il pouvait emporter. Lorsque la marine s'est aperçue que l'original USS *Ranger* était trop exigu pour embarquer un wing aérien crédible, la conception des porte-avions américains a favorisé un grand pont d'envol et des hangars pour parquer et entretenir la maintenance des appareils[1]. De plus, l'augmentation de la taille et du poids des avions de combat a modifié la conception des porte-avions. Ainsi, le chasseur F4F Wildcat de 1941 pesait au maximum 3 607 kg alors que l'actuel F-14 Tomcat développe au décollage 33 724 kg ! Les porte-avions de la classe *Nimitz* ont été conçus pour déployer au moins quatre-vingt-dix avions (bien que dans la pratique les groupes

1. Le USS *Ranger* (CV-4) fut le premier porte-avions à avoir été conçu comme tel dès sa construction. Avec ses quelque 14 000 tonnes de déplacement, le *Ranger* était un nain comparé aux *Lexington* et *Saratoga,* ce que sa mise en service confirma. Avec une capacité aérienne inférieure de moitié aux deux autres ponts-plats, le *Ranger* ne déployait qu'une puissance restreinte, qui l'empêcha d'être considéré comme un bâtiment de combat de première ligne. Malgré tout, la marine retira de la construction du *Ranger* d'enrichissantes leçons dont bénéficièrent les classes de porte-avions ultérieures.

aériens en alignent environ soixante-quinze), nombre que seul limite l'espace requis par chaque appareil.

• **Armement** – L'expérience des canons de gros calibre et les batteries de missiles surface-air à longue portée sur les premiers porte-avions ont prouvé que les dimensions du pont comme des ateliers et hangars, l'exigence de main-d'œuvre ainsi que les effets de ces armes en cas d'impact avaient une incidence sur les opérations aériennes. Par conséquent, les armes des prochains porte-avions se limiteront à assurer sa protection rapprochée (« le dernier carré ») et reposeront sur des systèmes de missiles surface-air (SAM) comme le RIM-7 Sea Sparrow et le canon automatique Mk.15 Phalanx/CIWS de 20 mm. Quelques mitrailleuses de 12,7 mm seront aussi montées pour assurer la défense rapprochée contre des canots suicide et/ou des nageurs de combat.

• **Équipage** – Pendant des siècles, l'expérience voulait que les qualités opérationnelles d'un navire soient proportionnelles au nombre d'hommes embarqués, y compris pour réparer les dommages de guerre. D'un autre côté, les hommes demandent de l'espace et imposent une charge digne d'un grand hôtel qui pèse lourd sur la capacité énergétique d'un bâtiment (eau, électricité, chauffage, climatisation) et des contingences qui n'ont rien à voir avec le combat. Les marins contemporains sont des volontaires qui attendent un niveau décent de confort. Nous n'en sommes plus aux postes d'équipage de la Royal Navy du XVIIIe siècle où les hamacs étaient côte à côte. Ça pouvait conditionner les matelots de l'époque mais ce serait inacceptable pour un marin de l'an 2000. Donc les ingénieurs des constructions navales jouent constamment entre les avantages et les inconvénients d'un équipage conséquent et son coût sur la taille et les aménagements du bâtiment. La classe *Nimitz* a été prévue pour recevoir près de six mille hommes : 155 officiers et 2 980 marins pour le seul bâtiment, plus 365 officiers et 2 500 hommes pour le personnel aérien. Ajoutez-y l'état-major d'un amiral, quelques douzaines de techniciens civils responsables de la maintenance de la technologie sensible, plus un courant régulier de visiteurs de marque et de représentants de la presse, et vous aurez un porte-avions littéralement bondé !

• **Capacité de déploiement** – Une crise internationale pouvant

Le porte-avions USS *George Washington* (CVN-73) se ravitaille en mer auprès du bâtiment de soutien logistique USS *Seattle* (AOE-3). Le ravitaillement est vital pour conserver la capacité opérationnelle optimale des groupes de combat aéronavals. Il se pratique par le moyen de manches de ravitaillement et par hélicoptère pour transférer le carburant et approvisionnements divers. *US Navy*

éclater aux antipodes, un porte-avions doit être capable de grande vitesse. D'un autre côté, la vitesse est insignifiante si le navire n'emporte pas assez de carburant et reste tributaire de son ravitaillement. Les soutes qui abritent le système propulsif et son carburant sont autant d'espaces de moins pour les avions, les hommes, les munitions, le carburant des aéronefs et autres impedimenta. En définitive, l'adoption de la propulsion nucléaire ne fut pas un casse-tête. La propulsion de la classe *Nimitz* repose sur deux réacteurs nucléaires General Electric A4W/A1G conçus pour assurer aux porte-avions quinze ans de navigation sans ravitaillement [1]. Autrement dit, jusqu'à un million de milles nautiques sur un seul réacteur.

• **Autarcie** – Dès qu'un porte-avions parvient dans une zone opérationnelle, il doit être capable d'assumer des actions aussi longtemps que possible sans le moindre ravitaillement car cela peut demander des semaines aux navires spécialisés de rejoindre le groupe de combat aéronaval. L'ennemi n'est pas censé attendre que votre porte-avions ait fait le plein en mer, donc le porte-avions devra rester opérationnel sur zone tant que ses soutes dispenseront fioul, nourriture, munitions et pièces détachées. Et quand les ravitailleurs de la flotte rejoindront les porte-avions,

1. Un nouveau réacteur nucléaire, qui ne nécessitera *jamais* le moindre ravitaillement, est à l'étude. Ce qui est une avancée technologique de taille car l'actuelle remise en fonctionnement nucléaire immobilise le bâtiment en chantier naval pour trois ans.

les règles élémentaires de sécurité veulent que les mouvements aériens cessent et même que la liberté de manœuvre des porte-avions soit entravée. Aussi, moins ils pratiqueront le ravitaillement en mer, plus ils consacreront de temps aux opérations militaires en zone chaude. Les porte-avions de la classe *Nimitz* sont conçus pour entreposer neuf mille tonnes de carburant pour aéronefs et près de deux mille tonnes de bombes, de munitions et de missiles. Une nette amélioration par rapport aux porte-avions précédents.

• **Survabilité** – Tout ce qui précède est inutile si le porte-avions n'est plus qu'un brasier à deux doigts de chavirer ou de couler à pic. Les porte-avions de la classe *Nimitz* furent construits à une époque où la menace des missiles de croisière soviétiques et autres torpilles avec une charge militaire de 1 000 kg n'étaient pas du bluff. Ces armes, capables de couper en deux un croiseur ou un destroyer, pouvaient infliger de considérables dommages à un porte-avions. La marine était particulièrement consciente de ces dangers depuis que, durant la guerre du Viêt-nam, trois incendies avaient ravagé des porte-avions, coûtant très cher en vies humaines, avions et équipements. N'oublions pas que ces bâtiments ne sont que des grandes boîtes remplies d'explosifs, de carburant et d'hommes, le tout intimement imbriqué. Ce qui décida les responsables militaires des constructions navales (NAVSEA) à rallonger au maximum les nouveaux porte-avions pour augmenter leur surviabilité et leur durée de vie. Le pont, les hangars et toute la coque seraient construits en plaques d'acier hautement ductiles et de nombreux compartiments isoleraient le bâtiment qui bénéficierait d'une structure renforcée. Dans la même optique, les nouveaux porte-avions n'utiliseraient que le minimum de matériaux légers comme l'aluminium particulièrement inflammable.

À la fin des années 60, les spécifications du SCB-102 (Bureau de conception et de contrôle des constructions navales) étaient fermement arrêtées et les points saillants reflétant les desiderata de la marine étaient les suivants :

• **Déplacement** – Approximativement 95 000 tonnes à pleine charge.

- **Dimensions** – Une longueur de 332,9 mètres, largeur de 40,85 mètres, largeur du pont d'envol de 76,5 mètres et un tirant d'eau à pleine charge inférieur à 11,9 mètres.
- **Appareil propulsif** – Deux réacteurs nucléaires Westinghouse A4W alimentant des turbines entraînant quatre arbres d'hélices développant 280 000 ch. Bien que la vitesse maximum soit toujours classifiée, elle est *largement* supérieure à trente-trois nœuds.
- **Équipage** – Le SCB-102 prévoit 2 900 marins et 160 officiers. L'espace nécessaire est aussi prévu pour les 2 000 membres du personnel aéronautique, 30 Marines et quelque 70 membres de l'état-major d'un amiral. Ce qui porte le nombre à près de 5 200 personnes embarquées.
- **Aviation embarquée** – Environ 90 avions qui peuvent inclure le F-4 Phantom II, le A-6 Intruder, le A-7 Corsair II, le E-2 Hawkeye ainsi que les nouveaux et plus imposants F-14 Tomcat, S-3 Viking et EA-6B Prowler.
- **Armement** – Trois rampes de lancement de huit missiles chacune RIM-7 Sea Sparrow de défense ultime rapprochée.

Toutes ces caractéristiques concernaient les plus grands bâtiments de guerre jamais construits. Seul l'*Enterprise* offrait des dimensions et performances conformes à la spécification du CB-102 mais la propulsion du « Grand E » reposait sur huit réacteurs nucléaires dont la puissance totale ne pouvait être exploitée que partiellement. Le SCB-102 se devait donc d'être plus équilibré, pour produire un navire de guerre qui s'intègre dans l'ère de la guerre froide après les années de la guerre du Viêtnam.

Par ailleurs, si le produit était impressionnant il n'en restait pas moins coûteux et posait des problèmes de construction. En raison de la concurrence internationale, les chantiers navals privés américains étaient en plein déclin depuis la fin des années 60. Ceux qui restaient nationalisés préféraient se concentrer sur la révision et la modernisation plutôt que la construction des navires. Ce qui signifie qu'un seul chantier naval en Amérique était assez solide pour entreprendre la construction de bâtiments obéissant au standard SCB-102 : celui de Newport News (NNS) en Virginie. En 1967, NNS fut récompensé par un contrat portant sur la construction des premières unités de la classe *Nimitz* (CVN-68). Soit le premier de la lignée, qui reprenait le nom du commandant en chef de la flotte du Pacifique lors de la Seconde Guerre mondiale, l'amiral Chester Nimitz, puis le *Dwight D. Eisenhower* (CVN-69, du nom de l'ancien président) et le *Carl Vinson* (CVN-70, d'après le sénateur de la Georgie et le concepteur de la « marine américaine des deux océans » (Atlantique et Pacifique) de la Seconde Guerre mondiale.

Bien des années s'écoulèrent avant que les trois bâtiments ne soient mis en service. Des grèves comme des problèmes de gestion allaient empoisonner la construction du *Nimitz* qui s'étala sur sept années (quatre pour l'*Enterprise*). Le montant de la construction des trois navires coûta des centaines de millions de dollars de plus que ce qui était prévu et les désigna d'autant plus à la vindicte du Pentagone, reprise par certains sénateurs sous le slogan « fraude, gaspillage, abus de confiance ». Avec un tel gouffre financier, difficile de vendre de nouveaux porte-avions à une nation qui considérait de plus en plus les affaires militaires comme relevant du passif. De fait, aucun nouveau porte-avions ne fut commandé par l'administration du président Jimmy Carter. Pourtant, une quatrième unité de la classe *Nimitz*, le *Theodore Roosevelt* (CVN-71, du nom du président et père de la « Grande Marine blanche »), fut imposée par le Congrès au président Carter et fut inscrite au budget 1980. D'autres allaient suivre.

L'élection du président Ronald Reagan signifia la renaissance de la marine. Renaissance provoquée par la grandissante et inquiétante agressivité de « l'Empire du Mal », l'U.R.S.S., et qui portait la marque personnelle du secrétaire d'État à la marine John Lehman. Lehman, ancien pilote de l'aéronautique navale et qui veillait à l'opulence d'une importante société cotée à Wall Street, prôna une « marine de six cents bâtiments » avec quinze porte-avions comme épine dorsale [1]. L'année fiscale 1983 inclut dans son budget deux porte-avions nucléaires de la classe *Nimitz*, l'*Abraham Lincoln* (CVN-72) et le *George Washington* (CVN-73). Les têtes galonnées de la marine baptisèrent le programme « le mont présidentiel » car trois des présidents honorés sont gravés pour l'éternité

1. Également à l'actif du ministre Lehman, la réactivation des quatre cuirassés de la classe Iowa (BB-61) de la Seconde Guerre mondiale, optimisés avec des missiles mer-mer et des missiles de croisière à longue portée.

sur un versant du mont Rushmore et furent d'ardents partisans de la marine [1]. Outre les trois nouveaux porte-avions, la construction de plus d'une centaine de sous-marins nucléaires, de croiseurs lance-missiles, de destroyers, de frégates et de bâtiments de soutien fut lancée à la fin des années 80. Il s'agissait du plus important programme de constructions navales depuis la Seconde Guerre mondiale.

Avant l'achèvement du « mont présidentiel », la menace du conflit océanique mondial que les bâtiments étaient prévus pour combattre (ou dissuader si vous préférez) mourut de sa belle mort. Avec la fin de la guerre froide, en 1991, de nouveaux rôles et de nouvelles missions attendaient les super porte-avions. Des opérations comme Bouclier et Tempête du désert (golfe Persique, 1990-1991) et des campagnes comme Uphold Democracy (Haïti, 1994) prouvèrent la valeur de leur présence permanente et de leur flexibilité. À la même époque, deux unités supplémentaires de la classe *Nimitz* furent prévues dans le budget de 1988 pour remplacer les deux derniers bâtiments de la classe *Midway*. Décision à peine suffisante pour maintenir en activité les chantiers navals de Newport News. Au début des années 90, il était plus que temps d'envisager le remplacement de porte-avions fossiles à chaudières comme le *Forrestal* (CVN-59) et *America* (CVN-66) dont la mise à la ferraille était déjà prévue. L'administration Clinton fixa d'abord à onze le nombre de porte-avions en service mais ce nombre s'arrêta finalement à douze (chiffre minimum pour maintenir *in situ* deux à trois groupes de combat aéronavals). De plus, au titre du budget 1995, un autre bâtiment de la classe *Nimitz* fut commandé, ce qui portait à trois unités le troisième groupe de cette classe qui contribuera à maintenir le seuil des douze bâtiments. Les trois bâtiments concernés portent les noms de *John C. Stennis* (CVN-74), *Harry S. Truman* (CVN-75) et *Ronald Reagan* (CVN-76) [2].

1. Thomas Jefferson est aussi gravé dans le roc mais son dédain pour les questions navales n'incita jamais la marine à lui décerner l'honneur de baptiser un porte-avions à son nom.

2. À l'origine, le CVN-75 devait reprendre le nom du USS *United States* (CVA-58) mort-né en 1949 mais dont il existe pourtant des photographies authentifiant son nom sur le chantier où il était mis sur cale. Pour des raisons politiques, l'administration Clinton jugea bon de le débaptiser au profit de *Harry*

Sous nombre d'aspects, les bâtiments de la classe *Nimitz* représentent un « pis-aller », capable de surmonter les pires conditions et menaces. Conçus pour faire face à l'immense menace conventionnelle et nucléaire soviétique, ils constituent à l'heure actuelle des bâtiments démesurés à une époque qui ne recèle plus de menaces pour eux. Que les États-Unis aient besoin d'une telle capacité aujourd'hui ou dans un proche futur est une question dont je débattrai plus loin.

Visite guidée d'un porte-avions de la classe Nimitz

Partons pour une courte visite d'un porte-avions de cette classe. Empruntons le chemin de la plupart des invités à bord, celui de l'échelle de coupée des officiers à tribord juste sous l'îlot. L'une des premières choses que l'on remarque est l'épaisseur de la coque formée de plaques d'acier renforcé de plusieurs centimètres. Ce sont elles qui assurent la protection contre les dommages de guerre et les incendies. Les hangars comme le pont d'envol bénéficient des mêmes structures qui leur assurent une protection identique. Partout l'on trouve des conduites d'eau et des prises pour les lances à incendie et chaque coursive recèle un poste de contrôle des dommages. S'il est bien un danger que la marine ne prend pas à la légère, c'est celui des incendies à tel point que, ainsi que certains édifices et magasins, des systèmes automatiques sont prêts à déverser sur le pont des déluges d'eau qui présentent aussi l'avantage d'éliminer les particules dangereuses en cas d'attaque nucléaire ou chimique.

Passé l'écoutille d'accès principal, vous faites connaissance d'un des milliers de pas de porte d'écoutille que l'équipage surnomme les « casseurs de genoux ». Malgré la nuisance constante qu'ils représentent lors de tout déplacement à travers le bâtiment, ils participent au renforcement structurel. Un *Nimitz* recèle des kilo-

S. Truman. Ainsi, pour la seconde fois, Harry Truman « coulait » le *United States* !

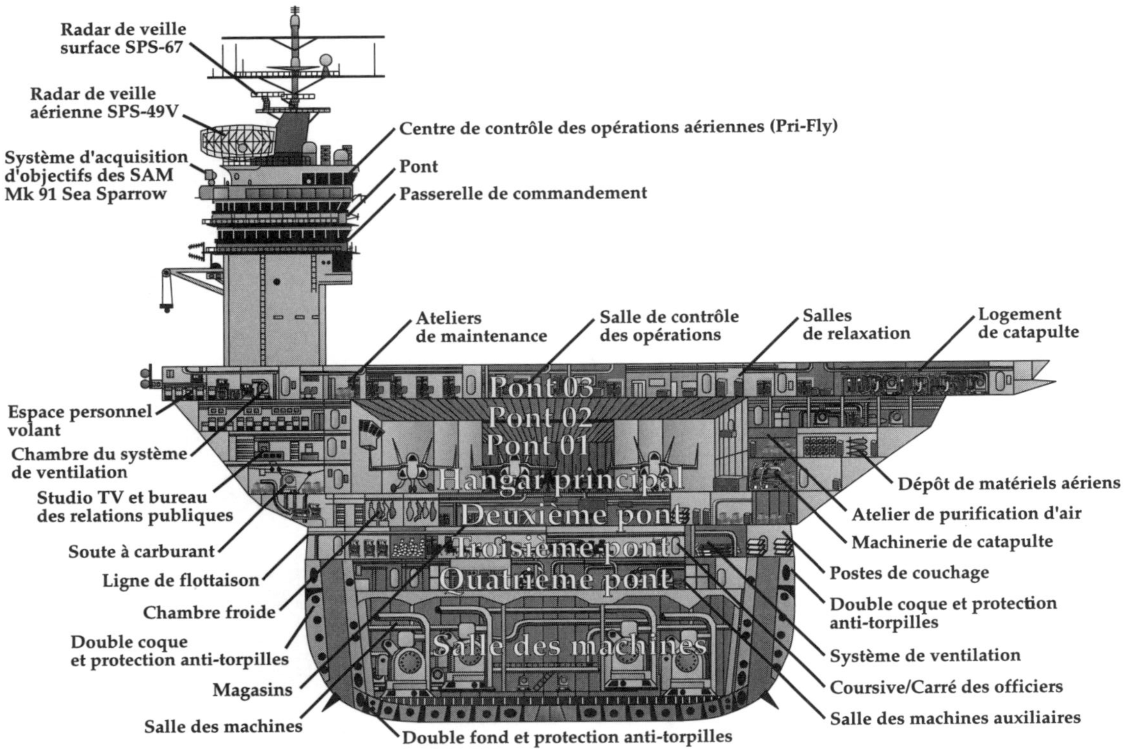

Écorché frontal d'un porte-avions nucléaire classe *Nimitz* (CVN-68) améliorée. *Jack Ryan Enterprises, Ltd, par Laura DeNinno*

Coursive principale à tribord du niveau O-2 d'un porte-avions de la classe *Nimitz* (CVN-68). *John D. Gresham*

mètres de coursives pratiquement impossibles à identifier quant à leur destination. Il existe des douzaines de postes dans chacune d'elles où s'arrêter pour observer l'environnement présente des risques – notamment à cause du bruit, des émanations de fumées, des mécanismes mobiles ou tout simplement du plancher humide et donc glissant. Ces coursives sont notablement plus étroites que celles des autres bâtiments de guerre, pour ne rien dire de celles des bâtiments d'assaut amphibies qui permettent à des Marines lourdement équipés pour le combat de se mouvoir avec une relative aisance. Malgré l'immensité de leur taille, les porte-avions ont un volume limité et celui dévolu aux gens pour vivre, travailler et se déplacer doit le céder au profit de celui imparti aux soutes à carburant, aux munitions, bref, à tout ce qui contribue à l'activité guerrière. Rien d'étonnant que le moindre déplacement avec une charge quelconque soit une véritable corvée. L'on voit souvent des « chaînes de corvées » dont les matelots transfèrent d'un poste à l'autre des monceaux de nourriture et autres fournitures.

Les corridors étroits sont pour la marine un prétexte de plus à pratiquer sa courtoisie. Un officier supérieur ou un responsable de service bénéficient du respect et de la priorité de mouvement. D'un analyste civil qui avait passé de nombreuses années à bord de bâtiments de la marine, j'ai appris une inoubliable leçon : « Que vous vous trouviez n'importe où, si vous n'avez jamais à toucher du métal, vous êtes quelqu'un. »

Passé quelques écoutilles, vous débouchez dans l'immense hangar dont les dimensions : 208,5 m de long, 33 m de large et 7,6 m de haut, représentent les deux tiers des dimensions totales du bâtiment. Trois grandes portes blindées coulissantes à commande électrique partagent l'espace en zones pour limiter l'extension d'un incendie ou les dommages d'explosions. Par beau temps, la lumière du jour illumine le site grâce à quatre larges ouvertures latérales et de forme ovale qui marquent l'emplacement des ascenseurs. Par mauvais temps, ces ouvertures sont closes par des panneaux coulissants pour isoler l'intérieur de l'humidité et maintenir une hygrométrie normale. Les ascenseurs sont les structures en aluminium les plus grandes du bord (pour limiter le poids). Chacun de ces mammouths (un de chaque côté à l'arrière et deux à l'avant côté tribord) peut amener rapidement sur le pont deux F-14 Tomcat à pleine charge (le plus lourd avion embarqué). C'est l'un des rares endroits du navire où vous pouvez voir la mer et le ciel tout en restant vous-même étranger au monde extérieur. Par comparaison, le pont d'envol est une zone d'accès limité. En raison de l'absence de hublots, beaucoup de marins voient rarement la lumière du jour. Il n'est pas rare de trouver des membres d'équipage qui pendant des semaines n'ont pas eu l'occasion d'aspirer une bouffée d'air frais ou de jeter un coup d'œil à l'extérieur.

Le hangar forme l'une des trois principales structures horizontales d'un porte-avions (le pont d'envol et le double-fond sont les deux autres) et contribue grandement à la rigidité et à la protection du reste du bâtiment. Les coffres de blindage qui ceinturent le hangar, la chambre des machines et les postes d'équipage doivent préserver le navire des effets de coups directs. Quand le hangar est vide, il y a suffisamment de place pour l'équivalent de deux terrains de football américain. Mais une fois bourré de cinquante ou soixante avions, il ne vous reste que quelques dizaines de centimètres pour serpenter entre les trains d'atterrissage, les pylônes d'armement et les équipements de maintenance. Le hangar est très souvent bondé d'avions et d'équipements, quoique l'espace manque tout de même pour y parquer tous les moyens aériens à la fois. Ce qui signifie que certains appareils stationnent en permanence sur le pont d'envol. Heureusement, les aéronefs de l'aéronautique navale sont conçus pour résister à la corrosion saline et ils supportent assez bien ces rigueurs.

Juste à l'arrière de l'ascenseur, on trouve une vaste zone de stockage où sont arrimés les bateaux du bord ; ils côtoient des élévateurs, des tourets de câbles qui font les brins d'arrêt et des pièces détachées de moteurs. En quittant cet espace pour se déplacer vers l'arrière, on trouve les ateliers de maintenance, notamment des réacteurs qui occupent toute la poupe du porte-avions. C'est le fief de l'Aircraft Intermediate Maintenance Division (AIMD) responsable des réparations, des révisions, des essais de moteurs, des pompes hydrauliques, des boîtiers électroniques et d'un nombre incalculable de composants mécaniques, bref de tout ce qui fait voler et rend opérationnel un avion. Ces ateliers de maintenance sont divisés en petits compartiments où s'accomplit le travail qui sur terre nécessite des hectares de hangars et d'ateliers.

À l'extrémité des ateliers de l'AIMD, on débouche à l'air libre de la poupe en jouissant du panorama offert par cette plateforme en saillie qui occupe toute la largeur du navire avec pour toiture le pont d'envol et deux étroites coursives latérales. C'est là que sont montés les massifs bancs d'essai qui reçoivent les réacteurs qui peuvent être poussés à plein régime. Aucun espace libre n'étant à gaspiller à bord d'un porte-avions, vous trouverez rarement du temps et la liberté pour regarder le flot des eaux s'écoulant le long de la coque avant d'être brassé par les hélices et pour rêver devant l'immensité océane. C'est particulièrement crucial durant les mouvements aériens. Si un avion touche l'extrémité du pont (manœuvre crûment désignée par les aviateurs comme « s'enfiler la rampe »), la poupe est inondée de goutelettes de kérosène enflammées et de débris métalliques. De tels accidents sont rares mais ils se produisent ; à moins que vous n'ayez une raison précise pour être là, toute présence en ce lieu est interdite. Si vous persistez à y rester en cours d'opérations, alors croisez les doigts et invoquez la chance.

Également dans ce secteur est installé un des quatre (trois sur le *Nimitz* [CVN-68], le *Dwight D. Eisenhower* [CVN-69] et le *Carl Vinson* [CVN-70]) systèmes de protection rapprochée (CIWS)

Une partie du hangar du USS *George Washington* (CVN-73). *John D. Gresham*

Phalanx Mk 15. Il s'agit d'un canon Gatling de 20 mm monté sur affût, à conduite de tir par radar, chargé de descendre missiles ou avions ayant survécu aux défenses de la flotte. Le Phalanx est en service depuis maintenant près de vingt ans et son efficacité est devenue relative contre les tout derniers modèles de missiles (comme le missile russe anti-navire Sunburn Kh-41/SS-N-22 qui évolue à Mach 2 au ras des flots). Le Mk 15 sera ultérieurement remplacé par des lanceurs de vingt et un missiles RIM-116A RAM. Le RAM est extrapolé du classique missile air-air AIM-9 Sidewinder mais doté du capteur du missile portable sol-air Stinger (FIM-92). Infiniment plus performant que le Mk 15, il est capable de détruire un missile volant à Mach 2 avant qu'il ne touche, et mieux, avant que ses débris ne constituent autant de projectiles supersoniques venant frapper la cible.

Juste en dessous de l'affût du Phalanx se trouvent les deux sabords logeant les torpilles de contre-mesures SLQ-25A Nixie. Remorqué dans le sillage du bâtiment, Nixie déploie ses talents dès qu'une menace de torpilles est latente. Émettant des bruits, le leurre Nixie attirera le « poisson* » qui explosera à son contact, au lieu du bâtiment cible. Chaque leurre n'étant utilisable qu'une fois, deux sont prêts en permanence à être défilés à partir de la poupe. Pour finir, sur une plate-forme proche de l'affût du Mk 15 se trouve la balise optique d'appontage. Imaginez un « T » dont les barres arborent des lampes qui vont aider le pilote à se positionner lors de son approche finale, en tenant compte du roulis et du tangage du navire.

Si vous traversez de nouveau le hangar mais pour vous diriger vers la proue, vous noterez sans doute la sensation « spongieuse » du plancher qui émane du revêtement gris-noir antidérapant qui couvre toutes les surfaces horizontales exposées aux intempéries. Revêtement composé de caoutchouc synthétique, d'aspect granulé comme le sable et appliqué en plaques ondulées pour vous préserver de glisser sur un plancher ou un pont huileux, incliné, humide, inconvénients on ne peut plus banals sur un navire. Juste au-dessus et correspondant au pont d'envol, les constants chocs à l'impact et les griffures des trains d'atterrissage et des crosses d'appontages érodent le revêtement au point de mettre à nu les barres d'acier

---

* Torpille. (*N.d.T.*)

Vue plongeante sur l'une des centaines d'échelles qui parsèment l'intérieur d'un porte-avions de la classe *Nimitz* (CVN-68). Hautes et étroites, les emprunter constitue une épreuve éreintante. *John D. Gresham*

structurelles. À ce stade, les équipes d'entretien appliquent un mélange de revêtement et d'obturation sur les points fatigués. Le dispositif anti-incendie du hangar peut déverser suffisamment de mousse carbonique pour noyer quelqu'un d'assez imprudent ou inconscient pour ne pas tenir compte des signaux d'alerte. Les lances d'incendie et tous les accessoires pour la lutte anti-feu sont en évidence dans tous les coins du hangar.

Au plafond se trouvent les compartiments de stockage pour beaucoup de matériels, des réservoirs auxiliaires d'avions aux pièces détachées de propulseurs. On y trouve même un piston de rechange pour catapulte – en acier forgé et aussi long qu'un autobus – logé en haut du mur du hangar. À l'avant du hangar et côté tribord se trouvent deux ascenseurs pour aéronefs ainsi que les coursives qui mènent au gaillard d'avant. Encore un site qui regorge de bureaux et d'ateliers de l'AIMD, et abrite la plupart des couchettes des hommes d'équipage appartenant au personnel des flottilles embarquées. Entasser près de six mille personnes dans un bâtiment qui mesure plus de trois cents mètres de long impose des quartiers étriqués. Néanmoins, l'espace repos sur un *Nimitz* reste de loin supérieur à celui d'un sous-marin ou d'un navire de surface plus ancien.

Pour un jeune embarquant la première fois à bord d'un navire de guerre, l'espace dévolu au personnel peut sembler exigu. En réalité, cet espace, pour être spartiate, n'en est pas moins fonctionnel. Les matelots disposent d'un coffre de rangement sous leur couchette et d'un vestiaire vertical de taille similaire à ceux que l'on trouve dans le civil. Ils ont aussi la possibilité d'entreposer des effets personnels dans leurs sites de travail mais il faut s'assurer à l'avance que le paquet soit accepté à bord. Pour dormir, une couchette est assignée à chaque marin, dans une rangée de trois. Un poste de couchage comporte environ soixante rangées de trois couchettes avec une salle adjacente de toilettes/douches et une aire commune avec une table, des chaises et un récepteur TV connecté sur le circuit câblé du bord. Il n'existe pas à bord un seul espace privé de récepteurs TV ; ceux-ci diffusent tout ce qui concerne le bâtiment, le programme de travail quotidien, les films, les informations de CNN et des séries de vues en direct de l'activité sur le pont d'envol.

Les couchettes sont étroites, donc individuelles, avec un confortable matelas de caoutchouc et le matériel de couchage classique. Chacune a un rideau qui préserve son intimité, une lampe de chevet et généralement une arrivée d'air de climatisation – souvent d'une nécessité vitale. Malgré l'air conditionné que l'on trouve quasiment partout à bord d'un *Nimitz*, les climatiseurs alimentés par l'énergie nucléaire ont souvent fort à faire pour tenir leur rôle dans l'environnement chaud et humide du golfe Persique ou de l'atlantique Gulf Stream en plein été. Ce courant d'air frais sur le visage est parfois indispensable pour vous permettre de trouver le sommeil. Il est d'autres « distractions » du bord susceptibles de vous empêcher de dormir, comme le catapultage ou l'appontage d'avions de combat. Les membres d'équipage dont les postes se trouvent juste en dessous des catapultes ou des barrières d'arrêt ont un sommeil difficile quand des opérations aériennes se déroulent de nuit. C'est la raison pour laquelle ces postes sont affectés au personnel aérien.

Au-delà des postes d'équipage, en fait à l'extrémité avant du navire, nous trouvons le compartiment des ancres, leur système de manutention et les impressionnantes chaînes. C'est également le domaine des spécialités les plus traditionnelles de la marine. À l'époque des ordinateurs et des armes intelligentes, il existe encore des marins capables de faire toutes les catégories de nœuds, de gréer un câble d'amarrage et de maîtriser un canot par tous les temps. Ces gens, déjà utiles pour manœuvrer ce qui dépasse la barque de plaisance, sont indispensables à bord d'un porte-avions. Sur la gauche, le premier de plusieurs « escaliers » que nous emprunterons pour accéder à des niveaux supérieurs. Ce ne sont pas des escaliers dans le sens conventionnel du terme mais plutôt des échelles presque à la verticale et assez étroites. On apprend rapidement à utiliser, pour monter ou descendre, ces échelles avec précaution et notamment pour assurer sa prise ; ce geste devient vite instinctif.

Encore une autre écoutille pour arriver sur une petite plate-forme adjacente à l'étrave. De là, il suffit de monter quelques échelons pour arriver sur les quatre acres et demi du pont d'envol. À nouveau, la sensation d'un plancher « spongieux » vous indique que vous êtes dans une aire non glissante. Sur le pont, deux à trois douzaines d'appareils sont étroitement parqués pour libérer autant d'espace que possible. Le niveau de bruit est indescriptible lors des opérations aériennes. Tellement retentissant que vous devez porter des protège-tympans si vous voulez profiter du spectacle au niveau de l'îlot. Le personnel de pont qui travaille au milieu des aéronefs porte des casques spéciaux avec des protections incorporées pour préserver le niveau d'audition. Seuls, les officiers d'appontage (LSO, ceux qui guident l'avion lors de son approche) sont autorisés, lors des mouvements aériens, à rester sur le pont sans protection auditive pour ne pas altérer leur perception des appareils lors de leur approche.

Il existe d'autres risques. De fait, le pont d'envol d'un porte-avions moderne est sans conteste l'endroit le plus dangereux qui soit pour y travailler. Les avions exercent la menace constante d'aspirer le personnel de pont dans leurs réacteurs ou bien de les projeter à la mer. À tel point que le pont d'envol et les ascenseurs sont délimités par des filets de sécurité lors des opérations aériennes. De plus, chaque individu sur le pont d'envol porte un gilet de sauvetage qui se gonfle automatiquement au contact de l'eau et

Quelques membres du personnel de pont à bord du *George Washington* (CVN-73). *John D. Gresham*

déclenche une lumière stroboscopique, un sifflet pour donner l'alerte, le tout si les filets de sécurité n'ont pas accompli leur fonction. La tenue de pont comprend aussi des chaussures avec embout et talon en acier, des gants étanches et des lunettes de protection contre toute projection de débris divers.

Chaque gilet de sauvetage et casque de protection sont aux couleurs de la spécialité du porteur. Sous le gilet de sauvetage, le personnel de pont porte des T-shirts à manches longues de la même couleur que le gilet (mais qui peut différer de celle du casque). Ce code des couleurs, propre à tous les navires de la marine, s'établit comme suit :

Guide d'identification du personnel de pont

Fonctions	Maillot	Casque
Personnel aérien/ conducteurs de tracteurs	bleu	bleu
Opérateurs d'ascenseurs/estafettes	bleu	blanc
Patrons d'avions	bleu	jaune
Officiers de pont	jaune	jaune
Spécialistes catapultes et brins d'arrêt	jaune	vert
Personnel catapulte/ brins d'arrêt et de maintenance	vert	vert
Officiers brins d'arrêt et catapultes	vert	jaune
Responsables manutention et réapprovisionnement	vert	blanc
Personnel vérification sécurité	vert	marron
Personnel médical/transit/sécurité oxygène liquide	blanc	blanc
Officiers d'appontage	blanc	sans
Vérificateurs d'aéronefs	blanc	vert
Responsables d'aéronefs	marron	marron
Commandant de bord hélicoptère	marron	rouge
Ravitailleurs aviation	pourpre	pourpre
Pompiers et personnel sécurité	rouge	rouge

Ainsi, seuls les hommes portant des maillots, des T-shirts et des casques pourpres sont habilités à manier le carburant et tout autre liquide inflammable sur le pont d'envol.

Les opérations sur le pont requièrent une surveillance vitale. De l'îlot, les observateurs scrutent en permanence le ballet aérien et les mouvements du personnel sur le pont. Le moindre écart par rapport aux procédures standard ou aux normes de sécurité déclenche une réprimande par haut-parleurs, sur un ton qui ne prête pas à confusion, d'une ampleur que rien n'atténue, pas même un casque, et qui s'adresse au *vrai* responsable pour lui dire ce qu'il convient de faire ***immédiatement*** ! Pour la bonne compréhension des commandements comme des admonestations, chaque partie du pont est bien définie. Par exemple, les catapultes sont numérotées de 1 à 4, de tribord à bâbord, et de la proue à la poupe. Les ascenseurs en avant de l'îlot sont numérotés 1 et 2 pour tribord, et 3 et 4 pour bâbord arrière. La numérotation des déflecteurs de jets, 1 à 4, est calquée sur celle des catapultes. La numérotation des brins d'arrêt, de 1 à 4, commence par le premier en partant de la poupe. Les aires du pont d'envol sont aussi définies par des noms spécifiques, ce qui permet à l'observateur de reporter son attention sur une autre zone après avoir alerté le fautif d'un secteur autre.

Travailler dans un tel environnement, bruyant, étouffant de chaleur et, surtout, dangereux, demande une bonne dose de courage pour les jeunes hommes et femmes qui en ont fait leur profession. La plupart ont moins de vingt-cinq ans ; certains paraissent si juvéniles que vous ne leur confieriez pas votre voiture à garer à l'entrée d'un restaurant. Il n'empêche que la marine leur fait suffisamment confiance pour leur confier la responsabilité d'avions valant plusieurs milliards de dollars l'unité sans compter les précieuses vies des équipages dont l'entraînement et l'expérience valent des millions de dollars.

C'est le monde des extrêmes. Pendant dix-huit heures par jour, ils sont soumis à un niveau sonore qui les rendrait sourds sans protection acoustique ; au froid ou à la chaleur qui les tuerait s'ils n'étaient pas protégés. Ils évoluent dans un environnement d'explosifs, de carburant et autres substances dangereuses [1] tout en étant

1. Par exemple, le personnel spécialisé manipule avec soin les bouteilles d'oxygène liquide, véritables bombes à retardement, qui permettent à l'équipage de certains avions de respirer à haute altitude. Ces bouteilles sont stockées sur

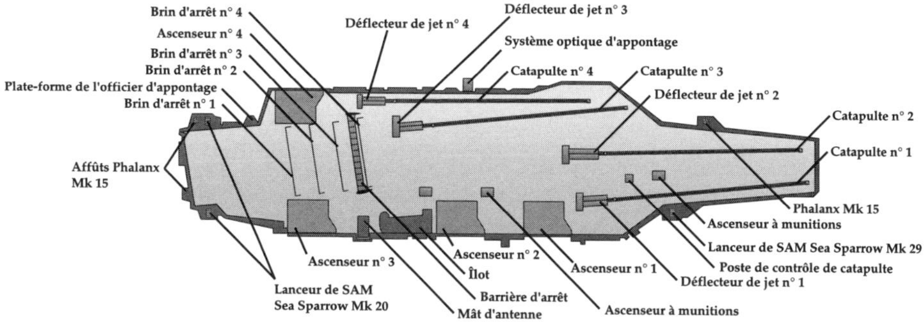

Vue supérieure d'un porte-avions nucléaire de la classe *Nimitz* améliorée (CVN-68). *Jack Ryan Enterprises, Ltd, Laura DeNinno*

souvent fouettés par des vents de plus de 60 nœuds. Pour cette tâche, ils suscitent le respect et perçoivent une prime de risque (130 $ mensuels en 1998) en plus de leur solde. Ce sont ces jeunes gens qui rendent possibles les mouvements aériens. De leur métier pénible, sale, dangereux, ils retirent une fierté muette. Celle du devoir accompli. En raison du bruit insoutenable, une riche gestuelle régit toutes les manœuvres aériennes sur le pont. Par une série de gestes manuels aisément compréhensibles, les personnels de pont communiquent entre eux pour guider le mouvement des avions, charger les bombes et autres équipements ainsi que pour signaler les urgences. Ils veillent constamment les uns sur les autres car chacun est solidaire de l'autre, qui peut sauver votre vie comme vous pouvez sauver la sienne. Tous ces efforts n'ont qu'un but : le catapultage et l'appontage des avions. Voyons maintenant en détail ce que cela représente.

En partant de la proue, si vous descendez « l'avenue », vous passez entre les catapultes 1 et 2, chacune d'une longueur équivalente à un terrain de football américain. Sur l'angle oblique de bâbord, on trouve aussi une catapulte. La machinerie de chaque catapulte C13 Mod.1 est cachée sous le pont : deux cylindres dans un long tube d'acier discernable derrière une mince fente sur le pont, obturée par un bourrelet de caoutchouc synthétique. Dans chaque cylindre, un piston entraîne un tasseau qui se meut

un rack incliné sur un côté du pont. En cas d'incendie, un dispositif d'urgence permet de libérer ces bouteilles pour qu'elles tombent à la mer afin de prévenir une explosion catastrophique.

par l'ouverture du pont. Chaque tasseau est relié à un système d'ancrage nommé « navette » qui, elle, est au niveau du pont.

En prévision d'un catapultage, l'avion est positionné sous la direction du patron d'avion. Quand la roulette de nez se trouve juste derrière la navette, un dispositif sur la jambe du train, ou timon de remorque, est crocheté dans une encoche de la navette. Dans le même temps, le panneau déflecteur du jet de réacteur, juste derrière l'avion, est levé et un autre brin mécanique est fixé à l'arrière du train avant par un dispositif de retenue [1]. Ainsi arrimé, l'avion peut pousser son réacteur à pleine puissance, ce que ne permettrait pas la seule puissance des freins de l'appareil. L'avion acquiert ainsi une poussée incroyable avant même d'évoluer d'un pouce. Chaque avion d'une escadre aérienne a son propre dispositif de retenue symbolisé par une couleur pour prévenir une malencontreuse association dispositif/type d'avion. Les F-14 Tomcat et les F/A-18 Hornet constituent une exception en ayant leur propre dispositif intégré dans la structure de leur train d'atterrissage.

Sitôt l'avion crocheté par l'un des maillots verts de la catapulte, un autre maillot vert exhibe, sur un petit tableau à l'attention du pilote et du responsable catapulte (dans son réduit de contrôle), le poids en charge estimé de l'avion. Si les deux intéressés entérinent le chiffre (qu'ils confirment par signal manuel), alors le responsable catapulte (surnommé le tireur) commence à comprimer les deux pistons avec de l'air comprimé provenant des réacteurs du porte-avions [2]. La pression de la vapeur est réglée en fonction du poids au décollage de l'avion, de la vitesse du vent soufflant au niveau du pont (la vitesse du vent naturel ajoutée à celle provoquée par la vitesse du bâtiment) ainsi que d'autres facteurs comme la chaleur ambiante, la pression barométrique, la densité et le taux d'humidité. Opération exigeant une précision mathématique. Une

---

1. En raison des très hautes températures générées par la post-combustion d'avions tels que le F-14 Tomcat et le F/A-18 Hornet, le déflecteur est constitué de canaux de refroidissement alimentés par eau de mer pompée. Ce dispositif empêche le déflecteur de fondre sous le flux thermique.

2. La marine n'utilise *pas* de vapeur nucléaire pour gonfler les catapultes. Toute la vapeur servant à l'alimentation du bâtiment provient du circuit secondaire (non nucléaire) des réacteurs. Tous les composants et résidus nucléaires des réacteurs sont entreposés soit dans les conteneurs des réacteurs soit dans le système de refroidissement.

La roulette de nez d'un F/A-18C Hornet sur la catapulte n° 1 du USS *George Washington* (CVN-73). Le timon de remorque est arrimée au sabot de la catapulte et le système de verrouillage est en position. *John D. Gresham*

trop grande pression arrachera de l'avion la roulette du train avant et pression insuffisante équivaudra à l'explosion d'un pétard mouillé. L'avion parcourra le pont sans acquérir une vitesse suffisante pour prendre l'air et sera projeté dans la mer au-devant du porte-avions[1]. Dans le meilleur des cas, l'équipage s'éjectera et l'avion sera perdu. Au pire, ce sera l'équipage et l'avion qui seront perdus. Comme l'on peut l'imaginer, les responsables catapulte (qui sont eux-mêmes des anciens de l'aviation embarquée) ne badinent pas avec leur tâche qui engage des vies humaines et des millions de dollars.

Dès que le niveau de pression voulu est atteint, les maillots verts se livrent à une dernière vérification de l'avion. Si tout est jugé normal, le responsable catapulte le signale au pilote. Ce dernier règle alors le régime du réacteur (« plein pot » ou postcombustion), adresse un salut au catapulteur et se raidit en prévision de ce qui va suivre. À ce moment, le « shooter » à la catapulte appuie sur un bouton de son tableau de commande qui libère les deux cylindres. Entraîné par le patin, l'avion est propulsé sur le rail de la

1. Il existe des veinards. En 1983, lors d'une tentative de catapultage à partir du USS *John F. Kennedy* (CV-67), l'équipage d'un A-6E Intruder fut victime d'un « coup foireux » et s'éjecta juste avant que l'avion ne percute la mer à l'avant de la proue. Après l'explosion de la cartouche du siège éjectable, le parachute du pilote le déposa en douceur sous le nez du responsable catapulte qui avait prématurément déclenché la manœuvre. Le bombardier/navigateur eut moins de chance. Son siège fonctionna avant celui du pilote et le propulsa latéralement. Son parachute s'accrocha au sommet de la dérive d'un EA-6B Prowler parqué, alors qu'il aurait dû toucher l'océan. Les équipes de secours le cherchèrent pendant une demi-heure avant de le découvrir toujours vivant, mais contusionné par le balancement de son parachute qui lui faisait percuter en cadence la coque du porte-avions.

catapulte. Le pilote (ou l'équipage) encaisse déjà plusieurs « G » et les yeux s'enfoncent dans les orbites. Quatre-vingt-dix mètres plus loin et deux secondes plus tard, le sabot de catapulte se détache et l'avion est livré à lui-même. Sa vitesse de sustentation est alors de près de 150 nœuds et le pilote se doit d'en prendre le contrôle.

Sur le pont, un câble et un ensemble de poulies ramènent le sabot de catapulte à sa position initiale et l'opération peut se répéter. Un équipage bien entraîné peut l'effectuer en moins de 2 minutes. Une séquence de catapultages mettant en œuvre les quatre catapultes signifie le décollage d'un avion toutes les 20 à 30 secondes. Autrement dit, plusieurs douzaines d'avions peuvent prendre l'air en moins de 15 minutes, montre en main. Mais à partir du moment du lâcher, les avions seront de retour dans les deux heures, ce qui implique un rigoureux minutage dans la préparation de ce retour.

La reconfiguration du pont d'envol veut d'abord que tous les appareils soient parqués le plus en avant possible. Généralement, ils trouvent place dans les aires 1 et 2, de façon à libérer le maximum d'espace au profit des avions qui rentrent au bercail ; l'usage des catapultes 1 et 2 sera bien sûr proscrit durant ce laps de temps. S'il est théoriquement possible de procéder à un catapultage lors d'un appontage, cette pratique est rarement utilisée. Beaucoup d'appareils des flottilles devraient alors être parqués dans les hangars sous le pont, ce qui augmente considérablement la charge des équipes de pont et la fatigue y afférente. En règle générale, les pachas de porte-avions rechignent à l'utilisation des ascenseurs car ceux-ci constituent une partie du pont d'envol comme des aires de stationnement en position haute. Pour les responsables d'un porte-avions, rien n'est plus difficile à trouver – et à gérer – qu'un espace libre et même les quatre acres et demi du pont d'envol d'un classe *Nimitz* semblent bien exigus quand des appareils y stationnent, ainsi que les équipements et matériels divers, sans omettre le personnel.

Qu'un pont d'envol soit bondé c'est normal, ce qui ne retire rien à sa dangerosité. Pour cette raison, les avions non destinés à voler sont rapidement arrimés. Mesure d'autant plus nécessaire que la moindre gîte sur un pont d'envol glissant peut transformer un avion en palet fou de hockey sur une patinoire. Les aéronefs ne sont pas les seuls à être arrimés. Les véhicules de lutte anti-incendie et les tracteurs de remorquage des avions subissent le même traitement. Dès qu'un avion est parqué, une équipe de gros bras aux maillots bleus intervient pour l'arrimer, à l'aide de chaînes, à quelques-uns des milliers de points d'ancrage incorporés dans la structure du pont d'envol.

À l'arrière gauche, on trouve l'emplacement de la « lentille ». Il s'agit du dispositif lumineux stabilisé (quels que soient les mouvements du bâtiment) composé de phares et de lentilles directionnelles destinés à guider le pilote en configuration d'appontage jusqu'à son poser. Si l'avion en approche est correctement positionné, tant en assiette qu'en angle de descente, le pilote peut voir la lumière ambre (surnommée la « boulette de viande ») s'allumer. S'il arrive à la maintenir centrée au milieu d'une rangée horizontale de lumières vertes au cours de sa descente (la moindre anomalie dans l'altitude correcte provoque l'allumage de lumières rouges), il posera son appareil là où il faut.

Dès que le pont d'envol est agencé pour les appontages à venir et que le bâtiment se place sous le vent, les choses redeviennent excitantes. Les porte-avions modernes sont d'une telle masse et leur poussée dynamique si élevée qu'un appontage sur un espace de 152 mètres reste aléatoire. En fait, poser un avion de combat à hautes performances sur un porte-avions revient exactement à effectuer un « crash contrôlé » et le stopper pour éviter de finir « à la baille ». Les balises d'appontage et autres dispositifs spéciaux (quelques avions ont un système intégré automatique d'atterrissage) sont de précieux auxiliaires mais les pilotes ont souvent besoin d'aide additionnelle. C'est le domaine d'équipements très spéciaux chaperonnés par les officiers d'appontage (LSO). Du temps des avions à piston et des premiers jets, les LSO constituaient la *seule* aide pour le pilote qui allait apponter. Ils faisaient leur travail sans rien de plus qu'une paire de raquettes (indiquant au pilote sa position vis-à-vis du pont) et quelques signaux manuels. Aujourd'hui, les LSO opèrent d'une petite plate-forme sur bâbord arrière et c'est de là que nous allons avoir une perspective sur l'art suprême de l'appontage.

L'appontage commence dans le poste de pilotage dès que le pilote s'intègre dans le circuit d'atterrissage. Circuit contrôlé par le Centre de trafic aérien du porte-avions (CATCC) situé un pont en dessous du pont d'envol. Le CATCC est en miniature ce que l'on trouve sur tous les aéroports d'importance pour gérer les mouvements aériens et il fonctionne de manière similaire. Le job du contrôleur est de mettre les avions en attente dans un espace ovale d'environ deux kilomètres sur la gauche du navire puis de les échelonner pour laisser le temps au LSO de les amener individuellement à bord (dans de bonnes conditions, les appontages se succèdent toutes les trente secondes). La position des avions en attente est déterminée par leur réserve de carburant ; les premiers à apponter sont ceux qui sont susceptibles d'aller à la baille parce que leurs réservoirs sont presque à sec. Pour pallier cette éventualité, le porte-avions lance un ravitailleur paré à ravitailler un avion qui menace de tomber en panne sèche.

Quand tout est prêt à bord pour réceptionner les avions, la balise est activée et le premier pilote quitte le circuit d'attente pour prendre l'axe du pont en virant par la gauche. Au cours de son approche, le pilote sort son train, la crosse d'appontage, baisse les volets, vérifie que sa radio est bien sur le canal du LSO. Si tout se passe correctement, l'avion entame son approche à près de 250 mètres d'altitude et à trois quarts de mile de la proue du porte-avions. Il reste 15 secondes avant le poser.

Dans le même temps, le LSO commande au pilote de « garder la boule » ! Le pilote a ainsi la confirmation par le LSO qu'il a bien centré la « boulette de viande » ambrée de la balise d'appontage. Le pilote confirme au LSO : « boule centrée ». Nous sommes aux dix dernières secondes avant le choc sur le pont. Sur sa plate-forme, le LSO, assisté d'un adjoint, observe et juge l'approche de l'avion. Eux-mêmes pilotes hautement qualifiés, les LSO sont des experts pour en juger. Dans sa main, le LSO tient la commande d'une série de balises lumineuses proches de sa plate-forme et visibles de l'avion en approche. Tant que celle-ci est correcte, le pilote voit un feu vert qui signifie « OK ». Mais avec ses balises, le LSO peut commander « mettez de la gomme » ou « dégagez ». Le LSO peut aussi guider le pilote par radio mais cette procédure est inhabituelle. En ambiance opérationnelle, un hostile est susceptible d'intercepter toute émission radio, ce qui explique que le contrôle des procédures radio soit draconien et impose les balises lumineuses pour les appontages. Si l'avion continue à se présenter correctement, il est maintenant à 10 mètres de la poupe, nez levé, évoluant à une vitesse de 240 km/h.

Détail d'un brin d'arrêt et de son cabestan sur le USS *George Washington* (CVN-73). *John D. Gresham*

Dès lors, le pilote et le LSO ont fait leur job et le reste appartient à la mécanique.

L'ensemble se situe au milieu du pont, oblique de 14°. Quatre brins d'acier (surnommés câbles par les équipages), numérotés de 1 à 4, sont séparés par près de 50 mètres et chacun est accroché à un couple de cylindres hydrauliques situés juste sous le pont. Si le binôme pilote/LSO a bien fait son travail, l'avion touchera le pont dans le rectangle de 61 mètres sur 15 formé par les brins d'arrêt. En ce cas, la crosse d'appontage à l'arrière de l'avion va accrocher l'un des brins. L'avion et la crosse vont tirer le brin croché de son cabestan sous le pont, tandis que les pistons hydrauliques ralentissent l'avion pour le stopper sur 91,4 mètres en 2 secondes. Les bretelles du siège meurtrissent l'équipage et, sous l'effet des G négatifs, les yeux sortent pratiquement de leurs orbites.

Dès que l'avion est en sûreté à bon port, un maillot vert libère le brin d'arrêt de la crosse puis un maillot bleu dirige le pilote pour aller se parquer hors de la zone d'appontage. Quand l'avion a quitté la piste oblique, le brin d'arrêt se rétracte pour se positionner en prévision du prochain appontage. Pendant tout ce temps, le LSO note individuellement les pilotes sur leur appontage. Deux facteurs sont concernés. D'abord, la qualité du pilotage lors de l'approche et de l'appontage. Un « OK » signifie que tout s'est déroulé selon le manuel. Second critère, le brin accroché. Nous l'avons vu précédemment, le préféré est le numéro 3 qui conjugue la meilleure sécurité lors de l'appontage et le moins d'usure pour l'appareil. Tout en étant acceptable, accrocher les brins 2 ou 4 vaut au pilote une note inférieure, mais accrocher le brin numéro 1 est considéré comme dangereux et vaudra au pilote un entretien avec l'officier d'appontage.

Les scores individuels sont affichés sur le tableau qui trône dans la salle de briefing de chaque flottille et peuvent être vus par tous les membres de la formation. Les points s'accumulent et à la fin de la croisière, la « crosse d'or » est décernée au pilote qui totalise le score le plus flatteur pour la qualité de ses appontages. Ces scores ont une influence directe sur la carrière d'aviateur de l'officier et sont susceptibles de peser sur ses espoirs de promotions ultérieures. Des ténors de la « crosse d'or » peuvent se retrouver à l'école des pilotes d'essais ou devenir instructeurs, tandis qu'un score minable peut mettre fin à une carrière d'aviateur embarqué.

Dans le premier chapitre, j'ai eu l'occasion de citer l'une des règles que chaque aviateur embarqué doit apprendre rapidement : dès que l'avion touche le pont, pousser les gaz à fond. De cette façon, si la crosse d'appontage n'accroche aucun brin, le pilote a la ressource « d'effacer » l'angle oblique et de reprendre sa place dans le circuit d'attente. De nos jours, ces incidents se produisent rarement mais des pilotes embarqués continuent et continueront de les expérimenter. Il arrive parfois qu'une crosse se dérobe ou n'accroche pas. Quelle qu'en soit la cause, l'angle oblique de 14° permet au pilote de dégager et de se représenter. Depuis l'invention de la crosse d'appontage, aucune invention n'a sauvé davantage d'avions et de vies humaines que le pont oblique. Il existe aussi une barrière d'arrêt en cas d'urgence qui peut être érigée pour immobiliser un avion incapable de crocher les brins d'arrêt. Expérience que les aviateurs font tout pour éviter.

Si nous poursuivons notre tour sur le pont d'envol, nous découvrons sur son périmètre de nombreux systèmes de branchement et de buses. Autant de distributeurs de carburant pour avion comme de mousse de protection anti-corrosion. Il existe aussi un dispositif qui déverse un déluge d'eau de mer pour éliminer les particules nucléaires et chimiques en environnement hostile et naturellement indispensable dans la lutte anti-incendie ; on trouve aussi des accessoires évoquant un parachute pour permettre l'évacuation de personnels de pont encerclés par le feu et leur évitant d'être grillés vivants. Ce dernier risque fait partie de ceux auxquels le personnel de pont est confronté. Pourtant, à entendre les hommes, ne pas prendre de risques sur le pont multiplie les

« chances » de tuer tout l'équipage du bâtiment. Ces gens sont courageux. Ils déploient de l'héroïsme à chaque séance aérienne. Sans hommes d'un tel calibre, je défie n'importe quelle nation de mettre en œuvre une aviation embarquée.

Nous arrivons à l'îlot passerelle et pénétrons par une porte pour grimper six échelles qui nous mènent au niveau 010 où opère le Centre basique de contrôle aérien ou « Pri-Fly ». Dominant le pont d'envol de six niveaux, la tour de contrôle gère toutes les opérations aériennes sur le pont comme dans l'espace aérien qui enveloppe le porte-avions et ce, sous la responsabilité du « patron aérien » et de son adjoint (e), le « mini boss ». Ils vivent dans un environnement d'ordinateurs dont les moniteurs les aident à maîtriser les mouvements aériens proches.

Descendons une autre échelle pour arriver sur la passerelle où le commandant passe le plus clair de son temps. Sur la gauche, un confortable fauteuil de cuir, surélevé, qui n'appartient qu'à lui et duquel il dirige le bâtiment (aidé par une armée de moniteurs d'ordinateurs). Sur la droite, tous les postes de commande y compris la barre, la table planimétrique et des postes de veille/observation. Bien que la passerelle soit dotée d'un récepteur GPS, de radars performants et d'une bardée de moyens électroniques, les yeux humains et la paire de jumelles n'ont rien perdu de leur importance quant à la sécurité du bâtiment.

Juste derrière le Pri-Fly, on trouve le coin le plus populaire du navire : « l'allée des vautours », une galerie à l'air libre surplombant le pont d'envol (et lieu privilégié pour des bains de soleil). De là, on assiste en toute sécurité à toutes les allées et venues en bas (n'oubliez pas votre appareil photo et un casque antibruit !). Le site offre aussi une vue imprenable sur tout le bâtiment, particulièrement sur le dispositif de défense.

Nous pouvons voir les affûts de huit lanceurs chacun de missiles sol-air (SAM) Mk 29 Sea Sparrow. Les porte-avions de la classe *Nimitz* disposent chacun de trois systèmes, un sur l'avant tribord, les deux autres à l'arrière, à bâbord et tribord. Le RIM-7M Sea Sparrow est un missile SAM à courte portée, conçu pour seconder les affûts Mk 15 CIWS comme moyens de défense ultime contre tout « intrus vicelard », avion ou missile ayant échappé à l'écran servant à détecter les missiles Aegis, tirés par les croiseurs et destroyers d'escorte. Extrapolé du vénérable missile air-air (AAM)

AIM-7 Sparrow, son cousin naval était d'abord destiné aux bâtiments de moyen tonnage comme les frégates et les destroyers pour leur offrir un missile de défense rapprochée à un prix raisonnable. Ce système SAM standard de défense rapprochée a été adopté par l'OTAN pour ses escorteurs légers. À l'instar du AAM, le Sea Sparrow utilise un guidage semi-actif. Ce qui signifie qu'un radar de direction de tir Mk 91 (chaque bâtiment de la classe *Nimitz* en possède trois) « illumine » un avion ou missile en approche comme tout objet dans une pièce noire pris dans le faisceau d'une torche électrique. L'autodirecteur du missile voit alors les objectifs grâce au faisceau réfléchi par le radar Mk 91 et se cale automatiquement sur la cible jusqu'à sa destruction finale [1].

Le Sea Sparrow constitue un excellent système de défense ultime qui offre une bonne protection jusqu'à 18,5 km. Dans les années 80, son efficacité s'est accrue par la mise en service du radar Mk 23 (TAS) d'acquisition d'objectifs. Son système de révolutions lui permet de détecter des objectifs en vol rasant comme à angle élevé et transmet instantanément tous les paramètres au Sea Sparrow pour réaction immédiate. Le seul talon d'Achille est que les huit missiles, une fois tirés, doivent être remplacés manuellement dans les tubes du lanceur Mk 29. Le Sea Sparrow sera encore plus performant grâce au système Sea Sparrow Amélioré (ESSM) qui combinera le système de guidage originel à une nouvelle structure. Le ESSM disposera d'une portée de tir et des performances supérieures à celles du RIM-7M et pourra être tiré des lanceurs verticaux Mk 29 et Mk 41 (VLS) qui apparaissent sur les tout récents bâtiments.

Au contraire des navires de surface, les porte-avions offrent peu de sites propices à l'installation d'antennes radio, radar et autres capteurs. Cela est en partie dû au souci de maintenir une distance appropriée entre chaque antenne émettrice et d'éviter les échos parasites sur le pont d'envol lors des opérations aériennes. C'est la raison pour laquelle les superstructures d'un porte-avions ont toujours été une « antenneraie ». Sur les côtés du pont même, on

1. Le seul tir « réel » d'un Sea Sparrow eut lieu en 1992 quand le porte-avions USS *Saratoga* (CV-60) tira malencontreusement deux SAM dont l'un frappa le destroyer turc *Mauvenet*. L'explosion de la charge militaire tua cinq marins turcs dont le commandant du destroyer.

Affût à huit lanceurs de missiles RIM-7M Mk 29 Sea Sparrow à bord du USS *George Washington* (CVN-73). *John D. Gresham*

trouve un certain nombre d'antennes radio UHF/VHF montées sur rotule et qui opèrent à l'horizontale lors des mouvements aériens. Sur les bâtiments de la classe *Nimitz*, un mât additionnel juste à l'arrière de l'îlot soutient les antennes radar et radio qui nécessitent de la hauteur pour une fiabilité optimum. Cet équipement électronique comprend :

- **SPS-48E** – Un radar tri-dimensionnel de recherche aérienne qui gère les mouvements aériens dont la résolution a une portée approximative de 110 km.
- **SPS-49 (V)5** – Le meilleur des radars navals bi-dimensionnels de recherche aérienne. D'une fiabilité quasi absolue avec une portée supérieure à une centaine de kilomètres, ce radar équipe la plupart des navires de combat américains et de nombreux navires étrangers.
- **SPS-64 (V)9** – D'abord un radar de veille surface et de navigation principalement conçu pour évoluer et opérer à proximité du littoral. Une extrapolation du classique radar de navigation Litton LN-66.
- **SPS-67** – Radar général de veille surface conçu pour donner des coordonnées précises d'objectifs marins.
- **Radar d'acquisition d'objectifs (TAS) Mk 23** – Petit mais de révolutions très rapides et conçu pour détecter les missiles à très faible altitude comme ceux piquant à angle aigu. Il transmet ses données au système de contrôle d'armes SYS-2 qui active immédiatement les missiles SAM RIM-7/Mk 29 Sea Sparrow.
- **Radar de contrôle de tir (FCS) Mk 91** – Les trois Mk 91 assurent le guidage jusqu'à la cible des RIM-7M Sea Sparrow lancés par les trois lanceurs Mk 29.

Le déploiement d'antennes sur l'îlot passerelle du USS *George Washington* (CVN-73). Configuration typique des derniers exemplaires de porte-avions de la classe *Nimitz*. *John D. Gresham*

- **SLQ-32 (V)4** – Ensemble de guerre électronique pouvant être personnalisé en fonction des impératifs de défense d'un bâtiment précis. La version (V) 4 de ce système comprend un radar de veille à bande large, un radar de brouillage dans les mêmes gammes électroniques et un dispositif à réaction immédiate de lance-leurres (SRBOC) Mk 137. Les mortiers à six tubes lancent un nuage de chaffs (bandes en mylar à revêtement métallique) et de leurres infra-rouge pour aveugler ou perturber un missile proche de percuter.
- **WRL-1H** – Système polyvalent de veille et d'attaque conçu pour l'interception d'une menace de toute nature à partir de l'interception du trafic radio.

Cette couverture électronique procure au pacha du porte-avions comme à l'état-major de son escadre une appréciation précise de son environnement. Outre les systèmes d'alerte, l'îlot passerelle supporte aussi beaucoup des dispositifs de communications du porte-avions. La plupart d'entre eux sont classés secret ; sachons seulement qu'ils couvrent toute la gamme électromagnétique que n'importe quel pays peut mettre en œuvre. Le plus notable de cet équipement est sous radôme et englobe les systèmes de communications satellitaires qui assurent la quasi-impunité des communications du groupe de combat aéronaval.

Conçus dès l'origine pour émettre des messages codés, ces systèmes présentent des failles de sécurité. Actuellement, les porte-avions ont besoin de systèmes de télécommunications d'un hermétisme absolu mais pas au détriment de la rapidité d'exploitation.

Problème qui se posa avec acuité lors de la guerre du Golfe quand aucun des porte-avions américains n'avait la capacité de recevoir à temps pour exploitation les ordres d'opérations quotidiens (ATO) émanant du Centre général d'opérations aériennes (CENTCOM) de Riyad. Alors que toutes les autres unités aériennes du théâtre opérationnel, y compris celles de nos alliés, recevaient leur ATO (qui représente plusieurs centaines de pages à petits caractères) grâce à leurs fax à impression ultra-rapide et transmis par lignes téléphoniques hypersécurisées. La marine, ayant toujours tablé sur le fait qu'elle mènerait sa propre guerre sur les océans, était mal préparée sur le plan communications à mener des opérations conjointes avec les autres armes. Par conséquent, la marine ne recevait pas son ATO par satellite ou liaison informatique mais plus prosaïquement par copie remise en main propre par le pilote d'un S-3 Viking. On se doute que cette procédure ne pouvait être que cause d'embarras pour la marine et la détermina à la mise au point de systèmes de liaisons interarmes.

« Challenge Athena » fut le premier essai pour apporter une solution. Challenge Athena I – à l'origine monté expérimentalement sur le USS *George Washington* – est un système satellitaire binaire à vitesse lente (768 kilobits/seconde) basé sur un système d'exploitation civil. D'abord conçu pour la diffusion de photos relevant des services de renseignements et de vidéo-conférences, il s'est suffisamment étoffé pour gagner une incroyable popularité au sein de tous les personnels de la flotte. Car, s'il répond aux besoins des instances supérieures, Challenge Athena offre aux subalternes, y compris les simples matelots, deux canaux e-mail pour correspondre avec les leurs et l'accès direct aux télévisions commerciales comme CNN et ESPN. Une version nouvelle qui offre une très haute vitesse, Challenge Athena III, est en passe d'être installée sur les porte-avions, les bâtiments de commandement, ceux de guerre amphibie, et peut-être même sur des unités majeures comme les croiseurs Aegis et les destroyers. Une version sensiblement similaire est en développement sur les sous-marins pour des applications concernant les missiles de croisière Tomahawk, les opérations spéciales et les missions s'articulant autour de drones. Les antennes sous radômes sont implantées sur le pont d'envol mais à distance de l'îlot passerelle.

Il est maintenant temps de descendre. Six échelles plus bas, nous

nous trouvons au pont numéro 3, ou « galerie », directement sous le pont d'envol. Deux coursives centrales parcourent le bâtiment dans toute sa longueur. Avec près de trois cents mètres de long, elles semblent sans fin, entrecoupées de-ci de-là de croisements pour casser la monotonie des « casseurs de genoux » et de cloisons étanches. De tout ce que nous avons vu jusqu'à présent, ce sont les portes, une profusion de portes ; derrière certaines se trouvent les vrais « cerveaux » du navire – les diverses salles de commandement, de l'escadre aérienne et des différentes flottilles. De plus, la plupart des officiers aéronavals et ceux de l'état-major du bâtiment y ont leur cabine. En tournant à gauche pour descendre vers l'arrière par la coursive tribord, vous dépassez les compartiments encombrés par les cylindres hydrauliques des brins d'arrêt. Ils sont gigantesques et occupent tout l'espace entre les deux coursives principales. Plus que n'importe quels autres, ces compartiments sont d'une irréprochable propreté car une fuite de liquide est le premier indice révélateur d'un dysfonctionnement du système hydraulique.

Plus loin à l'arrière se trouvent les salles opérationnelles des flottilles. Vastes salles qui forment l'état-major des différentes formations aériennes et des détachements affectés à l'escadre aérienne du navire. Mais ces salles sont encore bien davantage. Chacune est le sanctuaire d'une formation aérienne : elle mêle le club, l'espace repos et le centre ops de conférence-briefing et préparation des missions. Les règles de l'aéronautique embarquée encouragent la liberté d'expression et la franchise du verbe, notions intolérables partout ailleurs à bord, et font de ces lieux des endroits exclusivement privés (où la vie d'un aviateur embarqué apparaît dans sa vérité intrinsèque et sa grandeur). Cela signifie qu'en ces lieux ne se trouvent que des aviateurs et *uniquement* des aviateurs et que *personne* de l'extérieur n'y pénétrera sans permission.

Ces salles sont merveilleuses, décorées de photos historiques, de trophées et de documents muraux retraçant le passé de l'unité. À la place d'honneur, le pupitre de l'officier ops de la flottille et un grand panneau blanc pour étayer les briefings et les comptes-rendus opérationnels. Il y a aussi des rangées de fauteuils d'un confort que vous ne soupçonnez pas. Élaborés d'après des modèles antérieurs à la Seconde Guerre mondiale, ils sont moelleux et fermes à la fois, parés d'un cuir épais emblasonné aux couleurs et à l'insigne de la flottille. Ils sont inclinables pour les besoins d'une petite sieste entre deux sorties, et un abattant permet de prendre des notes.

À l'arrière de la salle, un petit local abrite le système de planification tactique des missions (TAMPS). Ce système automatisé permet aux équipages de mémoriser informatiquement le tracé de leur vol en fonction de tous les paramètres de la mission. Il prend en compte les accidents de terrain comme l'enveloppe des défenses antiaériennes ennemies. Le TAMPS rélègue à la préhistoire la période des cartes sur papier, des photos aériennes et le « pif » des équipages. Après la planification de la mission par chaque flottille grâce au système informatique TAMPS, l'état-major de la formation peut synthétiser dans ses moindres détails la mission d'attaque avant son exécution.

Quittons les lieux pour continuer plus avant. Après avoir parcouru près d'un tiers du bâtiment, le revêtement passe du gris standard au bleu éclatant, ce qui signifie que nous pénétrons dans ce que l'équipage surnomme « le pays bleu ». Il s'agit du commandement central et du centre complexe de contrôle non seulement du porte-avions mais de son groupe d'accompagnement. Le saint des saints. Cette partie du pont se subdivise en plusieurs compartiments dévolus à un rôle opérationnel spécifique :

- **Centre de combat et d'informations (CIC)** – C'est le centre nerveux du bâtiment avec tous les moniteurs et moyens de contrôle des capteurs du navire ainsi que les récepteurs des renseignements informatisés émanant d'autres bâtiments ou avions comme des sources officielles (satellites de reconnaissance, avions espions et autres systèmes). Le CIC est conçu pour offrir aux officiers responsables du bâtiment et de ses prérogatives en cas de « castagne » toutes les informations opérationnelles disponibles, de quelque source qu'elles émanent. L'espace est truffé de consoles, de terminaux et d'écrans larges ; il est divisé en plusieurs zones : guerre anti-sous-marine, antiaérienne, anti-surface, communications, évaluation des dommages, etc. Pendant la dernière guerre, le commandant dirigeait son bâtiment depuis la passerelle mais son actuel contemporain est plus souvent devant une console brillante dans le local tamisé du CIC. Les CIC des porte-avions diffèrent de ceux des autres classes de bâtiments. Contrairement aux croiseurs Aegis ou aux destroyers, les terminaux et le personnel ne sont pas confinés dans le même local. En évitant la concentration dans un espace unique susceptible d'être détruit en cas d'impact, la surviabilité du porte-avions s'en trouve renforcée. Voilà pourquoi les divers départements de guerre spécialisée – antiaérienne, anti-sous-marine, anti-surface, etc. – ont leur propre centre de contrôle opérationnel qui ventile ses renseignements au noyau dur du CIC.

• **Centre de contrôle du trafic aérien du porte-avions (CATCC)** – Ce centre gère l'espace aérien et les mouvements autour de l'escadre aéronavale. Il diffère de son homologue terrestre par sa mobilité et sa capacité de réception de toute information informatisée provenant de vecteurs et capteurs extérieurs comme les bâtiments Aegis et avions de surveillance (E-2C, E-3, etc.).

• **Centre de commandement tactique (TFCC)** – C'est une réduction miniature du CIC. La différence réside dans la configuration spéciale du TFCC pour maximiser les renseignements dont ont besoin les officiers d'état-major (amiraux et commandants de groupes de combat aéronavals). Pour ce faire, le TFCC est équipé des mêmes écrans larges et postes de travail que l'on trouve à bord des bâtiments Aegis qui encadrent le porte-avions.

• **Centre de renseignements combinés (JIC)** – C'est le centre de triage des informations nécessaires au porte-avions, à l'escadre et aux flottilles embarquées. Les analystes du JIC produisent des monceaux de renseignements extrapolés des cartes établies par l'équivalent américain de l'IGN, des photos prises par les satellites espions et des documents divers des services secrets. L'état-major du JIC est un « arc-en- ciel » composé de chaque unité du groupe de combat, voire même d'autres armes ou services de renseignements. Eux seuls *pourraient* vous dire ce que ça signifie.

• **Espace d'exploitation des communications marines (SSES)** – L'espace le plus hermétique est exclusivement dévolu au *vrai* renseignement : « l'exploitation » des émissions radio et électroniques ennemies. Équipé pour tous les moyens de liaisons avec les systèmes et services de renseignements aux États-Unis comme sur un théâtre opérationnel, le SSES fournit aux responsables d'un groupe de combat aéronaval toutes les informations, à la seconde, sur les intentions et les activités adverses. Seuls des techniciens du renseignement et des communications, présentant les plus sévères garanties de sécurité, sont habilités à servir au SSES.

En période calme, ces services sont des endroits tranquilles où les gens travaillent par roulement. Mais lors d'une opération ou même d'un exercice, ils évoquent une ruche en pleine activité, le bourdonnement en moins. Chacun travaille vingt-quatre heures sur vingt-quatre jusqu'au terme de l'opération. Soit dit en passant, ces locaux sont autant de glacières en raison de l'air frais impulsé et de l'eau réfrigérée qui empêchent les moyens électroniques et les ordinateurs de fondre sous les sollicitations auxquelles ils sont soumis. Il n'est pas rare, même sous la canicule du mois d'août, de trouver les opérateurs en parka coupe-vent et pull-overs pour s'empêcher de claquer des dents.

Au-devant des locaux précités se trouve l'espace du commandement où vit le commandant du groupe de combat et son état-major. S'il existe une place à bord d'un porte-avions qui mérite l'adjectif de luxueuse, c'est bien celle-là. Meubles et revêtements en bois précieux, vaste salon et salle de conférence, coursive privée, cabine de luxe pour l'amiral, bureau et bar. Tous ces espaces, confortables et fonctionnels, sont à quelques pas du TFCC. Pourtant, malgré son luxe, je connais peu de gens enclins à y travailler car il se trouve juste en dessous de la catapulte n° 1 et de la navette de catapultage. Lors des opérations sur le pont, le bruit ambiant est assourdissant, et y travailler vingt-quatre heures sans interruption, comme dans le cas des alertes ou manœuvres, devient cauchemardesque. Pourtant, l'amiral et son état-major ne semblent pas perturbés le moins du monde par le manque de sommeil.

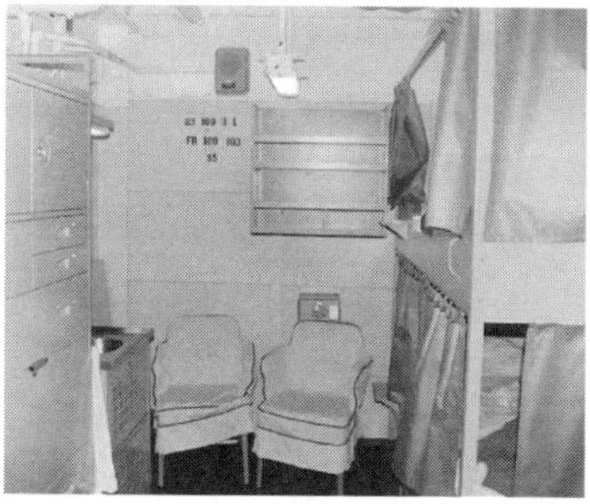

Cabine double d'officiers à bord d'un porte-avions classe *Nimitz*. *John D. Gresham*

Commander un groupe de combat aéronaval est impossible pour quelqu'un qui a besoin de plus de six heures de repos quotidiennes ! Ultime paradoxe, plus le quartier est chic, moins l'occupant peut en profiter. Le grade et les responsabilités afférentes confèrent des avantages matériels que la plupart des officiers supérieurs ont rarement le temps d'apprécier une fois à bord.

Encore plus avant, les salles et les douzaines de cabines du personnel aéronautique comme des officiers subalternes du bâtiment. La plupart sont pour deux et agréables à vivre (je l'ai expérimenté pour plusieurs jours). Les couchettes sont superposées et d'une largeur supérieure à celles des marins. Chaque homme dispose d'un espace convenable pour ses effets personnels ainsi que d'un petit bureau pliant. Chaque officier possède un coffre-fort pour ses dossiers confidentiels et ses affaires intimes ainsi qu'un évier et un miroir. Quelques cabines sont équipées de douches individuelles mais la plupart des officiers, tous grades confondus, préfèrent utiliser les douches communes que l'on trouve en grand nombre tout au long du navire. Chaque cabine est équipée d'équipements stéréo, vidéo et télévision ; chacun peut aussi se connecter sur le câble qui diffuse les programmes vidéo et radio du bâtiment ainsi que sur les chaînes commerciales à péage du système Challenge Athena.

Plus avant, un autre site vraiment merveilleux surnommé la coursive de la « chemise dégueu » et le carré des officiers. Ce dernier est le seul à bord où le port de la combinaison de vol ou la tenue de travail de pont soient « acceptables ». Les autres carrés d'officiers dépendent de l'administration du bâtiment, donc l'esprit Navy y règne, mais celui de la « chemise dégueu » « appartient » aux aviateurs et les traditions aéronautiques y sont cultivées. Du menu aux relations, tout se pratique sans formalités et discuter « boutique » y est toléré. Chaque flottille dispose de sa propre table et le protocole impose que l'on demande la permission de s'attabler avec quelqu'un déjà assis. Jusqu'à présent, cette demande vous vaudra un large sourire sympathique et l'invitation de vous joindre à la conversation. Le même carré renferme un secret peu connu, « le clébard », le distributeur de crèmes glacées qui fonctionne sans interruption[1]. Il constitue une splendide diversion dans la vie sou-

1. Ce surnom correspond à une vilaine habitude du meilleur ami de l'homme...

vent spartiate du bord. Heureux hasard, ce « clébard » est souvent le meilleur du bord.

Encore plus avant, quasiment aux deux tiers du navire, nous arrivons à une intersection de coursives qui n'est pas sans ressembler à un grand magasin. De fait, on y trouve les « boutiques » des flottilles aériennes. Chacune a la sienne. Tout ce qui concerne le boulot y est affiché : avions et équipages en alerte, vols prévus, état de maintenance ainsi que chargement et état des stocks de chaque appareil des formations. C'est aussi le fief du *Command Master Chief* (CMC) de chaque flottille. Gradé subalterne mais toujours le plus ancien dans le rang, c'est le responsable grâce auquel les avions sont prêts à voler et à combattre. Il fait aussi fonction de conseiller et d'avocat du personnel du rang auprès des officiers. De pair avec tous les officiers mariniers, le CMC fait partie des institutions de la marine et un bon officier s'en aperçoit rapidement. Pour finir, les CMC sont aussi les boutiquiers du « magasin de la flottille ». Ils vendent des tasses de café, des T-shirts, des insignes et des autocollants aux armes de la flottille. Si vous vous rendez à bord d'un porte-avions, achetez-en quelques-uns car l'argent va dans la caisse de soutien de l'unité. Je ne manque jamais de le faire.

En retournant près de l'échelle à l'arrière de la passerelle, nous descendons quatre niveaux pour atteindre le deuxième pont (les niveaux au-dessus du hangar jusqu'au pont principal portent des chiffres – 01, 02, etc. – les autres sont désignés selon leur emplacement). La plupart des officiers subalternes et le personnel y prennent leurs repas. Les deux catégories ont leurs coursives et leurs réfectoires. Quotidiennement, on y sert près de quinze mille repas. Le personnel de base mange dans trois larges salles style cafétéria au centre du bâtiment, qui reçoivent cinq cents personnes simultanément. Le carré des officiers (surnommé le numéro trois) se situe un peu plus en avant et ressemble à un restaurant car vous passez votre commande assis, bien qu'un buffet soit aussi présent. Ouvert en permanence, le carré numéro trois est le centre social du bâtiment. Les officiers peuvent se réunir pour quelques minutes et échanger les nouvelles du jour avec leurs camarades du bord. Les divers distributeurs – café, jus de fruit, chips – sont branchés en permanence et quiconque a été retenu par des obligations de service peut toujours commander un repas chaud auprès du steward. Il y a

Panneau principal de contrôle des pompes à bord du porte-avions *Harry S. Truman* (CVN-75). Ce panneau qui gère les pompes principales du bâtiment entier se situe entre les soutes de fond de cale. *John D. Gresham*

aussi le populaire « distributeur de cappucino à propulsion nucléaire » qui dispense une tasse de cet excellent breuvage.

Entourant le carré des officiers du deuxième pont, se trouvent les appartements de la plupart des officiers supérieurs du bord ainsi que des responsables de services. À l'instar des salons, du pont 02, ils sont très agréables et possèdent des douches individuelles. Et comme les salons, ils sont peu utilisés car le service à bord d'un porte-avions nucléaire ne se prête pas au sommeil et à la relaxation. Après le carré des officiers se trouvent d'autres postes pour le personnel. Ils présentent beaucoup de ressemblances avec ceux déjà visités, sauf que les bruits du pont d'envol sont assourdis par la masse du bâtiment. En revanche, on y perçoit le son et les vibrations du système propulsif. À grande vitesse (plus de vingt-cinq nœuds), la coque commence à résonner et le bruit de fond peut se révéler perturbant. Autre inconvénient des ponts inférieurs, la chaleur quand le navire navigue dans des eaux chaudes comme celles du Gulf Stream ou du golfe Persique. Sous de telles conditions, l'atmosphère se transforme en étuve.

En descendant une autre échelle, on accède au département machines du troisième pont où sont concentrés la plupart des systèmes qui maintiennent la vie du bâtiment. Ici comme dans le pont inférieur, on trouve des ateliers de réparation des machines, les tableaux de distribution électrique et les générateurs diesel de secours, la blanchisserie du bord, les installations médicales et dentaires ainsi que la centrale qui ventile l'air conditionné. Toujours au troisième pont, la cantine du bord, le bureau postal (impressionnant par ses dimensions) et le tout nouveau local de téléphones satellitaires qui permettent aux marins d'appeler chez eux, quel que soit l'endroit où croise le bâtiment, au prix d'environ un dollar la minute. Cette installation a sensiblement modifié l'existence de l'équipage.

Les salles, à haute protection et d'accès réservé, des réacteurs nucléaires, des turboréducteurs de propulsion, les soutes à munitions et les compartiments des pompes se trouvent sous le quatrième pont. Entourées par une double coque dont le vide intermédiaire absorbe en partie l'effet déflagrant d'une explosion, ces salles sont les parties les plus sûres du bâtiment. En raison des impératifs de sécurité imposés par le ministère de l'Énergie et le directeur des réacteurs de la marine, je suis dans l'impossibilité de faire la description de l'ensemble propulsif[1]. Toutefois, je peux dire que la vapeur générée par les deux réacteurs Westhinghouse A4W peut propulser le bâtiment à plus de 30 nœuds tout en alimentant tous les systèmes électriques du bord. Les quatre turbines General Electric développent 280 000 cv en entraînant quatre arbres d'hélices et répondent au quart de tour pour l'allumage ou l'arrêt.

La visite touche à sa fin. Les os vermoulus, rejoignons le pont hangar et, par l'échelle de coupée, regagnons le dock. Vous avez maintenant une assez bonne idée de l'agencement d'un actuel porte-avions de la classe *Nimitz*. Néanmoins, sa conception commence à dater et de nouvelles idées font jour pour une prochaine génération de ponts-plats. Voyons à quoi ils ressembleront.

Le futur : CVN-77 et CVX-78

Les porte-avions de la classe *Nimitz* sont toujours aussi fiables que leurs concepteurs et constructeurs l'avaient prévu à la fin des années 60 et ils ont offert un large éventail de possibilités pour des interventions durant la guerre froide. Mais le programme SCB-102 a plus de trente ans, la guerre froide fait maintenant partie de l'histoire et il est temps de songer à ce qui suivra le lancement du

1. Le lecteur qui désire en savoir davantage sur les réacteurs nucléaires navals peut se reporter à mon précédent ouvrage : *Sous-marins, visite d'un monde mystérieux : les sous-marins nucléaires, op. cit.*

Ronald Reagan dans quelques années. C'est précisément ce que fait la marine. La marine américaine aura toujours la mission d'assurer une protection permanente en jouant de la rotation de ses porte-avions. Parallèlement, la marine prévoit d'être confrontée de plus en plus fréquemment à des situations imprévisibles. Et pour finir, il faut maintenir à un prix raisonnable le coût de construction, de service et de maintenance des porte-avions.

Question : Comment la marine peut-elle arriver à ce résultat ?
Réponse : En acceptant qu'il est temps de redéfinir la conception et la construction des porte-avions.

Pour ce faire, NNS a créé un « Skunk Works » ou Centre d'innovation des porte-avions, implanté à un jet de pierre de la cale sèche 12 à Newport News[1]. Les ingénieurs de NNS y étudient la conformité des porte-avions du futur en fonction des opérations post-guerre froide. Travaillant de conserve avec d'autres grandes sociétés comme NAVSEA, NNS a aidé la marine à forger un planning à deux étapes pour projeter le porte-avions et l'aviation embarquée dans le XXIe siècle.

La phase un implique la construction d'une unité supplémentaire de la classe *Nimitz* suivant celle du USS *Ronald Reagan* (CVN-76) actuellement en chantier. Encore non baptisé et connu comme le CVN-77, ce porte-avions sera un *Nimitz* mais seulement en apparence. Les plans prévoient d'utiliser pour le CVN-77 le même système de propulsion et la structure du pont principal d'un *Nimitz* de la première génération. Le reste sera nouveau. Le CVN-77 sera un bâtiment cobaye qui servira de banc d'essai à de nouvelles techniques et pour vérifier la pertinence d'idées nouvelles. Quelques-unes de ces nouvelles techniques demandent à être expéri-

1. Le terme de « Skunk Works » désigne la Division des projets avancés de Lockheed à Burbank en Californie, dirigée par le légendaire Kelly Johnson et Ben Rich, conçue pour pondre des idées de génie d'une simplicité biblique et qui pourraient être mises en application à moindre prix. Parmi les réalisations « Skunk Works », citons le Shooting Star, premier avion à réaction américain mis en service, les avions espions U-2 et SR-71 et le chasseur-bombardier furtif F-117 Nighthawk. D'autres industriels, dont les chantiers navals de Newport News (NNS) et la division des avions militaires de Boeing, possèdent des services similaires.

Un des projets des Chantiers de Newport News du CVN-77. Reprenant la coque et l'ensemble de propulsion de la classe *Nimitz*, le nouveau porte-avions incorporera la technologie de furtivité ainsi que d'autres systèmes opérationnels optimisés. *Newport News Shipbuilding*

mentées. D'autres sont déjà insérées dans le cahier des charges défini par le NAVSEA :

• **Signature réduite** – Nous sommes dans la technologie de la furtivité ou, pour être plus réaliste, à basse détection. Peut-on actuellement dissimuler un monstre de cinq cents mètres de long aux moyens de détection contemporains ? La réponse est positive mais implique des restrictions. N'oublions jamais que la signature radar, thermique, acoustique, électronique, est sans rapport avec la taille de l'objet détecté. La silhouette, les matériaux et autres « détails » d'ingénierie sont plus conséquents. Par exemple, un expert me déclarait qu'une réduction de 90 % de la signature radar d'un porte-avions pouvait être acquise moyennant des modifications relativement mineures apportées au bloc passerelle et autres structures de pont. Ce qui signifie qu'un bâtiment de la classe *Nimitz* pourrait laisser une signature équivalente à celle d'une frégate lance-missiles sur un écran radar. Les destroyers Aegis de la classe *Arleigh Burke* (DDG-51) bénéficient déjà de cette innovation technique qui les rend extrêmement difficiles à répérer par des moyens électroniques et infrarouges.

• **Automatisation et réduction de personnel** – Une initiative majeure de la marine est la réduction du personnel embarqué (principalement dictée par un souci d'économie). Plus de 70 % des dépenses budgétaires sont affectées aux personnels et la marine évalue à 50 000 $ l'économie réalisée sur chaque marin remplacé par l'automatisation. Selon les plans, le CVN-77 sera doté de beaucoup de systèmes *nec plus ultra* qui sont expérimentés sur le USS *Yorktown* (CG-47). Ces systèmes permettent déjà une réduction de 15 % de marins sur ce dernier bâtiment. Concernant le CVN-77, la marine a de plus grandes ambitions en considérant possible une réduction de 25 à 33 %. Ce qui sous-entendrait une diminution d'un millier d'hommes et plus de 50 millions de dollars d'économie annuelle pour un *Nimitz* standard. Soit 2,5 milliards de dollars sur les cinquante-cinq ans de service du CVN-77.

• **Adaptabilité opérationnelle** – Le CVN-77 sera rapidement reconditionnable pour des missions autres que celles plus traditionnelles imparties aux porte-avions à « grand pont d'envol ». Les opérations style guerre à court terme et les missions humanitaires deviennent la règle plutôt que l'exception. À cette fin, la marine a remodelé les espaces intérieurs du CVN-77 pour disposer de plus d'adaptabilité. Ainsi l'aire de repos des personnels aériens de base pourra servir d'entrepôt pour les armes, munitions, etc., des Marines et autres forces destinées à intervenir à terre. De plus, la planification, l'espace dévolu, la conduite des opérations aériennes seront davantage marqués par la collaboration interarmes ; ainsi des bataillons d'hélicoptères de l'armée ou des forces spéciales pourront-ils en profiter avec un minimum de modifications. Les portes des hangars et les ascenseurs seront conçus pour recevoir tous les types d'aéronefs, des avions à ailes basculantes aux divers drones et autres moyens aériens sans pilote. Un ponte des analystes de la marine a même suggéré l'adoption d'une rampe de poupe pour l'embarquement de véhicules et de cargaisons diverses. Autant d'aménagements qui conféreront au porte-avions plus de capacités et de polyvalence que tous ceux construits à ce jour.

• **Améliorations des conditions de travail** – De son côté, NNS s'est attaqué à l'amélioration des secteurs clés dont pourrait profiter le CVN-77. Notamment sur un pont d'envol qui permettrait aux personnels aéronautiques de travailler ou d'attendre les catapultages à l'abri des éléments. En améliorant aussi les servitudes dans le hangar, comme l'armement et le ravitaillement en carburant, etc., la fatigue et la pression seraient d'autant réduites pour le personnel comme pour le matériel. De même, les tâches lourdes (chargement de matériels et approvisionnements) et les transferts critiques, à travers le bâtiment, de fournitures et de personnels seront automatisés. Envoyant ainsi aux oubliettes ces longues chaînes de marins encombrant les coursives pour transférer du matériel. Il est aussi question d'adopter une rampe pour le lancement de la nouvelle génération d'avions embarqués, ce qui éliminerait les catapultes [1].

• **Améliorations des matériaux** – Un large éventail de nouveaux matériaux sont prévus dans la construction du CVN-77. Un revêtement en silicate particulièrement résistant aux fortes températures permettrait de se passer des traditionnels dispositifs de refroidissement par eau pour la déflexion des flux de réacteurs. Un nouveau réseau de fibres optiques (LAN) améliorera jusqu'à cent mille fois la vitesse et la capacité de communications du bâtiment. Des matériaux composites pour l'intérieur comme pour les superstructures (afin de réduire le poids) et des matériaux absorbant les ondes électro-magnétiques (ceux qui servent dans les techniques RAM ou dites de furtivité pour la réduction de la signature radar) feront aussi leurs débuts sur le CVN-77. La peinture de la coque ainsi que les revêtements internes anti-dérapants (dont la durée de vie sera portée en années et non plus en mois) seront aussi appliqués et seront écologiquement plus « amicaux » en raison de l'absence de matières nocives. Pour finir, quand le CVN-77 finira à la casse au milieu du XXIe siècle, une liste du matériel sensible dressera l'état de dangerosité des différents organes, et chacun pourra prendre les précautions adéquates. L'amiante reste un cauchemar pour la marine car, bien qu'interdit, il contribue encore à l'isolation à bord de bâtiments. La liste des matériaux sensibles devrait mettre fin à ce genre de problèmes.

• **Armement** – Si les lanceurs Mk 29 Sea Sparrow et les Mk 16 Phalanx sont l'épine dorsale de la défense ultime des porte-

---

1. La rampe fut conçue par la Royal Navy dans les années 70 pour faciliter le décollage à pleine charge des avions V/STOL (à décollage vertical ou décollage court) du type FRS.1/2 Sea Harrier et AV-8B Harrier II. L'ajout d'un pan incliné à l'extrémité d'un pont d'envol fournit une poussée additionnelle à l'avion, au moment critique du décollage. L'efficacité de cette rampe est telle qu'elle est adoptée par la plupart des porte-avions étrangers à l'exception des États-Unis.

(*NdT* : n'en déplaise à l'auteur, la France, dont l'expérience en matière d'aéronavale a près de quatre-vingt-dix ans, n'a pas adopté la rampe de décollage. Celle-ci n'a d'utilité que pour les avions STOL...)

avions de la classe *Nimitz*, il est à parier que l'armement du CVN-77 sera beaucoup plus puissant. Selon la voie tracée par les récents navires de guerre amphibies de la classe *San Antonio* (LPD-17), le CVN-77 disposera probablement d'affûts groupés de systèmes VLS Mk 41 qui tireront le Sea Sparrow amélioré (ESSM), extrapolé du missile SAM RIM-7M Sea Sparrow. Chaque module Mk 41 à huit lanceurs (qui peut être assemblé avec sept autres modules pour former une batterie de 64 lanceurs de missiles) peut contenir jusqu'à quatre ESSM par tube. Le Mk 41 peut aussi lancer d'autres engins (comme le missile de croisière BGM-109 Tomahawk) et ses affûts seront implantés sur les côtés du pont du CVN-77. Trois à quatre lanceurs Mk 49 à 21 missiles SAM RIM-116 pour la défense rapprochée ultime seront aussi probablement installés. Le RAM est appelé à remplacer rapidement l'ancien canon Phalanx Mk 15 de 20 mm à bord de tous les navires américains, et il est plus que probable que le CVN-77 en sera doté dès le début.

• **Systèmes informatiques et électroniques** – Quoique les ordinateurs soient utilisés à bord des navires de guerre dans bien des domaines, du contrôle de la propulsion à l'émission d'e-mails, les concepteurs de navires n'ont tenu compte de la révolution numérique que récemment. La technologie des ordinateurs privés, des réseaux et centrales informatiques a évolué si rapidement que les équipements et les techniques des spécifications navales sont généralement obsolètes avant même la signature du contrat. Le NNS recommande à la marine de lancer des spécifications concernant les systèmes informatiques, électroniques et électriques en tenant compte de ce qui est en service dans le commerce, des technologies prometteuses en développement (COTS), et d'exiger des performances supérieures aux appareils en service. Par exemple, la fibre optique LAN montée sur le USS *George Washington* (CVN-73) est un système 10-base T/T-1 avec un taux de transfert de données de dix mégabits/seconde. Pour le CVN-77, le NNS songe à un LAN avec un taux de transfert de l'ordre d'un million de mégabits/seconde. Exiger un LAN d'une capacité cent mille fois supérieure à celui actuellement en service peut sembler absurde mais il faut prendre en considération que les ordinateurs et les fibres optiques doublent de vitesse et de performances tous les dix-huit mois.

En autorisant des équipements civils à bord, on réduit l'investissement tandis que l'équipage bénéficiera de matériels aussi modernes que le gouvernement peut lui procurer. Dans le futur, le NNS éprouvera la filière COTS dans le cadre de spécifications militaires au profit de systèmes électroniques nationaux.
• **Système local de distribution électrique** – Si la révolution informatique et électronique est souvent positive, il faut une source d'énergie pour alimenter ces systèmes. Cela peut sembler incroyable mais les ordinateurs, les téléviseurs, les vidéos et chaînes stéréo personnelles commencent à causer des problèmes électriques à bord des porte-avions. Bien que la centrale nucléaire fournisse assez de courant pour alimenter une ville moyenne, il faudra effectivement distribuer cette puissance là où il le faut, quand il le faut, sans pour autant surcharger le réseau de distribution. Pour ce faire, la marine et le NNS veulent installer un système local de distribution électrique. Grâce à lui, les services du bord fonctionnant le jour (bureaux, blanchisserie, cuisines) seront alimentés au moment de leur activité et isolés lorsqu'ils seront inoccupés.
• **Systèmes de communications** – Depuis la guerre du Golfe durant laquelle elle fut pénalisée, la marine cherche à rattraper son retard sur les autres armes dans le domaine des télécommunications. Si le système Challenge Athena démarre bien, il manque néanmoins de fiabilité et de largeur de bandes (y compris la capacité de débit de données) pour gérer le volume d'informations en cas de conflit majeur. De plus, le besoin de bandes supplémentaires, spécialement adaptées aux fréquences des satellites, croît aussi rapidement que les performances des ordinateurs et des fibres optiques. En conséquence, le CVN-77 disposera de moyens de communication bien supérieurs à ceux des bâtiments standard. Notamment le nouveau système satellitaire prôné par les commandants en chef de théâtre opérationnel ainsi que le système sécurisé de transmissions de données avec les autres bâtiments du groupe de combat.

Autant d'innovations qui feront du CVN-77 le plus puissant et le plus performant porte-avions jamais construit. Bien que la date de mise en chantier, sous les auspices du président comme du Congrès, soit encore dans le flou, les estimations prévoient son inclusion dans le plan fiscal de 2001 et sa mise en service en 2008 comme remplaçant du USS *Kitty Hawk* (CV-63).

Un autre élément intervient dans la prospective aéronavale américaine : le CVX (porte-avions expérimental), destiné à être le chef de file d'une nouvelle classe de porte-avions, la première depuis un demi-siècle. La mise en service de la première unité est espérée pour 2013. On retrouve les techniques structurelles de pont du CVN-77, doublées d'améliorations rendues possibles par une coque nouvelle et une centrale déjà prévues dans les plans. Citons parmi les innovations :

• **Coque** – La forme de la coque du CVX est toujours à l'étude mais il est probable qu'elle sera classique, à savoir d'un bloc. Le déplacement du CVX sera supérieur aux 95 000 tonnes des Nimitz. À quoi ressemblera le bâtiment ? Tout le monde aimerait le savoir.

• **Propulsion** – L'un des points d'interrogation dans la conception des porte-avions CVX reste l'appareil propulsif. Les arguments contre le nucléaire demeurent vivaces (prix et problèmes d'environnement), mais l'énergie nucléaire offre beaucoup d'avantages aux commandants et aux équipages de porte-avions et un moyen de substitution devrait présenter une substantielle supériorité. NNS s'attaque au problème. Tous les moyens sont passés au crible, turbines à gaz, turbomoteurs électriques, diesels navals, chaudières au fuel, réacteurs nucléaires. Bien que l'étude soit dans ses prémices, ne soyons pas surpris si le nucléaire l'emporte. Ses réacteurs sont plus compacts et performants que les chaudières et autres turbines.

• **Armement** – Tout comme le CVX-77, le CVX aura une combinaison de lanceurs Mk 41 et 49. Toutefois, en raison de l'avancée technique des lasers, le CVX ou ses sister-ships pourraient bien être équipés de lasers CIWS de la première génération. L'aviation américaine disposera dans les prochaines années d'un système similaire embarqué à bord d'un Boeing 747-400 modifié et son équivalent naval sera probablement la suprême contre-mesure face à la nouvelle génération de missiles anti-navires en service dans le monde.

• **Catapultes** – Si les catapultes contribuent avec succès, depuis plus de cinquante ans, à projeter les avions embarqués, elles n'en ont pas moins de réels inconvénients. D'abord, le circuit de vapeur à haute pression qui propulse la catapulte est délicat et encombrant. Ensuite, la vapeur saturée peut être dangereuse en cas de rupture ou de fissure des conduits. Enfin, en cas de pression insuffisante, la catapulte à vapeur envoie l'avion à la « baille ». Autant de facteurs qui incitent à remplacer sur le CVX les anciennes catapultes à vapeur par d'autres utilisant une technique différente. Ainsi l'électromagnétisme conjugué à des rails, conçu par le Strategic Defense Initiative depuis les années 80, peut se concevoir à bord de porte-avions. Néanmoins, un système de combustion interne semble encore plus prometteur. Ici, le carburant aérien actionnerait une détonation fuel-air dans un piston qui propulserait l'avion. Les catapultes à combustion interne sont simples et fiables dans leur conception et pourraient utiliser le circuit de ravitaillement en fuel du pont d'envol.

• **Manipulation automatique des armements** – La chaîne du maniement des armes, du stockage au montage, au chargement et à l'armement mobilise une importante fraction du personnel d'un porte-avions ; l'automatisation du maniement et du chargement des armements est une priorité pour les futurs CVX. Une possibilité est à l'étude : un chariot élévateur robotisé mais sous contrôle humain, doté de leviers et de contrepoids et capable de soulever les pièces les plus lourdes que l'intendance navale peut entreposer. D'autres solutions envisagent des systèmes de gestion et de manutention robotique dans les soutes.

• **Opérations aériennes et aménagement du hangar** – L'un des plus grands défis que doit relever la marine est l'amélioration des manœuvres sur le pont et dans les hangars. Elle tend à diminuer le nombre des personnels de ces deux secteurs tout en voulant améliorer la qualité de l'environnement et augmenter le nombre de sorties aériennes. Conjuguée avec la rampe inclinée déjà prévue pour le CVN-77, la robotique sera utilisée pour le ravitaillement en carburant, l'armement des aéronefs, leur manutention, leur parcage et la surveillance générale.

Si le projet CVX-78 n'est pas remis en cause, la première unité de sa classe devrait entrer en service vers 2013 et un second bâtiment devrait la suivre quatre ou cinq ans plus tard. Ce qui se passera au-delà n'est que conjecture. Nous ne parlons que des porte-avions qui entreront en service dans les cinquante prochaines années. À quoi ressemblera le monde et quel sera l'équilibre militaire en 2050 ? Si les gens de NNS et du NAVSEA ont pensé juste, les porte-avions en construction ou en projet à ce jour feront encore de précieuses bases pour les avions de combat de demain, et ce bien après la première moitié du XXIe siècle.

Leurs outils : les moyens aériens et l'armement

> *« Un jour que j'étais un jeune ingénieur travaillant sur des projets d'avions, un grand monsieur, celui-là même qui fonda la société qui porte son nom, Donald Douglas, me prit par l'épaule et me donna une leçon simple mais qui est la clé du succès. À cette époque nous nous échinions à décrocher des contrats avec l'US Navy. "Les avions embarqués subissent de rudes épreuves, disait-il. Ils se chient sur le pont des porte-avions et sont ensuite soumis aux éléments. Si nous voulons que la marine achète nos avions, nous devons les construire costauds. Il faut qu'ils soient capables d'encaisser et de fonctionner encore." »*
>
> *Aircraft Design*
> Ed Heinemann, 1985

C'est un fait historique que certains éléments sur un porte-avions sont d'une extrême simplicité et ne peuvent pas être remplacés facilement. Le biplan Curtis, piloté par Eugene Ely qui apponta pour la première fois sur le *Pennsylvania* en 1911, était équipé d'appareils toujours en usage sur les actuels avions de l'aéronautique navale. Notamment une petite crosse d'appontage et une dérive renforcée pour empêcher que la brusque décélération du très primitif système d'arrêt ne fasse éclater l'avion en pièces. Ces mesures n'étaient qu'un début. Les futurs avions embarqués disposeront de plus en plus de systèmes ou de dispositifs qui leur autoriseront une adaptation encore plus affinée au milieu aéronaval. Dure pour les marins et les navires, la mer est un danger pour les pilotes et leurs appareils ; les défis qu'elle lance aux avionneurs sont très différents de ceux rencontrés pour des avions terrestres.

La moisissure et la corrosion viennent en tête de liste des fléaux. Elles peuvent littéralement ronger un appareil de l'intérieur. En deuxième position viennent les limitations de manutention et de parcage imposées par les espaces confinés du navire ainsi que le roulage sur le pont d'envol. D'autre part, ces mêmes avions doivent être capables d'opérer en ambiance opérationnelle « spartiate », c'est-à-dire sans les facilités de maintenance et de réparations offertes par une base terrestre. Et, à l'instar de tous les avions militaires, les avions embarqués doivent être capables de délivrer des charges offensives à des distances adéquates tout en offrant des performances acceptables et un taux élevé de survie.

Autant de paramètres qui expliquent le nombre restreint de constructeurs qui se sont lancés sur le marché de l'aéronautique navale. Les avions embarqués sont des hybrides singuliers, combinant les qualités des avions conventionnels opérant à partir de pistes en dur et la faculté d'opérer dans l'environnement confiné d'un bâtiment de guerre. Les avions de la marine accomplissent virtuellement toutes les missions imparties aux avions terrestres, mais ils offrent en plus des possibilités spécifiques à leur appartenance. Ainsi, l'US Air Force est fière de sa capacité à pulvériser un immeuble avec des bombes à guidage laser et les avions de l'US Navy en sont tout aussi capables. Mais ils sont aussi habilités à traquer les sous-marins, à défendre les navires contre tout missile et à transférer hommes ou approvisionnements d'un bâtiment à un autre. Tâches qui font partie de la gamme d'activités spécifiques à l'aéronautique navale car ses appareils sont conçus pour assumer le maximum de rôles. Rien de surprenant si les appareils de la marine sont les plus performants et les plus flexibles de leurs générations. Le classique F-4 Phantom II en est peut-être le meilleur exemple, qui servit aussi sous la livrée de l'US Navy, du Marine Corps et de plus d'une douzaine de pays étrangers. Une telle polyvalence n'est pas innée et coûte cher.

En général, les avions de l'aéronautique navale sont plus lourds et plus complexes que leurs homologues terrestres. A une époque où le coût d'un nouvel avion est proportionnel à son poids, les avions de la marine sont rarement économiques, ce qui entraîne un nombre d'appareils plus restreint et des risques techniques de la part des avionneurs. Très peu de sociétés ont été capables de relever le défi et d'en tirer des bénéfices. Depuis des dizaines d'années, rares sont les constructeurs américains à avoir dominé le marché de l'aéronautique navale. Les enfants de Grumman, McDonnell Douglas et Sikorsky étaient tout ce que l'on trouvait sur le pont d'un porte-avions. Les rares productions de sociétés comme Lockheed ou General Dynamics (par tradition un fournisseur de l'US Air Force) étaient considérées comme des aberrations et le fruit d'une erreur lors de la conception, pour ne pas parler la probité des responsables de tous poils... Il en résulta des appareils dont la version navale ne bénéficiait même pas des innovations techniques de la version de l'Air Force. Dans le courant des années 70, la marine fut informée des résultats du projet Have Blue de l'aviation. Il s'agissait du prototype du chasseur furtif qui deviendra le Lockheed F-117 Nighthawk. La marine préféra ignorer la nouvelle technologie au profit d'avions plus conventionnels. Un exemple d'occasion gâchée. Autre gâchis : la bombe Texas Instruments à guidage laser Paveway III de la troisième génération, à laquelle la marine préféra la Paveway II, construite en série mais d'une conception déjà plus ancienne. Ces deux décisions privèrent l'aéronautique navale américaine des deux armes les plus efficaces qui firent leurs preuves lors de la guerre du Golfe.

Ajoutées à d'autres, ces décisions prises par les responsables de l'aéronautique navale ont affaibli cette dernière en la privant du meilleur qu'offrait l'industrie aéronautique. Un coup presque fatal au début des années 90 quand il fallait définir de nouveaux rôles, de nouvelles missions, voire de nouveaux ennemis dans cette ère post-guerre froide. En cette période où la puissance militaire est associée à un souci croissant de « précision », l'aéronautique navale se préoccupe toujours du largage classique d'un stick de bombes conventionnelles. Voilà plus de quinze ans que la marine a mis en service un avion tactique complètement nouveau. Au cours de la même période, près de six projets ont été annulés. La guerre du Golfe, la première de l'après-guerre froide, a trouvé la marine sous-équipée et sa participation est passée pratiquement inaperçue alors que l'opinion mondiale n'avait d'yeux que pour les bombes à guidage laser qui frappaient leurs objectifs avec une précision « chirurgicale »[1].

Pis encore, juste après la guerre du Golfe, il apparut que les instances de l'aéronautique navale n'avaient pas les moyens de commander les avions et les armements adaptés à la nouvelle stratégie de la « guerre du littoral » planifiée pour le XXIe siècle. Du coup, les responsables de l'Air Force tentèrent de torpiller les porte-avions par le concept de la « présence virtuelle ». Concept qui s'appuyait sur les bombardiers stratégiques basés aux États-Unis, armés de projectiles intelligents qui faisaient peser une menace telle sur les ennemis potentiels qu'elle rendait caducs les groupes de combat aéronavals. « Présence virtuelle » était une idée attirante surtout pour justifier une commande additionnelle de bombardiers furtifs B-2A Spirit. Malheureusement pour les aviateurs, cette idée est irrationnelle dans un contexte où la vraie « présence » s'incarne par un bâtiment gris de la marine américaine croisant non loin d'une zone secouée par une crise. En fait, l'aéronautique navale doit bien se porter pour remplir sa tâche essentielle : la sécurité des États-Unis.

L'écroulement de l'aéronavale dans les années 80

Nous avons vu comment la culture de l'aviation navale avait dû s'adapter aux changements de la société. Malheureusement, il s'agit de bien davantage qu'un problème moral. La crédibilité de l'aéronautique navale était au cœur même de l'interrogation qui agitait les plus hautes instances nationales. Rien de nouveau puisque la décadence remonte aux années 70, quand l'administration

1. Si les frappes des aviateurs de la marine n'étaient guère inférieures en précision grâce à leurs Paveway II et au nouveau missile SLAM AGM-84E, les stocks de projectiles « intelligents » étaient limités et les armes ne disposaient pas de la dernière technologie en matière de guidage électro-optique, au contraire des Paveway III et GBU-15. Les stocks navals furent épuisés si rapidement que la marine fut contrainte d'emprunter à l'US Air Force des Paveway II pour continuer à attaquer avec précision des objectifs « pointus ».

du président Carter coupa tous les crédits de modernisation des matériels, action couplée avec un moratoire sur l'achat des armes de remplacement et des pièces détachées pour aéronefs. Les porte-avions naviguèrent souvent avec un parc aérien réduit, des magasins à moitié approvisionnés, au point de se prêter les avions, les munitions et les équipements lorsqu'un bâtiment rentrait au port. Même si l'administration Carter révisa ultérieurement sa politique et débloqua des crédits qui faisaient cruellement défaut, il était trop tard. Le mal était fait.

L'administration suivante – celle du président Reagan – et son secrétaire d'État à la Marine, John Lehman tentèrent de requinquer l'aéronautique navale dans les années 80. Lehman était un homme intelligent, énergique et très impliqué dans sa mission. Mais il ne pouvait *instantanément* faire *tout* ce qui devait être fait. Il fallait s'attaquer aux priorités. Sa vision « d'une marine à six cents unités » imposait que les premiers crédits fussent affectés aux constructions navales. Il trouva néanmoins les fonds pour compléter les stocks d'armes et de pièces détachées, et, quelques années plus tard, le parc aérien naval retrouva son efficience. C'est la question de savoir quels types d'aéronefs et quelle quantité il fallait commander qui constitua toujours un écueil pour Lehman, malgré ses formidables qualités d'organisation, de persuasion et d'influence. Dans le cadre du plan des « six cents bâtiments », le nombre des porte-avions et des flottilles aériennes serait augmenté et la qualité technique actualisée. Une force active de quinze porte-avions serait construite et dotée de quatorze escadres aériennes (CVW), plus deux autres de réserve. Pour donner du muscle à cette force, les formations de réserve seraient équipées d'avions neufs, ce qui les plaçait à parité avec les unités actives.

Malheureusement, ce plan portait en lui-même les germes d'un désastre. Le manque d'appareils formait le problème de base. Les restrictions budgétaires avaient empêché la marine d'acheter, dans les années 70, suffisamment d'appareils pour armer seize porte-avions. De plus, la marine était lourdement engagée dans le remplacement des chasseurs F-4 Phantom et les avions d'attaque A-7 Corsair II par le nouveau F/A-18 Hornet. Elle essaya d'échelonner ces achats de façon à pouvoir moderniser à tout moment l'un ou l'autre des types en service. Lehman se trouvait en face d'un choix :

acheter ou moderniser plusieurs catégories d'avions simultanément. Quelle que soit la décision, le coût en serait astronomique.

Pendant ce temps, l'Union soviétique, sous la nouvelle férule de Gorbatchev, perdait son image « d'empire du mal » entretenue depuis Khrouchtchev, Brejnev et Andropov. Ce déclin communiste intervenait au moment où le budget fédéral américain connaissait un net déficit qui se répercutait sur les dépenses militaires. L'émergence de problèmes domestiques conforta l'impression que la course aux armements était révolue. Et la marine fut incapable d'obtenir les fonds dont elle avait besoin.

Quand Lehman quitta l'administration en 1986 pour faire carrière dans le secteur privé, le budget prévu pour l'achat d'avions nouveaux était encore amputé. Plutôt que de constituer les seize CVW, l'objectif de la marine devenait la construction d'un nouveau type d'avion pour les années 90. À lui seul, cet avion, le A-12 Avenger II, faillit détruire l'aéronautique navale. Hors des sphères militaires, peu de gens connaissent le programme A-12. Même si ce n'était pas un projet « noir », le secret qui l'entourait était gris anthracite[1]. Le A-12 fut conçu pour remplacer les chasseurs-bombardiers A-6 Intruder qui commençaient à dater. Bien des aspects demeurent secrets mais quelques détails commencent à filtrer.

Dans les années 80, un traité controversé sur la réduction des armements fut signé entre les gouvernements Reagan et Gorbatchev. Ce traité éliminait complètement certaines catégories d'armes nucléaires terrestres et imposait de sévères restrictions sur d'autres. Au terme de l'accord, les deux parties devaient retirer d'Europe leurs missiles nucléaires tandis que les avions capables de frappes nucléaires seraient limités et contrôlés. Cette réduction significative de l'arsenal nucléaire tactique donnait l'apparence de l'éloignement d'un conflit régional. Apparence factice car les deux côtés voulaient maintenir une capacité nucléaire aussi importante que possible. Comme l'on s'en doute, les deux parties cherchèrent une échappatoire.

Les responsables américains de la défense notèrent de suite que

1. Les projets « noirs » sont si secrets qu'ils ne font l'objet d'aucune référence officielle dans un budget gouvernemental. Seul un groupe très restreint de législateurs et de fonctionnaires connaissent ces programmes, et les autorisations pour travailler à leur réalisation relèvent de « l'ultra secret ».

les avions embarqués à capacité nucléaire et les missiles de croisière n'étaient pas concernés par le traité – ce qui signifiait que la flotte existante de A-6 et de F/A-18 offrait un substitut immédiat, fût-il temporaire, aux missiles nucléaires « gelés ». C'était déjà ça mais insuffisant. Ce que voulaient réellement les responsables du nucléaire était un avion embarqué capable de faire peser une menace sur les objectifs les plus sensibles de l'Union soviétique et du pacte de Varsovie, et qui pourrait exercer cette menace en toute impunité.

Le ministère de la Défense (DoD) chargea la marine de concevoir cet avion. Le DoD voulait que cet avion soit capable de remplacer plusieurs types d'avions d'attaque comme le A-6 Intruder, le F-111 Aardvark et même les tout récents F-117A Nighthawk et F-15E Strike Eagle. L'élaboration se ferait dans le plus grand secret et incorporerait les plus récentes technologies comme la furtivité basée sur l'électromagnétisme passif, dont bénéficiaient déjà le F-117 et le B-2A Spirit. Il serait biplace, aussi discret que le B-2A et emporterait une nouvelle génération d'armes intelligentes (dont certaines avec une ogive nucléaire) guidées par le nouveau GPS de chez NAVISTAR. Les premiers exemplaires seraient attribués à la marine et au Marine Corps tandis que l'Air Force réceptionnerait ses A-12 en cours de série.

Dès le début, la marine connut des déboires avec le A-12. En raison de son manque d'intérêt pour le projet Have Blue, la marine ne connaissait pratiquement rien à la furtivité. Problème que les étranges aberrations des programmes « noirs » mettaient en relief et qui exigeaient de réinventer cette technologie. En effet, les fournisseurs de l'USAF n'étaient pas autorisés à transférer leur savoir-faire acquis grâce aux F-117 et B-2 à la marine et au constructeur potentiel du A-12. De plus, des compagnies comme Lockheed et Northrop, qui disposaient déjà d'une expérience en matière de furtivité, se virent interdire le transfert de leur propre technologie à leurs équipes d'ingénieurs affectées au projet du A-12. Enfin, l'équipe directrice de la marine n'avait aucune notion de la gestion d'un programme « noir », modeste à l'origine, et le transforma en un gouffre financier de plusieurs milliards de dollars.

D'entrée, le vainqueur de la compétition fut l'équipe de General Dynamics/McDonnell Douglas qui proposait un appareil à l'aérodynamique étrange et qui était à l'étude chez General Dynamics depuis 1975. Cette aile volante, baptisée A-12 Avenger II en hommage au célèbre bombardier-torpilleur de la Seconde Guerre mondiale, devait emporter 4 535 kg de charges militaires dans des soutes internes. Décollant d'un porte-avions en Méditerranée, elle serait capable de frapper des objectifs en Europe orientale. Malheureusement, le A-12 n'allait jamais quitter le plancher des vaches et moins encore le pont d'un porte-avions.

Dès le début, le désaccord s'instaura entre les responsables de la marine et les ingénieurs du constructeur. L'avion prévu était déjà trop lourd et la réalisation des panneaux en matériaux composites de structure posait des problèmes. La facture s'enflammait. Bien que la marine ne l'ait jamais avoué officiellement, il est maintenant certain que d'autres programmes importants d'avions navals furent annulés ou sérieusement modifiés pour insuffler des crédits au A-12. C'est ainsi que la remodernisation du chasseur F-14 Tomcat et du bombardier A-6 Intruder fut annulée. Le point critique fut atteint en 1990 quand la chute du communisme en Europe provoqua l'examen du A-12 et d'autres programmes aéronautiques. À cette époque, le programme A-12 avait pris un an de retard avec un dépassement de un milliard de dollars sur son budget. Malgré cela, lors de la présentation devant le Congrès de son programme touchant l'aviation, le secrétaire d'État à la Défense Dick Cheney qualifia le projet A-12 de « modèle ».

Neuf mois plus tard, il changea radicalement de registre. Ce que pensaient le DoD et la marine reste un mystère mais les discussions portant sur un complément d'un demi-milliard de dollars pesèrent certainement dans le revirement du ministre. Quelle qu'en soit la raison, Cheney prononça l'annulation du programme A-12 en janvier 1991 alors que commençait l'offensive aérienne de Tempête du Désert. La décision fut si brutale que du jour au lendemain, plusieurs milliers d'employés de chez General Dynamics et McDonnell Douglas furent invités à cesser leur travail et rester chez eux. Après avoir dépensé 3,8 milliards de dollars, la marine ne pouvait même pas présenter un seul exemplaire de l'avion [1]. Pis

1. Comme si l'on avait pas assez connu l'absurde dans cette situation, le DoD et la marine avaient contribué à pourrir les clauses d'annulation du programme A-12 en accusant les deux constructeurs d'avoir manqué à leurs engagements. Normalement, de telles résiliations relèvent de la « convenance » du

Projet de l'avion d'attaque furtif A-12 Avenger. Le programme de cet avion fut annulé en 1991 devant son coût et des problèmes à la fois techniques et de management. *US Navy*

encore, le plan d'acquisition d'aéronefs était pulvérisé car beaucoup d'autres programmes d'avions nouveaux avaient été sacrifiés pour soutenir le programme A-12 [1].

La Flotte ne tarda pas à payer la déconfiture du projet A-12. La marine essaya de repartir du bon pied avec le programme A/FX (chasseur/bombardier expérimental) prévu pour le remplacement des A-6 et F-14, deux avions qui vieillissaient vite. Le A/FX reprenait beaucoup des systèmes prévus pour le A-12 mais sans la furtivité. Toutefois le budget serré du début des années 90 ne lui laissait que peu de place, et le programme fut abandonné avant même qu'un constructeur soit sélectionné. La jeune administration Clinton porta un autre coup à l'aviation embarquée quand le secré-

---

gouvernement, permettant ainsi aux industriels de couvrir leurs pertes consécutives à l'annulation du contrat. Mais l'accusation du DoD et de la marine obligeait les deux constructeurs à rembourser au gouvernement quelque 1,3 milliard de dollars déjà versés. Comme on peut l'imaginer, l'affaire draina les meilleurs ténors du barreau et se termina par un procès, qui ressembla à un véritable show. Le gouvernement fut condamné. Tandis que le gouvernement et les constructeurs argumentaient sur les détails, la marine aura à rembourser 3,8 milliards de dollars sur les 4,8 déjà versés pour son annulation inique du programme.

1. La honte de cette affaire est que le concept du A-12 paraissait sain et que chaque appareil aurait coûté entre 150 et 175 millions de dollars, ce qui semble raisonnable puisque le prix du chasseur de supériorité aérienne Lockheed Martin F-22A Raptor est similaire !

taire d'État à la Défense, Les Aspin, décida le retrait prématuré de tous les bombardiers et ravitailleurs A-6E/KA-6D Intruder[1]. La communauté de l'aviation d'assaut embarquée fut ainsi balayée en quelques mois, ne laissant à la marine qu'un seul type d'avion d'attaque, le F/A-18 Hornet et un seul projet dans ce domaine qui concernait une version améliorée du Hornet. Son horizon bouché, la marine n'avait rien d'autre à faire qu'à miser sur le F/A-18E/F Super Hornet.

Changement de cap

À la fin de 1995, l'aéronautique navale avait touché le fond. Les analystes militaires en arrivaient à se demander si la marine savait encore ce qu'étaient l'étude et l'achat de nouvelles armes et de nouveaux avions. En fait, la plupart se demandaient si la marine ne devrait pas laisser à l'USAF le soin d'acheter ses avions. Les oiseaux de mauvais augure situaient même la fin de l'aéronautique navale au début du XXIe siècle quand tous les aéronefs en service devraient être retirés. C'était sans compter avec le caractère des responsables de l'aéronavale. Certes, les problèmes en 1996 étaient d'une extrême gravité mais les marins aviateurs surent prendre les mesures qui s'imposaient.

Avant même d'accéder au rang de chef des opérations navales, l'amiral Jay Johnson travaillait déjà en ce sens. Sa première décision fut de nommer deux de ses officiers de confiance, les vice-amiraux Dennis McGinn et « Carlos » Johnson, à des postes névralgiques : direction du NAVAIR et du Bureau de l'aéronautique navale au Pentagone, désigné comme N88. Ils prirent les

1. Pour pimenter cette décision, je me souviens des commentaires que m'avait faits le général Horner, grand patron de toutes les forces aériennes américaines engagées dans la guerre du Golfe, et qui reconnaissait que le seul avion de la marine qu'il appréciait lors des opérations était bien le A-6E Intruder. Cet avion pouvait opérer en pleine nuit pour tirer des bombes à guidage laser et autres armements intelligents, tout en étant modérément gourmand en carburant ; argument non négligeable alors que les ressources des armées de la coalition se trouvaient contingentées.

choses à bras-le-corps. Ces hommes furent les promoteurs d'une vision nouvelle de l'aviation embarquée qui s'inscrivait en droite ligne dans la doctrine de la marine « Projection par la mer » et d'un plan *réaliste* de développement à long terme de capacités nouvelles et d'actualisation de l'aviation navale. Les deux hommes s'empressèrent de confier des postes clés, au Pentagone, à des ténors de l'aéronavale pour éviter la répétition des échecs des années passées. Ces hauts responsables savaient que des postes clés dans les états-majors devaient être tenus par des officiers de valeur pour aider à la valorisation de nouvelles conceptions dans l'aéronavale.

Conformément à cette pensée, le Directorat responsable de la guerre aéronavale (N880, le groupe qui définit les spécifications et les capacités des futurs avions et systèmes d'armes) fut confié à un talentueux pilote de F/A-18 Hornet, le capitaine de vaisseau Chuck Nash. Alors qu'un commandement d'une escadre aérienne l'attendait, il relégua ses ambitions personnelles au profit de la marine.

Et ce fut Chuck Nash qui commença à faire bouger les choses dès 1996. Soucieux de procurer au moins *un* nouvel avion aux formations embarquées du nouveau XXIe siècle, il est à l'origine de l'intérêt de la Flotte pour le nouveau Super Hornet.

Dans le même temps, Nash relançait l'intérêt de la marine pour le développement de programmes comme ceux du V-22 Osprey, du chasseur-bombardier interarmes (JSF) et d'un nouvel avion de soutien (CSA) pour remplacer les S-3 Viking, E-2 Hawkeye et C-2 Greyhound.

Pour muscler les actuels avions embarqués, il initia un programme pour doter les intercepteurs F-14 Tomcat de la même nacelle d'acquisition d'objectifs que celle des F-15E Strike Eagle de l'Air Force. La nacelle LANTIRN permet dorénavant des frappes précises sur des objectifs terrestres avec des bombes à guidage laser et autres, rôle complètement nouveau pour un aigle du ciel. Pour ce faire, la marine s'activa pour obtenir des Paveway III, mortelles de précision, et les non moins dangereuses BLU-109/I-2000 capables de perforer tout ce qui existe. Le bureau de Nash signa aussi des contrats pour accroître la portée, la létalité et la durée de vie d'armes de précision comme le missile AGM-84E SLAM.

Tant et si bien que le N880 devint le chef de file – toutes armes confondues – du développement d'une nouvelle génération d'armes de précision. Ces dernières seront guidées jusqu'à l'objectif par le système GPS et l'approche finale sera assurée par un autodirecteur tous-temps de la nouvelle génération.

Quand il quitta son poste au début de 1998, le capitaine de vaisseau Chuck Nash en avait davantage fait pour l'aéronautique navale que bien des amiraux. Grâce à des hommes comme lui, McGinn et Johnson, tous les espoirs sont permis au sein de l'aéronavale. La structure d'une escadre aérienne embarquée et les prospectives pour les futurs aéronefs sont maintenant couchées sur le papier pour les vingt-cinq prochaines années.

Au sein des bureaux d'études de la Flotte et de l'aéronavale, le climat a changé. À l'instar du NAVSEA, les responsables du NAVAIR regardent dorénavant le futur plutôt que de se lamenter sur le passé. Leur but est de produire les avions et les armements qui équiperont la prochaine génération de porte-avions de la seconde décennie du XXIe siècle. Pour la première fois en une génération, les responsables de l'aéronautique navale ne se contentent plus de mener à bien des projets parfois utopiques et d'acheter des versions optimisées d'avions et d'armements déjà anciens mais ils travaillent maintenant à la pointe des nouvelles techniques.

Largage d'une bombe GBU-24 Paveway III à guidage laser par un F-14 Tomcat. Ce nouvel armement air-sol a fait du Tomcat un redoutable chasseur-bombardier. *Raytheon Strike Systems*

C'est dans ce contexte que le nouvel avion, le F/A-18E/F Super Hornet, est en phase d'essais avant de rejoindre la Flotte, tandis que les appareils déjà en service comme les F-14 Tomcat, EA-6B Prowler et S-3B Viking sont optimisés pour tenir de nouveaux rôles. Autant de facteurs qui maintiendront la crédibilité de l'aéronavale en attendant le déploiement, dans un futur proche, de nouveaux appareils. Parallèlement, de nouvelles munitions, plus précises et plus fiables que celles de la guerre du Golfe, vont bientôt faire leur apparition dans l'arsenal naval. De concert avec les autres armes, les marins travaillent depuis peu au remplacement des aéronefs d'aujourd'hui par des engins interarmes. Y compris aux projets visionnaires d'appareils de combat sans pilotes qui seront probablement en service d'ici dix à vingt ans. Que de distance parcourue en quelques années !

Prospective de l'aéronavale du XXIe siècle

Le but est d'adapter la structure de l'aéronautique navale de l'après-guerre froide aux besoins de la marine de 2015. Pour ce faire, le NAVAIR a établi un programme à trois volets sur les moyens et les réorganisations, qui tient largement compte des succès comme des erreurs du passé. Au début des années 70, les CV Air Wing (escadres aériennes embarquées) furent créées pour répondre à la réduction du nombre des porte-avions et des formations aériennes.

Avions parqués à l'avant du pont d'envol du USS *George Washington* (CVN-73). Une bonne gestion du pont assure l'activité aérienne d'un groupe de combat aéronaval. *John D. Gresham*

Ce type de CVW était polyvalent : défense antiaérienne, lutte anti sous-marine, attaque des bâtiments ennemis et appui terrestre. Sa structure était la suivante :

Type d'avions	Nombre	Missions
F-14 Tomcat	24	Défense et supériorité aérienne/ reconnaissance
F/A-18 Hornet	24	Supériorité aérienne/Attaque/ Suppression défenses aériennes
A-6E/KA-6D	10/4	Attaque/Ravitaillement en vol
E-2C Hawkeye	4	Surveillance aérienne
EA-6B Prowler	4	Guerre électronique
S-3B Viking	8 à 10	Lutte anti-sous-marine/ Surveillance maritime
EKA-3B Electric Whale	2	Guerre électronique/Espionnage télécom/Ravitaillement en vol
SH-60F/HH-60G Seahawk	6/2	Lutte anti-sous-marine/Recherches et Sauvetages
Total	88 à 90	

Comme le démontre le tableau, la vocation première du CVW est la guerre aérienne et la lutte anti-sous-marine. Il est aussi pourvu pour porter des coups sévères à des bâtiments de surface ennemis mais sa possibilité d'attaquer des objectifs terrestres est plus limitée. C'est cette structure que John Lehman tenta de muscler par son programme des années 80. Mais la faillite du A-12 sonna le glas des avions prévus pour constituer seize escadres aériennes et la Flotte emprunta souvent des F/A-18 Hornet et des EA-6B Prowler des Marines pour répondre aux déploiements extérieurs de l'après-guerre froide.

L'actuelle organisation des CVW remonte à moins de dix ans :

Type d'aéronefs	Nombre	Missions
F-14 Tomcat	14	Maîtrise aérienne/Frappes précises/ Reconnaissance
F/A-18C Hornet	36	Maîtrise aérienne/Frappes précises/ Suppression défenses aériennes
E-2C Hawkeye	4	Surveillance aérienne et maritime
EA-6B Prowler	4	Guerre électronique/Suppression défenses aériennes
S-3B Viking	6	Contrôle maritime/Lutte anti-sous-marine/Ravitaillement en vol
ES-3B Shadow	2	Guerre électronique/Espionnage des télécoms/Ravitaillement en vol
SH-60F/HH-60G Seahawk	4/2	Lutte anti-sous-marine/Recherches et sauvetages
Total	72	

Cette structure du CVW reflète un certain nombre de réalités, notamment qu'il n'y a que onze CVW (dix d'active et un de réserve) pour douze porte-avions et la diminution du nombre d'avions neufs pour soutenir la pleine activité du nouveau siècle. Toutefois, le CVW des années 90 présente une orientation nouvelle : une puissance de frappe chirurgicale sur des objectifs terrestres. Les F-14 et F/A-18 sont dotés de systèmes d'acquisition d'objectifs et de reconnaissance et d'un large éventail d'armes « intelligentes » ayant fait leurs preuves lors de Tempête du Désert. Autant de systèmes d'armes qui procurent au CVW un punch supérieur ; si le nombre de chasseurs-bombardiers a été réduit, la nouvelle escadre aérienne peut frapper deux fois plus d'objectifs que son homologue de la guerre froide. Avec la prochaine génération d'armes guidées par GPS et qui seront distribuées dans les toutes prochaines années, le CVW va acquérir une puissance accrue.

Un autre événement interviendra vers 2001 quand la marine alignera sa première flottille de F/A-18E/F Super Hornet en remplacement de la flottille de F-14 des CVW. Certains des F-14 auront plus de trente ans de service lorsqu'ils partiront à la casse. Au cours de la même période, les SH-60B/F et HH-60G seront transformés chez le constructeur en une version unique : le SH-60R. Les H-60 restants seront aussi renforcés structurellement pour ne former qu'une version destinée à servir à bord des porte-avions ou des bâtiments d'escorte. La marine achètera aussi de nouveaux CH-60 pour remplacer le vétéran UH-46 Sea Knight qui assumait le ravitaillement des navires en croisière ; ils prendront aussi la relève des HH-60G pour les opérations spéciales et les missions de recherche et de sauvetage.

Malgré ces changements, l'appareil dominant du CVW restera la dernière version du F/A-18C Hornet qui aura encore de belles années devant elle. Le CVW typique de la période entre 2001 et 2015 aura de fortes chances de ressembler à :

Type d'avion	Nombre	Missions
F-14 Tomcat ou F/A-18 E/F Super Hornet	14	Supériorité aérienne/Frappes de précision/Reconnaissance
F/A-18C Hornet	36	Supériorité aérienne/Frappes de précision/Suppression des défenses aériennes
E-2C Hawkeye	4	Veille aérienne/Surveillance maritime
EA-6B Prowler	4	Guerre électronique/Suppression des défenses aériennes
S-3B Viking	6	Contrôle maritime/Lutte anti-sous-marine/Ravitaillement en vol
SH-60R/CH-60 Seahawk	6/2	Lutte anti-sous-marine/Recherche et sauvetage
Total	72	

À nouveau, le point fort de ce CVW sera la puissance de frappe d'objectifs à terre. Toutefois, avec la nouvelle génération de projectiles à guidage GPS et qui se verrouilleront d'eux-mêmes sur leurs cibles, le CVW pourra infliger de graves dommages à des objectifs navals comme terrestres et sous n'importe quelles conditions météorologiques.

Le tableau suivant montre l'étape finale de la modernisation des CVW qui apparaîtra vers 2011 :

Type d'avions	Nombre	Missions
JSF	10	Supériorité aérienne/Frappes de précision/Reconnaissance
F/A-18E/F Super Hornet	36	Supériorité aérienne/Frappes de précision/Suppression des défenses aériennes
CSA AEW (variante)	4	Surveillance aérienne/Surveillance de surface
EF-18F Electric Hornet	4	Guerre électronique/Suppression des défenses aériennes
CSA (version surveillance maritime)	6	Surveillance maritime/Lutte anti-sous-marine/Ravitaillement en vol
CSA (version électronique)	2	Guerre électronique/Espionnage télécoms/Ravitaillement en vol
SH-60R/CH-60 Seahawk	6/2	Lutte anti-sous-marine/Recherche et sauvetage
Total	70	

Voilà une unité pratiquement composée d'aéronefs qui n'existent que sur le papier. Il n'empêche qu'elle présente des avantages sur les précédentes structures d'un CVW dont une relative standardisation avec seulement quatre appareils de base : JSF, F/A-18E/F, CSA et H-60. Ce qui signifie une réduction sensible des coûts de service et de maintenance ainsi que l'allègement de la chaîne logistique. De plus, la marine disposera de son premier chasseur-bombardier furtif (le JSF), un nouvel avion de guerre électronique et de suppression des défenses antiaériennes (SEAD) (probablement le EF-18F Electric Hornet), ainsi que d'un nouvel avion de surveillance aérienne et maritime dérivé du CSA. Tous embarqueront à bord du CVX lorsqu'il entrera en service vers 2015. Lorsque les onze CVW aligneront leur flottille de JSF, les Super Hornet seront retirés du service. Il n'est pas exclu que quatre flottilles de JSF de dix appareils chacune servent à bord de chaque porte-avions.

Tout cela ne se fera pas du jour au lendemain et ne sera pas bon marché. Maintenir en service les aéronefs existants coûte cher et l'achat de près de deux mille F/A-18E/F Super Hornet, de JSF, des différentes versions du CSA, atteindra entre 20 et 30 milliards de dollars. Cette somme ne tient pas compte des pièces de rechange, des réacteurs, de l'armement et des autres impedimenta que les avions consomment au cours de leur service. D'un autre côté, les marins aviateurs connaîtront les mêmes avions au cours de leur carrière. La conception de la plupart, pour ne pas dire de tous ces appareils, remonte bien avant la naissance des hommes et des femmes qui les piloteront.

Le roi : le Northrop Grumman F-14 Tomcat

Au premier regard, chacun sait qu'un F-14 Tomcat est un *chasseur*. Il est grand, bruyant, puissant, une vraie brute qui ne s'embarrasse pas de discrétion ou de subtilité. Depuis plus de vingt ans, le F-14 est le roi des ponts d'envol. Pourtant ce n'est que récemment qu'il est au faîte de sa pleine puissance combattive. C'est aussi le plus pointu et le plus dangereux des avions embarqués. Après avoir partagé la vedette du film *Top Gun* avec Tom Cruise à ses « commandes », il est devenu dans la culture populaire américaine le symbole de l'aviation embarquée. À ce jour, le Tomcat présente un tableau de chasse parfait. Maintenant au crépuscule de sa carrière, on attend du F-14 qu'il achète du temps, celui nécessaire au reste des nouveaux avions de l'aéronavale pour acquérir leur cohésion.

La genèse du F-14 remonte aux années 50 quand les services de renseignements américains découvrirent une famille prolifique de missiles soviétiques air-mer qui constituaient une menace potentielle pour les navires de l'OTAN. Parvenus à portée de lancement grâce à des porteurs comme les bombardiers stratégiques Tu-16 Badger ou Tu-95 Bear, ils pouvaient être lancés bien au-delà de la portée des missiles SAM et canons antiaériens. Baptisés par les experts du renseignement de l'OTAN : AS-1 Kennel, AS-2 Kipper, AS-3 Kangaroo, AS-4 Kitchen, AS-5 Kelt et AS-6 Kingfish, ces missiles – qui évoquent davantage un avion sans pilote –, à guidage radar et propulsés par réacteur ou moteur-fusée, représentaient une menace fatale pour les bâtiments occidentaux. Armés d'une ogive de 1 000 kg d'explosif (voire d'une ogive nucléaire), ils sont capables de détruire par un seul impact un destroyer ou une frégate. À titre de comparaison, le missile air-mer AM-39 Exocet qui coula le destroyer britannique armé de missiles HMS *Sheffield* en 1982 avait une ogive du dixième de cette puissance. Un seul bombardier pouvant emporter deux à trois de ces monstres, la protection de la flotte devenait ultra-prioritaire.

Un des enseignements de la Seconde Guerre mondiale contre les kamikazes (qui n'étaient que des missiles *pilotés*) était que la meilleure protection de la flotte consistait à descendre les bombardiers porteurs avant qu'ils ne puissent lancer leurs missiles*. La réponse à cette menace air-mer fut l'élaboration de missiles air-air à longue portée (AAM) qui maintenaient un anneau protecteur avancé. Tout missile franchissant cette barrière se heurterait au second « mur » de la défense : chasseurs en protection immédiate, bâtiments lance-missiles y compris ceux de défense ultime. Cela deviendra la stratégie américaine jusqu'à la fin de la guerre froide – schéma qui impliquait un AAM très performant et à longue portée qui aurait armé un avion relativement lent mais d'une grande autonomie, le Douglas F6D Missileer. Ce dernier devait emporter huit missiles à longue portée Bendix Eagle, guidés par le puissant radar du porteur. Le F6D était destiné à opérer en avant-garde à des centaines de kilomètres d'un groupe de combat aéronaval pour intercepter les intrus hostiles. Les réalités budgétaires en décidèrent autrement.

* Pour une raison qui lui appartient, l'auteur fait l'amalgame entre, d'un côté, la bombe volante *Ohka* (fleur de cerisier) – ou *Baka* (idiot) pour les Américains – et dont on ne connaît qu'une seule intervention qui se termina par un fiasco total, et, de l'autre, les kamikazes qui employaient tous les types d'avions conventionnels y compris des biplans d'entraînement ! (*N.d.T.*)

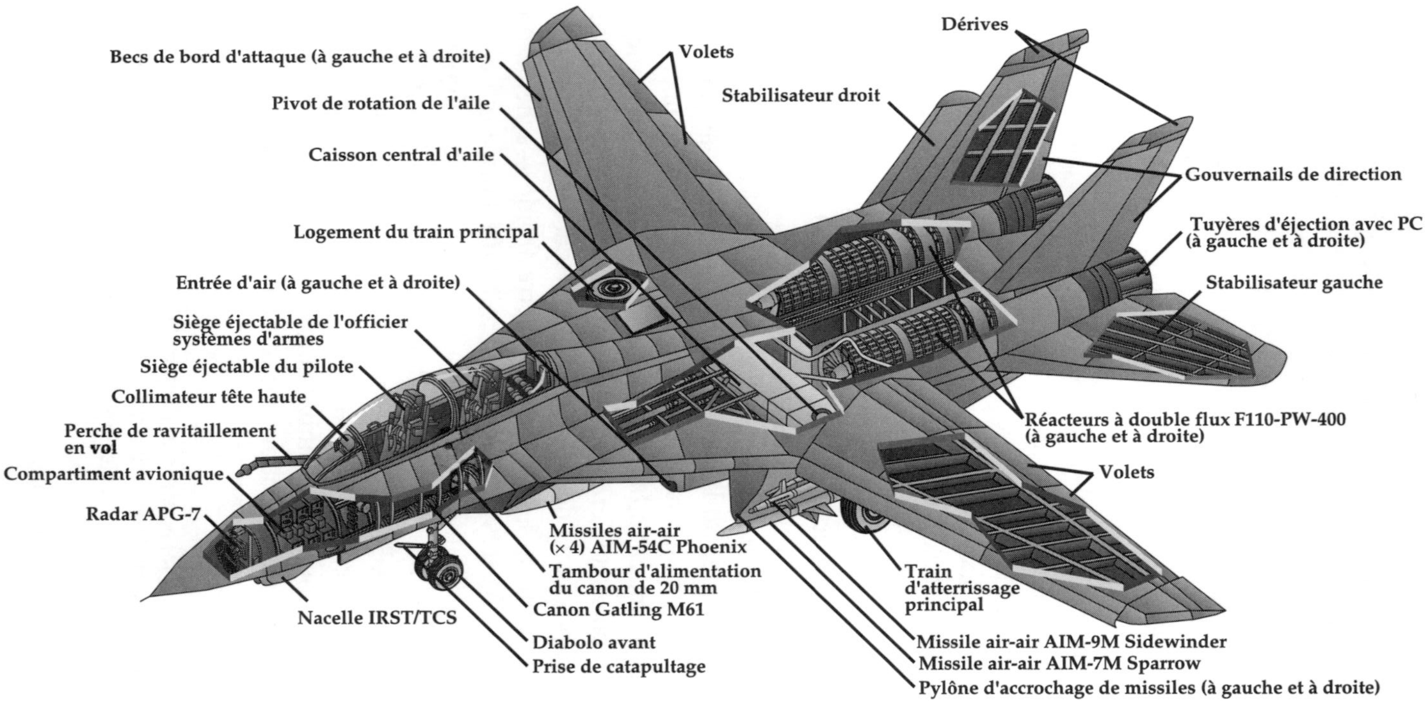

Écorché du chasseur-bombardier Northrop Grumman F-14D Tomcat. *Jack Ryan Enterprises, Ltd, par Laura DeNinno*

Le couperet tomba pour le F6D en décembre 1960, principalement en raison de sa vocation unique. Mais le missile Eagle allait ressusciter sous la forme du Hughes AIM-54 Phoenix qui équipe l'actuel F-14. Toujours ligotée par le budget, la marine décida que son prochain chasseur devrait être capable d'assumer la mission du F6D mais aussi de maintenir la supériorité aérienne et d'accomplir des missions annexes. La politique s'en mêla. Au début des années 60, le secrétaire d'État à la Défense, Robert MacNamara, fatigué des rivalités interarmes et soucieux d'une meilleure gestion budgétaire, fit pression sur l'aviation et la marine pour se doter d'avions communs. De ce vœu pieux naquit le programme TFX qui se métamorphosa en F-111, bombardier à géométrie variable qui sera adopté par l'Air Force. Pour répondre à ses besoins de chasseurs, la marine fut chargée d'étudier une version navalisée du F-111. On escomptait que cette version F-111B serait capable d'assurer la couverture rapprochée de la flotte et la supériorité aérienne trans-horizon en remplacement du classique F-4 Phantom II.

Le problème était que la lourdeur, la fragilité et la complexité du F-111B navalisé (construit en partenariat entre Grumman et General Dynamics – « l'avionneur » de l'USAF) l'écartaient du service sur un porte-avions et que sa vitesse d'atterrissage trop élevée en faisait une menace potentielle au contact du pont. De plus, sa piteuse maniabilité et ses réacteurs trop surmenés n'en faisaient pas un chasseur. La marine rejeta donc le F-111B et le programme de toutes les versions fut compromis. Ce qui n'alla pas sans conséquences. À cette époque, on ne s'opposait pas à un homme aussi puissant que MacNamara sans le payer. La marine paya le prix du sang. Dans une scène qui n'était pas sans rappeler la « révolte des amiraux » de 1940, le contre-amiral Tom « Tomcat » Connelly n'hésita pas à sacrifier sa carrière de marin aviateur en prenant à partie MacNamara au cours d'une séance du Congrès. « Sénateur, la foi de toute la chrétienté ne suffirait pas à faire du F-111 un chasseur ! » Cette remarque légendaire enterra le F-111B. Le F-14 était né.

Hormis la politique, la marine avait toujours le problème des bombardiers géants soviétiques armés de missiles air-surface à résoudre. Comme pour compliquer les choses, les Soviétiques mirent en ligne, à la fin des années 60, un nouveau bombardier supersonique à géométrie variable, le Tu-22M Backfire, qui provoqua presque un vent de panique chez les responsables militaires des États-Unis et de l'OTAN. Une série d'études conjointes entre la marine et Grumman constitua une réponse virtuelle au problème. Il s'agissait de loger dans une nouvelle cellule l'avionique de base, les armes et le système propulsif prévus pour le F-111B (y compris le missile Phoenix) puis de mener une série d'améliorations sur le nouvel oiseau. L'une des caractéristiques notables sera la géométrie variable qui permettra à l'avion de s'optimiser lui-même en plein vol selon le profil séquentiel de la mission. Par exemple, il gardera les ailes droites pendant les atterrissages et en vol de croisière ou repliées pour des vitesses supersoniques.

Projet ambitieux pour cette fin des années 60. Le nouveau chasseur ne se contenterait pas d'emporter six missiles AIM-54 Phoenix massifs et le radar AWG-9 pour les guider, il serait aussi un pur chasseur capable d'engager un ennemi en combat tournoyant. Au Viêtnam, le F-4 Phantom II avait démontré ses carences en combat rapproché. Le Phantom n'était pas très maniable, se repérait de loin (par sa taille et la fumée de ses réacteurs) et n'avait pas un long rayon d'action. Le nouveau chasseur serait radicalement différent.

Un certain nombre de constructeurs répondirent à l'appel d'offres de 1968. Avec son expérience des études préliminaires et de l'affaire du F-111B, Grumman était bien placé et, de fait, il gagna le contrat pour produire ce qui deviendra le F-14. Le constructeur travailla d'arrache-pied et le prototype fit son premier vol avec un mois d'avance sur le programme, le 21 décembre 1970, sur le terrain de l'usine Grumman de Calverton, à Long Island. Même si trois des avions de pré-série furent perdus au cours d'essais (dont le prototype à son second vol), le programme progressait à la satisfaction générale. Le nouveau chasseur équipa les deux premières flottilles embarquées, les VF-1 et VF-2, en 1974. En l'honneur de l'amiral Connelly et du rôle qu'il joua dans la conception du chasseur, la marine baptisa le F-14 « Tomcat » (le fameux félin du dessin animé « Tom et Jerry ») [1].

Le Tomcat est un biplace biréacteur qui mesure 19,1 m de long. Sa hauteur, jusqu'au faîte de la dérive, mesure 4,88 m. Son enver-

1. Ceci obéit aussi à la tradition de la marine de conférer le nom d'un félidé aux chasseurs Grumman.

gure maximum est de 19,54 m pour une flèche de 20°. En vol, avec une flèche de 68°, son envergure fait 11,65 m. Pour des raisons de parcage dans un hangar, les ailes se ferment à 75°, couvrant ainsi les stabilisateurs de queue, et réduisant son envergure à 10,15 m. Son poids à vide est de 18 212 kg et de 33 793 kg à pleine charge au décollage. Le F-14 reste de loin le plus lourd des avions à opérer d'un porte-avions. Vous *sentez* le pont du porte-avions vibrer à chaque catapultage d'un F-14.

Grumman a une réputation bien établie pour ses avions qui comptent parmi les plus robustes et les plus durables au monde. Le titane entre pour une bonne part dans la composition de la structure du Tomcat, notamment dans le mécanisme de géométrie variable. Ce métal est plus léger que l'aluminium, plus solide que l'acier et virtuellement impossible à tordre. Les empennages horizontaux arrière sont en boron-epoxy, matériau composite d'avant-garde, très coûteux et utilisé pour la première fois au monde sur le F-14.

Héritier de son prédécesseur F-111B, le F-14 est le seul avion naval à géométrie variable. Solution technique qui apportait la solution à un délicat problème. À la fois intercepteur à long rayon d'action qui peut rôder (voler en vitesse réduite et attendre) et « tueur » performant pour la maîtrise de l'air. Un avion capable de ces deux genres de missions et opérant d'un porte-avions doit « s'optimiser » lui-même en plein vol. D'où la géométrie variable. Les ailes se déploient pour accroître la poussée à basse vitesse, surtout pendant les phases critiques du décollage et de l'appontage, mais quand les ailes sont repliées pour réduire la traînée à haute vitesse, le F-14 devient un chat ébouillanté.

Au contraire des autres appareils à géométrie variable comme le F-111 Aardvark et le MiG-23/27 Flogger, l'incidence alaire du F-14 est commandée automatiquement par un calculateur. Ce qui soulage d'autant le pilote car l'avion se reconfigure de lui-même à chaque séquence de vol pour obtenir la solution idoine à l'équation complexe de la maîtrise de la poussée et de la traînée. Les ailes pivotent sur des axes d'articulation renforcés, commandés par des vérins de commande alimentés par de puissants moteurs hydrauliques et qui procurent à l'équipage le meilleur « confort » dans n'importe quelle situation. Il en résulte un avion toujours optimisé, que ce soit en vol rasant, lors d'une poussée en reconnaissance ou en combat tournoyant pour « plomber » un chasseur ennemi. Outre la géométrie variable, l'équipage dispose de moyens de contrôle de toutes les gouvernes alaires et de stabilisateurs. L'aérofrein est positionné à l'arrière, entre les deux gouvernails de direction dont le comportement erratique incita les officiers d'appontage à surnommer le F-14 le « vautour » au cours des essais.

À première vue, le F-14 est un avion imposant. L'avant du fuselage et les deux énormes entrées d'air des réacteurs se fondent dans une structure qui soutient les deux dérives et la crosse d'appontage. Peu de redondances ; on croirait un avion « lifté ». La large verrière offre une très bonne visibilité panoramique – un plus par rapport aux précédents chasseurs américains comme le F-4 Phantom qui péchait par l'angle mort sur l'arrière. Ce fut un des critères qui contribuèrent à faire du Tomcat un chasseur tournoyant supérieur au F-4 ou aux MiG qu'il était destiné à descendre. Les deux hommes d'équipage (un pilote et un officier système d'armes ou RIO) pénètrent dans l'habitacle grâce à une échelle de bord rétractable. Tous deux disposent d'un siège éjectable Martin-Baker type « zéro-zéro », c'est-à-dire qu'ils peuvent s'éjecter alors que l'avion est immobile au sol et à une altitude zéro. Trois rétroviseurs installés sur un arceau de la canopée facilitent la vision arrière du pilote.

L'agencement de l'habitacle du pilote était en avance pour les années 70, notamment les consoles d'affichage d'informations y compris celle des manœuvres de combat. Le Tomcat fut aussi le premier avion naval à être équipé du viseur tête haute (HUD) et du système HOTAS. Le manche à balai et les commandes de gaz sont constellés de boutons qui sélectionnent le type d'armement, les modes radar et d'autres fonctions. Au cours d'un combat tournoyant, le HOTAS permet au pilote de garder les yeux vers *l'extérieur* sans se soucier des commandes. Le reste du cockpit est conventionnel. La conception du F-14 étant bien antérieure à celle des « vitrines » (écrans d'affichage numériques comme sur le F/A-18 Hornet), la plupart des instruments de contrôle sont du type « vieilles tiges ». Au contraire des avions de l'USAF, le poste du RIO ne comporte aucun instrument de commande de vol (sauf celle du siège éjectable). Un large écran circulaire d'informations tactiques domine l'habitacle du radariste, surmonté d'un autre plus réduit qui affiche les données de tir du radar AWG-9 et le contrôle de l'armement. On retrouve aussi des instruments style « vieilles tiges ».

À sa mise en service, les capteurs et l'armement du Tomcat provoquèrent une révolution [1]. Le cœur du système d'armes (pour les versions A et B) repose sur le Raytheon-Hughes Airborne Weapons Group Model Nine AWG-9, composé d'un radar performant, de calculateurs qui prennent en charge les missiles, de processeurs analogiques et autres composants qui faisaient du F-14 le plus puissant chasseur du monde. Toutefois, il n'eut pas l'opportunité de faire preuve de toutes ses capacités en situation réelle. Conçu pour engager à très longue distance de multiples objectifs simultanément dans le cadre de la guerre froide, le F-14 piaffa pendant une génération pour une bataille qui n'eut jamais lieu. Le AWG-9 est capable de suivre simultanément jusqu'à deux douzaines d'objectifs aériens (dans un environnement qui peut en compter des centaines) puis d'en engager six en même temps. La portée d'engagement contre des cibles de tailles différentes est toujours ultrasecrète mais l'on sait que l'AWG-9 traque sans difficulté, au-delà de 185 km, des objectifs de la dimension d'un chasseur.

Les interventions des F-14 ont toujours été soumises aux règles impératives d'engagement (ROE) qui imposent l'identification visuelle de la cible ; les tirs à longue distance de missiles air-air sont rarissimes. Les cinq victoires aériennes créditées au Tomcat, à ce jour, ont été acquises à relativement courte portée et les missiles tirés à portée visuelle. Pour coller à ces impératifs ROE, le F-14 emporte sous le radôme une nacelle renfermant une caméra de télévision (TCS) équipée d'un zoom permettant l'identification d'un objectif à une distance relativement lointaine. En prime, un système vidéo est couplé et fournit à l'équipage une excellente transcription visuelle de leur engagement.

Dès sa conception, le F-14 fut conçu comme un prédateur en combat aérien alors que rien n'était prévu pour lui octroyer une

1. Lorsque l'espionnage soviétique obtint les spécifications du F-14 au début des années 70, leurs chiffres terrifièrent les pilotes de chasse soviétiques. Dans leur effort désespéré de contrer le F-14 et la troisième génération de chasseurs occidentaux, ils dépensèrent des sommes pharamineuses pour sortir de nouveaux intercepteurs et, dans l'espionnage, afin d'obtenir les informations techniques pour en doter leurs nouveaux avions.

Un F-14B Tomcat du VF-102 à bord du *George Washington* (CVN-73) en configuration opérationnelle. Sa dotation est complète : réservoirs, bombes gravitationnelles et missiles air-air AIM-9 Sidewinder et AIM-54 Phoenix. *US Navy*

capacité air-sol. Le Tomcat peut tuer à n'importe quelle distance d'engagement, de quelques dizaines de mètres à 185 km, ce qui constitue un record en soi.

Le missile air-air Raytheon-Hughes AIM-54 Phoenix constitue l'allonge du F-14. Avec une portée supérieure à 185 km, le AIM-54 fut le premier missile avec un autodirecteur à guidage radar incorporé. Ce qui le fait entrer dans la catégorie des « tire et oublie », permettant ainsi à l'avion tireur de rompre ou d'engager un autre objectif. Ce qui signifie aussi que six AIM-54 peuvent être tirés en une salve sur six objectifs différents. Dès le lancement, le missile décrit une parabole qui le mène à haute altitude et lui permet d'approcher une vitesse proche de Mach 5. Arrivé à proximité de sa cible, l'ogive de 60,7 kg d'explosif ne laisse aucune chance à la cible. Plusieurs versions du Phoenix existent, chacune pour contrer les innovations soviétiques ; le AIM-54C est la dernière.

Le F-14 dispose de trois autres armes pour le combat aérien. La première est le Raytheon AIM-7M Sparrow, version optimisée à guidage radar semi-actif d'un missile en service depuis les années 50. Pesant 228 kg, d'une portée intermédiaire (plus de 37 km), il a besoin de l'illumination du radar AWG-9 pour toucher sa cible. Le missile arrivé à proximité, aucun objectif ne peut survivre à l'explosion des 40 kg d'explosif à fragmentation de son ogive. Il n'en reste pas moins que le AIM-7 a toujours été un missile d'emploi difficile en raison de la nécessité d'illumination radar permanente. Il était prévu de remplacer le Sparrow sur les F-14 par le nouveau AIM-120 ou missile air-air à moyenne portée (AMRAAM). Les restrictions budgétaires consécutives à la fin de la guerre froide s'ajoutèrent au fait que le F-14 disposait déjà d'un missile à longue portée, du mode « tire et oublie », et l'on remisa l'AMRAAM aux oubliettes.

Les engagements à courte portée sont du domaine du classique AIM-9M Sidewinder à guidage infrarouge. Le standard AIM-9 est tragiquement obsolète comparé au R-73/AA-11 Archer russe, au français Matra R.550 Magic ou à l'israélien Rafael Python-4. Ces missiles peuvent être non seulement dirigés par un système optronique incorporé au casque du pilote mais aussi tirés hors du champ de vision de ce dernier (90°). Retard technique qui sera compensé au début du siècle par la mise en service du nouveau AIM-9X.

La dernière arme de combat aérien du Tomcat est celle que les concepteurs du F-4 Phantom rejetèrent au profit des missiles : le canon de 20 mm. Lors de la guerre du Viêtnam, les pilotes de l'aéronavale hurlaient de rage de ne pouvoir descendre des MiG, pourtant bien placés, faute d'une arme de combat rapproché (le F-4 n'était armé que de missiles AIM-7/9). Dès l'élaboration des premières études du F-14, « Tomcat » Connelly s'assura qu'il aurait un canon pour traiter les menaces en deçà de la portée minimum des AAM. Le canon du F-14 est identique à celui des autres chasseurs américains : le maintenant classique canon à six tubes M61 Vulcan de 20 mm. Avec sa cadence de tir de 6 000 coups/ minute, il découpe tout hostile en rondelles.

À l'exception du canon à six tubes Gatling de 20 mm, toutes les armes du Tomcat sont extérieures. Pour d'évidentes raisons mécaniques et aérodynamiques, aucun pylône d'arme n'est porté sous les parties mobiles des ailes sousmises au flux d'air. De même, les réservoirs auxiliaires et autres charges externes sont arrimés sous le fuselage ou sous les réacteurs. Quatre profonds logements épousant les contours de missiles AIM-7 Sparrow se trouvent sous la partie plate inférieure du fuselage entre les logements des réacteurs. Si des AIM-54 Phoenix sont emportés, ils sont fixés sur des pylônes qui recouvrent les logements des Sparrow. Quatre AIM-54 peuvent être ainsi emportés, plus une autre paire juste sous les entrées d'air. Pylônes qui sont normalement configurés pour recevoir des AIM-9 Sidewinder et AIM-7 Sparrow d'engagement à courte portée.

Ces combinaisons tiennent compte du poids utile qui représente la charge maximum de l'avion lors de l'appontage. Soit la combinaison du poids de l'avion « à sec » – minimum de carburant permettant plusieurs présentations d'appontage – avec la charge militaire sous les plans. Un F-14 chargé de six Phoenix « balaises » et d'un minimum de carburant est au-dessus de la tare prescrite et, par conséquent, la charge externe autorisée sera de quatre AIM-54, deux AIM-7, une paire de AIM-9, deux réservoirs auxiliaires et un canon Gatling de 20 mm. Une mission normale du temps de paix comprend deux de chaque missile, le canon et deux réservoirs. Un échantillonnage d'armes mixtes est prévu dans le cadre de missions spécifiques dont la supériorité aérienne et l'escorte de chasseurs-bombardiers.

Un chasseur ne vit que par ses réacteurs, et le F-14 a souffert pendant de nombreuses années d'une sous-motorisation des Pratt & Whitney TF-30-P-412. C'étaient les premiers réacteurs à double flux conçus pour un chasseur et ils dérivaient du programme du F-111B. Conçus à l'origine pour le F-6D Missileer subsonique dotant le chasseur-bombardier Vought A-7 Corsair, on leur adapta la post-combustion (pour devenir les TF-30-P-100) au profit du F-111 et ils furent adoptés à titre « temporaire » par le F-14A. Les réacteurs à double flux sont plus puissants que les réacteurs normaux mais plus « pointus » au niveau de l'admission d'air au premier stade des pales du compresseur. Des turbulences générées par un autre appareil évoluant à courte portée peuvent provoquer l'extinction des réacteurs, donc la perte de l'avion. Les ingénieurs de Grumman étaient bien conscients de cette sensibilité à l'air « pourri » et pourvurent les réacteurs de très larges entrées d'air et d'un système de valves d'admission d'air. Il s'agit d'un dispositif complexe de lamelles à régulation hydraulique qui réagissent aux grandes vitesses, en provoquant des ondes internes qui ralentissent l'admission d'air pour la ramener aux normes des vitesses subsoniques.

La marine songeait à encore mieux avec ce qui aurait dû être le Pratt & Whitney F-401 conçu pour motoriser le F-14B. Toutefois des problèmes de mise au point et de budget empêchèrent ce projet de se concrétiser. Les F-14A restèrent donc avec le TF-30 qui détruisit plus d'avions et tua plus d'équipages que ne l'aurait fait l'ennemi.

Pendant plus de vingt ans, les équipages du Tomcat ont essayé de tirer le maximum du TF-30. Pour alimenter ces goinfres de réacteurs, le Tomcat emporte assez de carburant pour opérer à longue distance ou patrouiller durablement. La capacité interne est de 9 029 litres, plus les deux réservoirs supplémentaires montés sous les carénages moteurs d'une capacité de 1 011 litres chacun. Pour augmenter le rayon d'action ou l'autonomie, une perche de ravitaillement rétractable aux normes de l'OTAN est logée dans un compartiment à l'avant droit du fuselage. En fait, il est rarissime qu'un F-14 ait besoin d'un ravitailleur. Ce qui n'est pas négligeable car le retrait des KA-6D Intruder ravitailleurs ne laisse plus dans ce rôle que le S-3 Viking, qui croule sous le nombre de missions qui lui sont imparties.

Outre ses missions de maîtrise aérienne, le Tomcat est aussi conçu pour une autre tâche, et peut-être la plus importante. Job dangereux que celui de la reconnaissance au profit du groupe de combat aéronaval et des commandants locaux de théâtres opérationnels. Une cinquantaine de Tomcat de toutes versions ont été modifiés pour recevoir la nacelle de reconnaissance tactique (TARPS) montée sous le fuselage. De dimensions imposantes (5,2 m de long pour un diamètre de 60 cm), elle contient trois différents capteurs. Un appareil conventionnel prend des vues devant et en bas ; un autre, panoramique, prend des vues latérales d'un horizon à l'autre ; et enfin un scanner infrarouge balaye le terrain directement sous l'appareil. En règle générale, quatre F-14 de chaque CVW sont équipés pour emporter la nacelle TARPS (en plus de leur dotation électronique standard) et au moins six équipages sont spécialement formés aux fins de la reconnaissance.

Le TARPS est un système reconnaissance photo à basse et moyenne altitudes des plus performants, au point d'être un dispositif d'intérêt national stratégique. Son imagerie est d'une définition largement supérieure à celle des avions-espions U-2 et des satellites espions. Au cours de la guerre du Golfe, le TARPS prouva sa valeur dans l'estimation des dommages après chaque raid (BDA)

Nacelle de reconnaissance D/TARPS montée sous le fuselage central d'un F-14B Tomcat du VF-102. *John D. Gresham*

et était largement préféré à l'équipement du Phantom RF-4C de l'USAF (retiré du service depuis). Le TARPS est actuellement optimisé pour fournir une nouvelle capacité aux commandants de groupes de combat : l'exploitation en temps réel des photos de reconnaissance. En remplaçant l'un des appareils de prise de vues par un appareil numérique connecté à l'actuel système radio UHF, un F-14 envoie une image de bonne résolution au porte-avions dans la seconde même. En moins de cinq minutes, l'image est interprétée par les spécialistes du renseignement ; ce nouveau système Digital/TARPS ou D/TARPS offre au pacha d'un groupe de combat toutes les informations pour frapper un objectif mobile.

Même s'il a peu combattu, le F-14 a vécu une carrière intense. Le premier déploiement opérationnel remonte à septembre 1974, dans le Pacifique, avec l'embarquement des flottilles VF-1 et VF-2 sur l'*Enterprise* (CVN-65). Le premier clash se produisit le matin du 19 août 1981 quand deux Su-22 Fitter libyens commirent l'erreur d'engager deux Tomcat du VF-41 du *Nimitz* (CVN-68) en patrouille. Grâce à leur superbe maniabilité, les deux Tomcat évitèrent un missile air-air libyen et ripostèrent en descendant les deux Fitter avec des AIM-9L Sidewinder. Quelques années plus tard, en octobre 1985, quatre Tomcat du VF-74 et du VF-103 du *Saratoga* (CV-60) interceptèrent un Boeing 737 d'une compagnie égyptienne qui emportaient les terroristes ayant pris en otages les passagers du paquebot italien *Achille Lauro*. En mars 1986, retour des Tomcat en première ligne quand des missiles sol-air libyens S-200/SA-5 Gammon furent tirés sur des F-14 de l'*America* (CV-66) et du *Saratoga* en patrouille sur le golfe de Syrte. En riposte, les porte-avions attaquèrent les sites de lancement de missiles et coulèrent des patrouilleurs libyens. Plus tard dans l'année, les F-14 assurèrent la couverture des bombardements de Tripoli et Benghazi dans le cadre de l'opération Eldorado Canyon. En janvier 1989, deux Tomcat du VF-32 engagèrent et descendirent deux MiG-23 Flogger-B. Quand ces derniers devinrent menaçants, leur compte fut réglé au Sparrow et au Sidewinder.

Lors de la guerre du Golfe, l'essentiel des missions des Tomcat tenait dans les patrouilles offensives en protection de la Flotte et dans des missions de reconnaissance qui ne bénéficièrent pas de l'éclairage médiatique dévolu aux F-15 de l'Air Force basés à terre. Jour après jour, les Tomcat volèrent en couverture des groupes aéronavals et amphibies en mer Rouge et dans le golfe Persique et participèrent à l'embargo de l'Irak. Une des raisons qui les privèrent de démontrer leurs possibilités tient dans la réticence de l'aviation irakienne à se risquer au-dessus de la mer. Mais la raison principale reste bien l'inadéquation des systèmes et procédures de la marine à s'intégrer dans un commandement aérien interarmes. L'un d'eux est le dispositif d'identification d'objectifs hostiles (NCTR) qui fonctionne sur des données radar secrètes et qui permet d'identifier chaque type d'appareil ennemi. Ce qui permet aux chasseurs dotés de missiles air-air trans-horizon de tirer des AIM-7 et AIM-54 sans contact visuel. Les F-15 possédaient ce système, pas les Tomcat. Ce fut donc l'armada des F-15 Eagle qui fut chargée de titiller l'aviation irakienne dans son espace.

La seule victoire aérienne du conflit eut lieu au détriment d'un malheureux hélicoptère irakien Mi-8 Hip descendu par un Sidewinder tiré par un F-14A du VF-1. Au côté débit, un F-14B du VF-103 du Saratoga fut abattu par un missile sol-air V-75/SA-2 Guideline lors d'une mission de reconnaissance TARPS au-dessus de Wadi Amif. Le seul point positif du F-14 dans ce conflit, et qui fut unanimement reconnu pour sa valeur, reste les missions TARPS d'évaluation des dommages.

La chute de l'Empire soviétique et du pacte de Varsovie signifiait la disparition de la menace qui justifiait la création du F-14. Les bombardiers géants soviétiques et leurs missiles géants air-sol prenaient le chemin de la casse en laissant les Tomcat piaffer dans un rôle qui s'inscrit dans le nouvel ordre mondial. Les Tomcat ne sont plus capables d'assumer une grande partie des missions qui seraient utiles aux responsables locaux de secteurs opérationnels dans le nouveau cadre d'une guerre combinée. Notamment à cause de l'absence de capacités NCTR du radar AWG-9 en comparaison du F-15 [1]. Mais le principal handicap reste bien son prix de revient et le coût de la maintenance. Parce qu'il est l'avion le plus coûteux

1. En face de l'unique victoire d'un F-14 sur un hélicoptère, les F-15 enregistrèrent trente-cinq victoires lors de la guerre du Golfe. L'une des raisons principales tient dans le système NCTR qui équipait les avions de l'USAF et qui les rendait capables d'engager un ennemi trans-horizon sans risque de bavures. (*NdT* : d'autant que les Irakiens et l'armée de l'air française possédaient des appareils communs, notamment Mirage F-1.)

à mettre et maintenir en ligne, la marine décida de réduire la communauté des F-14 pour diminuer les coûts budgétaires. Non sans ironie, cette décision intervint quand le F-14 obtenait enfin les réacteurs et les ensembles électroniques qui lui avaient toujours fait défaut pour en faire LE chasseur qu'il aurait du être.

Dans les années 80, le plan de John Lehman prévoyait l'optimisation des Tomcat. La phase première consistait dans la remotorisation de la plupart des F-14 et l'actualisation de son avionique. Il était prévu de modifier la version A du Tomcat pour lui adapter deux réacteurs à double flux General Electric F110-GE-400. Celui-là même qui équipait les chasseurs F-15E et F-16C/D de l'USAF, avait une poussée supérieure et aucun des vices du TF-30. Le F110 entra en service avec le F-14B ou Super Tomcat en avril 1988. Quelques B n'étaient que des A remotorisés mais tous les autres sortaient des chaînes du constructeur. Le contraste avec le Tomcat propulsé par le vieux TF-30 fut spectaculaire. Les Tomcat propulsés par le F-110 comptent parmi les plus rapides des chasseurs en service, avec des accélérations accrues et des performances en combat tournoyant.

Une histoire circule sur plusieurs des prototypes des F-14B alors en visite sur la base aéronavale (NAS) Oceana, près de Norfolk. De l'autre côté de la baie de Chesapeake, la base de Langley abritait les F-15 du 1st Fighter Wing, la première formation de l'Air Force dotée de cet intercepteur. Normalement, avec ses réacteurs TF-30 anémiques, le F-14 ne faisait pas le poids en face du F-15. Cette fois, les pilotes chaudement motivés de l'aéronavale décidèrent de jouer un tour à leur façon à leurs frères « en bleu » et les provoquèrent en un « tournoi » – aigre-doux – au-dessus d'un espace d'entraînement au large. Les Tomcat surgonflés laissèrent les deux pilotes de F-15 quitter « l'arène » furieux en demandant : « Qui sont ces types ? » D'un félidé, le F110 avait fait du Tomcat un prédateur d'une autre envergure. Le point noir restait le radar AWG-9 et l'avionique originelle des années 60.

Les pilotes des F-14 ont toujours rêvé de couper le cordon ombilical du F-111 pour disposer d'un F-14 équipé de la dernière génération d'avionique numérique. Un projet de F-14C fut proposé mais jamais développé. À la fin des années 90, le F-14D concrétisa ce rêve. Comme certains F-14B, quelques D intégrèrent des cellules de A modifiées tandis que le reste de la série était entièrement nouveau. Les D possèdent les mêmes réacteurs F110 mais disposent d'un nouveau radar (Hughes APG-71) ainsi que de systèmes informatiques et d'avioniques actualisés.

Le APG-71 constitue une nette amélioration par rapport au AWG-9 car il est dérivé des séries de radars APG-63/70 utilisés sur les F-15 Eagle. C'est un radar multimodes avec une large gamme de capacités. En plus des fonctions basiques du AWG-9 pour l'engagement aérien, le APG-71 a la fonction NCTR et la faculté (LPI) de détecter des objectifs difficilement repérables avec des capteurs passifs. De plus, le APG-71 fournit une cartographie terrestre de bonne définition par conditions météo défavorables, caractéristique appréciée des équipages de F-14 depuis que l'intervention terrestre fait partie de leurs attributions.

Rien n'est parfait. Si le F-14D est le dernier avion équipé de tous les systèmes dont rêve un équipage contemporain, les restrictions budgétaires font que moins de cinquante unités ont été construites, de quoi doter à peine deux à trois flottilles. Alors que se terminaient la production et les modifications des versions B et D, la mise à la retraite de l'avion était à l'étude. On se demanda si le F-14 n'allait pas prendre le chemin de la ferraille ouvert par les A-6/KA-6 Intruder, alors que l'avion venait de toucher les propulseurs et l'avionique tant attendus des équipages. Les coupes drastiques du budget de la défense, au début des années 90, provoquèrent le retrait d'avions qui tenaient encore leur rôle, et le F-14 ne fut pas épargné.

Heureusement pour le clan des équipages de Tomcat, et malgré l'après-guerre froide, il y avait pénurie d'un chasseur tactique embarqué. Parallèlement, on trouva de nouvelles missions pour le F-14. À défaut de cohortes de bombardiers lance-missiles soviétiques à contrer, les responsables de la marine étudient la possibilité de fournir au clan des Tomcat une capacité élémentaire d'intervention au sol avec des bombes conventionnelles à gravitation et peut-être le missile antiradar AGM-88 (HARMS). Dans le même temps, ceux des F-14 concoctaient quelques nouveaux trucs. Alors que les F/A-18 Hornet drainaient la majorité des crédits alloués à l'aéronautique navale, les équipages de Tomcat trouvèrent à exploiter des « terres vierges » pour la sauvegarde de leur monture préférée. Pour mieux comprendre leur démarche, prenons connaissance de toutes les versions et quantités construites de F-14 :

La production du F-14

Version	Construits	Modifiés	Total	Observations
F-14A (USN)	557	N/A	557	N'inclut pas un appareil de l'aviation iranienne repris en compte par l'US Navy
F-14A (Iran)	80	N/A	80	Un avion frappé d'embargo et versé à l'US Navy
F-14B (USN)	38	47	85	Les avions modifiés sont à l'origine des F-14A
F-14D (USN)	37	18	55	Les avions modifiés sont à l'origine des F-14A. Ne sont pas compris quatre exemplaires de pré-série jamais mis en service
Total	712	65		

Un total de 712 Tomcat a été livré à la marine, le premier en octobre 1972 et le dernier en juillet 1992[1]. Alors que pas un seul F-14 n'a été perdu en combat, plus de 125 exemplaires ont été détruits – principalement pour des pannes de réacteurs (les pertes iraniennes sont inconnues, au moins pour les sources privées). Fin 1997, 250 F-14 restaient en service dans l'US Navy. La plupart des F-14A comptent entre dix et vingt ans d'âge et n'ont bénéficié que d'une amélioration rudimentaire de leur structure et de l'avionique. Les deux F-14A qui abattirent des MiG-23 libyens en 1989

1. Il n'existe qu'un seul utilisateur étranger du F-14 : l'aviation impériale iranienne (IIAF). Son acquisition est l'initiative du Chah qui se fondait sur le binôme Tomcat-AIM-54 Phoenix pour contrer les nombreuses violations de l'espace aérien iranien par des MiG-25 Foxbat-R, qui opéraient à très grande vitesse et à haute altitude. Des quatre-vingts Tomcat commandés par l'IIAF, tous furent livrés à l'exception d'un seul, victime de l'embargo consécutif au changement de régime en Iran et qui fut attribué à l'US Navy. On ne sait pratiquement rien de la carrière opérationnelle des Tomcat iraniens au cours de la guerre Iran-Irak (1980-1988). Certaines sources affirment que des F-14 iraniens sont encore en état de vol à ce jour.

avaient le même radar d'alerte APR-25 (RWR) installé depuis leur construction des années 70. Ces RWR étaient si anciens qu'ils ne pouvaient détecter les émissions radar des MiG qui eux aussi dataient des années 70. En raison de leur âge, le NAVAIR a décidé d'envoyer à la casse la version A du Tomcat pour ne maintenir que les B et D. Il est improbable de trouver des F-14A en service au-delà de 2001, alors que les premiers F/A-18E/F Super Hornet seront en ligne. Ne resteront environ que 130 F-14B et D au sein des dix flottilles prévues pour servir pendant les dix premières années du XXIe siècle.

Tous ces appareils sont dotés du F110 et reçoivent une avionique actualisée dont les récepteurs GPS et des radios. Les équipages sont maintenant pourvus de lunettes à intensification de lumière grâce auxquelles ils peuvent s'adonner aux missions à basse altitude en obscurité complète. Mais les deux joyaux de l'optimisation restent le D/TARPS (déjà mentionné) et la nacelle d'acquisition d'objectifs terrestres AAQ-14 LANTIRN. Système compact doté d'un radar FLIR à imagerie thermique, d'un télémètre laser, de lasers d'acquisition et d'illumination d'objectifs. La nacelle AAQ-14, une des deux équipant le F-15E Strike Eagle de l'USAF, s'est avérée la meilleure du monde dans sa catégorie. Elle détecte un objectif à terre par sa signature thermique et dirige implacablement les bombes guidées laser ou autres armes. La version navale du LANTIRN possède un atout supplémentaire : une centrale de navigation inertielle (INS) Litton GPS en forme de canette de bière et qui procure au F-14 une précision quasi totale lors du largage des nouvelles bombes guidées laser qui entrent en service. Fixée à un pylône sous l'aile droite, le LANTIRN est sous le contrôle du RIO.

Ces « plus » ne sont pas tombés du ciel. Ils coûtent une petite fortune dont le NAVAIR est gestionnaire. Polarisée sur l'acquisition du F/A-18, la « mafia du Hornet » s'était juré de s'opposer à toute dérive hors de ce programme. D'un autre côté, la « mafia du Tomcat » siégeant à NAS Oceana s'ingéniait à mettre la main sur les moindres fonds et à trouver du soutien à l'extérieur de la marine. Ainsi, des constructeurs comme Lockheed Martin, le fabricant du AAQ-14 LANTIRN, engagèrent leurs propres capitaux pour faire profiter le Tomcat de leurs productions. On ne peut imaginer l'efficacité de leur action. En peu de temps, tous les responsables de secteurs faisaient des pieds et des mains pour obtenir tous les

Tomcat qu'ils pouvaient. L'incomparable précision du LANTIRN équipé du GPS fait des F-14 de reconnaissance des outils indispensables, notamment contre des objectifs mobiles comme des lanceurs de missiles. Actuellement, les vingt à trente F-14 déployés en permanence pour défendre les intérêts nationaux accomplissent plus encore que la tâche qui leur est dévolue en attendant la relève des Super Hornet au début du siècle. Les F-14 restent les avions les plus puissants et les plus polyvalents de la Flotte. « Tomcat » Connelly aurait été fier de voir son rêve réalisé.

Le F/A-18 Hornet, l'actuelle et future épine dorsale

Conçu dès l'origine pour remplacer à moindres frais deux avions navals vieillissants (le F-4 Phantom et le A-7E Corsair), le chasseur-bombardier F/A-18 Hornet devait offrir une gamme de rôles très différents. Dans la marine, il sert d'avion léger d'attaque et de chasseur. Certains pensent qu'il n'est très bon dans aucun rôle, d'autres le considèrent comme le meilleur avion polyvalent du monde. Quelques-uns diront que le F/A-18 est un fardeau peu performant pour l'aéronautique navale, alors que d'autres affirmeront qu'il constitue l'épine dorsale de toute l'aviation embarquée. Il est à la fois tout ça et plus encore. L'inconvénient de n'importe quel avion polyvalent est qu'il est censé faire trop de choses au profit de gens très différents. Mais si une telle bête ne marche pas trop mal, elle n'est pas loin de la perfection. Je m'en explique.

Son origine remonte au milieu des années 70, quand la marine commençait à ressentir le coût de nouveaux avions pour ses porte-avions. L'inflation galopante de l'époque mettait l'avion de combat à un prix astronomique, au point d'amener les forces armées à réviser le nombre et la catégorie des appareils désirés. Après la modernisation des F-14, A-6 et S-3, la marine s'attela au remplacement de ses avions d'attaque A-7. Chaque CVW ayant deux flottilles de douze avions chacune, le marché était d'importance. À la même époque, le problème du remplacement de la douzaine de flottilles de chasseurs F-4 Phantom, qui étaient embarqués ou

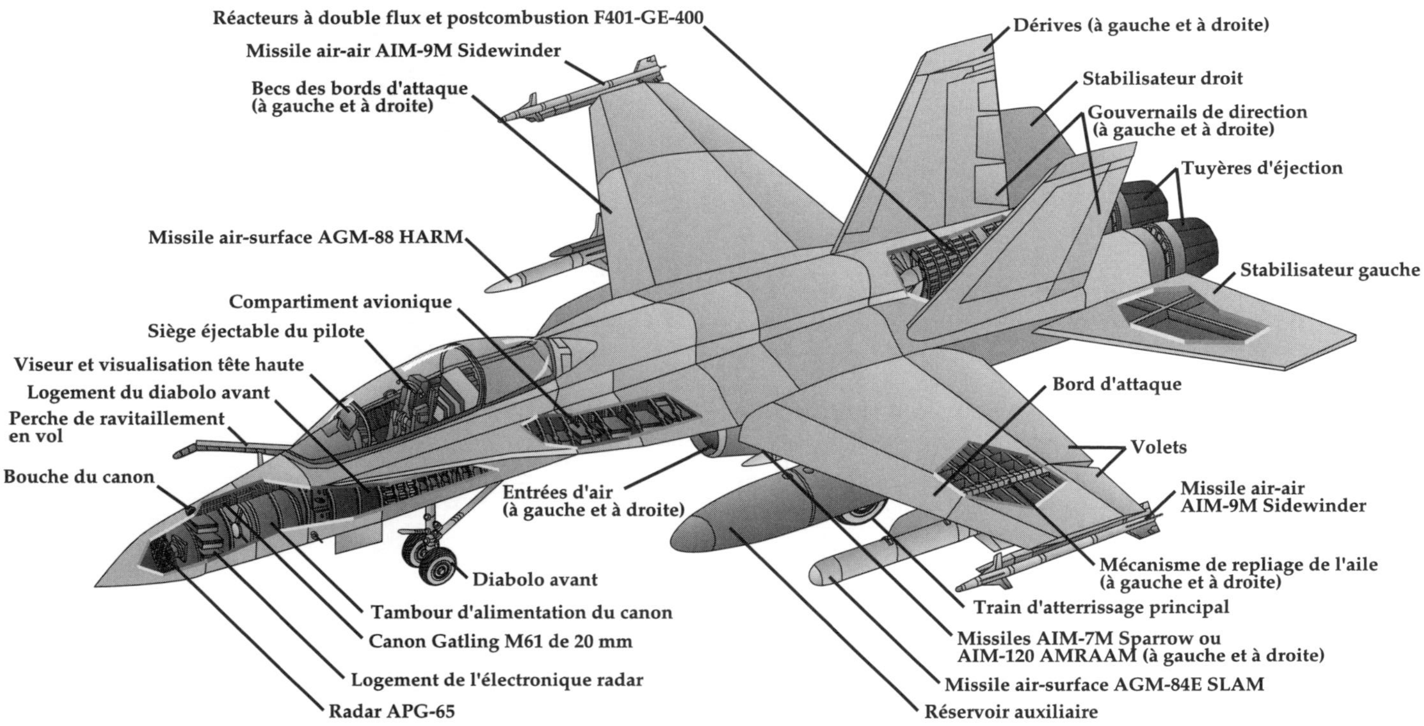

Écorché d'un chasseur-bombardier Boeing F/A-18C Hornet. *Jack Ryan Enterprises Ltd, par Laura DeNinno*

basés à terre, se posait à la marine et aux Marines. De ces deux impératifs naquit le concept du VFAX (chasseur/avion d'attaque plus prototype). L'espoir était de réaliser *un* appareil capable d'assumer les deux rôles de chasseur et de bombardier léger et d'épargner de l'argent en réduisant le nombre d'avions. De son côté, l'USAF évaluait deux chasseurs « légers » avant de se prononcer pour l'un d'eux. L'aviation devant utiliser l'avion sélectionné comme chasseur polyvalent, le Congrès et le Département de la Défense firent pression pour que la marine et les Marines adoptent une version de cet avion. C'est là que les ennuis commencèrent.

Les deux compétiteurs du chasseur léger, General Dynamics (GD fait maintenant partie de Lockheed Martin) avec son YF-16 et Northrop (également englobé par Lockheed Martin) avec le YF-17, s'affrontèrent dans une démonstration à la base d'Edwards en Californie. Le YF-16 l'emporta et s'est révélé depuis un extraordinaire avion de combat. L'USAF et ses alliés ont acheté des milliers de ces petits chasseurs et ses ventes ne sont pas encore closes. Malheureusement, les qualités du F-16 qu'appréciait l'USAF étaient incompatibles avec celles d'un avion embarqué. D'abord, la marine préfère un biréacteur pour sa redondance et sa capacité d'encaisser des dommages. Le F-16 est un monoréacteur de construction trop frêle pour emporter les équipements indispensables aux opérations sur un porte-avions. Délaissant les pressions pour s'aligner sur le vainqueur désigné par l'USAF, la marine préféra lancer une compétition « sur le papier » et évaluer les propositions avant de se prononcer sur le modèle qu'elle achèterait.

Entre-temps, GD et Northrop, qui n'avaient aucune expérience récente sur la production d'avions embarqués, cherchaient le partenariat avec un constructeur qui eût cette expérience. GD, à Fort Worth, fit équipe avec son voisin Vought tandis que Northrop adoptait comme partenaire McDonnell Douglas (MDC), à St Louis. À la fin des évaluations, la marine se prononça pour un dérivé du biréacteur bidérive YF-17, jugé mieux adapté aux rigueurs du service en mer. Décision qui provoqua le tollé des perdants, Vought et GD, qui avaient cru que la directive *originelle* du Congrès et du DoD garantissait *leur* victoire. S'ensuivit une campagne de pression politique appuyée par des arguments techniques et orchestrée par la marine pour maintenir sa décision et MDC/Northrop qui s'accrochaient à leur succès.

Emporter un contrat est une chose, réaliser l'avion spécifié en est une autre, surtout s'il s'agit d'un modèle avancé et jamais construit dans sa catégorie. La marine et le Marine Corps exigeaient beaucoup plus du nouvel avion que l'USAF n'en avait exigé du F-16, ce qui compliqua considérablement la suite. Par exemple, le nouvel avion baptisé F/A-18 Hornet devait emporter beaucoup plus d'équipements que son rival de l'Air Force. Son radar multimodes devait être apte au guidage des grands missiles air-air AIM-7 Sparrow et l'avion devait emporter une nacelle FLIR d'acquisition d'objectifs. Le Hornet devait embarquer une charge structurelle supplémentaire de 1 818 kg soit 20 % de son poids total. Autant d'exigences qui excédaient les modestes caractéristiques du YF-17. De fait, la marine ne demandait pas simplement une version navalisée du projet initial Northrop mais en réalité un avion complètement nouveau.

Comme pour accroître ces difficultés, aucun *vrai* prototype du F/A-18 ne fut réalisé. Les premiers exemplaires faisaient partie des modéles de pré-série qui furent immédiatement envoyés au centre d'essais naval de Patuxent River dans le Maryland. Avec pour conséquence que les défauts normaux qui seraient apparus avec le prototype (puis éliminés) se retrouvèrent sur les appareils de présérie. Erreur qui se révéla coûteuse. Des problèmes graves (tels que des fissures de structure) n'apparurent qu'après que le Hornet fut en service à bord. Problèmes encore avec la verrière et les bords d'attaque extensibles, qui seront modifiés assez tard dans les séries ultérieures. Heureusement, le système électronique de stabilisation automatique (FBW, le premier installé sur un avion naval) ne nécessita qu'une reprogrammation mineure. Un inconvénient crucial restait le manque de capacité du réservoir interne.

L'un des plus importants facteurs pour estimer le rayon d'action d'un avion de combat est le coefficient de portion de carburant. Le poids du carburant représente un pourcentage de la charge totale de l'avion au décollage. Normalement, les avionneurs lui accordent 30 à 35 %. Quantité qui autorise une distance d'intervention décente, un largage de bombes ou un engagement aérien puis le retour au porte-avions avec un minimum de ravitaillements en vol. La capacité prévue pour le Hornet était consternante. La conception même du YF-17 en portait la responsabilité. *Cet* avion à des fins purement technico-démonstratives n'avait pas besoin du même emport de carburant qu'un avion de combat. Les ingénieurs de Northrop ne l'avaient donc pas doté de grands réservoirs de fuselage. Et lors de « l'actualisation » du YF-17 en Hornet, les responsables de MDC ne prirent pas en compte ce facteur. Pour des raisons qui défient toute explication, le coefficient de carburant du YF-17 – environ 23 – fut retenu pour le F/A-18. Avec pour résultat que le F-18 ne sera *jamais* capable d'assumer toutes les missions spécifiées dans le programme VFAX original. En clair, lors d'une mission de bombardement, le F/A-18 n'emportera pas une charge militaire égale à celle du A-7E Corsair qu'il remplace.

Le manque de « souffle » du Hornet fut mis en lumière juste au moment où la marine se préparait à prendre sa décision. Il fallut quelques réunions entre les marins, les Marines et les membres du Congrès responsables des affaires de défense pour statuer sur la production du F/A-18. Rationnel, le NAVAIR arguait que puisque l'avion avait satisfait dans beaucoup de domaines au cours des vols d'essais, on pouvait se montrer tolérant pour la déficience de son rayon d'action. À son crédit, le nouveau radar multimodes APG-65 s'était vite révélé l'un des plus performants au monde, et son système d'armes faisait du Hornet un vecteur de rêve. De plus, les pilotes d'essai et ceux de la marine chargés de l'éprouver aimaient l'avion. Ils avaient conscience de son potentiel réel et acceptaient quelques déficiences. Ainsi fut prise la décision de passer commande pour un premier lot. Le VFA-125 réceptionna les premiers exemplaires en 1980 sur la NAS Lemore en Californie. Voyons maintenant le F/A-18 de plus près.

À première vue, le Hornet ressemble beaucoup au F-14 (deux réacteurs et bidérives) mais la similitude n'est que superficielle. Technologiquement, le F/A-18 a une décennie d'avance sur le Tomcat. Un pourcentage appréciable de sa structure est formé de plastique et de matériaux composites. Ses deux réacteurs General Electric F404-GE-400 utilisent la même technologie que le F110 et donnent au Hornet une exceptionnelle maniabilité. Aérodynamiques, les ailes fixes du F/A-18 sont optimisées pour le combat tournoyant avec six points d'attache pour l'armement, en plus des deux AIM-9 Sidewinder en bout d'ailes. Au centre de chaque aile, un système de charnières permet au personnel de pont de réduire l'envergure du F/A-18 dans l'espace restreint du pont d'envol ou du hangar. Deux « encoches » de fuselage abritent des AIM-7 Sparrow et AIM-120 AMRAAM ou divers types de capteurs ou de nacelles informatiques. Un logement au centre du fuselage peut recevoir un petit réservoir auxiliaire. Le nez du Hornet abrite le radar APG-65 multimodes juste devant un compartiment où se loge le canon Gatling M61 de 20 mm. En règle générale, placer derrière une arme un instrument sensible aux vibrations, comme un radar, est quasiment suicidaire pour un avion. Malheureusement, l'espace interne du F/A-18 est si restreint que MDC n'avait pas d'autre choix. Néanmoins, le soin que le constructeur apporte à chaque composant du Hornet ne peut se traduire en volume moindre.

La marine a une aversion tangible de la nouveauté et préfère souvent laisser les autres armes jouer les pionniers en techniques comme en concepts. Toutefois, pour permettre au F/A-18 de remplir ses missions, la marine s'est risquée à innover là où personne n'avait sévi. Notamment pour faire du Hornet un efficace chasseur-bombardier avec un seul homme à bord. Pour y arriver, la solution passait par un habitacle repensé, d'une génération d'avance sur ceux des autres avions de combat. À l'instar des autres chasseurs de sa génération, le F/A-18 a une verrière haute et les épaules du pilote dépassent le train de roulement de cette dernière afin de bénéficier de la capacité « zéro-zéro » du siège éjectable modèle ACES.

Autre nouveauté : pour la conception de l'habitacle, MDC engagea un cerveau. Reconnu comme le meilleur « designer » de cockpit du monde, l'ingénieur Eugene Adams dirigea l'équipe de MDC qui mit au point la « vitrine » du F/A-18. Depuis des années, Adam s'était fait l'avocat du cockpit « vitrifié » uniquement composé d'écrans électroniques qui pourraient être configurés selon les volontés du pilote. Grâce aux écrans informatiques, un vaste éventail de données s'affichent à tous moments et sont tributaires de l'action du pilote à l'instant même. Un tel ensemble fut installé dans le cockpit du Hornet : des écrans carrés multifonctions (MFD) avec des boutons de commande sur l'arête permettent au pilote de sélectionner les informations dont il a besoin au moment M. En complément des MFD, un viseur tête haute et le HOTAS contrôlent le régime des réacteurs et le pilotage. Le pilote peut donc passer du mode « chasse » au mode « bombardement » par simple pression sur un commutateur. Le Hornet était si avancé dans sa conception qu'il incorporait dès sa mise en service le premier GPS embarqué. Et tous ces ensembles reposent sur l'une des plus performantes avioniques jamais installées sur un avion d'attaque.

Il en résulte un habitacle encore considéré comme l'un des mieux « pensés » au monde. Il y a mieux ; les espaces libres autorisent toutes adjonctions et améliorations de nouveaux systèmes. Bientôt, le pilote disposera d'un casque avec un système de viseur incorporé qui lui permettra de verrouiller radar et système d'armes sur un objectif d'un seul regard. La dernière version du classique missile air-air Sidewinder, le AIM-9X, sera conformée à ce dispositif.

Les pilotes m'ont confié que piloter le Hornet, c'est le « pied ». D'où l'image positive qui rayonne sur la Flotte entière. Les pilotes sont enthousiasmés par les réactions du système électronique de stabilisation automatique et par l'électronique intégrée de l'habitacle. Le F/A-18 peut même atterrir sans intervention humaine grâce au dispositif « Mode-1 » qui amène automatiquement l'avion à un parfait appontage du type « troisième brin ». Le personnel technique n'est pas le dernier à apprécier le « piège ». Ses équipements numériques sont tellement fiables que les pannes techniques sont virtuellement inconnues. Il y a le revers de la médaille. La capacité interne de carburant étant ce qu'elle est, deux réservoirs d'ailes plus un autre sous le fuselage sont souvent emportés. Ce qui laisse quatre points de fixation pour l'armement. Et comme les bouts d'ailes ne peuvent supporter de lourdes charges, ils sont réservés à des missiles air-air additionnels, ne laissant ainsi que les deux pylônes en milieu d'aile pour emporter des bombes destinées à traiter des objectifs terrestres [1].

Si le Hornet est désigné pour une mission d'appui au sol, les deux points d'attache de fuselage recevront un AIM-120 AMRAAM et une nacelle FLIR d'acquisition laser Nighthawk AAS-38. Configuration qui permet au F/A-18 de sélectionner par basse visibilité ou dans le noir absolu des objectifs avant de les traiter avec des Paveway laser ou des bombes conventionnelles. Au contraire du système LANTIRN qui dote les F-14, F-15 et

1. Au cours de la guerre du Golfe, la charge offensive consistait généralement en quatre bombes à gravitation Mk 83 ou une paire de bombes à fragmentation Rockeye Mk 20. Aujourd'hui, le Hornet emporte le plus souvent des bombes guidées laser comme les Paveway.

F-16, le Nighthawk (construit par le département Loral de Lockheed Martin) est conçu pour être opéré par un seul homme[1]. Ce qui signifie que le « cocher » d'un Hornet peut sélectionner une cible grâce à son FLIR Nighthawk, le verrouiller dessus, après quoi la nacelle déterminera d'elle-même *LE* moment du largage de l'arme. Si les premières versions du Nighthawk péchaient par l'absence d'illuminateur laser et n'offraient pas une grande fiabilité, les versions actuellement en service sont au-dessus de tout éloge. Plus que n'importe quel autre équipement, la nacelle Nighthawk a forgé l'image du F/A-18 dans le monde. Longtemps perçu comme un vulgaire bombardier, il est maintenant devenu un prédateur d'une mortelle précision.

D'autres armements peuvent l'équiper comme le missile antiradar AGM-88 HARM, le missile air-sol tactique AGM-65 Maverick, le missile antinavire AGM-84D Harpoon et le nouveau missile air-sol à longue portée AGM-84E SLAM[2]. Après son baptême du sang dans la guerre du Golfe en 1991, ce dernier est relativement nouveau dans la marine. Depuis, le SLAM est intervenu en Bosnie en 1995 et se classe parmi les meilleurs missiles du monde, car il évite au lanceur d'entrer dans le périmètre des défenses ennemies. Ce qui en fait une valeur sûre, c'est qu'il reprend le propulseur, l'enveloppe et l'ogive du AGM-84 Harpoon mais ceux-ci sont assujettis à un nouveau dispositif de guidage et de poursuite. Ce nouveau système intègre une unité GPS, le même capteur infrarouge que celui du AGM-65 Maverick et le même calculateur que celui de la bombe guidée Walleye qui autorise le lancement bien que l'objectif ne soit pas dans le champ de vision du pilote.

Il en résulte une arme qui est responsable du plus beau coup au but de la guerre du Golfe. Pour son premier engagement contre

---

1. Le LANTIRN monté sur le chasseur-bombardier monoplace F-16C est conçu pour des attaques ponctuelles sur des cibles présélectionnées. Pour des missions de chasse libre, l'éclairage et l'acquisition d'objectifs passent par la présence d'un biplace F-14 Tomcat ou F-15E Strike Eagle.

2. Le A/U/RGM-84 Harpoon est en service depuis la fin des années 70. À l'origine, il était destiné à combattre des patrouilleurs et autres unités de surface jusqu'à cent kilomètres de distance. Des milliers d'exemplaires ont été achetés par des douzaines de nations pour être montés sur des aéronefs, des navires de surface et des sous-marins. Il reste à ce jour le missile antinavire le plus commun dans le monde.

Tir d'un missile air-surface AGM-84E SLAM par un F/A-18C Hornet. Le SLAM fut utilisé lors des opérations Tempête du désert et Deliberate Force où il démontra une surprenante précision et sa létalité. *Boeing Military Systems*

une usine d'armements irakienne implantée près de Bagdad et puissamment défendue, deux SLAM furent tirés à quelques minutes d'intervalle. Dès son départ, le premier vola droit sur son objectif grâce à l'unité GPS et se verrouilla sans difficulté. Il percuta le mur de l'usine en causant un trou important. Quelques minutes plus tard, le second SLAM pénétra dans la brèche causée par le premier et détruisit tout l'équipement interne. Le SLAM enregistra d'autres succès en Bosnie dans le cadre de l'opération Deliberate Force. Ses performances en font l'un des missiles les plus craints de l'arsenal américain.

Dans les premières années de son service en mer, le Hornet accusa les points faibles décelés lors des essais. Son rayon d'action limité pouvait être amélioré simplement en jouant avec l'altitude et la vitesse (ou profil de vol). Ainsi, le vol à haute altitude – où le réacteur F404 déploie son efficacité maximale – augmentait son rayon d'action. Pourtant, ce dernier ainsi que l'accélération ne rencontreront jamais les spécifications originales. L'épreuve du feu constituait le test ultime. Elle se produisit en 1986 quand plusieurs flottilles de Hornet participèrent aux opérations contre la Libye. Lors des engagements, les Hornet n'eurent aucune difficulté à se maintenir dans la queue des MiG et des Mirage de l'aviation libyenne, avions réputés pour leur maniabilité. Ils contribuèrent également à détruire les défenses antiaériennes avec leurs missiles HARM, rôle pour lequel ils remplacèrent les A-7E. Le Hornet procura une autre bonne surprise à la marine, son incroyable fiabilité en regard de certains autres avions embarqués comme le F-14 et le A-6. Ce qui signifiait un coût d'exploitation plus réduit ; de plus, sa disponibilité le prédisposait à voler plus souvent que ses équivalents – si souvent que les premiers F/A-18A accusèrent une usure prématurée et durent être remplacés plus tôt que prévu. Ce qui amena le F/A-18C/D, version améliorée qui apparut dans la Flotte en 1986.

L'excédent de poids du C/D sur le A/B ne correspondait malheureusement pas à un gain de carburant. L'amélioration concernait le radar, l'avionique, les réacteurs et certains systèmes ainsi que la capacité d'emport du missile air-air AIM-120 et la version à guidage infrarouge du missile air-sol AGM-65 Maverick. Le nouveau Hornet disposait aussi d'une nouvelle génération de dispositifs de contrôles techniques qui permettait aux techniciens de maintenance de diagnostiquer immédiatement tout problème technique et même de prévoir le moment où tel composant précis, voire même les « boîtes noires », tomberait en panne. Et pour le prochain F/A-18E/F Super Hornet, un nouveau radar, le APG-73, et des lunettes de vision nocturne étaient déjà prévus.

Le F/A-18C/D constituait le Hornet que la marine et les Marines désiraient depuis longtemps. Le Marine Corps acheta assez d'exemplaires modifiés comme avions d'attaque nocturne de la version D pour équiper six flottilles et remplacer ses A-6. Sur le marché de l'exportation, le Hornet ne cessait de s'affirmer. Le premier client étranger fut le Canada qui acheta 138 CF-18 pour assumer sa défense aérienne intégrée dans le système global de défense aérienne de l'Amérique du Nord. L'Australie en commanda soixante-quinze, le Koweit quarante, l'Espagne soixante-douze, la Suisse trente-quatre, la Finlande soixante-quatre, la Thaïlande huit, la Malaisie huit. Au moment de la rédaction de ce livre, près de 1 500 Hornet ont été construits.

Au moment de l'invasion du Koweit par les Irakiens en 1990, le Hornet était en service depuis dix ans et fin prêt pour son grand défi qu'est le combat. Dès le début de la réaction américaine, les unités de F/A-18 étaient en première ligne. Un peu plus tard, cinq groupes aéronavals plus un Marine Air Wing complet des Marines firent leur arrivée sur le théâtre. Les Canadiens affirmèrent aussi leur contribution par la présence d'un groupe de CF-18. Dans le cadre de Tempête du désert, le F/A-18 se révéla un vrai tueur. Le 17 janvier, deux Hornet du VF-81 du USS *Saratoga* abattirent deux F-7 irakiens (version chinoise du MiG-21) par missiles air-air tirés de front. Les deux F/A-18 étaient en configuration de bombardement mais passèrent rapidement en mode « chasse », le temps de descendre les appareils hostiles, puis accomplirent leur mission d'attaque au sol. Le reste de la guerre les vit surtout bombarder des objectifs au Koweit et en Irak avec des bombes conventionnelles à gravité. Dans cette phase, le succès des Hornet fut plus nuancé.

Les conditions météorologiques étaient les pires que l'on avait vues depuis longtemps dans cette région. Parce que beaucoup d'interventions exigeaient une identification visuelle des objectifs, beaucoup de missions durent être annulées en raison de la couche nuageuse. L'obligation de lâcher les bombes à moyenne altitude (plus de 3 000 m) compromettait la précision des interventions. Si les Hornet avaient été dotés de bombes guidées laser et autres armes de précision, ce problème ne se serait pas posé. Malheureusement, la nacelle Nighthawk (illuminateur laser et suivi d'objectif) n'était pas encore en service.

Le problème du carburant s'est aussi posé. La plupart des Hornet étant embarqués sur des porte-avions croisant en mer Rouge, ils devaient se ravitailler en vol à plusieurs reprises pour atteindre leurs objectifs au Koweit et en Irak. Une charge pour le nombre limité de ravitailleurs en vol dont se serait bien passé le commandement suprême aérien. Avec pour conséquence que les F/A-18 furent déchargés de missions au profit d'avions de l'USAF comme le F-16 qui étaient basés plus près des objectifs en cause. La marine affecta plus tard quatre groupes de porte-avions dans le golfe Persique pour rapprocher suffisamment les Hornet de leurs objectifs et en tirer de bons résultats.

Des améliorations avaient été apportées lors de l'engagement du Hornet en Bosnie en 1995. La version C/D recevait le nouveau missile air-air AIM-120 AMRAAM, le missile SLAM anti-surface

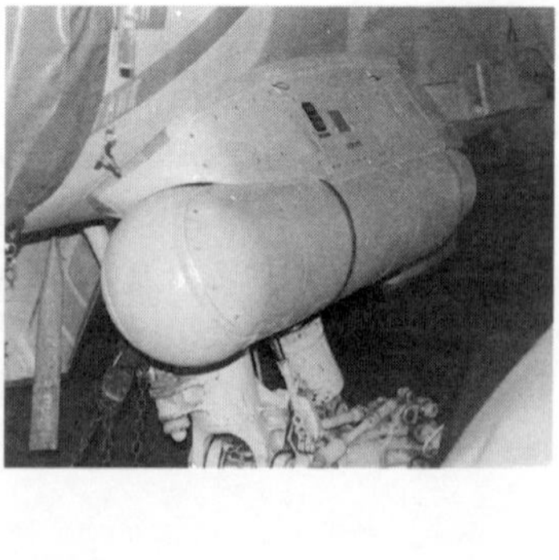

Nacelle d'acquisition laser AAQ-38 Nighthawk montée sur le point d'attache droit de fuselage d'un F/A-18C Hornet. Grâce à cette nacelle, l'équipage du Hornet peut tirer des bombes à guidage laser et autres munitions de précision. *John D. Gresham*

et la bombe Paveway à guidage laser via la nacelle Nighthawk. Leur porte-avions, le USS CVN-71 *Theodore Roosevelt* opérait plus près des côtes que ne le faisaient ses homologues dans la guerre contre l'Irak, et les avions embarqués bénéficiaient d'un soutien permanent des ravitailleurs de l'OTAN et de l'USAF. Avec la logistique sans faille et un armement top niveau, les Hornet (y compris la version attaque nocturne F/A-18D d'une flottille de Marines) furent le cœur de l'opération Deliberate Force en 1995 et répondirent sans failles à ce que l'on attendait d'eux. Les Hornet de la marine et du Marine Corps ont la quasi-exclusivité du tonnage de bombes intelligentes larguées sur les objectifs bosno-serbes.
À ce jour, le Hornet est l'épine dorsale de l'aviation embarquée américaine et cette situation perdurera au moins dix ans. Chaque CVW est composée de trois flottilles de F/A-18 de douze avions chacune, ce qui signifie que la moitié des avions sur le pont d'un porte-avions sont des Hornet. Ils gagneront bientôt en efficacité avec la nouvelle version du AIM-9 Sidewinder et des dernières bombes intelligentes. Néanmoins, il ne fait aucun doute que le F/A-18 avec son rayon d'action limité, sa capacité d'emport restreinte, ses compromis structurels offrira toujours le flanc aux critiques. Il n'empêche que ses pilotes l'aiment pour ses qualités de vol, son indulgence pour les « cochers » novices et l'éventail de missions qu'il accomplit avec distinction.

Le EA-6B Prowler : la bête électronique

Ressemblant à un tétard métallique, le EA-6B Prowler sera probablement le dernier rejeton d'une longue lignée d'avions embarqués construits par Grumman bien avant la Seconde Guerre mondiale. Sa vocation de guerre électronique explique sa trentaine d'antennes (voire davantage) logées dans le fuselage et dans le radôme en fibre de verre en surplomb de la dérive. Ces dispositifs permettent au Prowler de jeter un voile électronique protecteur sur les aéronefs et les navires du groupe de combat aéronaval. Ils détectent, identifient et localisent les radars ennemis, les communications électroniques et liaisons informatiques avant de les

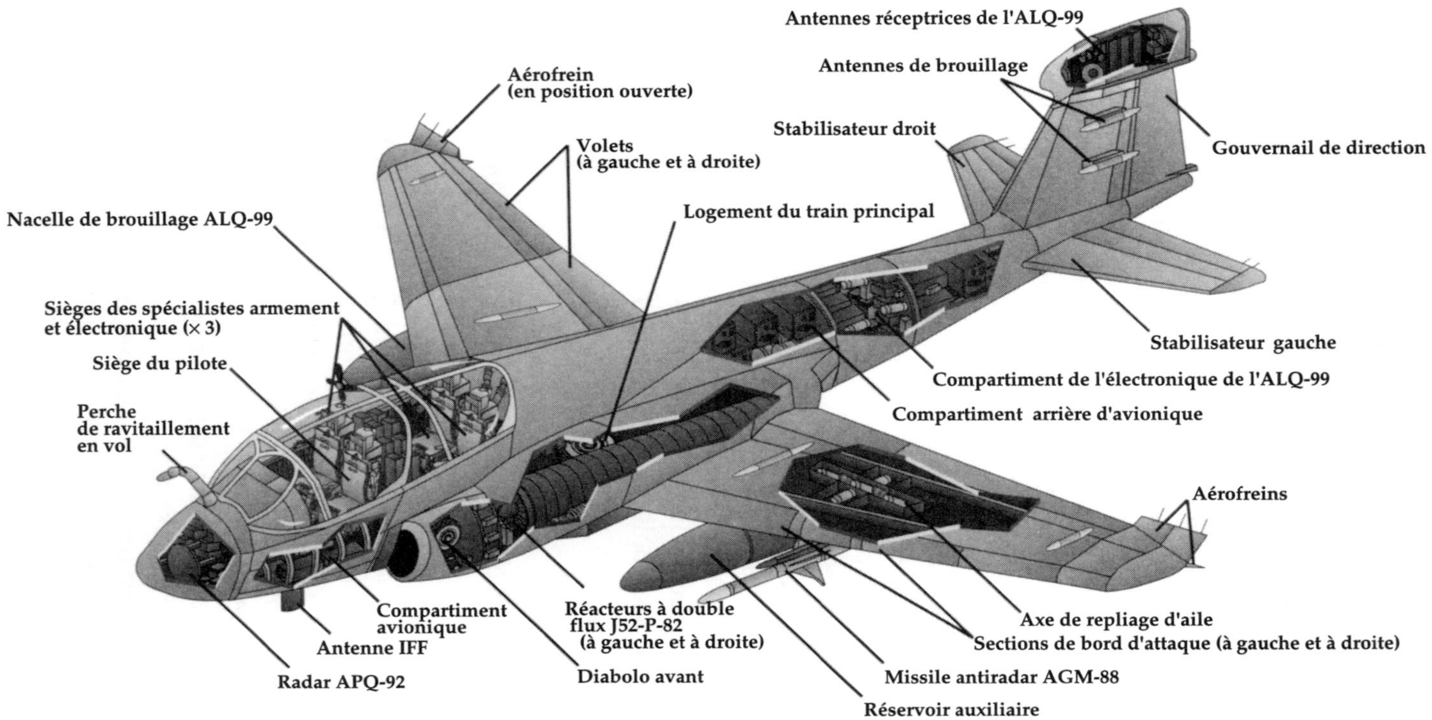

Écorché d'un avion de guerre électronique Northrop Grumman EA-6B Prowler. *Jack Ryan Enterprises, Ltd, par Laura DeNinno*

brouiller. Pour la bonne bouche, depuis 1986, les Prowler sont capables de « cartonner » grâce au missile antiradar supersonique AGM-88 HARM qui se verrouille sur l'émetteur radar avant de le pulvériser avec son ogive à fragmentation [1].

Actuellement, le Prowler est le meilleur avion tactique de guerre électronique. Au point de conduire l'USAF, qui retire du service ses EF-111, à employer conjointement les EA-6B de la marine et des Marines. Résultat d'autant plus impressionnant que le Prowler – déjà trentenaire – est très utilisé depuis la moitié des soixante ans d'existence du radar. Et moyennant des modernisations ponctuelles, le Prowler a encore devant lui dix à quinze ans d'activités.

La guerre électronique (interception et brouillage des émissions ennemies) fit ses débuts en même temps que la première utilisation de la radio militaire lors de la guerre russo-japonaise de 1905 et atteignit un haut degré de perfectionnement durant la Seconde Guerre mondiale quand les scientifiques et les techniciens de l'Axe mais aussi des Alliés cherchaient la maîtrise du spectre électromagnétique. Les avions de guerre électronique américains sont en service depuis le dernier conflit. Le premier du genre fut le TBF/TBM Avenger. Deux types embarqués étaient en service au début de la guerre du Viêtnam bien que déjà vieillissants. Le EA-1E était une version modifiée du classique Douglas AD-1 Skyraider tandis que le EKA-3B, « la baleine électrique » (qui servait aussi comme ravitailleur en vol), dérivait du bombardier A-3 Skywarrior. Quand les pertes d'avions américains commencèrent à augmenter en fonction des canons à contrôle de tir radar, des missiles sol-air et des MiG, le besoin d'une troisième génération d'avions de guerre électronique (EW) devint crucial. L'étude du EA-6B Prowler était née.

La cellule originale du Prowler était extrapolée du A-6 Intruder qui était l'authentique premier avion d'attaque tous-temps de l'US Navy. L'Intruder servit intensivement au Viêtnam, pendant les interventions de la guerre froide et au cours de Tempête du Désert ; Stephen Coonts en fit la vedette de son best-seller de 1986 *Le Vol*

1. Fabriqué par Raytheon (anciennement Texas Instruments), le AGM-88 mesure 4,2 m de long sur 25,4 cm de diamètre et pèse 363 kg. Sa portée est fonction de la vitesse et de l'altitude de l'avion porteur mais un rayon de 92 km est typique pour un Prowler.

*de l'Intruder**. L'ancêtre immédiat du Prowler, le EA-6A, était un biplace modifié, conçu à la demande du Marine Corps : celui-ci voulait un avion qui escorterait les chasseurs-bombardiers pour brouiller le système intégré de défenses antiaériennes des Nord-Vietnamiens. L'expérience, chèrement payée, enseigna qu'il fallait former de plus en plus de spécialistes en guerre électronique et installer des brouilleurs à bord des avions. Il en résulta le EA-6B Prowler, biréacteur tous-temps construit par Northrop Grumman Aerospace Corporation à partir de la cellule du A-6 Intruder. Il fit son premier vol le 25 mai 1968 et entra en service en juillet 1971. Quelques mois plus tard, le Prowler entama sa carrière opérationnelle au Viêtnam avec la flottille VAQ-132 embarquée à bord des porte-avions postés dans le golfe du Tonkin.

Pour un avion tactique, le Prowler est imposant. Sa longueur est de 17,7 m pour une envergure de 15,9 m (ailes non repliées) et une hauteur de 4,9 m. Son poids est assez lourd, avec une charge au décollage de 27 450 kg, pour la plupart du carburant. Sa vitesse de croisière est de 920 km/h, son rayon d'action sans ravitaillement de 1 840 km, et son plafond de 11 460 m.

Difficile de considérer le EA-6B comme un avion tactique à hautes performances. Assez stable en vol et d'un pilotage relativement aisé, le Prowler est sous-motorisé. Ses deux réacteurs, dépourvus de post-combustion Pratt & Whitney J52-P408, manquent de la poussée dont disposent les F-14 et F-18 (5 080 kg de poussée pour chaque réacteur) et forcent le pilote à relever un certain nombre de défis à chaque mission (spécialement lors des décollages et des atterrissages). En raison de la complexité de ses équipements, le EA-6B requiert une maintenance lourde – environ une mission sur trois impose le retour de l'avion pour défectuosité électronique et impose un surcroît de maintenance imprévue. Au crédit de l'appareil, l'agencement de l'habitacle – où l'équipage siège côte à côte et non en tandem – est au maximum de l'efficacité, de la visibilité et du confort pour les quatre hommes d'équipage. Facteurs importants pour des missions qui peuvent durer jusqu'à six heures avec un ravitaillement en vol. Les verrières sont revêtues d'une couche microscopique transparente de feuilles d'or (très onéreuse) qui

---

* Traduction française chez Albin Michel (*N.d.T.*).

dévie les micro-ondes et empêche l'équipage d'être cuit par les radiations de ses propres appareils de brouillage.

Son équipage se compose d'un pilote et de trois spécialistes de contre-mesures électroniques (ECMO). L'officier au grade supérieur à bord – soit le pilote ou l'un des ECMO – est généralement le responsable de la mission. De fait, le commandant d'une flottille de Prowler est plus souvent un ECMO qu'un pilote. ECMO-1, à la droite du pilote, est responsable de la navigation et des communications ; dans le cockpit arrière, ECMO-2 et -3 gèrent les systèmes offensifs et défensifs. Au sein d'une formation, les équipages sont souvent plus nombreux que les avions en raison des contraintes de vols, des formalités administratives et de la planification des missions. Dans un environnement modérément hostile, un équipage de trois personnes est suffisant ; le ECMO restant à bord prépare la prochaine mission, met à jour la paperasserie ou assume les innombrables fonctions auxquelles sont confrontés tous les marins aviateurs en déploiement opérationnel.

Les capacités de guerre électronique du Prowler dépendent largement du dispositif de contre-mesures électroniques ALQ-99. Il ne s'agit pas d'une pièce d'équipement mais bien d'un ensemble complexe de calculateurs, de brouilleurs, de boîtiers de commande et d'écrans, d'émetteurs et de récepteurs à la composition variable. Quelques-uns de ces composants sont incorporés dans la cellule, d'autres sont logés dans des nacelles. Extérieurement, ils sont tous identiques mais chacun est optimisé pour balayer des bandes de fréquences spécifiques. Jusqu'à cinq nacelles peuvent être emportées, deux sous chaque aile et une sous le fuselage. La configuration d'une mission type emploie deux à trois nacelles, ce qui laisse les autres points d'attache libres pour des réservoirs auxiliaires ou des missiles AGM-88 HARM. Chaque nacelle génère sa propre énergie électrique par un RAT, générateur compact entraîné par une petite hélice. L'avion doit voler à une vitesse supérieure à 225 nœuds pour produire la puissance nécessaire au brouillage. L'utilisation des RAT génère une légère traînée qui coûte au Prowler 1 % de son autonomie par nacelle. Ce sont pourtant ces nacelles et les missiles qui justifient l'existence du Prowler. Sans l'intervention électronique émanant des nacelles du EA-6B, le taux de pertes devant les systèmes de défense antiaériens ennemis serait insupportable.

Le EA-6B offre un éventail de « services » au profit des avions d'attaque pénétrant la zone de l'objectif. Si des sites de missiles sol-air sont activés, les ECMO utiliseront le ALQ-99 pour verrouiller les HARM dessus ; tirés d'un Prowler, ceux-ci sont d'une précision implacable. Dès le tir des HARM, le EA-6B orbite au large de la zone à traiter en utilisant le brouilleur ALQ-99 pour « enfiler » les radars et autres capteurs pouvant nuire aux avions d'attaque. La surveillance électronique fait partie de la gamme des missions du Prowler car le ALQ-99 est avide d'informations électroniques. Ce qui fait du Prowler une cible prioritaire et la raison pour laquelle un ou deux chasseurs l'escortent pour le cas où l'ennemi deviendrait insistant. Aucun Prowler n'a jamais été perdu en combat alors qu'une quarantaine ont été détruits par accident. Le pire d'entre eux remonte en 1979 quand l'un d'eux s'écrasa lors de son appontage sur le *Nimitz*. Outre son équipage, l'incendie qui suivit le crash coûta la vie à de nombreux marins sur le pont d'envol.

La guerre électronique est une facette particulière dans un conflit. Chaque système trouve sa parade et, au combat, son efficacité n'excède pas quelques mois. La technologie en matière de guerre électronique accouche d'une nouvelle « génération » toutes les quatre à cinq années et celui qui en reste à sa génération n'est plus dans le coup. On comprend mieux les multiples améliorations qui jalonnent la carrière du Prowler. Sa production s'est achevée il y a plusieurs années mais cent vingt-cinq exemplaires sont toujours en service. C'est peu pour armer douze formations de la marine, quatre du Marine Corps et quatre « mixtes » – au profit de l'USAF. Chaque formation déploie quatre appareils. Les formations de la marine et les « mixtes » sont basées à NAS Whidbey Island, État de Washington, alors que celles des Marines sont à Cherry Point en Caroline du Nord. Les formations mixtes sont une émanation de la période post-guerre froide et subissent les restrictions budgétaires qui frappent toutes les armes et les privent de mettre en ligne leurs avions « particuliers » dans le cadre d'une mission commune. Bien que la marine et l'USAF aient développé des concepts très différents, l'Air Force a accepté de retirer son seul avion tactique de guerre électronique, le EF-111 Raven. Dorénavant, les deux armes partagent cinq formations de Prowler de projection extérieure montées par des équipages mixtes. Malgré la crainte initiale de voir une formation aéronavale commandée par un officier de l'Air Force (et vice versa), le programme va bon train et se révèle *la* solution.

À l'instar de leurs compères des Tomcat, les équipages des EA-6B ont appris de nouvelles ruses ces dernières années, comme le tir des AGM-88 HARM sur les radars ennemis. Les Prowler ont aussi agi comme PC volant et avions leaders des autres appareils chargés des frappes. Un autre programme d'actualisation est en cours. Tout en conservant la même cellule, l'avion recevra des calculateurs améliorés, des processeurs, des brouilleurs, des récepteurs GPS, de nouvelles radios et systèmes de transmissions de données ainsi que de nouveaux systèmes avioniques. Les Prowler ainsi équipés entreront en service dans quelques années. Le futur avion de guerre électronique embarqué sera peut-être une version biplace du récent F/A-18E/F Super Hornet. Il sera susceptible de recevoir une version complètement automatisée du ALQ-99 ainsi que le HARM nouvelle génération et d'autres ensembles. Toutefois, aucun créneau budgétaire n'étant affecté à cet appareil, les vieux Prowler joueront encore leur rôle pendant au moins une dizaine, si ce n'est une vingtaine d'années !

Le E-2C Hawkeye : les yeux de la Flotte

Prenez un capteur d'une résolution assez puissante et vous verrez l'ennemi avant qu'il puisse vous nuire. Principal précepte valable pour la plupart des systèmes de surveillance avancée, qu'il s'agisse des satellites de reconnaissance ou des engins sans pilote. Pour les responsables navals, rien n'est plus vital que l'espace couvert par un AWACS. Son ancêtre remonte à la dernière guerre. Des TBF/TBM Avenger furent modifiés pour recevoir un radar et son opérateur afin de repérer les kamikazes assez loin pour permettre leur interception par la chasse embarquée. Les autres types développés après le conflit étaient conçus pour contrer la menace des avions à réaction des missiles air-surface. Le premier fut le Grumman E-1 Tracer, extrapolation de l'avion de lutte anti sous-marine S-2F Tracker. Pendant plus de dix ans, le E-1 fut l'avion de surveillance embarquée de l'US Navy mais les contraintes opérationnelles de la guerre du Viêtnam dévoilèrent les imperfections du Tracer dont la faible couverture terrestre de son radar, son autonomie limitée

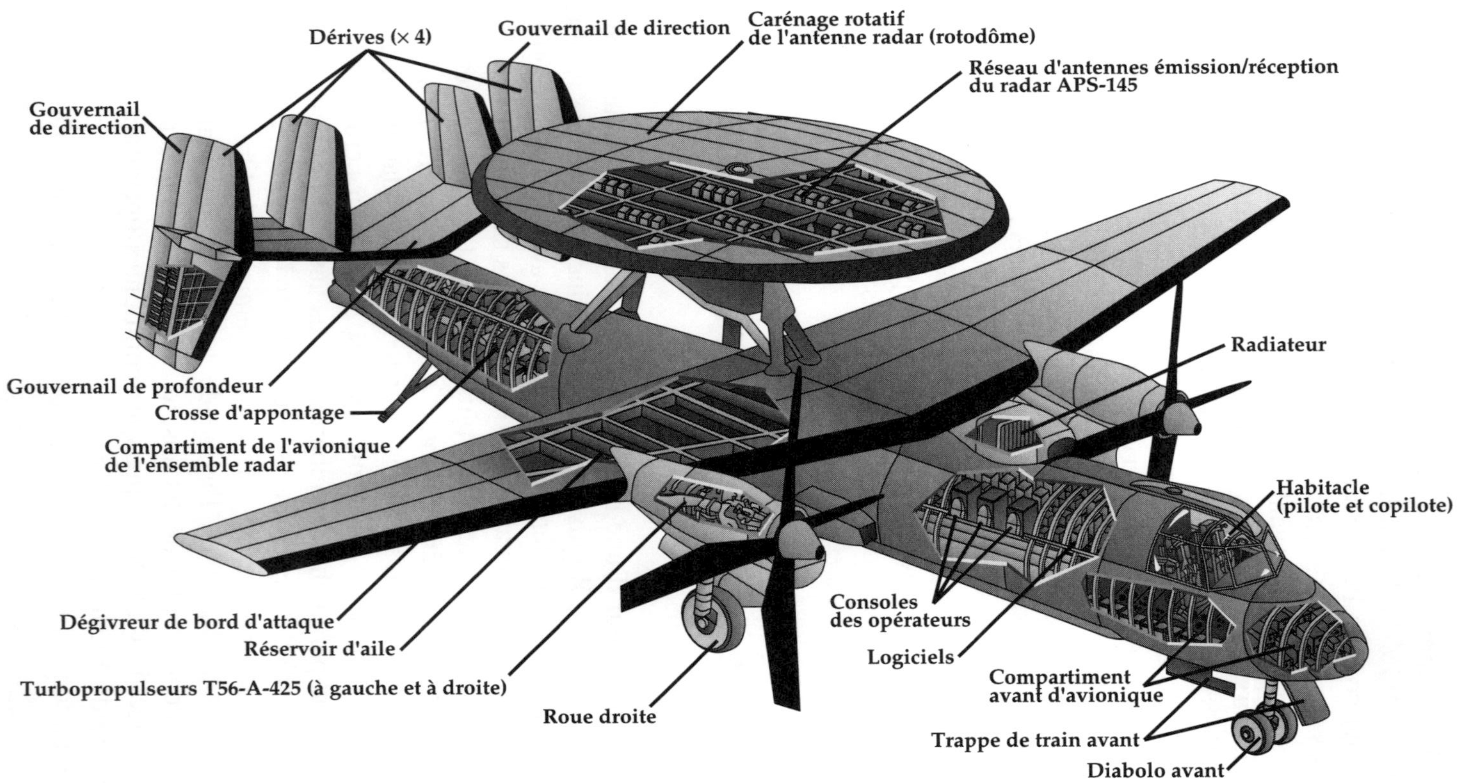

Écorché d'un avion d'alerte avancée Northrop Grumman E-2C Hawkeye. *Jack Ryan Enterprises, Ltd, par Laura DeNinno*

Un C-2A Greyhound du VRC-40 sur le pont du *George Washington* (CVN-73). Les avions de ce type transportent du personnel et du fret pour un groupe de combat aéronaval. *John D. Gresham*

comme son plafond de service. S'ils servirent à bord des porte-avions modifiés de la classe *Essex* (SCB-27/CV-9) jusqu'en 1976, leur remplacement par un avion plus avancé devenait évident. Ce sera le E-2 Hawkeye.

L'un des derniers avions à hélices des CVW, le E-2C Hawkeye est l'actuel AWACS tous-temps embarqué de l'US Navy. Grâce à ses capteurs informatisés, il analyse la menace potentielle tant aérienne que de surface et la gère en conséquence. Il assume ses services au profit du groupe de combat, quelles que soient les conditions météorologiques, et sert de PC volant et de relais pour les communications de l'escadre. Ses fonctions additionnelles comprennent la surveillance de la surface, la conduite des avions d'attaque et des intercepteurs ainsi que des aéronefs de recherche et de sauvetage, le repérage et la poursuite d'objectifs trans-horizon. Ses spécifications originelles remontent à 1955, et l'avion a bénéficié de l'amélioration de six générations de technologies électroniques. Le Hawkeye est toujours construit à ce jour, et il est adopté par la Marine française ainsi que par au moins cinq autres pays qui ne disposent pas de porte-avions. C'est le tribut à la robustesse de sa cellule, de son électronique et de son avionique sans oublier ses turbopropulseurs. Un Hawkeye coûte 51 millions de dollars – un cadeau pour la protection qu'il offre. Avant de sursauter devant cette somme, sachez que le nouveau F/A-18E/F Super Hornet coûtera infiniment plus et je ne connais pas de pacha de groupe qui ne voudrait pas recevoir davantage de ces précieux E-2.

Il est une chose que l'argent ne peut acheter, c'est la beauté. Les parties du Hawkeye semblent s'en aller de tous les côtés. Les ailes se replient le long du fuselage et le grand rotodôme du radar ressemble à une soucoupe volante qui se serait posée en catastrophe. S'il n'a rien de superbe dans son esthétique, le E-2C n'en a pas moins une certaine élégance fonctionnelle, similaire à celle de son cousin plus imposant de l'USAF, le Boeing E-3 Sentry. Et ce que l'on obtient d'un appareil cinq fois plus petit, et qui opère d'un porte-avions, traduit sa sophistication et sa valeur. Au début de la conception du E-2, les ingénieurs de chez Grumman imaginèrent un parfait cylindre qu'ils remplirent de toute l'électronique possible et de réservoirs avec un emplacement pour les deux pilotes et les trois opérateurs radar. La touche finale fut le montage supérieur du rotodôme et une paire d'ailes de grande envergure dotées de deux turbopropulseurs Allison T-56-A427 de 5 000 cv chacun.

Le Hawkeye mesure 17,5 m de long avec une envergure de 28 m et une hauteur au faîte du rotodôme de 5,6 m. S'il est le plus grand avion opérant d'un porte-avions, il n'est pas le plus lourd. Avec ses 23 850 kg au décollage (ou 18 090 kg à « sec »), le E-2C est plus léger que le F-14 Tomcat. Son envergure dépasse celle de n'importe quel autre appareil embarqué du monde et ses ailes se replient selon la marque de fabrique de Grumman, c'est-à-dire le long du fuselage et non verticalement. La queue se compose d'un stabilisateur horizontal supportant quatre stabilisateurs verticaux. Malgré les 10 000 cv de ses deux turbopropulseurs, le Hawkeye est capable de vitesses supérieures à 552 km/h et peut opérer au-dessus de 9 000 m. Dépourvu de défenses, le Hawkeye bénéficie d'une protection d'au moins deux chasseurs. Ces AWACS navals sont trop précieux pour être livrés à eux-mêmes et constituent *toujours* un objectif prioritaire pour la chasse adverse.

Les cinq hommes d'équipage n'ont pas le temps de s'ennuyer en accomplissant un travail qui requiert plusieurs douzaines de spécialistes sur un E-3 Sentry. Pilote et copilote sillonnent, en suivant un schéma de vol dûment minuté, une zone sélectionnée pour optimiser les performances électroniques du E-2C. À l'arrière, les trois opérateurs radar gèrent les échos captés par le radar APS-145. Ce système Westhinghouse est optimisé pour des opérations maritimes et peut détecter des contacts aériens ou de surface jusqu'à 552 km. Pour ne pas trop encombrer les mémoires, un grand nombre de données brutes sont transmises au groupe de combat par une liaison numérique. Avec leurs consoles, les trois opérateurs maîtrisent un grand nombre de tâches dont les interceptions, les missions d'attaque et de ravitaillement en vol, le contrôle du trafic aérien, les missions de secours et même la surveillance de surface et transhorizon.

Mis à part les 141 E-2C construits pour l'US Navy, le Hawkeye a rencontré le succès à l'exportation. Six pays l'ont acheté : Israël (quatre), l'Égypte (six), la France (deux pour le récent *Charles de Gaulle*), le Japon (treize), Singapour (quatre) et Taiwan (quatre). Le nombre de Hawkeye en service dans le monde dépasse celui de n'importe quel autre AWACS.

Il existe aussi une version transport du Hawkeye, le C-2A Greyhound. Il reprend la cellule du E-2 mais avec un fuselage plus vaste, sans le rotodôme, et transporte passagers ou fret sur des centaines de kilomètres pour livrer « à domicile ». Il remplace le C-1 Trader, lui-même extrapolé du E-1 Tracker. Doté d'une rampe de chargement arrière, il emporte jusqu'à vingt-huit passagers, vingt brancards ou tout fret de la taille d'un réacteur F-110 de F-14.

Le Hawkeye a déjà de la bouteille au service de l'US Navy. La version A fit son premier vol en octobre 1960 comme AWACS pour la nouvelle génération de super-porte-avions qui entrait en service. En janvier 1964, les premiers des cinquante-neuf E-2A furent remis aux flottilles et rapidement envoyés dans le Sud-Est asiatique. Ultérieurement, ils furent configurés au standard E-2B qui resta en service jusqu'à l'arrivée du E-2C dans les années 70. Les premiers E-2C entrèrent en service avec le VAW-123 à Norfolk en novembre 1973. La version C était développée pour servir d'AWACS au profit du F-14 Tomcat. D'apparence identique aux versions précédentes, le E-2C bénéficiait d'une nouvelle technologie numérique qui augmentait considérablement les perfor-

Un E-2C Hawkeye d'alerte avancée sur le pont du USS *George Washington* (CVN-73). Ce type d'avion est généralement parqué en bas de l'îlot. *John D. Gresham*

Avion de lutte anti-sous-marine S-3B Viking du VS-32 sur le pont du *George Washington* (CVN-73) avec les ailes repliées. Le S-3B assume également d'autres rôles majeurs dans les opérations aéronavales comme le ravitaillement en vol. *John D. Gresham*

mances de l'appareil. Les opérateurs pouvaient détecter et suivre les douzaines de bombardiers stratégiques soviétiques et les centaines de missiles toutes catégories susceptibles d'être tirés sur les groupes de combat aéronavals si la guerre froide tournait en conflit ouvert.

Les E-2C ne connurent jamais les engagements aériens de grande ampleur pour lesquels ils avaient été conçus. Au cours du déclin de la guerre froide, les équipages de Hawkeye continuèrent leurs ronds dans l'air au profit des escadres, maintenant une vigilance contre une menace qui ne vînt jamais. Ce qui ne signifie pas que les Hawkeye embarqués n'ont pas eu un avant-goût de la poudre. Des E-2C ont guidé les intercepteurs F-14 Tomcat lors des affrontements de 1981 et 1989 contre l'aviation libyenne, et lors des frappes conjointes USN/USAF contre des bases terroristes en Libye en 1986. Les E-2C israéliens gérèrent les raids des chasseurs-bombardiers sur le Liban en 1982, et surtout lors de l'invasion qui s'ensuivit l'année suivante. Plus récemment, des E-2C firent fonction de PC volants lors de la guerre du Golfe en guidant les raids de chasseurs-bombardiers comme les missions de chasse au-dessus de l'Irak, dont l'apothéose se concrétisa par la destruction de deux F-7/MiG-21 irakiens par deux F/A-18 embarqués. De plus, les E-2C sont extrêmement actifs dans la lutte anti-drogue au large des côtes américaines.

La flotte actuelle de Hawkeye est en cours de modernisation au titre du programme II. En plus des trente-six nouveaux avions, tous les autres vont recevoir le radar optimisé APS-145, de nouveaux calculateurs, une avionique et une informatique perfectionnées, un système GPS pour améliorer les plans de vols comme le suivi des objectifs. En clair, cela signifie qu'un seul Hawkeye est à même de suivre vingt mille objectifs sur une surface de 6 millions de milles cube et 150 000 milles de portion terrestre. Les prévisions actuelles prévoient que les Hawkeye/Greyhound resteront en service au moins jusqu'en 2020, date de la mise en service de l'avion de soutien mixte construit en configuration AWACS. À cette époque, les E-2 auront accumulé soixante ans d'activités !

Le Lockheed Martin S-3B Viking : l'indispensable « aspirateur »

De toutes les missions qu'un avion est amené à assumer, la lutte anti-sous-marine (ASM) est sûrement la plus complexe, la plus frustrante, tout en offrant un défi technique. Localiser, traquer, identifier et détruire un objectif aussi insaisissable qu'un sous-marin nucléaire en haute mer semble virtuellement impossible. En fait, une mission anti-sous-marine pour être réussie ne se conclut pas forcément par la destruction d'un sous-marin. Elle est réussie aussi longtemps que les sous-marins ennemis sont contraints de se réfugier dans les profondeurs, de marcher à allure réduite et de rester au large d'une escadre ou d'un convoi. C'est un fait établi que l'arme anti-sous-marine la plus efficace de la Seconde Guerre mondiale fut les patrouilles aériennes.

Aujourd'hui, l'US Navy emploie deux avions conventionnels pour la lutte ASM. Le premier est le vénérable quadrimoteur P-3C Orion qui opère à partir de bases terrestres. L'autre est son petit frère de l'écurie Lockheed Martin, le S-3B Viking qui peut agir d'un porte-avions. Les avions de lutte ASM sont depuis longtemps une spécialité de chez Lockheed. Lors de la dernière guerre, les Hudson et Ventura basés à terre jouèrent un rôle clé contre les U-boote allemands. Plus récemment, les P-2V Neptune et les P-3 Orion ont surveillé toutes les mers du globe, traquant les sous-marins comme les canots rapides des narco-trafiquants. Le contrôle des mers est une mission peu valorisante, qui peut durer vingt-quatre heures et consiste à survoler des eaux hostiles, apparemment vides. L'ennui qui les accompagne ne réduit en rien leur importance. Une nation maritime incapable de gérer et contrôler les axes de communication sera à la merci d'autres nations.

Les aviateurs de l'aéronavale connaissaient bien l'importance des avions ASM, et la construction de ces derniers ne faiblit pas à la fin du dernier conflit. Le premier avion ASM embarqué fut le Grumman bimoteur S-2 Tracker qui entra en service en 1954 et le resta pendant plus de vingt-cinq ans. Six cents exemplaires furent construits[1]. En 1967, la menace grandissante, tant en quantité qu'en qualité, de la flotte sous-marine soviétique amena la marine à lancer un appel d'offres pour une nouvelle génération d'avions ASM embarqués. Le programme VSX consistait à remplacer le Tracker et à offrir une cellule de base pour d'autres tâches. En 1969, Lockheed et Vought furent déclarés vainqueurs de l'appel d'offres pour le projet S-3. Le prototype S-3A fit son premier vol le 21 janvier 1971 et les premiers exemplaires entrèrent en service en 1974 avec le VS-41 à NAS North Island en Californie. Quand la production du S-3A cessa en 1978, 179 avions avaient été construits.

Le S-3A Viking présente une silhouette ramassée avec deux turboréacteurs TF-34-GE-2 proéminents. Il s'agit du même propulseur que celui utilisé pour le A-10 Warthog de l'USAF (mais sans la post-combustion) et son bruit atténué lui vaut le sobriquet d' « aspirateur ». Les quatre hommes d'équipage disposent d'un siège éjectable individuel ; le pilote et le copilote sont devant ; le coordinateur tactique (TACCO) et l'opérateur radar (SENSO) occupent le poste arrière. Une perche rétractable de ravitaillement en vol est implantée sur le dessus du fuselage et tous les S-3B peuvent emporter un réservoir supplémentaire qui permet à n'importe quel autre appareil naval de se ravitailler auprès du Viking. Une mission anti-sous-marine dure longtemps et est une affaire de patience et d'équipements spécialisés. Le Viking est relativement lent, d'une large autonomie qui lui permet de rôder sur zone. Autrement dit, le S-3 ressemble davantage à un « bahut »

1. En 1953, quelques porte-avions anciens furent configurés pour la lutte ASM. Leur potentiel aérien se composait principalement d'hélicoptères ASM et de S-2F Tracker.

bardé de capteurs, de calculateurs, d'armes et de tous les moyens nécessaires pour dénicher et chasser un sous-marin. Ne le comparez pas pour autant à un pigeon d'argile en face d'une mitrailleuse ou de missiles air-air. Le S-3 témoigne d'une exceptionnelle maniabilité qui lui assure un taux élevé de survie dans des secteurs saturés de missiles.

Pour détecter un sous-marin dont la vertu première est la discrétion, il existe trois méthodes de base. Par le son, la magnétométrie ou le repérage au radar alors qu'il navigue en surface. L'eau faisant caisse de résonnance, l'une des plus importantes signatures du sous-marin est acoustique. Mais comment un avion, bruyant et qui orbite dans le ciel, peut-il entendre un sous-marin naviguant sous la surface ? La réponse est la bouée acoustique mise au point pendant la Seconde Guerre mondiale. Flottant en surface, elle contient une radio alimentée par batterie et un micro super-sensible. Les bouées acoustiques passives ne font qu'écouter. Les actives envoient des ondes acoustiques dans l'espoir de rencontrer un écho. En larguant un champ de bouées acoustiques et en les contrôlant, un ASM sera capable de tisser un vaste réseau qui captera le bruit assourdi des moteurs du sous-marin ou celui, plus horrible, du lancement d'une torpille ou d'un missile.

Autre signature d'un sous-marin, le magnétisme. La plupart sont construits en acier, ils créent donc une distorsion dans le champ magnétique terrestre qu'ils traversent[1]. Si infime soit-elle, la distorsion est détectable. Un détecteur d'anomalie magnétique (MAD) capte cette signature mais sa faible puissance veut que l'avion doive pratiquement passer à la verticale du sous-marin et à basse altitude pour l'exploiter[2]. Pour préserver le MAD du propre électromagnétisme de l'avion, le détecteur est logé dans une longue et rétractable protubérance à la queue de l'avion.

Chaque sous-marin doit venir à profondeur périscopique pour communiquer, régénérer l'air au moyen d'un schnorkel ou pour

1. Les sous-marins nucléaires soviétiques classes *Alfa* et *Sierra* et certains bâtiments expérimentaux ont une coque en titane, métal qui ne génère pas la moindre distorsion magnétique. Les Russes ne sont plus en mesure de supporter le coût astronomique d'une telle construction.

2. Selon certaines sources, cette altitude serait inférieure à 180 m. Pour des raisons évidentes, les caractéristiques du MAD sont top secrètes.

faire un tour d'horizon. Bien que périscopes, schnorckel et mâts d'antennes soient revêtus de matériaux antiradar, un capteur assez rapproché et sensible peut obtenir un écho furtif. D'autres moyens plus conventionnels de détection existent. Par exemple, un récepteur couplé à un goniomètre peut capter une émission radio d'un sous-marin, si celui-ci est assez imprudent ou insouciant pour émettre alors qu'un ennemi l'écoute. Et parfois, le sillage d'un de ces instruments peut être observé visuellement ou capté par un système FLIR.

La panoplie anti-sous-marine du S-3A Viking est conçue pour gérer toutes ces possibles signatures. Soixante lanceurs de bouées acoustiques sont logés dans le fuselage arrière. Outre le MAD ASQ-81, l'avion emporte un radar de recherche APS-116, un FLIR, un système passif ALR-47 pour détecter les émissions radar, plus l'ensemble informatique pour relier et exploiter ces systèmes. Dès qu'un sous-marin est détecté, tous les efforts doivent être faits pour le détruire. Pour ce faire, le S-3 n'est pas qu'un « dénicheur », c'est un tueur. Une soute interne peut recevoir quatre torpilles Mk 46 ou une variété de bombes, de grenades anti-sous-marines et de mines. Deux pylônes d'ailes peuvent recevoir des armes additionnelles, des pods de roquettes, des fusées éclairantes, des réservoirs supplémentaires ou un « buddy » pour ravitailler en vol un avion ami.

Cette dotation et ces équipements font du S-3A l'un des meilleurs chasseurs de sous-marins. Néanmoins, dès 1981, la version A méritait des améliorations devant la menace quantitative et qualitative de la flotte sous-marine soviétique. Les navires soviétiques étant de plus en plus silencieux, leur traque devenait un véritable défi. Un programme de modernisation de l'avionique, des bouées acoustiques, des capteurs et de la gestion informatique fut lancé. Il en résulta le S-3B qui mettait les cellules du S-3A au nouveau standard. Les premiers S3-B rejoignirent la flotte en 1987 et montrèrent rapidement leur aptitude dans leur tâche confortée par le nouveau missile antinavire AGM-84 Harpoon. C'est la version actuellement en service.

L'un des espoirs placés dans le S-3 est qu'il serve de cellule de base pour un certain nombre de versions. Malheureusement, le faible nombre de Viking construits a réduit cette perspective. Une petite quantité des premiers S-3A furent dépouillés de leurs équipements ASM et de leur armement pour leur permettre de transporter des car-

Le prototype du ES-3A Shadow en vol d'essai. Les seize Shadow assuraient, il y a encore peu, l'éclairage électronique de la flotte ainsi que des missions de surveillance. *John D. Gresham*

gaisons, du courrier, voire jusqu'à trois à six passagers (peu soucieux de confort). Désignés US-3A et disposant d'un rayon d'action supérieur au standard C-2A Greyhound, les cinq appareils servirent dans la flotte du Pacifique jusqu'à leur récente retraite. Une version ravitailleur, le KS-3A, fut expérimentée en 1980 mais n'entra jamais en production.

La plus importante version est le ES-3A Shadow, avion de surveillance électronique et d'espionnage radio SIGINT qui remplace le vénérable EKA-3B Electric Whale. Esthétiquement, le Shadow se distingue par sa protubérance dorsale et son radôme rétractable. Près de 1 360 kg d'équipements ASM furent enlevés pour être remplacés par 2 721 kg de systèmes électroniques logés dans les soutes d'armement. Le Shadow est désarmé mais il peut emporter des réservoirs auxiliaires externes ainsi que des « buddy » au profit d'autres appareils en quête de « coco ». Les seize avions de ce type sont répartis entre deux formations : le VQ-5 Sea Shadows avec la flotte du Pacifique et le VQ-6 Ravens pour l'Atlantique. Des détachements de deux à trois appareils accompagnent généralement chaque CVW pour assurer la couverture électronique et SIGINT. Toutefois, les récentes coupes budgétaires n'épargnent pas la communauté des Shadow qui auront probablement disparu au moment où vous lirez ces lignes.

Le S-3 a changé bien des choses depuis la fin de la guerre froide. Aussi longtemps que l'Union soviétique maintint la plus imposante flotte sous-marine, l'unité ASM faisait partie de la composante aérienne d'un porte-avions. Aujourd'hui, la menace est estompée. Ce qui ne signifie pas pour autant que les S-3 soient mis au rencart.

Bien au contraire, leurs formations embrassent de nouvelles missions qui les rendent encore plus utiles qu'auparavant. Avec le retrait prématuré des KA-6D en 1993, ils sont devenus les indispensables ravitailleurs en vol des CVW. Ce n'est pas la meilleure solution car le S-3B emporte seulement 3 628 kg de carburant contre les 10 886 kg du KA-6D. Avec un goinfre de F/A-18 qui a besoin de 1 814 kg pour une patrouille de longue durée ou une mission d'attaque, même les ES-3 Shadow sont mis à contribution comme ravitailleurs !

Les dix squadrons opérationnels de S-3B se répartissent entre l'Atlantique et le Pacifique. Une formation de renfort, le VS-41 basé à North Island NAS, sert d'unité de perfectionnement. Au cours des opérations Bouclier et Tempête du désert, les S-3 participèrent au blocus maritime de l'Irak. En fait, la seule critique que j'aie entendu envers ce merveilleux avion est que la marine en ait acheté trop peu. Deux cents de plus auraient leur place aujourd'hui mais le choix malencontreux des responsables de la marine a sabordé cette perspective. Fin 1997, environ cent vingt S-3 restaient en service. Ils seront remplacés par l'avion de soutien général prévu pour entrer en service en 2015.

Le Sikorsky H-60 Seahawk : une lignée de battants

Les avions qui traquent les sous-marins ont un vice majeur : la rapidité. La solution serait un avion capable de faire du sur-place, d'immerger un sonar sous la surface et d'écouter, ce qu'un bâtiment de surface ou un submersible font couramment. Puis, si besoin est, d'être capable de se porter rapidement sur un autre point et de recommencer. L'hélicoptère représente cette solution. Les Allemands furent les précurseurs. Au cours de la Seconde Guerre mondiale, des voilures tournantes contribuèrent à traquer les sous-marins soviétiques dans la Baltique. Ce ne fut qu'une question de temps et de moyens techniques pour qu'un véritable hélicoptère ASM ne voie le jour dans l'après-guerre. Après des débuts décevants dans les années 50, Sikorsky réalisa le SH-3 Sea King. L'un des meil-

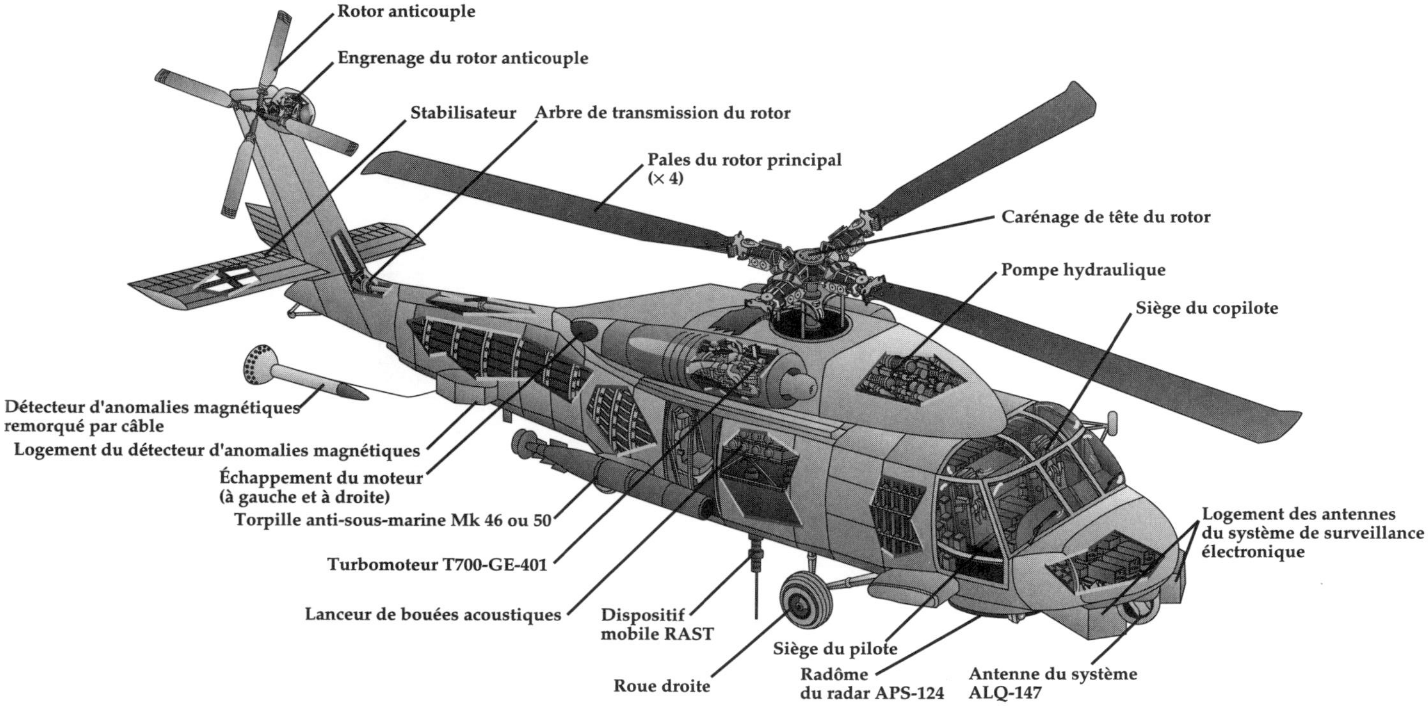

Écorché d'un hélicoptère Sikorsky SH-60B Seahawk LAMPS Mk III. *Jack Ryan Enterprises, Ltd, par Laura DeNinno*

leurs hélicoptères jamais construits, il est équipé d'un sonar et de torpilles autoguidées avec un rayon d'action et une puissance adéquats. Pourtant, au milieu des années 70, le vieux SH-3 commençait à s'essouffler comme premier hélicoptère ASM américain.

Parallèlement, l'US Navy mettait en ligne d'autres « ventilateurs » qualifiés de légers à vocation ASM, et qui opéraient à partir de plate-formes de bâtiments divers. À la fin des années 60, ce rôle fut tenu par le Kaman SH-2 Seasprite LAMPS 1 (aéronef léger polyvalent). Pendant trente ans, les SH-2 ont opéré à partir de bâtiments de moindre tonnage comme les frégates et sont encore en construction pour des marines étrangères. Aussi prometteur soit-il, le SH-2 manquait de rayon d'action et d'emport de charge militaire pour contrer les sous-marins soviétiques. L'étude d'un LAMP pouvant menacer la nouvelle génération de sous-marins soviétiques commença au début des années 70.

En 1970, la marine signa un contrat avec IBM Federal Systems et Sikorsky pour la construction d'un hélicoptère léger polyvalent (LAMPS III)[1]. L'hélicoptère fut baptisé SH-60B Seahawk. Il dérivait du Sikorsky UH-60 Blackhawk de transport qui venait d'emporter le contrat de l'US Army pour le remplacement du vénérable UH-1 Huey. Bonne opération pour la marine qui n'eut pas à supporter des études préliminaires et qui lui fournissait dès le départ une cellule avec un potentiel prometteur.

Doté de bouées acoustiques, du MAD, d'un radar et d'autres systèmes de détection, le SH-60B sera l'équivalent hélicoptère du S-3B pour les navires d'escorte. Les LAMPS III seront destinés à être basés sur la nouvelle génération de croiseurs Aegis de la classe *Ticonderoga* (CG-47), des destroyers classe *Spruance* (DD-963) et *Kidd* (DDG-993) et des frégates classe *Oliver Hazard Perry* (FFG-7). Ces bâtiments possèdent des hangars agrandis pour recevoir un hélicoptère ainsi qu'une plate-forme, un centre opérationnel informatique pour gérer les informations des capteurs embarqués des SH-60. Lors de leur première campagne en 1984, les bâtiments dotés de LAMPS III étaient les plus performants navires ASM du monde. Avant-garde d'une escadre ou d'un convoi, ils formaient

1. En raison de la disparité électronique entre l'original LAMPS III et les navires porteurs, la marine jugeait l'hélicoptère comme un composant secondaire. IBM fut donc sélectionné pour intégrer les deux systèmes.

une barrière extérieure de protection contre les attaques sous-marines.

Dans le même temps, le remplacement du SH-3, le gardien rapproché ASM du groupe de combat aéronaval, s'imposait. Compte tenu des débuts satisfaisants du SH-60B, la logique voulait le remplacement du Sea King par une version du Seahawk. En 1985, la marine commanda à Sikorsky la mise au point et la construction de soixante-quatorze exemplaires de H-60 destinés à être embarqués. Ils devaient être équipés d'un nouveau sonar et d'une avionique améliorée par rapport à celle de la version B du Seahawk. Mais tout se paie et on oublia beaucoup d'équipements des LAMPS dont les tubes lanceurs de bouées acoustiques et les systèmes de transmission de données. Le nouveau SH-60F entra en service en 1989 et commença à remplacer les vieux SH-3 à bord des porte-avions. Et pour rencontrer les besoins croissants de la marine en matière de guerre spéciale, une autre version du H-60 entra en production. Le HH-60H accomplissait un large éventail de missions au profit des commandants de groupes de combat dont les missions de recherche et de sauvetage, ainsi que l'insertion discrète et l'exfiltration de forces spéciales dont les fameux SEAL.

Trois aéronefs basés sur la même cellule avaient préservé les rares et précieux dollars alloués au budget de l'aéronautique navale. Tous les H-60 sont propulsés par deux turbomoteurs General Electric T700 de 1 690 cv avec les mêmes rotor (d'un diamètre de 16,4 m) et arbres de transmission. Les principales différences entre les versions B, F et H concernent les équipements en fonction des missions. D'une longueur de 19,75 m de long, d'une hauteur de 5,2 m et d'un poids maximum de 9 908 kg, le Seahawk est un

Un hélicoptère HH-60G version opérations spéciales/missions SAR atterrit sur le pont du USS *George Washington* (CVN-73). *John D. Gresham*

engin compact et maniable. Il adhère parfaitement sur les plateformes humides et agitées des petits bâtiments d'escorte. Pour faciliter la manutention des équipes de pont, le Seahawk a un câble type RAST qui autorise toutes les opérations, même par mer grosse. Développé à partir du système canadien Beartrap, le RAST consiste en un receveur mobile dans lequel vient se crocher un câble d'arrimage pendant de l'hélicoptère. Le câble bien arrimé, l'hélicoptère est halé sur l'hélipad puis tiré jusqu'au hangar.

Bien que limité, l'armement du Seahawk est bien ajusté pour chaque genre de mission. En configuration ASM, l'armement normal consiste en deux torpilles Mk 46 ou Mk 50. Des réservoirs supplémentaires sont prévus pour augmenter le rayon d'action. La version B est équipée pour tirer le missile ASM norvégien AGM-119 Penguin Mk 2 Mod.7. Avec une portée de 33 km et un autodirecteur passif à infrarouge, il est capable de détruire un patrouilleur ou un bâtiment léger, même à proximité du littoral et sans risque de bavure pour un bâtiment neutre proche. Toutes les versions du Seahawk peuvent recevoir des mitrailleuses et possèdent des treuils pour hisser des aviateurs abattus ou des personnes en danger.

Les diverses versions du Seahawk ont contribué au maintien aléatoire de la paix après la chute du communisme. Dans le golfe Persique, les ventilateurs du programme LAMPS III participèrent au contrôle maritime et à l'embargo sur l'Irak. Dans le même temps, les modèles F surveillaient étroitement trois sous-marins iraniens de la classe Kilo, et les Seahawk H transportaient des équipes d'arraisonnement à bord des navires et assumaient des missions CSAR. En Bosnie, les Seahawk furent aussi très actifs. De fait, on imagine mal une task force américaine sans Seahawk. Leur popularité déborde les frontières. L'Espagne, le Japon, l'Australie et Taïwan ont acheté des versions personnalisées du Seahawk pour opérer à partir de leurs escorteurs.

Pour le futur, des plans de modernisation sont déjà en cours. Bientôt, les quelque deux cents B, F et H seront renvoyés aux usines Sikorsky de Stratford, Connecticut, pour être reconfigurés en une version standard, le SH-60R. Tous les Seahawk emporteront les senseurs LAMPS III et ceux de la version F (avec bouées acoustiques et sonar) ainsi que des propulseurs et une avionique optimisés. Toutes ces améliorations prolongeront le service du R dans le

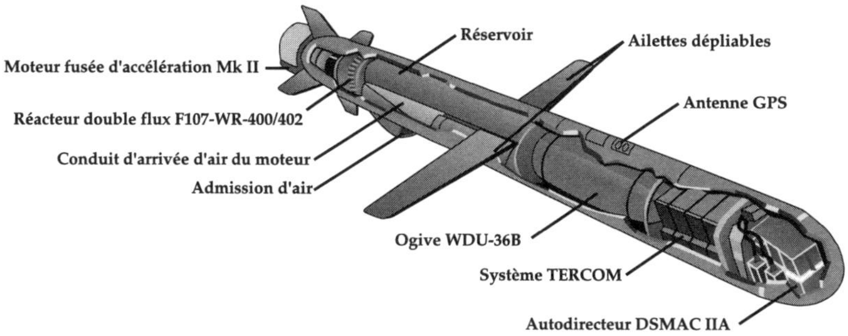

Écorché d'un missile de croisière Raytheon BGM-109 Tomahawk.
Jack Ryan Enterprises, Ltd, par Laura DeNinno

XXIe siècle jusqu'à l'avènement de la future génération d'hélicoptères embarqués.

Toutefois, la reconfiguration en version R laissera un vide pour les missions CSAR et de guerre spéciale et ce, au moment même où les vénérables UH-46 Sea Knight partent à la casse. Consciente de cette carence, la marine a commandé une version entièrement nouvelle, le CH-60, qui prendra la relève des missions spéciales imparties jusqu'alors aux H et aux Sea Knight. La construction de deux cents exemplaires a été approuvée. Les premiers exemplaires devraient entrer en service en 1999.

Le Raytheon BGM-109 Tomahawk : une « autre » frappe

Les moyens aériens d'un groupe de combat aéronaval ne sont pas tous pilotés. Le pacha dispose du missile de croisière BGM-109 Tomahawk pour frapper des objectifs terrestres. Le Tomahawk est un missile de croisière tous-temps pouvant être lancé d'un sous-marin ou d'un bâtiment de surface et muni d'une variété d'ogives. Entreposé dans des tubes de lancement verticaux ou sous conteneur, il peut être lancé de loin et frapper l'objectif avec une précision inférieure à trois mètres. Dans l'US Navy on le distingue par le sigle TLAM (Tomahawk destiné aux frappes terrestres).

Il ressemble à un cigare avec des embryons d'ailes et de petites dérives de direction. Un moteur-fusée installé à l'arrière propulse le missile hors de son conteneur au moment du lancement. Le TLAM mesure 5,6 m de long (6,25 avec le propulseur auxiliaire de décollage), 51,8 cm de diamètre (ce qui permet de le loger dans un tube lance-torpille standard de 533 mm) et une envergure de 2,7 m pour un poids de 1 192,5 kg (1 440 avec le propulseur auxiliaire de décollage). Sa vitesse est de l'ordre de 880 km/h avec une portée de 1 610 km pour une attaque terrestre type. Son ogive a des effets à la fois explosifs, à fragmentation et à pénétration. Il en existe d'autres modèles, notamment avec des sous-munitions pour traiter des sites de lancement de missiles ou des aérodromes. Les TLAM ne sont pas « furtifs » comme les F-117 et les B-2 mais ils n'en sont pas moins très difficiles à détecter en raison de leur faible signature radar et de leur basse altitude de croisière [1]. Leur propulseur n'émettant qu'une infime énergie calorifère, la détection infrarouge n'en est pas facilitée.

Les TLAM forment une famille complexe de trois générations distinctes ou « blocks », qui se distinguent surtout par les systèmes de guidage et les ogives comme le montre le tableau suivant :

Les versions du BGM-109 Tomahawk

Block	Désignation	Guidage	Ogive	Notes
I	BGM-109A/ TLAM-N	Inertiel/ TERCOM	W-80 Thermo-nucléaire	N'est plus en service
I	RGM-109B/TASM	Autodirecteur/ Inertiel	Explosive 454 kg	N'est plus en service
IIA	BGM-109C/ TLAM-C	TERCOM/Inertiel/ DSMAC	Explosive 454 kg	En service

1. Une petite « couronne » contribue à réduire la signature radar du missile en déviant, au lieu de les réfléchir, les ondes électromagnétiques. Des matériaux RAM (technologie furtive) sont également apposés à certains endroits du missile pour réduire sa signature radar.

Lancement d'un missile de croisière BGM-109 Tomahawk (TLAM) à partir du croiseur Aegis USS *Shiloh* (CG-67) au cours de l'opération Frappe du désert en 1996. Les frappes de missiles de croisière sont souvent intégrées à des raids d'avions pilotés pour aider à la destruction des défenses antiaériennes adverses. *US Navy*

Block	**Désignation**	**Guidage**	**Ogive**	**Notes**
IIB	BGM-109D/ TLAM-D	TERCOM/Inertiel/ DSMAC	166 sous-munitions	En service
III	BGM-109C/ TLAM-C	GPS/TERCOM/ Inertiel/DSMAC	454 kg Équivalent du WDU-36B HE. Ogive en titane	En service. Produits à partir du block I. 100 dotés de liaison satellitaire
III	BGM-109D/ TLAM-D	GPS/TERCOM/ Inertiel/DSMAC	166 sous-munitions	En service. Produits à partir du block I.

Le TLAM-N à ogive nucléaire fut retiré du service par décision présidentielle, après la fin de la guerre froide en 1991. L'écroulement de la flotte soviétique ne justifiait plus le TASM, missile antinavire d'une portée supérieure de 555 km. Après leur retrait du service, les TLAM-N et TASM furent reconvertis au titre du block III. Les missiles de ce block viennent de recevoir l'ogive perforante BDU-36B en titane, capable de pénétrer une épaisseur conséquente de blindage, et qui allie à sa puissance une capacité incendiaire exceptionnelle. De plus, une centaine de ces missiles du block III sont dotés d'un récepteur de données satellitaires qui, lors du vol, transmet toutes les coordonnées du missile aux centres de tir et de contrôle. Le système de navigation utilise une combinaison de systèmes de guidage qui lui procure une précision identique à celle d'une bombe guidée laser (moins de trois mètres).

Lors du lancement d'un Tomahawk, le propulseur auxiliaire Mk 111 le propulse verticalement dans les airs (dès son extinction, le propulseur se détache). Ailes et plans de guidage se déploient et une lamelle est sectionnée à l'entrée d'air du réacteur Williams International F107-WR-402. C'est un carburant très dense et hautement énergétique, le JP-8, qui alimente le F107 et lui assure plus de rayon d'action par gallon que le classique JP-5. Dès que le missile a stabilisé sa trajectoire, il adopte une route pré-programmée jusqu'au premier repère avant d'aborder la côte. Au-dessus de la terre, le missile n'a plus qu'à suivre son vol programmé jusqu'à l'objectif. En règle générale, l'approche est gérée par une centrale inertielle qui rectifie la dérive causée par le vent et d'autres petites anomalies de vol. Pour corriger une éventuelle « dérive » de la centrale, le TLAM utilise un radar cartographique de suivi de terrain (TERCOM) qui recale le terrain survolé avec des clichés entrés en mémoire dans le calculateur du missile. La moindre déviation sera corrigée et le missile poursuivra sa route jusqu'à la prochaine séquence TERCOM[1].

Quand le missile arrive à proximité de l'objectif, le système de corrélation numérique (DSMAC) prend le contrôle et assure l'interface avec le TERCOM par une caméra infrarouge braquée au sol qui affine, si besoin est, la moindre correction de la trajectoire du missile. Si le DSMAC n'amène pas le missile le nez « sur la porte » de la cible, sa précision est capable de le faire passer entre les buts d'un terrain de football. Pour affiner le système central inertiel/TERCOM/DSMAC, les derniers missiles du block III ont reçu un récepteur GPS. Dans l'hypothèse d'un raid urgent, le GPS supprime l'imagerie TERCOM et, grâce aux horloges nucléaires des satellites, le minutage de l'impact du missile est de l'ordre de la seconde. Il appartient ensuite au missile de frapper l'objectif sélec-

1. L'élaboration de milliers de cartes TERCOM nécessaires pour conduire aux objectifs mondiaux est un casse-tête. À titre indicatif, le service d'imagerie et de cartographie national a planché six mois pour mettre au point les cartes TERCOM destinées à fournir aux TLAM seulement trois voies d'attaque (à partir du golfe Persique, de la mer Rouge, de la Méditerranée) pour frapper la zone de Bagdad.

Un F/A-18 Super Hornet de présérie lors d'un vol d'essai. Le Super Hornet remplacera les premières séries de F-14 Tomcat au début du XXIe siècle. *Boeing Military Systems*

tionné. Il peut piquer (sur un bunker ou un bâtiment), exploser sur un objectif découvert (radar ou avion) ou saturer une zone avec des sous-munitions.

Si les stocks actuels de TLAM blocks II et III permettent de faire un excellent travail, des plans sont en cours pour les améliorer encore. L'amiral Johnson aimerait réduire le coût d'une frappe de TLAM grâce aux nouveaux matériaux et à la dernière technologie informatique. La variante proposée, le « Tomahawk tactique » coûterait aux environs de 575 000 $ pièce. Doté d'un émetteur-récepteur satellitaire, il serait capable d'être reprogrammé pour un autre objectif en plein vol. Il serait aussi équipé d'un système de caméras qui permettrait au missile de déterminer le meilleur point d'impact pour causer le maximum de dommages. Cette version nouvelle devrait entrer en service dans les prochaines années.

À plusieurs reprises, le TLAM provoqua l'anxiété des aviateurs qui voyaient dans le Tomahawk un engin avec cette mention sur son fuselage : « Il veut vous remplacer ! » Leurs craintes se sont estompées depuis. Aujourd'hui, la plupart des pilotes considèrent le TLAM comme un chasseur cajole son meilleur chien – bonne et fidèle bête qui pénètre des lieux où les humains ne doivent pas aller pour y faire des choses que les humains ne devraient pas faire. Tout de même, c'est devenu un gag dans l'aéronavale que de dire que pas une seule Navy Cross ne sera décernée pour la prochaine guerre puisque les missiles de croisière se seront « farci » les objectifs les plus pointus ! Chaque projectile souligne un message politique. À ce jour, le TLAM est probablement la plus efficace bombe politico-diplomatique. La politique de la canonnière du XIXe siècle a laissé place aux XXe et XXIe siècles à la « diplomatie Tomahawk ».

Le futur : le Boeing F/A-18E/F Super Hornet

Les insuffisances de l'actuel F/A-18 Hornet sont maintenant connues. En 1991, les responsables de la marine se prononcèrent pour une version améliorée du Hornet en remplacement du F-14 et des premières versions du F/A-18. On espérait ainsi résoudre les problèmes de rayon d'action du Hornet mais aussi d'autres carences et obtenir un appareil transitoire jusqu'à l'avènement d'un nouvel avion qui remplisse tous les souhaits de la marine. Ainsi naquit le F/A-18E/F Super Hornet qui répond aux besoins actuels de modernisation.

Le F/A-18E (monoplace) et le F (biplace d'entraînement) sont davantage que des versions C/D améliorées. La cellule est d'une construction nouvelle, ne gardant que 30 % de l'original. La cellule est agrandie et permet l'emport de carburant qui manquait aux F/A-18 de la première génération et qui résout en grande partie les problèmes de rayon d'action et d'autonomie qui grevaient les premiers F-18. Les deux réacteurs sont les nouveaux General Electric F414-GE-400 qui développent chacun 9 979 kg de poussée avec la postcombustion. La nouvelle aile permet l'installation d'un pylône supplémentaire qui devrait résoudre une bonne partie des contraintes d'emport d'armements. Pour assurer au Super Hornet un appontage en toute sécurité avec ces charges supplémentaires en carburant/armement, les structures cellulaires ainsi que le train d'atterrissage ont été renforcés. Ce qui est essentiel quand on sait que les armes prévues pour les E/F-18 seront des armes intelligentes, donc onéreuses, et qui seront ramenées à bord si l'opportunité de tir ne s'est pas présentée.

Le Super Hornet sera aussi le premier avion de l'US Navy utilisant des dispositifs de réduction de signatures radar et infrarouge. Systèmes visibles à l'œil nu par les entrées de réacteurs modifiées et revêtues de matériau absorbant antiradar, ce qui ajoutera à la survivabilité et aux capacités de pénétration de l'appareil.

Le Super Hornet innovera encore dans le domaine aéronaval des contre-mesures électroniques avec le système remorqué de leurres ALE-50 qui, aux essais, a prouvé sa valeur en face des plus récentes menaces des ennemis potentiels.

En complément des nouvelles cellule et motorisation, l'avionique sera l'une des plus élaborées du monde. Son radar sera l'APG-73, celui-là même qui équipe les dernières versions du F/A-18C/D. Un radar faisant appel à la même technologie que l'APG-77 du F-22A Raptor de l'USAF est en voie de réalisation. Pour pallier quelques anomalies techniques de la nacelle Nighthawk, Hughes a été sélectionné pour mettre au point un système d'acquisition FLIR de la troisième génération qui donnera au Super Hornet un système offrant la meilleure résolution du monde.

À nouveau conçu par l'unique Eugene Adam et son équipe, l'habitacle aura des écrans numérisés en couleur et un interface amélioré pour le pilote. Le pilote portera le casque viseur tête haute incorporée pour tirer la dernière version AIM-9X du Sidewinder. Outre les armes courantes, le Super Hornet emportera les nouveaux GBU-29/30/31/32, l'AGM-154 et le missile de croisière AGM-84E SLAM-ER.

Tout est prévu pour l'emport de réservoirs auxiliaires de capacités supérieures ainsi que du « buddy » similaire à celui du S-3/ES-3 qui permet de ravitailler en vol des avions amis.

Toutes ces améliorations ont un prix. Avec un poids maximum au décollage de 29 937 kg, le Super Hornet pèsera plus lourd que n'importe quel autre avion, y compris le F-14 Tomcat.

Quand McDonnell Douglas (maintenant englobé par Boeing Military Aircraft) décrocha le contrat du Super Hornet, il était sous-entendu qu'un bon nombre d'équipements et de pièces des F/A-18 seraient incorporés au Super Hornet. Il s'avéra vite que seul un faible pourcentage serait utilisé. Il n'en reste pas moins que le Super Hornet est le seul véritable nouvel avion de la marine.

Aujourd'hui, le programme d'essais est bien avancé et le rythme de production lente programmé par le Congrès. Au prix unitaire de 58 millions de dollars (au terme de la construction), le Super Hornet n'est pas bon marché (les versions C/D coûtent la moitié). D'un autre côté, si l'on considère les 158 millions de dollars par

F-22A Raptor, le récent chasseur furtif de l'USAF, le Super Hornet apparaît comme l'affaire du siècle ! Compte tenu des problèmes budgétaires militaires, la menace d'annulation d'un de ces programmes plane toujours.

Si le Super Hornet survit à la guerre budgétaire, il est prévu l'achat d'au moins cinq cents exemplaires dans les dix ans à venir. Autrement dit, ils commenceront à remplacer la version plus ancienne du F-14 dès leur déploiement en campagne en 2001. Parallèlement, des versions sont en cours dont une de biplace d'attaque tous-temps (pour compenser les possibilités perdues avec le retrait du A-6 Intruder) et une autre de guerre électronique du F/A-18F (surnommé le Hornet électronique) qui remplacerait le EA-6B Prowler.

Le futur :
le chasseur-bombardier mixte (JSF)

Les aviateurs affichent vite leur irritation quand quelqu'un leur vante un projet « mixte ». Trop souvent, « mixte » a signifié : « Laissez-nous coopérer, comme ça ces satanés rapiats et autres politiciens ne sacqueront pas nos projets. » L'un des plus anciens objectifs de ces rêves communs a été une cellule valable pour toutes les armes qui pourrait rencontrer les besoins de chasseur et d'avion d'attaque. Le chasseur-bombardier combiné (JSF) est la dernière incarnation de ce rêve. L'attrait de sauvegarder des milliards de dollars cimente la base du programme JSF qui tend à renverser la tendance de l'escalade du prix unitaire d'un avion de combat. Le contribuable, choqué par le coût d'avions comme le F-22 Raptor ou même le F/A-18E/F Super Hornet, menace de lancer une campagne politique contre tout le complexe aéronautique militaire. Par conséquent, le programme JSF flotte entre 30 et 40 millions de dollars en mettant l'accent sur le raisonnable plutôt que sur des performances optimales.

La compétition oppose Lockheed Martin à Boeing (qui a récemment fusionné avec McDonnell Douglas) pour la construction de ce qui sera probablement le dernier avion tactique de l'histoire. Avec une perspective de près de deux mille exemplaires, ce sera

Esquisse de la version Lockheed Martin Navy proposée pour le programme Joint Strike Fighter (JSF). *Lockheed Martin*

certainement le programme le plus coûteux jamais réalisé. Pour sa réussite, il lui faut satisfaire à quatre demandeurs : l'USAF, l'US Navy, le Marine Corps et la Royal Navy. Pour ce faire, le bureau d'études envisage trois cellules de base, mais personnalisées.

Dans le JSF, l'USAF voit un chasseur-bombardier classique multirôles pour remplacer le F-16. Beaucoup d'aviations étrangères prévoyant le retrait de leurs F-16 aux environs de 2020, tous les espoirs sont permis pour l'exportation du JSF. De plus, le Marine Corps a besoin de six cents avions à décollage court pour remplacer ses F/A-18C/D Hornet et les AV-8B Harrier. Le besoin équivalent de la Royal Navy est de soixante unités en remplacement des FRS.2 Sea Harrier embarqués sur les porte-avions légers de la classe *Invincible*. En décembre 1995, le Royaume-Uni a signé un mémorandum de participation au programme, à concurrence de 200 millions de dollars.

Les besoins de l'US Navy sont de l'ordre de trois cents chasseurs-bombardiers à « grande surviabilité » (c'est-à-dire « furtifs ») pour remplacer les premiers modèles de F/A-18 et les derniers F-14 Tomcat. Les versions navales présentent des différences avec les autres versions. Notamment pour le train d'atterrissage qui aura une jambe allongée et une capacité accrue de soutien de charge comparée aux JSF de l'USAF et des Marines. Pour faciliter l'approche à basse vitesse, la surface alaire et celle des empennages seront supérieures aux autres versions. De plus grandes ailes signifient aussi un rayon d'action augmenté ainsi qu'un accroissement de l'emport de charge militaire grâce au doublement de la capacité d'emport de carburant par rapport à celle du F-18.

Comme l'on s'en doute, la structure interne de la version marine sera renforcée pour obéir aux contraintes des catapultages et des appontages. La crosse d'appontage n'aura pas à être aussi solide que celle des avions précédents car le JSF sera propulsé par le Pratt & Whitney F119-PW-100 adopté pour le F-22 A Raptor. Le réacteur a une entrée d'air à « deux dimensions » (rotatif jusqu'à la verticalité) qui permettra des vitesses d'approche inférieures à celles pratiquées à ce jour et il pourrait même sonner le glas de la catapulte sur la prochaine génération de porte-avions.

Le besoin de la marine pour la surviabilité implique que le JSF aura une furtivité comparable au F-22 et au B-2. Les charges militaires seront internes et les prévisions prévoient l'emport de deux armes de 909 kg, en plus du canon et des missiles air-air incorporés dans le fuselage. Les deux concurrents espèrent confronter leurs prototypes en 2000 et décrocher le contrat l'année suivante. Le modèle Boeing est le X-32 tandis que le Lockheed Martin est désigné comme X-35. Le vainqueur entrera en service vers 2010 et remplacera les F/A-18C/D encore en usage. Si ce programme commun à toutes les armes voit le jour, les États-Unis et leurs alliés pourraient bien disposer du plus remarquable avion d'attaque du XXIe siècle.

Le futur : l'avion de soutien commun

Si les chasseurs et avions d'attaque sont d'une importance capitale, les divers types d'avions de soutien comme le S-3 Viking et le E-2 Hawkeye ne le sont pas moins au sein d'un CVW. Tout comme les intercepteurs, il leur faut un remplaçant. Même si cela n'est

Esquisse du missile de croisière AGM-84 SLAM-ER dont la fabrication vient de commencer et qui sera l'arme de frappe profonde de la marine en ce début du XXIe siècle. *Boeing Missile Systems*

pas programmé pour bientôt, l'avion de soutien commun (CSA) est à l'étude. Cet avion reprendra toutes les fonctions y compris l'espionnage électronique, voire même le ravitaillement en vol jusqu'à présent dévolu à trois appareils différents. Problème permanent qu'est la recherche. Jusqu'à présent, très peu de crédits sont disponibles pour élaborer un avion de transport moyen embarqué. En ce moment, l'étude et le développement de la cellule avoisineraient les 3 milliards de dollars. Et le prix des versions optionnelles est livré à la sagacité de chacun.

La solution pourrait se trouver dans l'adaptation aux besoins de la marine du V-22 Osprey à rotors orientables qui entre en service avec le USMC et l'USAF. L'adoption du V-22 éliminerait le coût des études et permettrait d'affecter les crédits aux équipements annexes. Cette version pourrait remplacer les SH-60R et CH-60 quand ceux-ci arriveront au terme de leur carrière.

Le futur : bombes et missiles

Avec l'introduction des armes air-surface guidées par GPS et les versions optimisées des bombes guidées laser, l'ère des bombes gravitationnelles est finie. Lors de l'intervention en Bosnie, 70 % des projectiles utilisés étaient des bombes intelligentes. Ce pourcentage ne fera que s'amplifier dans les conflits futurs. Ce qui suit offre un rapide survol des projets qui concernent les aviateurs.

Le missile AGM-84E SLAM

Comme nous l'avons vu, les ingénieurs de chez Boeing Missile Systems ont mis au point une version améliorée du AGM-84E SLAM, le SLAM-ER. Il combine l'expérience tirée du Harpoon et du SLAM première génération. Ce nouveau missile donnera à la marine une possibilité de frappe éloignée des défenses, tout en disposant d'une puissance explosive et d'une précision sans précédent. Une paire d'ailes déployables (similaires à celles du TLAM) lui donnera une portée de 278 km et une manœuvrabilité supérieure. Il sera doté d'une ogive à revêtement en titane comme celle du TLAM block III tandis qu'une nouvelle fenêtre de nez donnera à l'autodirecteur un meilleur angle de vue. Le système de guidage bénéficiera des derniers logiciels de chez Boeing et des laboratoires du Naval Weapons Center de China Lake en Californie. Ce système automatique d'acquisition permettra à l'autodirecteur du SLAM-ER la sélection automatique d'un objectif malgré les effets de sol. L'autodirecteur se verrouillera dessus et dirigera le missile droit sur la cible (à moins de trois mètres). Le SLAM-ER est produit à cadence faible et a passé avec succès tous les tests. En fait, ce programme est tellement prometteur que la marine a abandonné son projet de financement du missile air-surface commun à longue portée. Les premiers SLAM-ER sont entrés en service en 1999.

La famille de bombes guidées GBU-29/30/31/32 (JDAM)

Les mauvaises conditions météorologiques limitent sérieusement les performances des bombes guidées laser et imagerie infrarouge.

Version d'essai de la bombe guidée JDAM. Sa trajectoire guidée par GPS lui évite une dérive de plus de quelques mètres. *Boeing Missile Systems*

Les nappes humides générées par les eaux et la couverture nuageuse sont les ennemis de ces armes comme des systèmes d'acquisition et obèrent leur efficacité. Les responsables de l'air ont besoin d'une famille de bombes guidées tous-temps. Tel est le but de la munition commune (JDAM) qui unit les efforts de l'USAF, de l'US Navy et du Marine Corps, et qui vient d'entrer en service.

Mis au point par Boeing Missile Systems, le JDAM est conçu comme un dispositif de guidage compatible avec une variété d'ogives. Il sera équipé d'un module de guidage GPS et de contrôle des commandes qui peut s'adapter à une bombe conventionnelle Mk 83 (de 454 kg), à la Mk 84 (909 kg) ou à la BLU6109 (909 kg). Comme le JDAM sera guidé par la constellation de satellites GPS en orbite autour de la terre, l'objectif sera identifié par un code à seize chiffres qui représente sa location géographique terrestre.

Quatre versions de la Phase I de la famille JDAM sont prévues :

Désignation	**Ogives**	**Poids**
GBU-29	Mk 80	113,4 kg
GBU-30	Mk 82/BLU-111	226,8 kg
GBU-31	Mk 83/BLU	453,6 kg
GBU-32	Mk 84/BLU-109	1 022,7 kg

La majorité des JDAM concerneront les versions GBU-31 et 32. Ils sont prévus pour être adaptés aux bombes à usage général Mk 83/84 comme aux ogives perforantes BLU-109/110. Jusqu'à présent, les tests sont probants et d'une précision acceptable. Les six mètres (selon les critères du nouveau block IIR des satellites GPS) sont largement atteints. Au prix unitaire de 15 000 dollars par bombe, le JDAM est d'un rapport attractif. Il en a besoin car les seules forces américaines prévoient l'achat de 87 000 JDAM pour les dix ans à venir. Le JDAM pourra-t-il être couplé à l'autodirecteur automatique d'acquisition (ATA) qui lui permettrait de frapper au cœur de la cible ? Au prix supplémentaire de 15 000 dollars pour chaque projectile, le ATA assurerait une précision de l'ordre de trois mètres, celle de l'actuel Paveway III

Un F/A-18C Hornet armé de quatre missiles JSOW AGM-154A lors d'un vol d'essai. Missiles à longue portée, les JSOW sont tirés hors de portée des défenses anti-aériennes et leur guidage est assuré par le système de navigation satellitaire NAVISTAR GPS. *Raytheon Strike Systems*

à guidage laser. Je suis prêt à parier que l'autodirecteur ATA sera monté sur le JDAM vers 2003.

L'arme de frappe éloignée, le AGM-154 (JSOW)

Sa carrière déjà entamée, le AGM-154 JSOW est un vecteur de munitions d'emport varié[1]. Prévu pour planer jusqu'à l'objectif grâce au module intégré GPS/INS, il peut frapper avec une précision similaire à la bombe JDAM. La version initiale arme la BLU-97 à fragmentation tandis que la version B intégrera la BLU-108 antichar. Une version C est prévue pour la marine avec une ogive Mk 82/BLU-111 de 226,8 kg, pour un largage « par-dessus » l'épaule obéissant à un système informatisé similaire à celui du SLAM. Un autodirecteur ATA pourrait lui être adapté. Cette arme a été officiellement mise en service sur le *Nimitz* en six exemplaires A installés avant la crise irakienne de 1997.

Le missile air-air AIM-9X Sidewinder

Depuis plus de dix ans, les pilotes de chasse américains disposent d'un missile air-air à courte portée largement surclassé par des homologues fabriqués en Russie, en Israël et en France. Malgré ses succès antérieurs, la troisième génération du AIM-9L/M est

1. Une des plus intéressantes possibilités du JSOW est d'offrir un moyen d'approvisionnement pour les forces spéciales derrière les lignes ennemies. Il peut également être utilisé pour les ONG dans les zones de combat.

largement déclassée. La quatrième génération, avec le AIM-9X, incarne l'espoir. Construit par Raytheon-Hughes Missile Systems, il est opérationnel depuis 1999. L'un des changements consiste dans l'autodirecteur capable de détecter des objectifs au-delà de la portée de l'œil humain. Un système de guidage et de contrôle des commandes de vol en fait l'un des missiles les plus maniables du monde. Une traînée réduite augmente sa portée et abaisse au maximum la possibilité de manquer la cible. Le complexe du AIM-9X sera aussi contrôlable par le casque à viseur tête haute intégré qui sera en service avec les Super Hornet (puis avec les Tomcat et les premières versions du Hornet). Le nouveau missile est tellement manœuvrable qu'il peut être tiré sur un avion ennemi volant *de conserve* avec l'avion tireur !

Le futur tangible : les engins de combat non pilotés

Jusqu'à présent, les avions de combat imposent à leurs équipages une pression dynamique qui excède les tortures physiques. À la longue, cela peut s'avérer mortel. Sous l'effet des G, le sang est draîné hors du cerveau et provoque le fameux voile noir. Les ingénieurs en aéronautique savent qu'il existe une limite aux performances d'un nouvel avion, si perfectionné soit-il : les limites physiologiques de l'équipage.

Il est donc plus que probable que la génération d'avions de combat qui succédera au JSF sera sans pilote. Aujourd'hui, les engins non pilotés accomplissent des reconnaissances photographiques et la surveillance sectorielle. En 1970, des essais avaient été effectués avec des drones armés mais les pilotes mirent vite fin à cette tentative. Ce que l'on peut prédire des engins de combat non pilotés (UCAV), c'est qu'ils commenceront par des systèmes modifiés déjà existants (comme le F-16 ou le F/A-18) installés dans le cockpit et reliés aux écrans d'opérateurs à terre. En fait, un F/A-18C modifié électroniquement ferait un excellent UCAV de la première génération puisqu'il est déjà capable d'apponter automatiquement sur le pont d'un porte-avions.

Formation d'avions sans pilote Lockheed Martin (UCAV). Ces avions commandés du sol seront probablement en service à la moitié du XXIe siècle. *Lockheed Martin*

L'avion volerait et opérerait conventionnellement et, dans le cas de manœuvres excédant les 9 G de la limite du contrôle des commandes de vol automatiques, l'UCAV évoluerait à ses limites structurelles. Des missiles air-air encaissant 30 G sont déjà en service, rien n'interdit de produire des avions de combat dont les performances relégueraient aux oubliettes de l'histoire les aéronefs pilotés. Les UCAV auront l'avantage de coûter moins cher qu'un avion classique puisqu'une grande partie du coût de ce dernier est consacrée à la survie et aux conditions de travail de l'équipage. Gardons les yeux sur cette technologie embryonnaire. Elle sera excitante !

Le groupe de combat aéronaval : le grand rassemblement

Le porte-avions et son escorte (CVBG) forment la plus efficace force en temps de crise et *a fortiori* de conflit. Aucune autre formation militaire, que ce soit une brigade aéroportée ou une escadre de bombardiers stratégiques, ne fournit à l'instance suprême d'une nation autant de liberté d'action et de puissance destructrice. Au-delà de la valeur intrinsèque du CVBG, qui dépasse largement sa simple existence et son aptitude au combat, elle incarne la *présence*. Les escadres aéronavales américaines déployées au Moyen-Orient ou dans le Pacifique sont les témoins visibles de l'engagement du pays. Parce que ces groupes de combat donnent aux États-Unis le pouvoir d'intervenir auprès des nations et des groupes humains qui menacent leurs intérêts vitaux. Une responsabilité écrasante repose donc sur les épaules d'un commandant de porte-avions.

Le vice-amiral Jay Yakley est l'un de ces commandants. Il a quitté ses responsabilités de pilote au Viêtnam pour endosser celles de pacha du USS *Abraham Lincoln*. En août 1990, il était l'un des premiers hommes à faire face aux forces de Saddam Hussein qui envahissaient le Koweit. En tant que commandant du CVW-14 du USS *Independence*, il était en charge de la seule unité aérienne présente sur le terrain. Sa mission consista à préserver les arrières jusqu'à l'arrivée des renforts de la Coalition.

Il n'eut pas à attendre longtemps. Il n'empêche que, pour quelques jours, lui et ses quatre-vingt-dix avions étaient la seule force aérienne qui pouvait s'opposer aux blindés de Saddam si ceux-ci avaient poursuivi leur route vers les champs pétrolifères et les ports du nord de l'Arabie Saoudite. Seul Hussein peut répondre si oui ou non la dissuasion de l'*Independence* a sauvé l'Arabie de l'invasion.

Quoi qu'il en soit, la rapidité du déploiement de l'*Independence* et son escorte de leur base de Diego Garcia jusque dans les eaux névralgiques a prouvé la volonté de l'Amérique de contrer le dictateur. *Là* est bien l'un des atouts d'un porte-avions : *être vu.* Dès lors, leur présence peut ramener un agresseur à la raison et l'inciter à faire marche arrière. Si ce n'est pas le cas, le CVBG a de quoi le repousser.

Ce n'est pas seulement la puissance potentielle d'un porte-avions – ou plutôt des avions qu'il embarque – qui forme le choix des options offertes à un président. Considérer banalement un porte-avions sans voir au-delà serait comme regarder un iceberg en ignorant que les neuf dixièmes sont immergés. La puissance *réelle* d'un CVBG dépasse largement le seul pont-plat et son potentiel aérien. Chaque CVBG est un agglomérat soigneusement dosé de navires de guerre, d'avions, de personnels et d'armes, conçu pour fournir aux responsables d'un pays un maximum de puissance de feu et de possibilités. Il y a un revers à la médaille. Les CVBG comptent parmi les outils militaires les plus chers, à construire, à mettre en œuvre, à entraîner, à soutenir. Malgré tout, depuis la fin de la guerre froide, les CVBG ont démontré leur indispensabilité en bon nombre d'occasions. Des opérations comme Southern Watch (Irak 1991 jusqu'à présent), Uphold Democracy (Haïti 1994) et Deliberate Force (Bosnie-Herzégovine 1995) n'en sont qu'une faible partie.

Le développement du groupe de combat aéronaval

Le bon sens commande de protéger les navires les plus précieux de votre arsenal quand ils évoluent dans des eaux potentiellement hostiles. Et c'est précisément pourquoi les porte-avions sont placés dans des escadres ou groupes de combat. S'ils n'emportent pas d'avions, les porte-avions sont inutiles. Mais les avions ne suffisent pas pour assurer la survie du porte-avions. Pis, affecter le potentiel aérien pour sa défense affaiblit la puissance réelle de l'aviation embarquée. À moins d'avoir des avions capables d'attaquer un ennemi et de défendre les bâtiments du groupe de combat (en fait, les avions ne peuvent tenir l'air assez longtemps pour assumer ces deux tâches), le reste est du gaspillage. Autrement dit, il faut des sentinelles pour protéger les porte-avions – notamment contre les sous-marins qui pourraient n'en faire que des carcasses tordues et des tombeaux. Aucun bâtiment, quelle que soit la solidité de sa construction, y compris un porte-avions de 90 000 tonnes comme un *Nimitz*, n'est à l'abri de la destruction par des armes *conventionnelles*. Sans escorte, un porte-avions est un objectif de rêve pour n'importe quel ennemi.

Le concept du CVBG remonte aux premiers essais sur porte-avions des années 20. En raison de leur vitesse élevée et de leur armement de calibre moyen, les porte-avions émergèrent du traité de Washington de 1922 comme l'équivalent de croiseurs. Initialement, ils furent les « yeux » des cuirassés, alors au faîte de leur gloire. Mais il ne s'écoula pas longtemps avant que les amiraux s'aperçoivent qu'ils pouvaient naviguer isolément et survivre sans l'ombre protectrice des cuirassés. À l'ouverture de la Seconde Guerre mondiale, les porte-avions *étaient* la force de bataille.

En 1939, aucune nation ne disposait de plus d'une demi-douzaine de porte-avions d'escadre, et la plupart des groupes de combat aéronaval consistaient en un porte-avions avec une poignée de croiseurs et de destroyers comme escorte. La situation évolua rapidement. Bien vite, les Britanniques ajoutèrent des cuirassés et des croiseurs au groupe aéronaval pour assurer sa protection contre les unités de surface ennemies. Puis ce furent les Japonais qui groupèrent leurs six grands porte-avions en une force de frappe (*Kido Butai*). Son escorte se composait de deux cuirassés rapides, de quelques croiseurs et de plus d'une douzaine de destroyers, de quoi faire face à une menace de surface. Avec ses centaines de chasseurs et avions d'attaque, le *Kido Butai* pouvait écraser n'importe quel opposant. Officiellement désignée comme « Première Flotte aérienne » aux ordres de l'amiral Nagumo, c'est elle qui frappa Pearl Harbor le 7 décembre 1941. Durant les six mois suivants, Nagumo et son *Kido Butai* écumèrent la moitié du globe car ils représentaient la plus puissante force navale du moment. C'est seulement après le « miracle de Midway », qui stoppa net le *Kido*

Butai, que la roue tourna et que l'initiative revint aux CVBG américains.

Au début de 1943, la puissance industrielle américaine commença à se faire sentir par la mise en service de porte-avions d'escadre rapides comme ceux des classes *Essex* (CV-9) et *Independence* (CVL-22). Avant d'entrer en action, ils feront halte à Pearl Harbor pour s'y entraîner ainsi que leurs flottilles, et s'intégrer avec de nouveaux cuirassés, des croiseurs, des destroyers et des bâtiments de soutien pour former des Task Groups. (Deux ou plus Task Groups forment une Task Force.) L'expérience gagnée lors des raids sur les îles formant des avant-poste japonais en 1943 montra que la taille optima de ces groupes était de trois à quatre porte-avions, deux cuirassés, quatre croiseurs et entre douze à seize destroyers. Des ponts-plats supplémentaires alourdiraient trop le dispositif. Des officiers supérieurs issus de l'aéronavale commandaient les Task Groups. Ils définissaient les frappes aériennes, les ravitaillements, les raids indépendants et d'autres tâches.

Au début 1944, la Task Force 34/58 se révélait la plus puissante flotte de l'histoire. Cette force aux ordres de l'amiral Mitscher, et qui s'articulait autour de quatre Task Groups, remporta des batailles décisives – mer des Philippines, Formose, Leyte, mer de Chine, Okinawa – qui jalonnent la victoire alliée dans le Pacifique. La Task Force 34/58 ne perdit pas un seul engagement et, au cours de ses deux ans d'opérations, ne déplora la perte que d'un porte-avions, le CVL-23 *Princeton.*

La fin de la guerre entraîna des changements. Les résultats des expériences nucléaires à Bikini montrèrent la nécessité de disperser les groupes de porte-avions. À nouveau, le groupe de combat avec un seul porte-avions redevint la norme. De plus, les nouvelles technologies rendaient ces porte-avions individuellement plus efficaces et redoutables. Angle oblique d'appontage, catapultes vapeur, avions à réaction, missiles air-air et armes nucléaires font partie de ces nouveaux systèmes qui firent leur apparition à l'époque du président Eisenhower et d'Elvis Presley. Parallèlement, les CVBG commençaient à épurer leur potentiel aérien et naval. Envoyés à la casse les avions à moteurs à pistons et bienvenue aux jets et aux turbopropulseurs. Les cuirassés et les croiseurs lourds furent aussi retirés pour confier l'escorte de la nouvelle génération de porte-avions à des destroyers et des croiseurs armés de missiles. Même sans l'arme nucléaire dont il est porteur, chaque porte-avions disposait d'une puissance de feu supérieure à un Task Group entier de la Seconde Guerre mondiale.

Lors du début de la guerre du Viêtnam, au milieu des années 60, les États-Unis disposaient de plus de porte-avions que le reste du monde combiné. Ce qui permettait à l'US Navy de poster trois à quatre CVBG en mer de Chine. Chaque groupe se composait normalement d'un porte-avions escorté d'un destroyer ou d'un croiseur lance-missiles pour assurer sa protection surface-air. Formant la Task Force 77, les porte-avions furent constamment en action, de l'épisode du golfe du Tonkin en 1964 à l'évacuation de Saigon en 1975. Alors, la fin de l'ère des vétérans de la dernière guerre avait sonné. Pourtant, le budget de la défense, qui était passé en grande partie dans le financement de la guerre, rendait impossible le remplacement de chaque bâtiment ou avion par un nouveau. La marine construisit donc une nouvelle génération de bâtiments amphibies avec des ponts d'envol pour hélicoptères (les classe Tarawa LHA-1), et combina les moyens d'attaque et les missions de lutte anti-sous-marine au sein des escadres aériennes (CVW) des quinze porte-avions entrés en service depuis la fin de la Seconde Guerre mondiale. L'addition d'une formation de S-3 Viking et d'hélicoptères SH-3 Sea King aux escadres embarquées de combat donna naissance au CV Air Wing en 1975 ; celui-ci resta la structure basique d'un CVW pour la période de la guerre froide.

C'est alors que la marine réduisait le nombre des porte-avions et musclait ses formations aériennes, que les nouveaux super-porte-avions atomiques de la classe *Nimitz* commencèrent à arriver. De nouveaux avions apparaissaient aussi comme en 1974, le F-14 Tomcat, le A-6 Intruder et le A-7 Corsair d'attaque et des versions améliorées du E-2 Hawkeye et du EA-6B Prowler de guerre électronique.

À la fin des années 70, les Américains perdirent l'initiative, y compris dans la technologie. Le responsable est l'amiral de la marine soviétique Sergei Gorchkov. Pendant les années qui suivirent l'humiliation de sa flotte de haute mer consécutive à l'affaire des missiles de Cuba, Gorchkov constitua la plus importante marine du monde. Bien que beaucoup de ses moyens fussent consacrés au soutien et à la protection de la flotte grandissante de sous-marins nucléaires lance-missiles stratégiques, une bonne part du budget naval soviétique était consacrée à la destruction des CVBG américains.

En vingt ans, Gorchkov dota sa flotte de multiples missiles air-surface et surface-surface dont j'ai parlé dans un chapitre précédent. Ce développement se fondait sur le concept de la « première salve décisive ». Son plan voulait la victoire sur mer en désemparant les groupes de combat aéronavals par des séries de frappes par missiles dont certaines préventives. À la fin des années 70, la flotte aérienne soviétique de bombardiers porteurs de missiles air-surface et les bâtiments et sous-marins armés de missiles surface-surface étaient prêts à contester la maîtrise des mers à la marine américaine.

Ces réalisations soviétiques ne furent pas prises à la légère et le F-14A Tomcat, le missile air-air Phoenix AIM-54 et le E-2C Hawkeye constituèrent les premières parades. Avec l'avènement du président Reagan et de son ministre de la marine Lehman en 1981, les Américains des CVBG obtinrent enfin les nouveaux bâtiments et les équipements dont ils avaient besoin depuis vingt ans. Après des années de restrictions tant humaines que matérielles, l'US Navy allait être prête à jouer son rôle dans la victoire finale de la guerre froide. Pour contrer la menace technologique soviétique de plus en plus performante, la marine acheta les nouveaux bâtiments Aegis et des avions et des armes améliorés. La structure basique des CVBG perdura jusqu'au début des années 90. Ce qui changea alors fut la nature des opérations qu'un porte-avions aurait à mener. Selon la « stratégie maritime » de Lehman et dans l'éventualité d'un conflit avec l'URSS, des groupes de trois ou plus CVBG auraient pénétré en mer de Norvège et au large de la Sibérie pour frapper la métropole soviétique. La chute de l'empire soviétique entraîna celle de la « stratégie maritime ».

L'après-guerre froide ramena la perspective d'une marine de 600 navires à la moitié. De plus, la structure des groupes de combat et des formations aériennes fut radicalement modifiée. Les classes des plus vieux bâtiments furent retirées du service ainsi que les avions d'attaque A-6 et les ravitailleurs KA-6. De quatre-vingt-dix, le potentiel d'un CVW tomba à près de soixante-dix avions. En raison de la disparition de la menace des missiles soviétiques air-surface et surface-surface, la composante défensive de la flotte ne se justifiait plus et le CVW devint une force purement offensive. La défense aérienne éloignée passa des F-14, F/A-18 et E-2 aux croiseurs et destroyers Aegis armés de missiles sol-air SM-2.

Aujourd'hui, la vocation des Tomcat et Hornet est l'intervention sur des objectifs grâce à une gamme d'armements intelligents. En plus des frappes aériennes, les CVBG des années 90 ont ajouté une nouvelle capacité offensive avec l'adjonction de trois à quatre bâtiments de guerre amphibie embarquant une unité de projection du Marine Corps capable d'opérations spéciales (MEU/SOC)[1].

Le premier siècle d'existence de l'aviation embarquée arrive à son terme. La nouvelle vocation du porte-avions et de son parc aérien est désormais offensive, au profit de forces terrestres engagées contre des objectifs en zone littorale.

La structure de la force : combien de porte-avions ?

Puissance, flexibilité et mobilité, autant d'atouts qui font d'un CVBG un outil indispensable aux dirigeants. Le XXIe siècle n'apportera pas de modifications car ces mêmes dirigeants pourront justifier le coût de construire, entraîner, opérer et entretenir une telle force. Le coût du CVBG est colossal. La construction et l'armement frisent les 20 milliards de dollars et 1 milliard annuel pour le seul entretien et les frais opérationnels. Ce n'est pas rien ! Avec ces chiffres en tête, la question se pose : de combien de porte-avions les États-Unis ont-ils besoin ? La réponse est complexe.

Très peu de nations ont les moyens d'entretenir des ponts-plats. La Royal Navy comme la France en possèdent deux. L'Espagne et l'Italie prévoient l'acquisition d'une unité supplémentaire. La

1. Le MEU/SOC du USMC est une unité polyvalente articulée autour d'un bataillon renforcé de Marines et d'une flottille d'hélicoptères moyens. Pour de plus amples informations et sur leurs opérations, le lecteur pourra se reporter à mon livre : *Les Marines, visite guidée au cœur d'une unité d'élite,* Albin Michel, 2000.

Russie, le Brésil, la Thaïlande et l'Inde vont tout faire pour conserver leur unique CVBG, surtout pour des raisons de prestige. Les États-Unis occupent une position à part en maintenant douze porte-avions en service, soit autant que le reste du monde combiné. Dans la perspective des « 600 navires » de Lehman dans les années 80, il était prévu quinze CVBG, chiffre minimum pour lancer des frappes simultanées sur l'ensemble de la vaste périphérie de l'Union soviétique. Aujourd'hui, sans menace réelle d'importance, le maintien de douze porte-avions semble moins évident. Est-ce leur fin ? Pas tout à fait.

Le nombre de porte-avions dont notre nation a besoin est déterminé par les obligations du pays dans l'après-guerre froide. Dans un monde sans confrontation entre super-puissances, nos « ennemis » sont devenus des « États bandits » comme la Corée du Nord et l'Irak, tandis que les terroristes internationaux, les cartels criminels et les conflits ethniques ou tribaux sont maintenant les menaces quotidiennes qui pèsent sur la paix. Dans le cadre de l'ordre mondial contemporain, les principaux engagements et les intérêts américains à l'étranger sont largement hors de l'hémisphère occidental. Dans le même temps, notre victoire dans la guerre froide donne aux États-Unis une responsabilité de maintien de la paix et de stabilité dans des régions que, franchement, beaucoup d'Américains préféreraient ignorer. Voyons la liste de ces barils de poudre virtuels :

- **Corée du Nord** – En pleine famine et au bord de l'écroulement, la Corée du Nord continue de menacer la Corée du Sud et d'autres nations régionales. Elle a récemment mis en œuvre le missile balistique Tapo-Dong et pourrait détenir une ou deux ogives nucléaires.
- **République populaire de Chine/République de Chine (Taiwan)** – À la suite de leur confrontation concernant des élections démocratiques et les essais de missiles balistiques en 1996 (démonstration qui valut l'intervention de deux CVBG américains), ces deux pays détachés se font face avec une haine consommée.
- **Inde/Pakistan** – Cinquante ans après leur indépendance, ces deux pays continuent à s'opposer pour des problèmes de frontières et des différences ethniques et religieuses. Leur course

aux armements nucléaires menace de vitrifier la région, et la proximité de la Chine populaire ne fait qu'exacerber la situation.

• **Golfe Persique** – Les sanctions imposées par l'ONU et les restrictions aériennes contre l'Irak continuent tandis que l'Iran ne fait qu'augmenter l'importance et les capacités de son armée, ce qui n'est pas sans inquiéter les pays limitrophes. L'Iran et l'Irak s'opposent à nouveau dans un conflit frontalier à l'extrémité nord du golfe Persique.
• **Balkans** – La crise balkanique a continué malgré les efforts pour faire appliquer les termes des Accords de paix de Dayton en 1995. La Bosnie reste un chaudron surveillé par les forces de l'OTAN, tandis que les vieilles haines ethniques secouent le Kosovo et d'autres provinces.
• **Algérie** – Une insurrection islamiste chronique s'oppose à un régime militaire répressif. Des groupes de fanatiques se livrent à des massacres dans les villages, parfois à proximité des plus grandes villes. Les morts d'innocents se comptent par dizaines de milliers.
• **Afrique Centrale** – Hutus et Tutsis se livrent une guerre génocidaire débordant des frontières nationales et qui défie les efforts internationaux de secours.
• **Afrique occidentale** – Les nations sans ressources sont en proie à des coups d'État et des guerres civiles endémiques depuis la fin de la colonisation, dans les années 60, et ces conflits imposent de fréquentes évacuations des civils étrangers.

L'actuelle stratégie militaire américaine exige une force suffisante pour gérer deux petits conflits locaux plus une intervention humanitaire. Vous êtes en droit de penser que douze CVBG sont suffisants pour faire face. Néanmoins, les contingences techniques de plus en plus pesantes et les limites naturelles de l'endurance humaine font que cette douzaine est à peine suffisante pour maintenir deux à trois porte-avions en campagne extérieure à n'importe quel moment. Je m'en explique.

Un porte-avions n'est pas disponible en permanence pour un déploiement extérieur. Les navires de guerre ont besoin d'une maintenance régulière et d'améliorations. Sur les quarante-cinq ans de service d'un porte-avions, il passera un cinquième de ce temps en radoub et dans les chantiers. Par exemple, pour un an de service, il faut compter deux à trois mois en réparations mineures et en maintenance pour maintenir l'activité du bâtiment entre deux révisions majeures en cale sèche pour les travaux majeurs. Ces dernières interviennent tous les cinq ans et durent de huit à douze mois. Elles concernent tout, de la couche intégrale de peinture à l'amélioration des quartiers et des moyens de combat. En plus, les porte-avions nucléaires sont régulièrement hors de service durant trois ans pour recharger les réacteurs. Délicate et méticuleuse opération chirurgicale (en raison des risques de radiations) qui consiste à ouvrir de grands trous dans les ponts et les cloisons puis à ressouder en fin de travaux. Avec pour conséquence qu'un bâtiment ne peut naviguer que trois ans sur chaque période de cinq années.

L'équipage lui-même a besoin de « révision » car la multitude de spécialités incarnée par les dix mille marins, Marines et aviateurs constitue une denrée « périssable ». Si les compétences ne sont pas pratiquées et testées régulièrement, le potentiel opérationnel d'un navire ou d'une formation aérienne se détériore vite, même en cas de campagne. C'est pourquoi un groupe de combat doit se préparer pendant au moins six mois avant chaque campagne de la même durée.

Enfin, et cela n'est pas le moins important, les marins et les Marines d'aujourd'hui *exigent* et méritent une vie personnelle. Les gens ne sont pas des robots : ils ont besoin de repos, de relations familiales et d'occasions de s'épanouir à titre personnel et professionnel. Les équipages militaires doivent bénéficier, au cours de leur carrière, d'un poste à terre dans le port le plus proche de leur domicile. L'élément humain est le premier à pâtir d'une restriction budgétaire imposée par les politiques qui ne conçoivent pas de solde supérieure ou de primes pour des déploiements de longue durée. Comme peu de responsables du pays ont l'expérience de longues campagnes militaires, les forces navales ont particulièrement souffert. Pour pallier cette carence, l'amiral Johnson a institué une politique « des six mois » qui garantit aux marins de passer 50 % de leur temps dans leur port d'attache.

Les planificateurs de la marine échafaudent constamment des hypothèses pour maximiser le nombre de groupes aéronavals disponibles pour des projections, tout en fournissant une haute qualité de vie au personnel embarqué. Pour les douze unités, l'actuel emploi du temps s'établit comme suit :

• **Refonte majeure/Ravitaillement nucléaire** – Deux à trois bâtiments à la fois. Trois chantiers (Bremerton, État de Washington ; Norfolk en Virginie ; Newport News Shipbuilding) sont capables de mener à bien ce travail titanesque qui consiste à « remettre le compteur à zéro ».
• **Maintenance annuelle ou périodique** – Deux à trois porte-avions connaissent simultanément cette phase souvent effectuée en bassin du port d'attache.
• **Déploiement ou cycle de service** – Les six ou sept porte-avions restants passent par un cycle de dix-huit mois qui se décomposent comme suit :
– **Permissions et périodes d'entraînement** – Les six premiers mois du cycle voient les marins revenant de campagne souffler un peu grâce à des permissions. Les périodes d'entraînement concernent les individus comme un bâtiment ou une unité particuliers.
– **Période pré-opérationnelle** – Les six derniers mois du cycle permettent de rafraîchir l'entraînement opérationnel par des exercices en commun et de valider l'aptitude de l'unité à mener des manœuvres combinées avant de partir en déploiement.
– **Déploiement** – Prévue pour une durée de six mois, cette période retrouve le groupe de combat soudé et déployé à l'extérieur.

Si ce cycle n'est pas interrompu par une crise locale, deux à trois CVBG peuvent être déployés à n'importe quel moment. Il y en a toujours un de la côte Est qui est susceptible d'être affecté à la 2e Flotte (Atlantique), à la 5e (golfe Persique/Océan Indien), ou à la 6e (Méditerranée). Un ou deux groupes sur la côte Ouest travaillent avec les 3e (Pacifique oriental), 5e (golfe Persique/Océan Indien), ou 7e (Pacifique occidental) Flottes [1].

Beaucoup d'efforts et d'investissements pour maintenir deux ou trois groupes de combat aéronaval déployés simultanément. Pourtant le manque de bases américaines dans des zones critiques pour

1. Il y a toujours plus de porte-avions dans le Pacifique car les Américains maintiennent encore un CVBG/CVW au Japon. Les autres groupes sont basés dans les ports de la côte Ouest : San Diego et Alameda en Californie, Everett et Bremerton dans l'État de Washington.

les intérêts des États-Unis rend vitales pour les plus hautes instances ces bases aériennes mobiles. Si l'Amérique veut se faire entendre en cas de crise sur l'échiquier international, elle a besoin soit d'un pays ami pour accueillir ses forces [1], soit d'un porte-avions au large. Et les CVBG offrent un avantage déterminant. Ils n'ont besoin de la permission de personne pour évoluer dans les eaux internationales reconnues.

Le principe de rotation d'un groupe aéronaval alloue un temps généreux passé au port, compte tenu du tempo des opérations actuelles. En cas d'urgence, le groupe en période pré-opérationnelle peut appareiller rapidement pour renforcer les forces déjà présentes dans le secteur névralgique. C'est exactement ce qui arriva en 1990 et 1991 pour Bouclier et Tempête du désert. À l'ouverture de la guerre, au début 1991, six CVBG étaient prêts pour les frappes sur l'Irak. Deux autres CVBG américains ont participé à Bouclier du désert avant de retourner au pays, tandis qu'un homologue britannique couvrait la Méditerranée orientale pour assumer les obligations de l'OTAN. Autrement dit, le système de rotation est suffisamment flexible pour permettre à des bâtiments basés aux États-Unis de remplir certains engagements américains tandis que d'autres porte-avions sont en première ligne face à une crise.

Le USS George Washington (CVN-73)

Voyons de plus près l'un de ces groupes de combat aéronaval. Le cœur du groupe est le USS *George Washington* (CVN-73), qui dépend du groupe de porte-avions de la côte Est affecté à la 2e Flotte de Norfolk. Le « *GW* », comme le surnomme son équipage,

1. Compte tenu de l'instabilité historique des États-Unis dans les affaires internationales et dans ses alliances, très peu de pays sont enclins à inviter les forces américaines. Un exemple récent est l'Arabie Saoudite qui, en raison des risques politiques et culturels, refusa l'accès de ses bases lors de la crise avec l'Irak en 1997/98.

L'insigne du porte-avions USS *George Washington* (CVN-73). *Jack Ryan Enterprises, Ltd, par Laura DeNinno*

Le porte-avions USS *George Washington* (CVN-73). *US Navy*

est un porte-avions nucléaire remodernisé appartenant à la classe *Nimitz*. Lancé le 21 juillet 1990 aux chantiers de Newport News, il entre en service le 4 juillet 1992. Armé de plus de six mille marins et Marines, il a connu un tempo chargé avec trois déploiements en Méditerranée et dans le golfe Persique. Durant sa première croisière, il fut le navire amiral pour le cinquantième anniversaire du débarquement en Normandie avant de conduire des opérations d'interdiction aérienne sur l'Irak et la Bosnie.

Porte-avions très actif, le *GW* manque de l'attrait et du vernis dont jouissent d'autres unités « vitrines » (le porte-avions CV-67 *John F. Kennedy* eut cette réputation). Il s'affiche d'abord comme un navire de guerre et non comme un palace flottant destiné à en mettre plein la vue aux dignitaires. À ce sujet, il suffit de regarder la rangée de récompenses pour efficacité qui est peinte sur la passerelle. Ces témoignages sont décernés au niveau de la Flotte pour récompenser les actions accomplies pour chaque classe de bâtiments (porte-avions, croiseurs, etc.). Chaque récompense concerne une spécialité, de la propulsion à l'armement, de l'intendance à l'habileté tactique. Juste avant de partir pour sa croisière de 1997, l'équipage du *GW* apprit qu'il avait été sélectionné pour la Battle E (qui désigne le meilleur bâtiment de toute la Flotte de l'Atlantique). La troisième qu'il recevait en cinq ans. De la passerelle de commandement aux fins fonds des soutes, les hommes et les femmes servant à bord du *GW* savaient qu'ils étaient reconnus comme les meilleurs. Ils ne se laissèrent pas aller pour autant.

Ce qui suit est un instantané du *GW* qui vous aidera à prendre connaissance de ceux qui permettent à un groupe de combat aéronaval d'exister. Le pacha est le capitaine de vaisseau Lindell G. « Yank » Rutherford. Il a passé une grande part de sa carrière aux commandes d'un F-14 (après avoir été pilote sur A-4 Skyhawk et F-4 Phantom II). Il commanda la flottille VF-142 à bord du USS *Eisenhower* en 1988 et 1989. Suivant un stage d'état-major sur le *Theodore Roosevelt* (surnommé *TR*) lors de la guerre du Golfe, c'est alors qu'il décida de prendre la voie du commandement d'un porte-avions.

Deux ans plus tard, après des stages sur l'énergie nucléaire et le commandement, il devient le second du *TR* pour deux déploiements en Méditerranée et dans le golfe Persique. Le CV Rutheford assume ensuite pour dix-huit mois le commandement du ravitailleur USS *Seattle*, grâce à quoi il est brillamment qualifié dans l'exercice du commandement. C'est à bord du *Seattle* qu'il s'est

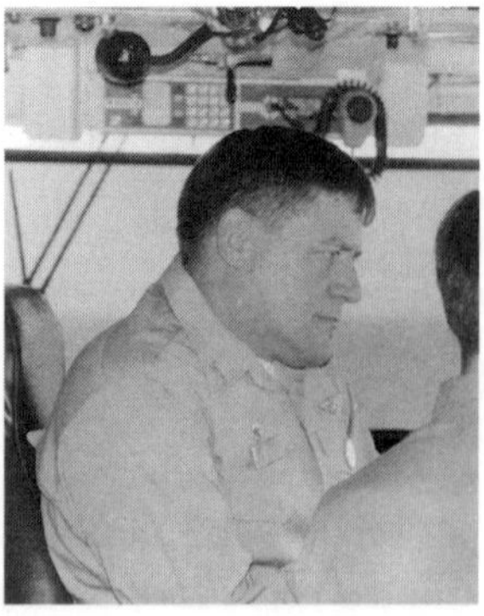

Le commandant du porte-avions *George Washington,* le *Captain* Lindell « Yank » Rutherford. Celui-ci est un pilote de longue date de F-14 Tomcat qui s'est élevé au plus haut niveau de sa spécialité. *John D. Gresham*

Le commandant en second du *George Washington* (CVN-73), le *Commander* Chuck Smith. *John D. Gresham*

taillé une solide réputation de manœuvrier et d'organisateur, deux qualités très utiles pour sa prochaine affectation. En novembre 1996, il quitte le commandement du *Seattle* pour celui du *GW* avec le CV John Stufflebeem, patron aviation du CVW-1.

La marine soutient ses commandants en sélectionnant des subordonnés d'élite qui gèrent les activités quotidiennes du navire et de son équipage de plus de trois mille personnes (l'escadre aérienne en ajoute deux mille cinq cents). 95 % pour cent des marins du *GW* se composent d'engagés. Le commandant Rutherford et son second, le capitaine de frégate Smith, dirigent ce qui ressemble davantage à une petite ville ou une société qu'à un navire. Ses départements permettent au *GW* de mener à bien une croisière de six mois, voire plus. Chaque département a sa fonction spécifique :

- **Administration (ADMIN)** – C'est la mémoire du bâtiment qui gére les dossiers du personnel, de la maintenance, des approvisionnements, finances, etc.
- **Division maintenance aérienne (AIMD)** – Avec ses six personnes, l'AIMD procure aux unités embarquées les pièces détachées, les installations de maintenance et le personnel spécialisé.
- **Département Air (AIR)** – C'est l'un des plus actifs du *GW*. Il contrôle toutes les opérations sur le pont d'envol et le hangar ainsi que l'espace aérien autour du navire.
- **Département détente et moral (CRMD)** – Ce département s'attache au bien-être spirituel et moral de l'équipage. À ce titre, il est dirigé par l'aumônier principal du *GW*.
- **Équipes de pont (DECK)** – Même à l'ère de la haute technologie informatique, chaque navire de guerre a encore besoin

de marins pour manipuler les câbles, les embarcations légères, les ancres et tout l'attirail traditionnel maritime. L'équipe DECK du *GW* est aussi responsable des opérations et matériels de ravitaillement en carburant et des réapprovisionnements divers.

• **Département dentaire** – Une communauté de plus de six mille personnes implique un flot régulier de soins, du détartrage à la prothèse dentaire, voire des urgences alors que l'on est en campagne. Envoyer les patients à terre dans un hôpital de la marine serait impensable et coûteux. Le *GW* dispose donc d'une véritable clinique dentaire ouverte également aux équipages des autres navires du GCBG.

• **Département énergie (ENG)** – Il est responsable du fonctionnement et de l'entretien de tous les générateurs d'énergie à l'exception des deux réacteurs nucléaires. Cela comprend le circuit électrique, l'air conditionné, le carburant pour les avions à réaction et le fioul pour les diesels et les dispositifs de transfert de liquides. ENG supervise des centaines de kilomètres de tuyaux, de conduits, de câbles et des milliers de valves, de pompes, de commutateurs, de transformateurs et autres gadgets.

• **Division des systèmes de combat (CSD)** – Sans moyens de détection et sans l'électronique, les actuels systèmes d'armes seraient aussi utiles au combat que des cocottes en papier. La CSD gère l'imposant dispositif de matériels et de logiciels qui font du *GW* une arme et une plate-forme d'aviation efficaces.

• **Département juridique (LEGAL)** – Outre les six mille marins, leurs familles ajoutent encore aux services fournis par ce département. Pour le diriger, une équipe de juristes qui assure à quiconque du bord une assistance digne d'un haut magistrat. Si besoin est, le LEGAL peut mener des enquêtes et présider des cours martiales. De nos jours, les militaires en activité ont moins de problèmes avec la justice que les générations précédentes. Toutefois, les déploiements de longue durée génèrent un taux élevé de divorces et de problèmes familiaux complexes. L'officier commandant le LEGAL est aussi le conseiller technique du pacha en fonction du ROE, ce document compliqué et souvent remanié qui spécifie où, quand et comment les armes doivent être utilisées.

• **Département médical** – Il est équipé pour traiter toutes causes d'interventions, d'une coupure légère au coup de soleil, aux accidentés et victimes de traumas pouvant être fatal. Le *GW* sert de centre hospitalier au profit des autres navires du groupe dont certains n'ont qu'un modeste service médical.

• **Détachement de Marines** – Traditionnellement, le détachement de vingt-six Marines affecté à chaque super porte-avions assurait la sécurité des armes « spéciales » (l'euphémisme pour « nucléaire ») embarquées. Aujourd'hui, les armes nucléaires ont été débarquées des porte-avions et, depuis la fin 1997, le Marine Corps a retiré ses détachements.

• **Département navigation** – Le GPS, les cartes numériques et les rapports météorologiques transmis à l'instant par satellites ont bouleversé les procédures classiques de la navigation. Néanmoins, on a toujours besoin d'un navigateur expérimenté pour commander la passerelle afin de barrer avec précision le navire dans un chenal étroit ou dans une fâcheuse situation tactique. La passerelle navigation du *GW* dispose de tous les équipements de navigation, du sextant au récepteur GPS.

• **Département opérations** – Qu'il s'agisse des menus et des mouvements aériens, d'un rendez-vous avec un ravitailleur, tout demande du professionalisme et de la coordination. Telle est la mission de ce département qui préconiserait au pacha et au second la conduite à tenir pour diriger et mener au combat le *GW* si cette occasion se présentait.

• **Département réacteurs** – De tous les départements du *GW*, aucun n'est plus inaccessible que celui des « nukes ». Sa responsabilité échappe au département énergie. Le personnel veille sur les deux puissants réacteurs AW4 et les machines qui en dépendent. Ce département déteste la publicité. Son personnel ne parle pas à n'importe qui et il est inutile de leur poser des questions.

• **Département sécurité** – Le *GW* est une immense boîte d'acier remplie de carburant d'aviation, d'explosifs et de carburant de fusées, de produits toxiques et de matériaux fissibles et, bien entendu, d'êtres humains ! Le département sécurité a la vaste tâche de veiller à ce que tout soit normal. Il surveille les matières à risques, inspecte les équipements médicaux et de lutte anti-incendies. Des exercices de coordination en cas de dommages de guerre sont menés avec les autres services du navire.

• **Département intendance** – Le *GW* utilise des milliers d'articles différents durant ses croisières. Carburant « avia », disquettes d'ordinateur, biftecks, papier hygiénique, autant de fournitures qui sont consommées dans des quantités qui défient l'imagination. Commander, entreposer et gérer est ce que l'on attend de ce département pour assurer le bon fonctionnement du *GW*.
• **Département entraînement** – C'est l'un des plus grands défis auquel est confronté l'équipage du *GW* que de poursuivre l'amélioration des capacités personnelles et de s'entraîner pour maintenir l'acquis professionnel alors que l'on est en mer. Les cessions de qualification comme les stages de remise en condition des différentes spécialités et des matériels sont du ressort du département entraînement. Ce département aide également le personnel pour les cours par correspondance qui permettront de passer au grade supérieur, et assure des classes vidéo thématiques pour les nouvelles tactiques et les équipements embarqués.
• **Département armement** – Même si le *GW* ne déploie pas la puissance de feu de ses escorteurs, il ne manque pas de punch dans la protection rapprochée qui s'articule principalement autour des missiles surface-air Mk 29 Sea Sparrow et canons à tir rapide Mk 15 Phalanx de 20 mm. Le GW dispose aussi de mitrailleuses M2 de 12,7 mm contre les nageurs de combat et les embarcations rapides. Tous les systèmes de défense sont entretenus par le département armement mais les tirs sont dirigés par l'officier tactique du Centre de conduite du combat.

Le Carrier Air Wing One (CVW-1) : le tranchant du glaive

Le CVW-1 fait partie des dix air wings en service actif ; un survivant des nombreuses coupes et restrictions de la dernière décennie. Au cours de la guerre froide, le wing passa la plupart de sa carrière à bord du CV-66 USS *America* (récemment retiré du service) avant de passer sur le *GW* en 1996. Un *Captain* (capitaine

L'insigne du Carrier Air Wing One (CVW-1). *Jack Ryan Enterprises, Ltd, par Laura DeNinno*

de vaisseau) – traditionnellement surnommé « CAG » pour « *Commander Air Group* » – commande toute l'aviation du bord. Vis-à-vis du pacha du porte-avions, c'est un partenaire, *non* un subordonné. Tous deux rendent compte à l'amiral commandant le groupe de combat (souvent un vice-amiral d'escadre) et travaillent en duo. C'est une règle absolue que de confier la responsabilité des opérations aériennes à des aviateurs confirmés, et non à un officier supérieur qui ne s'est jamais assis dans un cockpit.

Lorsque le *GW* se préparait pour son déploiement à la fin de l'été 1997, le patron du CVW-1 depuis juillet 1996 était le Captain John D. « Boomer » Stufflebeem. S'il a passé la majeure partie de sa carrière aux commandes des F-14, on le trouve plus souvent maintenant sur les F/A-18 Hornet. Mais à l'instar de beaucoup de CAG, Stufflebeem est qualifié pour voler sur la majorité des aéronefs affectés au CVW[1]. Ce guerrier tranquille et modeste préfère laisser parler pour lui les résultats de ses aviateurs. Malgré de nombreuses modifications structurelles antérieures, la composition des squadrons (flottilles) s'est relativement stabilisée depuis ces dernières années. Quelques douzaines d'officiers et de marins forment l'état-major du wing. Le CVW-1 fait partie de ces formations post-guerre froide « amputées ». Il a cédé un squadron de F-14 ainsi qu'un autre de A-6/KA-6 Intruder, et perçu en échange un troisième squa-

1. Le terme « CAG » remonte à avant la Seconde Guerre mondiale quand les avions embarqués formaient un « Air Group » au lieu d'un Air Wing, d'où « Commander, Air Group ». Pour la quasi-totalité des aviateurs de la marine, l'honneur d'être appelé CAG par leurs pairs et les marins de leur unité est considéré comme l'un des accomplissements les plus valorisants de leurs carrières.

Le *Captain* John D. « Boomer » Stufflebeem, commandant le CVW-1. On le voit dans son bureau du Pentagone après sa campagne 1997/98. Il a été nommé adjoint du chef d'état-major de la marine, l'amiral Jay Johnson. *John D. Gresham*

L'insigne du Fighter Squadron 102 (VF-102), les « Diamondbacks ». *Jack Ryan Enterprises, Ltd, par Laura DeNinno*

dron de F/A-18 Hornet. Fin 1997, les formations du CVW-1 étaient les suivantes :

- **Fighter Squadron 102 (VF-102 – The Diamondbacks)** – L'un des vieux squadrons de F-14 qui a survécu aux coupes claires des dernières années. Basé à la NAS Oceana en Virginie, il vole sur F-14B (motorisés avec les F-110) et partit pour la croisière 1997/98 avec des moyens offensifs accrus. Les Diamondbacks étaient équipés avec la nouvelle nacelle d'acquisition AAQ-14 LANTIRN/GPS, la nacelle numérique améliorée TARPS et la bombe GBU-24 Paveway III guidée laser avec l'ogive perforante BLU-109. Autant de systèmes qui font du F-14 un puissant avion d'attaque tous-temps ainsi qu'un bon avion de reconnaissance. Le VF-102 aligne quatorze F-14B dont quatre sont dotés de la nouvelle nacelle D/TARPS. Le squadron a aussi perçu six LANTIRN/GPS. Bien sûr, les Diamondbacks restent des chasseurs très performants avec leurs AIM-9M Sidewinder, AIM-7M Sparrow et AIM-54C air-air.

Le CVW-1 a trois squadrons de la marine et chasseurs-bombardiers F/A-18 Hornet des Marines. Chacun d'eux peut mener des missions d'attaque au sol ou de chasse, grâce aux bombes guidées laser Paveway II/III et autres, aux missiles AGM-88 HARM et aux missiles air-air AIM-9M et AIM-120 AMRAAM. Normalement, chaque squadron déploie douze avions équipés en tout de six nacelles d'acquisition d'objectifs par laser Nighthawk FLIR et de trois nacelles informatisées pour les missiles AGM-84E SLAM. Les trois formations présentent peu de différences :

L'insigne du Strike Fighter Squadron 82 (VFA-82), les « Marauders ». *Jack Ryan Enterprises, Ltd, par Laura DeNinno*

• **Strike Fighter Squadron 82 (VFA-82 – the Marauders)** – Basés à la NAS Cecil Field en Floride, les Marauders volent sur la nouvelle version block 18 du F/A-18C qui a une détection affinée par le nouveau radar APG-73. Ce dernier sera monté dans le nez des F/A-18E/F Super Hornet quand ils entreront en service. Le APG-73 procure une remarquable résolution cartographique par tous temps ainsi que la faculté d'identifier chaque type d'avions ennemis.

L'insigne du Strike Fighter Squadron 86 (VFA-86), les « Sidewinders ». *Jack Ryan Enterprises, Ltd, par Laura DeNinno*

• **Strike Fighter Squadron 86 (VFA-86 – the Sidewinders)** – Également basés à la NAS Cecil Field, le VFA-86 a longtemps été associé au VFA-82. Le VFA-86 vole sur le Hornet block 10.

L'insigne du Marine Fighter Attack Squadron 251 (VMFA-251), les « Thunderbolts ». *Jack Ryan Enterprises, Ltd, par Laura DeNinno*

• **Marine Strike Fighter Squadron 251 (VFMA-251 – the Thunderbolts)** – La marine emprunte régulièrement au Marine Corps des unités de chasseurs-bombardiers et de guerre électronique capables d'opérer depuis un porte-avions, cela afin de compléter les wings qui partent en campagne. Basés à la MCAS Beaufort en Caroline du Sud, les Thunderbolts volent sur F/A-18C du block 16.

En plus des chasseurs-bombardiers, l'air wing intègre des squadrons de soutien qui assument des missions spécialisées au profit du groupe de combat.

L'insigne du Carrier Airborne Early Warning Squadron (VAW-123), les « Screwtops ». *Jack Ryan Enterprises, Ltd, par Laura DeNinno*

• **Airborne Early Warning Squadron 123 (VAW-123 – the Screwtops)** – Volant sur E-2C Hawkeye, les Screwtops assurent la couverture AWACS du groupe *GW*. Basé à la NAS Norfolk en Virginie, le VAW-123 est l'un des plus anciens squadrons de surveillance électronique de la marine. La spirale bleue et jaune de l'insigne est reprise sur le radôme de chaque avion.

L'insigne du Sea Control Squadron (VS-32), les « Maulers ». *Jack Ryan Enterprises, Ltd, par Laura DeNinno*

• **Sea Control Squadron 32 (VS-32 – the Maulers)** – De tous les squadrons affectés au CVW-1, aucun n'a vu son rôle changer et s'amplifier comme celui des Maulers du VS-32. Avec leurs huit S-3B Viking, ils assurent la surveillance maritime et anti-sous-marine. Mais leur mission la plus précieuse reste le ravitaillement en vol au profit des autres appareils du wing. Ils sont basés à la NAS Cecil Field.

L'insigne du Tactical Electronic Warfare Squadron 137 (VAQ-137), les « Rooks ». *Jack Ryan Enterprises, Ltd, par Laura DeNinno*

• **Tactical Electronic Warfare Squadron 137 (VAQ-137 – the Rooks)** – Le VAQ-137 est chargé de supprimer et de brouiller les radars et les communications ennemis. L'unité dispose de quatre EA-6B Prowler. Le VAQ-137 est basé à la NAS de Whidbey Island, État de Washington.

L'insigne du Helicopter Antisubmarine Squadron 11 (HS-11), les « Dragon Slayers ». *Jack Ryan Enterprises, Ltd, par Laura DeNinno*

• **Helicopter Antisubmarime Squadron 11 (HS-1 – the Dragon Slayers)** – Les Dragon Slayers du HS-11 ont vu leurs capacités et leurs responsabilités s'amplifier récemment. En plus du rôle traditionnel de protection rapprochée du groupe de combat contre la menace sous-marine, le squadron ajoute le soutien aux opérations spéciales et les missions de recherche et de sauvetage. Il déploie quatre SH-60F (ASM) et deux HH-60H (SAR/opérations spéciales), versions du Seahawk. Le HS-11 est basé à Jacksonville en Floride.

L'insigne du Fleet Air Reconnaissance Squadron 6 (VQ-6), les « Black Ravens ». *Jack Ryan Enterprises, Ltd, par Laura DeNinno*

• **Fleet Air Reconnaissance Squadron 6, Detachment " C " (VQ-6, Det.C – the Black Ravens)** – Volant sur l'un des plus récents avions navals, les Black Ravens sont spécialisés dans la surveillance électronique, l'espionnage et l'acquisition. Avec leurs trois ES-3 Shadow, le détachement peut, au moyen d'une nacelle de ravitaillement et de réservoirs supplémentaires, participer au ravitaillement en vol. Le modeste effectif embarqué des ES-3 signifie que l'état-major et le centre de perfectionnement restent à la NAS Cecil Field tandis que d'autres détachements sont affectés à chaque CVW.

L'insigne du Fleet Logistics Squadron 40 (VRC-40), les « Rawhides ». *Jack Ryan Enterprises, Ltd, par Laura DeNinno*

• **Fleet Logistics Support Squadron 40, detachment 1 (VRC-40, Det.1 – the Rawhides)** – La fonction la moins valorisante du CVW-1, pourtant indispensable, est le soutien logistique. Les Rawhides volent sur deux C-2A Trader détachés auprès du CVW-1. Le VRC-40 est basé à Norfolk.

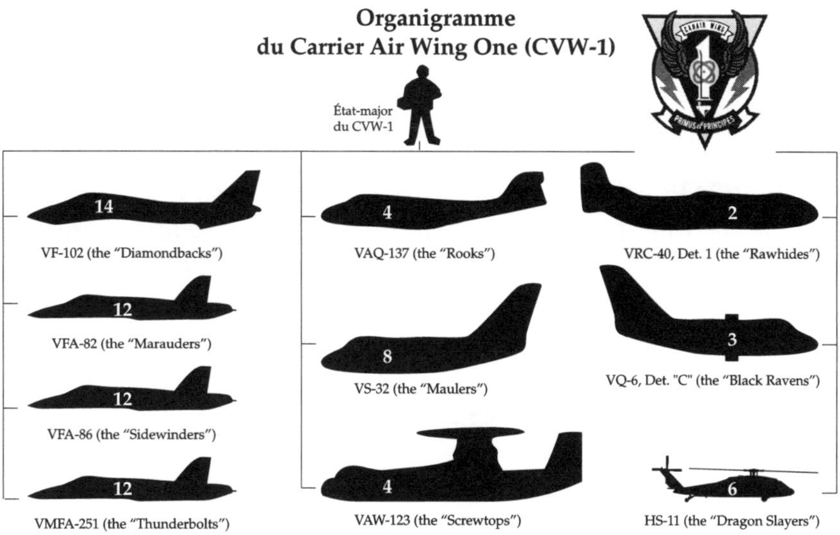

Jack Ryan Enterprises, Ltd, par Laura DeNinno

Tous ces moyens aériens procurent au *Captain* Stufflebeem une unité structurée et puissante, capable de déverser un déluge de feu sur des objectifs navals comme terrestres. Si le CVW-1 présente une faille, ce serait le nombre restreint des appareils. Avec à peine plus de soixante-dix avions, la moindre perte serait ressentie au niveau des ressources comme du moral de l'unité. Elle n'en reste pas moins une force redoutable si elle est correctement employée.

Croiseurs et destroyers du Groupe Deux : l'encadrement du « Bateau »

Les porte-avions et les sous-marins sont les plus prestigieux et les plus onéreux représentants de la marine mais, même à l'ombre de ces super-stars, croiseurs, destroyers et frégates sont bien visibles et assurent un rôle vital dans le groupe de combat. Ces petits navires (si tant est qu'un croiseur de dix mille tonnes puisse justifier cet adjectif) emportent une puissance de feu au volume et à la précision en augmentation. Des systèmes comme l'Aegis, le missile de croisière Tomahawk, le missile surface-air SM-2 et l'hélicoptère SH-60 LAMPS III sont communs sur les unités de surface. Après les coupes claires budgétaires des années 90, les frictions entre les navires de surface, les sous-marins et les aviateurs se sont estompées pour ouvrir la voie à une forme unique de guerre « combinée ».

Auparavant, chaque CVBG dépendait d'un Groupe de porte-avions (CARGRU) commandé par un vice-amiral d'escadre issu de l'aéronavale. L'escorte formait un Groupe croiseurs-destroyers (CRUDESGRU) et la fusion avec un porte-avions constituait le groupe de combat. Actuellement, la moitié seulement des CVBG a conservé cette structure. Les autres dépendent du commandant du CRUDESGRU (un vice-amiral traditionnellement appelé « Commodore »). Des éléments extérieurs peuvent lui être affectés – ARG, MEU (SOC) des Marines, MCM (flottilles de chasseurs de mines), des équipes SEAL, etc.

Le groupe *GW* inclut les navires du Groupe Deux de Croiseurs-Destroyers (CRUDESGRU Deux), basé à Norfolk. Commandé par

Le vice-amiral Michael Mullen, commandant le groupe de combat aéronaval du *George Washington. John D. Gresham*

le contre-amiral Mullen, il réunit des navires anciens et de très récents.

Le PC de l'amiral Mullen occupe une portion du « pays bleu » du *George Washington*, confortable et meublée avec raffinement mais bruyante en raison des mouvements aériens un pont au-dessus. Son état-major du CRUDESGRU 2 partage cette portion. C'est de là qu'il commande tous les bâtiments de la force. Voyons les composants du CRUDESGRU 2 :

- **USS *Normandy* (CG-64)** – Version améliorée de la classe de croiseurs Aegis *Ticonderoga*, le *Normandy* est commandé par le CV James F. Deppe. Le croiseur est déjà crédité d'un bilan opérationnel flatteur. Il a tiré plus de missiles de croisière BGM-109 Tomahawk (13 sur la Bosnie en 1995 lors de l'opération Deliberate Force) qu'aucun autre croiseur. Le cœur de sa puissance de feu repose sur le système de combat Aegis et ses quatre radars séquentiels qui traitent une centaine d'objectifs à la fois. Les navires Aegis peuvent engager simultanément des douzaines de cibles aériennes (aéronefs et missiles) avec les SAMSM-2 tout en dirigeant les armes des autres bâtiments du groupe. Son armement se compose de 122 missiles – Standard SM-2, BGM-109 Tomahawk – tirés par deux systèmes de lanceurs verticaux Mk 41 et les lanceurs verticaux RUM-139A de roquettes anti-sous-marines. En plus des deux canons de 127 mm et des missiles, le *Normandy* emporte deux hélicoptères SH-60B Seahawk armés de missiles AGM-119 Penguin et de torpilles anti-sous-marines.
- **USS *South Carolina* (CGN-37)** – Commandé par le CV David K. Brown, le *South Carolina* est le seul de l'escorte à

Le croiseur Aegis lance-missiles USS *Normandy* (CG-60), l'un des composants des escorteurs du groupe de combat aéronaval du *George Washington. John D. Gresham*

pouvoir accompagner à grande vitesse le *GW* pour un déploiement lointain consécutif à une crise, et ce sans problème de ravitaillement. Le *South Carolina* est équipé du « New Threat Update » (NTU), module informatique interface avec les bâtiments Aegis dont il reçoit de leurs ordinateurs les paramètres de tir. Ce qui s'avère particulièrement utile car les moniteurs des missiles du *South Carolina* (antennes plates orientables émettant un intense et étroit faisceau micro-ondes qui illumine l'objectif au profit de l'autodirecteur du missile) sont plus efficaces en eaux côtières que ceux de la classe Aegis.

• **USS *Carney* (DDG-64)** – Bâtiment récent, le *Carney* appartient à la classe de destroyers Aegis *Arleigh Burke.* Déplaçant 8 300 tonnes (contre les 10 000 des croiseurs classe *Ticonderoga*), les *Burke* sont les premiers navires de guerre américains conçus selon la technologie de furtivité qui réduit leurs signatures radar et infrarouge. Ils disposent des mêmes systèmes Aegis et d'armements mixtes que les croiseurs mais d'une dotation missiles inférieure (quatre-vingt-seize missiles et un unique canon de 54 mm sous tourelle) et ils n'ont pas de hangar pour hélicoptères.

• **USS *John Rogers* (DD-983)** – Unité modernisée de la classe de destroyers *Spruance*, le *John Rogers* embarque deux hélicoptères SH-60 LAMPS détachés du HSL-46.

Outre les quatre croiseurs et destroyers, le CRUDESGRU 2 aligne deux frégates lance-missiles de la classe *Oliver Hazard Perry*. Ces bâtiments, de déplacement plus modeste (3 660 tonnes), sont particulièrement précieux pour des opérations sur le littoral. Bien que limitées en artillerie et missiles, les *Perry* ont de bons sonars pour traquer les sous-marins en eaux peu profondes, une bonne infrastructure pour un hélicoptère et une vaste expérience d'embargo maritime et d'opérations combinées anti-drogue [1].

- **USS *Boone* (FFG-28)** – Le *Boone* emporte un SH-60B Seahawk détaché du HSL-42.
- **USS *Underwood* (FFG-36)** – Comme le précédent, le *Underwood* emporte un SH-60B Seahawk du HSL-44.

Les deux derniers bâtiments du groupe GW sont deux sous-marins nucléaires d'attaque remodernisés de la classe *Los Angeles* qui offrent à l'amiral Mullen des possibilités additionnelles que l'on ne peut décrire qu'en termes généraux, en raison de l'épais rideau de sécurité qui entoure le « Service silencieux ». En plus de la chasse de tout sous-marin ennemi, ils peuvent tirer des missiles de croisière Tomahawk, traquer des unités de surface, intercepter des renseignements électroniques et infiltrer/exfiltrer des membres des forces spéciales. Ces deux sous-marins sont le USS *Toledo* (SSN-769) et le USS *Annapolis* (SSN-760).

La logistique est sûrement la tâche la moins « sexy » des opérations navales mais les approvisionnements sont toujours la première préoccupation et un motif de soucis pour les professionnels de la guerre. On ne peut prendre la mer sans soigneusement planifier le soutien des bâtiments logistiques sur de nombreux mois et à des milliers de milles. Une grande marine se mesure au fait qu'elle est capable de maintenir des opérations indéfiniment. La marine américaine fut le pionnier du ravitaillement en mer il y a soixante ans.

- **USS *Seattle* (AOE-3)** – Le grand avantage des navires nucléaires est qu'ils s'affranchissent de carburant pour leur pro-

1. Les frégates sont fréquemment au cœur des interventions navales. Deux d'entre elles, *Stark* et *Samuel B. Roberts*, furent gravement endommagées par des missiles et des mines au cours d'opérations dans le golfe Persique à la fin des années 80. Elles s'en tirèrent et servent encore. Les *Perry* jouèrent un rôle clé dans les embargos maritimes frappant l'Irak, la Bosnie et Haïti sans oublier les engagements durant Tempête du désert.

pulsion. Avec quatre bâtiments nucléaires (porte-avions, croiseur et deux sous-marins), le groupe de combat *GW* n'a pas besoin d'une flottille de pétroliers. Un seul navire de soutien est affecté au groupe *GW* mais quel navire ! Avec plus de 53 000 tonnes à pleine charge, le USS *Seattle* (de la classe *Sacramento*) emporte du carburant aviation, des vivres frais, des pièces détachées, des fournitures diverses et des munitions. Il peut assumer sa propre défense grâce aux missiles SAM Mk 29 Sea Sparrow, à deux canons de 20 mm Mk 15 Phalanx et à un système intégré SLQ-32 de contre-mesures électroniques.

Les partenaires du Groupe d'intervention amphibie

Au moment de la rédaction de mon précédent ouvrage consacré au Marine Corps, l'association entre le CVBG et l'ARG/MEU (SOC) en Task Forces combinées était un concept très récent[1]. La réunion de ces deux puissantes et flexibles unités soulevait des barrières d'ordre technique, institutionnel et culturel qu'il fallait surmonter. Pourtant, une fois mis en œuvre, ce concept a prouvé sa valeur dans les Balkans, à Taïwan, en Afrique et dans le golfe Persique. Le duo CVBG/ARG/MEU (SOC) a contribué à préserver les intérêts américains dans la fournaise internationale des années 1990.

Pour sa croisière en Méditerranée en 1997-1998, le groupe *GW* accueillit une ARG articulée autour de l'Amphibious Squadron Two (PHIBRON-2). Les quatre bâtiments de guerre amphibie étaient le USS *Guam* (LPH-9), le USS *Shreveport* (LPD-12), le USS *Ashland* (LSD-48), le USS *Oak Hill* (LSD-51). Le « Commodore ARG », le CV Phillip Sowa, mit sa marque sur le navire d'assaut porte-hélicoptères USS *Guam* (LPH-9). Bien que le *Guam*

1. Pour en savoir davantage sur l'ARG (Groupe d'intervention amphibie), le MEU/SOC (force de projection extérieure à capacité de forces spéciales) ainsi que sur leurs composants et leurs missions, se reporter à *Les Marines, visite guidée au cœur d'une unité d'élite*, Albin Michel, 2000.

Le porte-hélicoptères USS *Guam* (LPH-9), navire amiral du groupe d'intervention amphibie affecté au groupe de combat aéronaval *George Washington*. *John D. Gresham*

ait un pont d'envol de dimensions inférieures, un hangar comme ceux du plus récent *Tarawa* (LHA-1) et des bâtiments d'assaut de la classe *Wasp* (LHD-1), l'ARG a trouvé le moyen de compenser ces inconvénients. Pour pallier le manque d'espace de pont et de capacité de parcage pour les véhicules comme les matériels, l'ARG a un transport d'assaut (LSD) qui emporte tout ce dont a besoin une MEU (SOC). L'espace restreint du pont d'envol du *Guam* réduit à quatre le nombre de AV-8B Harrier II détachés auprès de la MEU. Pour le soutien aérien rapproché, la MEU peut compter sur les F/A-18 Hornet du Marine Corps souvent embarqués à bord d'un super-porte-avions car les Marines préfèrent que ce soient leurs propres aviateurs qui assurent leur couverture lors de débarquements.

La force de frappe de l'ARG est ce qu'elle peut mettre à terre : les Marines et leur « étoffe ». Ce qui lui manque est comparable à la pénurie d'un CVBG : le nombre. Quelques milliers de marins et de Marines en face de dizaines de milliers de combattants dirigés par des despotes. Mais qu'ils soient Marines ou marins de la flotte amphibie lancés dans l'aventure du combat, ils sont assurés que d'autres soldats américains sont en route pour les épauler.

« Chiens et chats » : les unités annexes

CVBG, ARG et MEU (SOC) ne sont que trois des nombreuses formations qui sont la « propriété » du Commandement américain de l'Atlantique (USACOM) à Norfolk. Avant que l'une des trois ne soit engagée au combat, elle sera renforcée d'unités additionnelles de soutien. Ce qui suit n'est pas une liste exhaustive mais elle concerne ce qui a été mis à contribution depuis plus de dix ans.

• **Soutien aérien terrestre** – En plus du CVW-1 et du HMM-263, le groupe de combat GW a souvent besoin du renfort d'avions basés à terre pour soutenir des interventions à long terme dans des zones à hauts risques. Ceci fut mis en valeur lors de Tempête du désert et Joint Endeavour. Ces renforts aériens peuvent comprendre :

– **Ravitailleurs en vol** – Chaque CAG espère, convoite davantage de ravitailleurs. Depuis le retrait des KA-6D Intruder, le CAG ne « possède » plus que des S-3 Viking et ES-3 Shadow qui emportent sous les ailes des conteneurs de ravitaillement en vol. Chaque conteneur peut fournir 3 627 kg de carburant. Soit moins du tiers de la quantité délivrée par un seul KA-6D, ce qui rend précieux le concours de ravitailleurs terrestres. Le détachement de ravitailleurs KC-130 Hercules des Marines est une option. D'autres tankers peuvent faciliter la vie du CVW-1. Les avions embarqués sont dotés de perches de ravitaillement qui s'adaptent à la plupart des tankers de l'USAF ou de l'OTAN. Les grands KC-10 Extender de l'Air Force, qui peuvent ravitailler au moyen de la perche ou du tuyau souple, sont particulièrement prisés. Un KC-10A emporte dix fois plus de carburant transférable qu'un S-3/ES-3 et a une autonomie largement supérieure. Un des « trucs » favoris de la marine est d'utiliser un quadriréacteur terrestre comme le KC-135 comme « vache à lait » pour des S-3/ES-3 qui transfèrent à leur tour le carburant à d'autres avions embarqués.

– **Avions d'alerte avancée (AEW)** – En 1982, la Royal Navy apprit à ses dépens la guerre moderne sans le soutien d'un AWACS. Des navires furent coulés, un grand nombre de marins perdirent la vie et la reconquête des Falkland fut compromise. Si les quatre E-2C Hawkeye du VAW-123 possèdent d'excellentes capacités AEW, l'amiral Mullen est heureux d'ajouter d'autres yeux dans le ciel. Qu'un E-3 Sentry de l'Air Force soit disponible, il sera bien utilisé. Les systèmes informatiques des navires sont parfaitement compatibles avec les ordinateurs des AWACS de l'Air

Force et de l'OTAN. La discrétion radio est aussi compatible dès que chacun est correctement codé.
– **Surveillance terrestre J-STARS** – Le groupe du GW a de puissants capteurs pour fouiller le ciel mais son habileté à détecter et à poursuivre un objectif en surface ou terrestre est plus limitée. Les S-3B du VS-32 effectuent un bon travail de surveillance tous-temps mais qui est obéré par leur mission de ravitaillement en vol, de lutte ASM et le contrôle des plateformes. La poursuite d'un objectif terrestre en temps réel est encore plus difficile. Si le besoin de suivre une menace terrestre se pose, le commandant en chef local demande à l'USAF quelques E-8 dotés du système J-STARS de surveillance mixte, de poursuite et de reconnaissance. Le E-8 emporte le radar SAR à balayage latéral et ouverture synthétique qui détecte des objectifs terrestres fixes et/ou mobiles. Le J-STARS a des modes spéciaux pour détecter et poursuivre des objectifs navals. Il transmet les coordonnées au CVBG par liaison informatique. Conçu pour une surveillance « large », le J-STARS peut contrôler des milliers de kilomètres carrés à la fois.
– **Air Force Wings** – Le CVW-1 est entraîné et équipé pour opérer en collaboration avec d'autres armes et même des pays amis. Cela reflète une profonde transformation de la pensée de la marine depuis 1990 même si jusqu'en 1995, ça restait marginal. Depuis, le CVBG a la capacité d'émettre et d'utiliser les ATO (Ordres d'opérations quotidiens) pour toutes formes d'interventions aériennes (frappes, chasse libre, « reco », transport aérien, assaut aéroporté, tirs de missiles de croisière, missions SAR). Nous verrons un jour des escadres de projection extérieur de l'USAF (comme le 366th Wing, unité composite de chasseurs, de bombardiers et de tankers) en soutien direct d'opérations aéronavales ou assurer la couverture d'un CVBG ou d'une ARG.
– **Aviation des Marines** – Le Marine Corps peut rapidement détacher un squadron de biplace d'attaque tous-temps F/A-18D Hornet pour appuyer les opérations de CVBG, d'ARG et MEU (SOC). Équipés de nacelles laser de poursuite pour bombes et de missiles AIM-120 AMRAAM et AGM-65 Maverick, les Hornet sont des avions d'attaque performants. Les Marines disposent aussi de EA-6B Prowler de guerre électronique et de brouillage qui peuvent épauler ceux déjà embarqués. De plus, les

Hornet et les Prowler des Marines, étant dotés de crosses d'appontage, n'ont aucune restriction pour opérer à partir d'un porte-avions.

• **Soutien de reconnaissance** – Pour efficacement planifier des frappes aériennes, il faut une imagerie instantanée des objectifs, et des spécialistes du renseignement pour analyser ces images. Le quartet de F-14 doté du TARPS incarne l'outil embarqué de reconnaissance. Les nacelles TARPS anciennes renferment des rouleaux de films qu'il faut développer au retour du F-14. Les nouveaux conteneurs TARPS numériques transfèrent au porte-avions les images dès leur prise. Les autres sources d'imagerie sont variées ; l'imagerie satellitaire viendra du National Reconnaissance Office (NRO) de Chantilly, en Virginie ; avec sa flotte de satellites, d'engins sans pilote, etc., il peut être contacté par l'état-major du CVBG. Pour traiter et fournir les prises de vues et d'autres produits, la National Imaging and Mapping Agency (NIMA) fut créée en 1996. La NIMA combine sous le même toit les services du NRO, du Central Imaging Office (CIO), du National Photographic Center (NPIC) et la Defense Mapping Agency (DMA). Cartes numérisées ou sur papier, photographies annotées, représentations graphiques d'un objectif faite à la demande peuvent être fournis par les centres mixtes de renseignements pour être ventilés aux officiers de renseignement des unités aériennes qui en ont besoin.

Depuis 1998, les militaires ont la ressource d'utiliser l'imagerie satellitaire commerciale qui produit des clichés jusqu'à un mètre de résolution (assez bons pour distinguer un char d'un camion mais insuffisants pour en discerner le modèle). À l'usage, les militaires seront probablement parmi les plus importants clients de l'imagerie commerciale en raison de son moindre coût, de ses délais et surtout parce que les documents fournis ne sont pas classifiés, ce qui évite le monceau de paperasse exigé par les organismes officiels !

Les drones (UAV) sont en constant progrès dans le domaine de la reconnaissance. Le Pioneer est en service chez les Marines et la première unité de Predator de l'Air Force (le 11th Reconnaissance Squadron) de Nellis AFB existe depuis quelques années. Le Predator dérive du Gnat 750 qui fut expérimenté au combat par la

Engin sans pilote Predator en vol à proximité du USS *Carl Vinson* (CVN-70) lors de manœuvres au large du sud de la Californie. Dans les toutes prochaines années, de tels drones feront partie de l'environnement d'un groupe de combat aéronaval. *US Navy*

CIA en Bosnie en 1994 ; des Predator furent expérimentés à partir du CVN-70 *Carl Vinson* au large des côtes californiennes. La marine peut recevoir les informations de Predator comme les contrôler à partir du porte-avions. Des essais ont même été effectués à partir de sous-marins nucléaires !

En plus des drones précités, l'élaboration d'engins capables de surveillance à longue durée progresse. Parmi eux, le Lockheed Martin Dark Star et le Hawk de Teledyne Ryan Global, qui aura un rayon d'action encore supérieur au précédent. Les systèmes de transmissions de données et les stations de contrôle suivent le même cursus pour faciliter l'exploitation des drones. Le RF-18D Hornet, mis en service en 1997 et équipé du nouveau système de reconnaissance tactique ATARS, est le dernier-né de la « reco » traditionnelle.

• **Renseignement** – En plus des organismes précités d'imagerie et de cartographie, le groupe GW peut profiter de diverses institutions « fantômes » :

– **National Security Agency (NSA)** – La NSA qui contrôle et collecte toutes les émissions électroniques et radio est d'un précieux concours pour une formation navale. Un compartiment étroit classé haute sécurité nommé Espace d'exploitation des communications capte au profit des commandants de CVBG, d'ARG et de MEU, un monceau de renseignements électroniques émanant de sources variées dont les avions d'espionnage électronique RC-135 Rivet Joint et EP-3 Orion et les satellites militaires espions. Des capteurs embarqués sont à même d'intercepter et d'analyser les signaux électroniques, des missiles sol-air aux radars de trafic aérien et des téléphones portables aux téléviseurs.

– US Space Command (US SPACECOM)– Basé à Falcon AFB dans le Colorado, le US SPACECOM fournit toutes les informations recueillies dans l'espace et présentant de l'intérêt pour des opérations. Ses principaux vecteurs sont les satellites météo, de navigation GPS et de communications, d'alerte aux missiles balistiques et, dans le futur, d'un centre de théâtre opérationnel de commandement et de contrôle anti-missiles.

– Cable News Network (CNN) – Après quelques verres, les analystes du renseignement vous confieront que CNN est la meilleure source d'informations en temps réel. L'un des plus importants bénéfices du système Challenge Athena est de fournir aux commandants et aux états-majors l'accès à des réseaux tels que CNN, Skynet et MSNBC. Bénéfice qui se répercute sur le moral de l'équipage qui suit en direct les informations et les retransmissions sportives du pays.

Le concept opérationnel du groupe de combat aéronaval

Quand ceux de l'armée parlent de « doctrine », les marins pensent CONOPS. « Doctrine », ou CONOPS, signifie l'art de faire la guerre à l'américaine. Pour les officiers supérieurs de la marine, la tradition l'emporte sur la technologie quand ils réfléchissent à CONOPS. Des formations embarquées sont plus « friables » que leurs homologues de l'USAF basées à terre. Avec peu d'avions et leur remplacement qui demandera des semaines, la perte de chaque avion et de son équipage prend une autre proportion. Les pachas de porte-avions et les commandants de formations doivent être précautionneux dans l'engagement de leurs ressources limitées, tout en faisant preuve d'audace dans l'exécution de la mission. L'équilibre entre ces deux impératifs conflictuels est un cadeau, qui peut déboucher sur le génie tactique opérationnel. Et la possibilité d'un tel choix est rare.

Dès le début, les aviateurs appartiennent à une communauté soigneusement sélectionnée et seuls les meilleurs des meilleurs accèdent au commandement d'un porte-avions, d'un air wing ou d'un groupe de combat. Là réside peut-être l'explication du succès des aviateurs de la marine, non seulement pour accéder aux plus hautes fonctions de la hiérarchie militaire mais également dans la politique et l'industrie. Ils n'ont pas seulement « l'étoffe des héros ». Ils ont le vrai CONOPS.

Un groupe de combat aéronaval bien entraîné et dirigé est l'outil idéal pour un large éventail de missions parmi lesquelles on distingue :

- **Présence** – Se faire voir est la mission première d'un CVBG en temps de paix. Le fait de déployer un groupe de porte-avions met une sourdine aux antagonismes locaux, comme cela s'est produit à Taïwan en 1996 quand deux CVBG dissuadèrent la République populaire de Chine d'attaquer Formose. C'est très simple : si vous attaquez un navire américain, *même de faible tonnage*, vous provoquez un incident international. Si vous attaquez un porte-avions américain, vous vous placez vous-même en situation de guerre avec le peuple des États-Unis. *Vous êtes perdu.* Aucune question ?
- **Montrer la force** – Ce pourrait être mieux décrit comme un avertissement sans frais de la puissance militaire ou l'envoi d'un message. Cette action militaire sous-entend l'emploi de la force contre un objectif spécifique. L'opération Desert Strike contre l'Irak en 1996 et le raid sur la Libye en 1986 en sont des exemples.
- **Embargo maritime** – Au temps de la marine à voile, ça s'appelait un blocus. Si l'interprétation moderne des lois internationales a rendu obsolète le concept du blocus, l'embargo maritime et les arraisonnements ou inspections sont des activités basiques pour le CVBG. En 1994, les États-Unis et leurs alliés engagèrent conjointement des opérations d'embargo contre l'Irak, Haïti et les Balkans.
- **Respect de la liberté de navigation** – La « liberté des mers » est un concept que l'US Navy hérita de la Pax Britannica à l'ère

impériale où la Royal Navy maintenait la « légitimité du droit de passage » à l'ombre de ses canons et sur toutes les mers du globe. Pour un régime totalitaire, la notion de liberté de navigation est aussi abstraite que les autres libertés. Les dictateurs sont souvent tentés de fermer leurs eaux côtières appliquant la règle similaire de ce vaurien de surfeur : « C'est ma plage, c'est ma vague. » Les États-Unis ne toléreront jamais la moindre interdiction ou restriction de la liberté de navigation dans des eaux internationales reconnues. Les interventions contre les Libyens en 1981 et 1986 sont des classiques de cette mission.

- **Protection navale** – Des navires de grande valeur comme les pétroliers, les porte-conteneurs ou les transports militaires ont parfois besoin d'une escorte au large de côtes hostiles ou pour la traversée d'eaux dangereuses. Avec leur potentiel aérien, de surface et sous-marin, les CVBG offrent une sérieuse protection. En 1988 et 1989, l'escorte de pétroliers koweitiens battant pavillon américain dans le golfe Persique le prouve.
- **Soutien expéditionnaire** – « Expéditionnaire » sous-entend invasion, la phase ultime d'expression de la force. Bien que rares, les invasions existent encore. En 1983, l'invasion de la Grenade, les débarquements américains à Beyrouth à la même époque et la libération d'Haïti en 1994. Les CVBG et les ARG en furent les maîtres-d'œuvre.
- **Pouvoir de projection** – Parfois, il est nécessaire de faire des sorties assez longtemps sur un littoral dans le cadre d'une intervention nationale à long terme. Tempête du désert et les opérations dans le golfe du Tonkin pendant la guerre du Viêtnam en sont des exemples. Ce type d'opérations implique deux CVBG, ou davantage, qui se partagent la charge des interventions sur plusieurs jours ou semaines. La règle de cette forme de guerre est de ménager les aviateurs et de maintenir à jour les stocks de munitions pour la bonne continuation des interventions.

Chacune de ces missions veut que l'on dispose de tous les éléments du CVBG en bon ordre, de façon à permettre au commandant du groupe de combat une gamme de solutions pour arrêter ou vaincre toute action hostile. Toutefois, ce même commandant ne peut mener à bien sa mission que s'il a le soutien

Opération d'évacuation de personnels civils (NEO) conduite par des Marines. Ce type d'intervention est devenu un classique des forces armées depuis la fin de la guerre froide. *US Navy*

politique des plus hautes instances nationales, une liberté d'action du commandant en chef local dont il dépend et les sacro-saintes règles d'engagement (ROE).

Comment le pacha d'un CVBG comme l'amiral Mullen utiliserait-il son outil pour gérer une crise ? Depuis le début des années 90, des douzaines de conflits d'ordre national, tribal, ethnique et religieux ont éclaté. Ils durent des années sans que l'un ou l'autre des camps ne prenne un avantage décisif. Au cours de ce chaos, l'évacuation quasi immédiate des citoyens américains et d'autres non-combattants de la zone de guerre est exigée pour prévenir des massacres ou des prises d'otages comme cela s'est produit en Iran en 1979.

Dans un cadre « typique » NEO (Opération d'Évacuation de Non-Combattants), les Marines de la MEU (SOC) volent jusqu'à la capitale du pays pour renforcer la garde de l'ambassade américaine et protéger l'évacuation des non-combattants par les hélicoptères jusqu'aux navires qui attendent au large. Les États-Unis et leurs alliés ont mené des douzaines de NEO dans ces dernières années, notamment en Afrique occidentale et aux Balkans. Une NEO est généralement entreprise en toute indépendance par les ARG/MEU (SOC) et quelques bâtiments d'escorte. Pendant Bouclier du désert (1990), des NEO furent exécutées simultanément en Somalie et au Liberia sans prélever de forces destinées au Golfe. La plupart des combattants dans une guerre civile ont le bon sens de ne pas interférer dans les NEO. Toutefois, quelques terroristes fanatiques ou guerriers drogués ne peuvent résister à leur envie de prouesses en face des Marines. Le pire d'une NEO est l'investissement d'une ville par les rebelles. Pas les canailles d'une guérilla avec des AK-47 et des RPG-7 mais des forces bien équipées et entraînées disposant d'artillerie, de blindés, d'hélicoptères, voire de chasseurs-bombardiers. Disons qu'ils sont résolus à s'opposer à une intervention américaine. Non sur le plan de la rhétorique mais concrètement par la fermeture des voies d'évacuation, routes, ports et aéroports laissant plusieurs milliers de civils pris au piège dans les ambassades d'une ville cernée. Pour souligner leur dégoût des Occidentaux, les rebelles ont tiré sur les gardes de l'ambassade et tué quelques hommes des renforts, ce qui va provoquer une réaction des médias internationaux.

Cette situation échappant à tout contrôle, un combiné CVBG/ARG/MEU (SOC) est dépêché pour libérer les otages avec un minimum de pertes. Avec la bénédiction présidentielle, le pacha amène son escadre au large du pays troublé et confère avec ses commandants d'unités. De leur côté, les services de renseignements recueillent sans relâche et retransmettent toute l'imagerie, les cartes et les données sur les menaces potentielles.

Au moment où le groupe de combat arrive au large des côtes, les rebelles et les forces loyalistes s'affrontent dans le quartier des ambassades et l'aviation insurgée bombarde la ville. La mission du CVW est d'assurer la protection des hélicoptères des Marines contre toute menace aérienne et de permettre la translation des évacués à bord des navires de l'ARG. Le CVW place en alerte une patrouille de F-14 Tomcat épaulée par un E-2C Hawkeye de surveillance. Parallèlement et à destination des rebelles comme du reste du monde, les porte-paroles des ministères des Affaires étrangères et de la Défense sont explicites quant aux intentions de la force d'intervention ; les Américains feront usage de la force contre quiconque fera obstruction à l'évacuation.

L'étalage de la puissance dissuade les rebelles de toute action. Ce qui est précisément voulu. Dans le même temps, les unités aériennes sont prêtes. Le CAG gère l'espace aérien sectoriel pour éviter toute collision aérienne ou une incursion ennemie. Chaque mission aérienne intervient avec un décalage d'une heure pour permettre aux équipages de souffler un peu et aux équipes de pont de réapprovisionner les appareils.

Un bâtiment Aegis se rapproche de la côte avec un de ses hélicoptères HH-60G SAR/opérations spéciales prêt à intervenir pour secourir l'équipage d'un aéronef abattu. L'escorte assure la surveillance radar de l'espace aérien et forme une « bulle » protectrice avancée grâce à ses missiles surface-air au profit des navires de l'ARG pour le cas où les rebelles tenteraient un raid aérien contre eux. À ce moment, la première vague des renforts de Marines héliportés arrive à l'ambassade et prépare l'évacuation des premiers réfugiés. Au cours des heures suivantes, les hélicoptères bondés vont faire la navette sur les navires de l'ARG. Les évacuations peuvent concerner des centaines et parfois des milliers de civils. Il faudra donc des heures pour les extraire de la zone des combats, laps de temps pendant lequel tout peut arriver.

Au bout de quelques heures, les rebelles ont soigneusement noté les fréquences des rotations et les routes des hélicoptères dans l'intention de donner une leçon aux Américains. Sous le couvert de la nuit, une batterie motorisée de missiles sol-air (SAM) dirigés par radar se porte dans le corridor d'évacuation. Quand l'aurore se lève, quelques MiG tentent d'intercepter une formation d'hélicoptères. Ces menaces ne constituaient pas une surprise. Quelques milles au large, les opérateurs d'un ES-3 Shadow interceptaient les communications radio entre la batterie et le QG rebelle, ainsi que toutes les communications émises par la base de MiG dans la périphérie de la ville. Pour contrer la menace, le CAG affecte une patrouille supplémentaire de chasse aux hélicoptères et prévoit des routes alternatives pour ces derniers.

Soudain, un EA-6B Prowler commence à détecter les émissions d'un radar de veille de SAM. Le Prowler tire deux missiles antiradar AGM-88 HARM qui détruisent, quelques secondes plus tard, le camion de contrôle de la batterie. Peu après, une paire de F/A-18 Hornet plongent sur le secteur et détruisent les rampes de lancement de SAM à l'aide de bombes guidées laser et de missiles AGM-65 Maverick.

À peine les chasseurs-bombardiers ont-ils achevé leur œuvre de mort que les systèmes sécurisés de transmissions de données avertissent que le Hawkeye et le ES-3 vectorisent plusieurs formations de MiG. Immédiatement, le commandant du CVW place ses chasseurs pour les stopper et désigne ses meilleurs avions pour l'interception (ceux-ci possèdent des radars « furtifs » à faible probabilité d'interception – LPI – et à modes NCTR). Tout en se mettant en place, les chasseurs américains accrochent sur leurs radars les chasseurs rebelles. Ils tirent leurs missiles air-air AIM-120 AMRAAM à portée maximum. Plus de la moitié des MiG est transformée en boule de feu. Les autres ne demandent pas leur reste. Le danger immédiat maintenant écarté, l'évacuation se poursuit sans interférence jusqu'à l'extraction complète des civils et du personnel de l'ambassade et leur arrivée à bord des navires de l'ARG.

Tandis que la garde des Marines et les renforts sont récupérés, les dirigeants décident, avant le retrait du groupe de combat, de châtier les rebelles pour leur violation des lois internationales. Ayant récupéré les Marines et les hélicoptères, les navires de l'ARG gagnent la haute mer tandis qu'un dernier raid est planifié à bord du porte-avions. Tout au long des opérations NEO, les organismes nationaux de renseignements et les F-14 TARPS du porte-avions s'efforçaient de localiser et d'identifier les PC et les emplacements d'armes lourdes des rebelles. En fonction des actes hostiles envers les forces américaines, une frappe musclée est autorisée et sera lancée sans tarder.

À proximité de la côte, les bâtiments Aegis lancent plusieurs douzaines de missiles de croisière Tomahawk sur les radars fixes et les postes de commandement. Derrière eux, une vague de chasseurs-bombardiers et d'avions de soutien électronique qui attaquent la base de MiG ainsi que le QG rebelles. Afin de limiter les dommages collatéraux, seules les bombes guidées laser sont utilisées pour détruire les bunkers et les abris blindés des avions. Leur « livraison » effectuée, tous les avions regagnent le « Bateau » pour un repos bien mérité.

Les bâtiments Aegis et une patrouille de F-14 forment une « arrière-garde » pour couvrir le retrait de l'escadre. Quelques jours plus tard, les évacués mettent pied à terre ; les armes, le carburant et les approvisionnements sont reconstitués. Puis, le CVBG reprend la mer pour gagner sa prochaine destination. Le cycle des activités normales reprend et les équipages commencent à penser à leur prochain retour au port et aux exercices qui suivront. Bien que ce scénario soit simplifié, il illustre comment un CVBG peut appréhender une situation qui se détériore rapidement. Maintenir un groupe de combat à un tel degré de préparation ne s'improvise pas. Le chapitre suivant montre comment l'amiral Mullen, les CV Rutheford et le CAG Stufflebeem passèrent l'été 1997 à préparer leur personnel, les navires et les avions pour le défi du prochain déploiement. Suivons-les pendant leurs « vacances ».

L’examen final : JTFEX 97-3

> « *Voilà 4,5 acres de territoire américain.* »
>
> Amiral Mullen, *Commander* du groupe de combat *George Washington*

En 1997, une fois de plus, l’Irak défiait l’autorité du Conseil de sécurité de l’ONU pour cacher au monde les armes de destruction massive qui avaient tant coûté à Saddam Hussein. Comme à l’ordinaire, le dictateur irakien barra toutes les tentatives des inspecteurs des Nations unies pour localiser les centres de fabrication des armes chimiques, biologiques et nucléaires. Et, une fois de plus, le monde fut au seuil de la guerre.

Comme les années précédentes, cette crise exigeait une réponse américaine rapide et sans ambiguïté. Le XVIIIe Corps aéroporté fut immédiatement placé en alerte. L’US Air Force envoya des renforts aériens au contingent aérien déjà stationné à la base saoudienne de Prince Sultan. Mais cette fois s’ajoutait une complication. Pour la première fois depuis 1990, les alliés du Golfe interdisaient l’usage de leurs bases aux Américains. Ceux-ci ignorent encore si la décision était due aux frustrations locales consécutives à la politique floue envers l’Irak ou à la crainte de réactions des factions fondamentalistes islamiques. Ce qui était clair, c’est que si l’Amérique voulait réagir, son action devrait passer par ses navires qui croisaient dans les eaux internationales.

La sentence tomba. Le tout nouveau chef d’état-major, le général

Les porte-avions *Nimitz* (CVN-68) et *George Washington* (CVN-73) dans le golfe Persique à l'automne 1997. Ces deux bâtiments et leurs groupes de combat constituaient la force de frappe qui incita Saddam Hussein à ne plus s'opposer à l'inspection des usines d'armements par des contrôleurs de l'ONU. *US Navy*

Shelton, lança l'ordre via la voie hiérarchique : « Faites donner les porte-avions. » Quelques jours plus tard, les groupes de combat qui s'articulaient autour des porte-avions *Nimitz* et *George Washington* cinglaient vers le golfe Persique d'où ils pourraient lancer des frappes aériennes et des missiles si l'ordre en était donné. Tandis que les CVBG affûtaient leur sabres, le Secrétaire général de l'ONU, Kofi Annan, déployait des efforts diplomatiques pour persuader Saddam que son intransigeance menait au pire. En fin de compte, la persuasion l'emporta et les inspecteurs purent reprendre leur mission.

Les deux CVBG restèrent six mois dans le Golfe jusqu'à leur relève, au printemps 1998, par les CVBG des porte-avions *Independence* et *John C. Stennis*. Les Américains les maintinrent jusqu'en mai 1998, moment où la tension se relâcha. Une fois de retour au pays, peu d'Américains eurent une pensée pour ces milliers d'hommes et de femmes embarqués. Ils avaient accompli une mission vitale et dangereuse mais tout avait paru si facile ! Ce point est significatif. Derrière ce qui paraît banal se cache un travail intensif.

La préparation du déploiement d'un CVBG commence des mois à l'avance et requiert les efforts de chaque individu affecté au groupe et de milliers d'autres qui ne quitteront pas les eaux américaines.

Entraînement mixte pour tenir le groupe prêt

« Vous combattez comme vous avez été entraînés ! »

Commander Randy « Duke » Cunningham
As des as américain de la guerre du Viêtnam

Cette affirmation remonte au printemps 1972 peu après que le LV Cunningham et son officier systèmes d'armes, le LV J.G. « Willie » Driscoll, furent devenus les premiers as américains à la suite de leur cinquième victoire sur les MiG nord-vietnamiens. La réussite de Cunningham et de Driscoll n'a rien de magique. Leur génération de marins aviateurs fut la première à bénéficier d'une préparation nouvelle et réaliste pré-engagement appelée « valeur contre valeur ». Pour schématiser, disons qu'il s'agit d'opposer aux unités qui s'entraînent un plastron qui joue le rôle de formations ennemies au meilleur de leur forme. L'illustre école de « Top Gun », alors implantée à la NAS Miramar, proche de San Diego, fut la première à utiliser ce genre de programme. Comparés au niveau actuel, les moyens semblent rudimentaires. Les résultats n'en furent pas moins spectaculaires. Le taux de victoires en combats aériens pour la marine augmenta de 650 %. On se s'étonne pas que les autres armes prirent bonne note de ces spectaculaires résultats.

Aujourd'hui, chaque branche des forces armées américaines a de multiples programmes « valeur contre valeur », dont les résultats ont été validés au combat par leurs stagiaires [1]. Comme les pilotes de chasse, les CVBG ont une efficacité supérieure quand ils sont passés par cette épreuve pointue, car elle se trouve compliquée par la multiplicité des tâches qu'un CVBG peut se voir confier. L'actuel CVBG est davantage qu'un groupe de bâtiments chargés de la protection du porte-avions. Sur place ou à l'extérieur, l'éven-

1. Bien qu'il existe des douzaines de programmes (du niveau état-major aux jeux de guerre qui impliquent des dizaines de milliers de participants), les plus connus sont ceux du Centre national d'entraînement de l'armée à Fort Irwin en Californie et Red Flag à Nellis AFB, Nevada, pour l'Air Force.

tail de ses missions va du « gel » d'une crise à l'avant-garde d'une invasion ou d'une intervention.

Titanesque tâche que de préparer pour une croisière de six mois une machine aussi importante et complexe qu'un CVBG. En réalité, les unités passent deux fois plus de temps à se remettre du dernier déploiement et à préparer le prochain. Et la situation s'est compliquée depuis l'application depuis dix ans des nouvelles structures de commandement résultant de la loi Goldwater-Nichols de réorganisation de la défense. Auparavant, la marine était le seul « propriétaire » et responsable de l'entraînement des CVBG avant leur départ outremer. Aujourd'hui, cette responsabilité est transférée au Commandement de l'Atlantique (USACOM) à Norfolk.

Dirigé par l'amiral Gehman, l'USACOM est une gigantesque organisation, la plus puissante au monde dans le domaine militaire. L'USACOM « possède » virtuellement chaque unité de l'armée, de la marine, de l'aviation, des Marines, stationnées aux États-Unis. Son rôle est d'organiser, de préparer, d'assembler et d'affecter les forces militaires aux commandants en chef des théâtres extérieurs responsables des opérations dans le monde. Lorsque les instances du pays décident de l'envoi d'un contingent expéditionnaire à l'extérieur, c'est d'abord à l'USACOM de Norfolk que sonne le téléphone.

La loi Goldwater-Nichols a aussi apporté d'autres changements pour les forces armées. Ainsi, un CVBG n'opère plus indépendamment d'autres unités voire d'autres armes. Une frappe aérienne aéronavale peut recevoir le soutien de ravitailleurs et une couverture de chasse de l'US Air Force, le concours d'une flottille de EA-6B Prowler du Marine Corps pour la guerre électronique et un objectif illuminé par une équipe des bérets verts des Forces Spéciales de l'armée. Ce qui est l'essence même des opérations combinées et qui est loin des pratiques de la guerre froide, quand la seule responsabilité de la marine était la destruction des navires de surface, des avions et des sous-marins soviétiques. Tout cela ne s'improvise pas. Il faut de nombreuses répétitions avant qu'une crise n'éclate. Le CVBG ne doit plus se contenter d'exercices purement navals mais participer à des manœuvres combinées avec les autres armes comme avec d'autres forces étrangères.

Cela incombe au bureau d'entraînement combiné de l'USACOM qui régit le cycle d'entraînement des unités destinées à être incorporées dans des Task Forces combinées (JTF). Pour être jugée apte à la JTF, l'unité passe par trois phases d'entraînement supervisées par des groupes d'experts spécialisés. Ainsi, sur chaque côte, un vice-amiral et son état-major (CARGRU) sont responsables de la préparation des CVBG pour leurs déploiements. À ce titre, les superviseurs du CARGRU veillent sur les trois phases suivantes :

- **Catégorie I** – Elle est axée sur le niveau tactique de l'unité. Pour un porte-avions, elle couvre l'évaluation de la qualification dans tous les secteurs y compris missiles et évolutions en combat aérien et à l'échelon du navire, du squadron, du CVW.
- **Catégorie II** – Phase dans laquelle toutes les unités du CVBG participent aux exercices probatoires (CAPEX) et manœuvres combinées en Task Force (JTFEX).
- **Catégorie III** – Phase purement académique qui intervient juste avant le déploiement de la JTF. Composée d'une série de séminaires, de briefings et de simulations sur ordinateurs, elle fournit aux responsables des unités un maximum d'informations quasi instantanées sur les secteurs où ils risquent d'opérer et les éventualités auxquelles ils risquent d'être confrontés.

Ces exercices concernent chaque membre d'un CVBG, du matelot à la blanchisserie au pacha. La plupart des participants vous diront que cet entraînement est plus éprouvant que le service en mer. Le vieux dicton « la sueur épargne le sang » reste pertinent. Dans un monde aussi incertain que le nôtre, une nation *doit* aux hommes et aux femmes de ses forces armées la formation la plus rigoureuse qui soit. Cela nous ramène aux hommes et femmes du groupe GW confrontés à une expérience destinée à mesurer leur endurance et leurs compétences.

Tenir le groupe prêt : première partie

Le compte à rebours de la croisière de la fin 1997 du GW commença en février 1996. Au moment où le groupe de combat articulé autour du USS *America* (CV-66) revenait de sa croisière de six mois en Méditerranée [1]. C'était la dernière de l'*America* qui devait être désarmé et éventuellement mis à la ferraille. Le *GW* allait le remplacer. D'autres bâtiments de ce combiné CVBG/ARG devaient subir une longue maintenance dès leur arrivée. Ainsi le *Wasp* et le *Whidbey Island* partirent en radoub pour près d'un an. Les bâtiments amphibies LPH-9 *Guam*, les LSD-48 *Ashland* et LSD-51 *Oak Hill* les remplaceraient. Certains escorteurs et sous-marins furent écartés en raison du remaniement des CVBG par l'USACOM. Le CVBG ne fit qu'une croisière sous cette forme [2].

En février 1996, alors que la plupart des personnels pensaient aux permissions prochaines, l'USACOM et le QG de la 2e Flotte de l'Atlantique planifiaient l'entraînement et le déploiement du CVBG pour 1997. Pour débuter, on établit le calendrier des remises en état mineures des bâtiments qui seraient affectés au CVBG pour la campagne prochaine ; ensuite, ce fut la gestion du flux usuel des personnels, nouveaux affectés comme ceux qui partaient pour un nouveau poste. Ces mois de relative quiétude permirent aux nouveaux de se mettre au niveau et aux autres de suivre les cours d'écoles techniques ou de préparer des examens en vue d'une promotion, sans oublier les permissions.

Fin 1996, les divers composants du groupe sont prêts pour attaquer la catégorie I. Le *Guam* et le 24th Marine Expeditionary Unit partent pour leur entraînement spécifique avec les mentors de l'USACOM. De leur côté, les squadrons du CVW-1 s'activent sur les diverses bases où ils stationnent.

La préparation d'un squadron en prévision d'un déploiement commence par des périodes de rafraîchissement pour le personnel volant qui amènent chacun à un niveau commun d'efficacité pour un éventail de missions. Les responsables de la maintenance s'affairent à remettre les appareils en état. Ce qui ne signifie pas que ces derniers aient été délaissés. Mais comme la formation n'est pas « déployée », que des personnels sont en permission ou en stage, le maintien de chaque avion en parfaite condition opérationnelle n'était pas une priorité. Les unités en campagne se servent

---

1. C'est ce groupe qui tient la vedette de mon précédent livre *Les Marines*.
2. Le *GW*, le *Normandy*, le *South Carolina* et le *Guam* étant programmés pour subir une profonde remise en état ou la mise à la ferraille dès la fin de la croisière en 1998.

des « bons » avions et jouent de la priorité en matière de munitions d'exercice et pièces de rechange.

Alors que les formations aériennes entament leur cheminement vers le déploiement, les équipages des navires du CVBG en font autant. De brèves sorties permettent aux hommes, tous grades confondus, de se refamiliariser avec leur outil. Sans omettre l'évaluation des nouveaux systèmes ou de ceux qui ont été remplacés par les ouvriers des chantiers. Durant ces sorties, les « bleus » commencent leur intégration avec leurs camarades de bord. Démarche encore plus importante sur un petit bâtiment d'escorte où tout le monde se connaît.

En mai 1997, les hommes et les femmes du groupe *GW* sont sur la ligne droite. Avec le départ du groupe du *John F. Kennedy*, les pontes du CARGRU-4 vouent toute leur attention à ceux du *GW*, en prévision de leur départ du début octobre. Plusieurs exercices, élaborés par l'état-major de l'USACOM, ont pris une importance immédiate :

- **Rotation au Naval Strike and Air Warfare Center**– Pour « Boomer » Stufflebeem, patron du CVW-1, les occasions de réunir ses formations éparpillées sur cinq bases de quatre États et sur les deux côtes valent de l'or. L'une d'elles concerne le Naval Strike and Air Warfare Center (NSAWC) à la NAS Fallon près de Reno dans le Nevada. C'est maintenant la politique de la marine que *chaque* CVW destiné à partir en croisière passe par le NSAWC. Pendant trois semaines et demie, les composants du CVW s'entraînent aux opérations combinées. Ils commencent par des raids sur les objectifs disséminés sur le polygone de tir de Fallon. L'état-major du centre supervise les prestations tandis que des « agresseurs » et des unités terrestres jouent le rôle de l'ennemi. Le wing subit un certain nombre d'épreuves qui culminent par les trois jours de phase finale d'entraînement poussé (ATP) [1]. Pendant l'ATP, le wing mène une série d'attaques « Alpha » (attaques d'importance puisqu'elles concernent deux à trois douzaines d'avions) contre les cibles du polygone

1. Il s'agit de l'équivalent naval des Red et Green Flag de l'US Air Force à Nellis. Si les exercices à Fallon sont quantitativement inférieurs, une importance plus grande est accordée aux tirs réels et à la guerre électronique.

de Fallon. Cette phase place le wing entier, des pilotes aux planificateurs, du personnel technique aux analystes photo, en ambiance de combat. Maintenant que le wing a retrouvé sa cohésion d'unité combattante, il est temps de l'amalgamer au *GW* et à son groupe de combat pour aborder les épreuves de la catégorie II.

• **Exercice probatoire (CAPEX)** – Suite au retour de Fallon à la mi-juin 1997 du CVW-1, le groupe *GW* sort au large de la Virginie pour procéder au CAPEX. D'une durée de deux semaines, il est conçu pour intégrer le CVW-1 aux opérations de tous les composants du CVBG. Aussitôt les bâtiments réunis, le CVW-1 quitte les bases atlantiques pour rejoindre son bord. Les jours suivants sont consacrés à la requalification embarquée pour tous les aviateurs, y compris le CV Stufflebeem. Après quoi, le wing et le groupe de combat passent par une série d'exercices destinés à prouver aux superviseurs du CARGRU-4 qu'ils sont prêts à mener des missions offensives. Parallèlement, le reste du groupe pratique diverses manœuvres comme le tir simulé de missiles de croisière Tomahawk et des missions de recherche et sauvetage. Le CAPEX sert à la fois de test d'aptitude et d'endurance, afin d'éprouver chaque membre du groupe de combat, de l'amiral Mullen aux responsables des laveries de chaque navire. Tout se passe bien et l'amalgame des différents participants repose sur la parfaite cohésion attendue d'une formation combattante. Ne reste plus que le JTFEX.

• **Manœuvre d'une Task Force combinée (JTFEX) 97-3** – Menée de la fin août au début septembre, JTFEX 97-3 est l'examen final pour le CVBG mixte *GW*/CVW/ARG/MEU (SOC). C'est la perle des exercices de l'USACOM par son importance et sa complexité. Si elle sert de références pour les formations navales, les autres armes l'utilisent pour la même finalité : tester la capacité de réaction de leurs unités (comme pour la 82ᵉ division aéroportée de Fort Bragg ou la 2ᵉ escadre de bombardement de Barksdale).

À la fin de la deuxième période, les navires et les avions du CVBG rejoignent leurs bases pour une dernière période de permission. Pour les responsables, les briefings de la catégorie III battent leur plein dans la périphérie de Washington. Si les sites et leurs fréquences sont classés secret, ces briefings et les simulations sont dirigés par un aréopage de militaires et de membres des services de renseignements dans le but d'aiguiser l'esprit des responsables des CVBG/CVW/ARG/MEU (SOC).

JTFEX 97-3

Dans ce monde anarchique de l'après-guerre froide, le QG de l'USACOM doit constituer et affecter aux responsables locaux d'un théâtre opérationnel les unités aptes à se fondre dans une JTF mixte ou internationale. La JTF doit être capable d'engager le combat sans préavis et d'opérer dans un contexte où les règles d'engagement peuvent changer par simple notification. Ce qui signifie que les unités affectées à une JTF doivent être entraînées pour répondre à une gamme de scénarios inimaginables dix ans auparavant.

L'entraînement pour de telles éventualités dépasse le cadre de celui de « valeur contre valeur » qui avait sa justification au temps de la guerre froide. Des exercices comme Red Flag pour l'aviation ou ceux de l'armée sont toujours dans un contexte de guerre ouverte. En foi de quoi, les forces engagées n'ont pour impératif que de combattre au mieux. Si l'entraînement au combat est plutôt bien prodigué dans toutes les armes, l'entraînement à une situation « pré-conflictuelle » est plus délicat. C'est seulement ces dernières années (après les leçons chèrement payées apprises à Haïti, en Somalie et en Bosnie) que des progrès ont été enregistrés dans ce programme d'entraînement malaisé.

Cela se traduit par une évolution graduelle des scénarios destinés aux acteurs de JTFEX. En 1996, chaque JTFEX consistait essentiellement en l'invasion musclée d'un territoire occupé qui ressemblait au Koweit, et les forces adverses présentaient une analogie structurelle avec les Irakiens. Les critiques qui reprochaient à l'USACOM de « refaire la dernière guerre » n'avaient pas tort. Aujourd'hui, ces critiques n'ont plus raison d'être. Chaque JTFEX présente une différence avec la précédente. L'USACOM a pris l'habitude de rendre la JTFEX vraiment « combinée » en élargissant les responsabilités du commandement. Par exemple, un QG JTF implanté au GQG de la 8th Air Force a dirigé la JTFEX 97-2 tandis que la JTFEX 98-1 le sera par l'US Army, notamment le XVIIIe Corps aéroporté. Maintenant que chaque arme a l'occasion d'être le « cador », les scenarios sont devenus plus innovants et, surtout, beaucoup plus riches dans la distribution des responsabilités et des opportunités.

La qualité des scenarios s'est aussi améliorée par la notion de flexibilité qui exclut la rigidité de prévisions et de situations bien structurées. Dans ce dernier cas, les participants savent exactement quand et comment interviendra la transition de l'exercice avec la situation de guerre ouverte. La JTFEX courante offre plus d'incertitude. De plus, les actions des participants peuvent affecter le déroulement du scénario et ces actions seront notées positivement ou négativement. Il est même possible que les acteurs maîtrisent si bien une « crise » qu'un conflit déclaré sera exclu. Mais le travail créatif de l'USACOM rend cette hypothèse improbable. Ainsi, quand un commandant ou une unité se distingue, des obstacles sont injectés de façon à ce que pas un des participants ne puisse « casser » le scénario. D'un autre côté, si une unité a été « brisée » par la situation à laquelle elle était confrontée, les superviseurs peuvent lui fournir l'opportunité de « se rattraper pour rentrer dans le jeu ». N'oublions pas que des exercices comme la JTFEX sont conçus pour cimenter les unités, non pour les rabaisser.

À la fin de l'été 1997, toute l'activité du groupe GW tendait à la préparation de « l'examen final ». Avec le déploiement prévu pour le début octobre, chacun avait hâte d'en finir pour partir en Méditerranée. Les examinateurs de l'USACOM n'allaient pas leur faciliter la tâche. Plusieurs éléments furent ajoutés au scénario par anticipation de nouvelles capacités proches d'entrer en service. Dans les années qui viennent, les croiseurs de la classe *Ticonderoga* et les destroyers de la classe *Arleigh Burke* recevront les logiciels et les nouveaux missiles SAM Standard qui leur donneront une capacité anti-missiles balistiques. Par conséquent, les ennemis dans JTFEX 97-3 disposeront de quelques missiles type SCUD, dont certains seraient dotés d'ogives chimiques. On attend des forces américaines qu'elles les repèrent et surtout qu'elles les « descendent » avec des SAM Patriot ou le système Aegis des bâtiments d'escorte. Les compétences du groupe seront particulièrement observées par l'USACOM.

En plus, le CVW-1 sera chargé de tester des procédures pour produire plus de sorties. Ce test résulte d'une démonstration SURGEX – exercice d'urgence- menée dans le Pacifique par le groupe *Nimitz*. SURGEX tente de déterminer le nombre de sorties sur une période de quatre jours. En augmentant les effectifs volants et ceux de pont, et en ajoutant la participation de ravitailleurs de l'US Air Force, le *Nimitz* et son wing enregistrèrent 1 025 sorties en seulement 96 heures. Soit 50 % en mieux de ce qui était prévu (mais au détriment de la condition physique des équipages aériens et du personnel de pont). Le *GW* et le CVW-1 allaient tenir compte de ces enseignements. Sans bénéficier d'équipages supplémentaires, ils disposeront de tankers de l'Air Force et de nouvelles procédures pour lutter contre la fatigue des équipages.

JTFEX 97-3 : les acteurs, les lieux, les plans

Le scénario s'inspirait de l'invasion du Koweit de 1990. L'USACOM institua des zones interdites à la navigation sur la côte Est pour recréer un champ de bataille dont la topographie ressemble fortement au littoral du golfe Persique ou de la mer Rouge – long et étroit avec un nombre limité de chenaux d'entrée et de sortie.

Les opposants seront les Koronans et les victimes de leur agression les Kartunans. Le territoire kartunan sera au centre du scénario de la crise. Divers éléments de la 2e division de Marines de Camp Lejeune, Caroline du Nord, la 2e Flotte à Norfolk, Virginie, et des unités aériennes des Marines basées à Cherry Point et New River, en Caroline du Nord et Beaufort en Caroline du Sud joueront le rôle des forces koronanes.

Si les effectifs koronans n'égalent pas ceux des Irakiens avant l'invasion du Koweit, il y aura quelques similitudes. Par exemple, les F/A-18 Hornet des Marines de Beaufort simuleront des Mirage F-1C armés de missiles anti-navires Exocet et des MiG-29 Fulcrum équipés de missiles air-air performants. Plusieurs destroyers classe *Spruance* et frégates classe *Oliver Hazard Perry* simuleront des destroyers soviétiques lance-missiles classe *Kashin* et des corvettes chinoises. Enfin, les Marines de Camp Lejeune incarneront les unités terrestres kartunanes tandis que le camp fera office de territoire kartunan.

Les forces de la coalition alliée seront le groupe *GW* et son CVW-1 et leur ARG avec le *Guam* et la 24th MEU (SOC). Un bataillon para de la 82e division et des ravitailleurs KC-135, basés à Langley en Virginie, auront aussi un rôle à jouer dans cet exercice à la fois naval et « expéditionnaire ». Avec pour conséquence que si des unités combattantes ne peuvent voler ou naviguer, elles ne pourront participer au scénario.

L'un des protagonistes les plus importants (et intéressants) est la Standing Naval Force Atlantic (STANAFORLANT). Constituée en 1967, la STANAFORLANT était l'équivalent, durant la guerre froide, des groupes « hunter-killer » (chasseur-tueur) de lutte anti-sous-marine de la Seconde Guerre mondiale, mais avec une particularité unique. Chaque nation de l'OTAN concernée devait affecter un destroyer ou une frégate de sa marine nationale à la STANAFORLANT. Le dispositif complet était confié à un seul officier supérieur de l'OTAN. Ce dernier avait donc sous ses ordres un éventail éclectique d'armes et de moyens de détection armés par des hommes dont l'entraînement, l'expérience, les talents variaient sensiblement. Des bâtiments du Canada, d'Allemagne, des Pays-Bas, du Royaume-Uni et des États-Unis sont les composants permanents de la STANAFORLANT (une demi-douzaine de navires opèrent à n'importe quel moment) mais ils sont périodiquement renforcés par des unités de la Belgique, du Danemark, de la Norvège et du Portugal.

STANAFORLANT met en pratique un programme d'exercices, de manœuvres et de visites de ports ; ses bâtiments peuvent être envoyés dans un secteur en crise. Du temps de la guerre froide, STANAFORLANT constituait un groupe d'escorte pour les responsables navals de l'OTAN à chaque regain d'activité des sous-marins et des bâtiments de surface de l'ex-Union soviétique. Maintenant, STANAFORLANT constitue l'une des réserves en veille permanente au profit de l'OTAN (un homologue est en Méditerranée en soutien des opérations au large de la Bosnie). Elle peut aussi être détachée pour renforcer un embargo maritime ou porter secours en cas de désastre naturel ou dans le cadre d'une mission humanitaire. Au cours de JTFEX 97-3, elle pratiquera toutes ces interventions plus quelques autres que l'on n'aurait pas imaginées dix ans plus tôt.

Sans dépendre techniquement du groupe *GW*, STANAFORLANT lui sera néanmoins affectée. Désormais, plus rien n'est « standard » ; les navires vont et viennent au gré des impératifs tactiques. Les participants au JTFEX sont représentatifs. Jugez-en : frégate néerlandaise HMLMS *Witte de With* (F-813), frégate britannique HMS *London* (F 95), frégate allemande *Köln* (F 211), destroyer canadien HMCS *Iroquois* (DDH 280), frégate portugaise *Vasco de Gama* (F 330), destroyer américain USS *Peterson* (DD-969). Comme on le voit, le groupe STANAFORLANT, sélectionné pour participer à JTFEX 97-3, formait un puissant groupe d'action de surface déployant une large variété d'armements et de systèmes qui répondait à une menace ou une mission spécifiques.

Pour l'exercice, le commandement de la STANAFORLANT échut au contre-amiral Peter van der Graaf de la marine néerlandaise, dont le *Witte de With* portait la marque. Avec son large sourire et son rire tonitruant, l'amiral van der Graaf devint rapidement l'un des favoris du groupe *GW*. De fait, il hissa sa marque sur le *George Washington* pour une séquence de l'exercice. C'était aussi un magnifique marin et un chef qui marqua la présence de la STANAFORLANT lors du JTFEX.

Plus modeste mais tout aussi utile, une autre force navale participa à l'exercice : un groupe de chasseurs de mines. Le groupe allait tester de nouveaux bâtiments, de nouveaux systèmes et des technologies pour contrer ce que les meilleurs analystes de la marine considèrent comme la plus grande menace pour les opérations côtières. Ces armes mortelles « qui peuvent attendre » sont d'un rapport coût/efficacité sans équivalent. Elles sont d'une fabrication relativement bon marché et n'ont pas besoin de technologie « high-tech » pour accomplir leur mission. Beaucoup d'entre elles sont d'une conception qui remonte à des dizaines d'années. À l'instar de leurs homologues terrestres, les mines marines peuvent rendre des portions marines malsaines pour des années. Que quatre des cinq navires américains ayant subi des dommages de guerre en vingt ans le doivent aux mines ne fait que souligner la menace (super pétrolier SS *Bridgeton*, frégate *Samuel B. Roberts*, croiseur Aegis *Princeton* et porte-hélicoptères *Tripoli*). Je note que trois de ces navires furent victimes de mines que les Russes avaient mises en service pendant la Première Guerre mondiale.

Malgré cette menace latente, moins d'un pour cent du budget naval avait été alloué à la lutte anti-mines depuis plus de vingt ans. La guerre des mines n'est pas excitante. Comparée au commandement d'un sous-marin ou d'un lévrier des mers (destroyer/frégate) ou au pilotage d'un jet, elle n'est pas « bandante » pour la plupart des marins de carrière. Elle est ce qu'est le combat de rues pour le fantassin : un travail « vicelard » et dangereux. Neutraliser des mines est un casse-tête qui prend du temps, qui occasionne des pertes et dont l'échec est omniprésent – voilà qui n'est pas le départ d'une carrière flamboyante. Il n'empêche que si les Américains veulent constituer une force capable de pratiquer la guerre côtière, les unités de la lutte anti-mines doivent discuter d'égal à égal avec les autres composants de la Flotte. La marine prend maintenant des mesures pour que cette intention se concrétise.

Pour JTFEX 97-3, une force anti-mines de navires, d'hélicoptères et le personnel y afférent furent rassemblés le long du golfe du Mexique. Ces unités représentaient le gratin de la technologie et de la doctrine anti-mines de l'US Navy. Aux ordres du CV Bruce Van Velle, la force se composait des : USS *Inchon* (MCS-12), USS *Sentry* (MCM-3), USS *Champion* (MCM-4), USS *Heron* (MHC-52) et USS *Oriole* (MHC-55).

JTFEX 97-3 fut la première manifestation du nouvel intérêt de la marine pour la lutte-anti-mines. Le cerveau de ce contingent était le porte-hélicoptères modifié *Inchon*. Modifié pour agir comme bâtiment de commandement pour les hélicoptères et les navires chasseurs de mines, le *Inchon* est le plus grand navire dédié à cette tâche. Pour l'exercice, il agirait comme base mobile de huit hélicoptères anti-mines RH-53E Sea Dragon et des quatre cents membres du HM-15 « the Blackhawks ». Ces derniers se composent de personnel d'active et de réserve en proportion égale. Leur MH-53E Sea Dragon est l'un des plus intéressants aéronefs de l'inventaire naval. Il s'agit d'une extrapolation du CH-53 Super Stallion des Marines de transport lourd qui treuille des équipements anti-mines à quelques dizaines de mètres au-dessus de la mer et qui constitue l'un des plus efficaces moyens d'ouvrir des chenaux dans des eaux peu profondes infestées de mines.

Hélicoptères RH-53E Sea Dragon du HM-15 à bord du USS *Inchon* (MCS-12), navire amiral de la Task Force de chasseurs de mines durant JTFEX 97-3. *US Navy*

Aux côtés du *Inchon*, quatre chasseurs de mines classes *Avenger* (MCM-1) et *Osprey* (MHC-51), armés d'équipages de réserve, participeraient à JTFEX pour valider les nouvelles technologies. Parmi elles, un véhicule autonome de détection et un dispositif explosif qui ouvre des chenaux d'accès au profit des engins de débarquement dans la zone des barres de plages. Cette insistance, longtemps attendue, mise sur la guerre des mines et les efforts consentis durant JTFEX n'était qu'une première mesure de ce qui aurait dû être fait depuis longtemps.

JTFEX 97-3 serait sous le contrôle du commandant de la 2e Flotte, l'amiral Paul Reason, qui suivrait l'exercice de son bâtiment-amiral, le USS *Mount Whitney* (LCC-20). Ce dernier accueillerait aussi les responsables des diverses composantes (air, marine, terre, opérations spéciales, etc.) qui allaient animer JTFEX et de nombreux observateurs. Les exercices de l'ampleur de JTFEX mobilisent plusieurs milliers de militaires et de civils pour observer, collecter et analyser tout ce qui intervient sur des millions de mètres cube de l'océan Atlantique. Parmi eux, ceux du Centre naval d'analyses (CNA ou l'un des « réservoirs à cerveaux » de la marine) et les membres du Groupe d'officiers supérieurs d'observation (SOOT). Le SOOT est composé de commandants de navires, de formations aériennes et d'autres officiers provisoirement détachés de leur commandement et chargés d'observer et d'évaluer les actions de leurs confrères.

John Gresham (mon documentaliste) et moi nous nous préparâmes pour suivre ce formidable ballet.

Dimanche 17 août 1997

Ce mois d'août 1997 était chaud et humide. Comme si les défis de JTFEX 97-3 ne suffisaient pas, les dieux s'ingéniaient à augmenter la souffrance des marins et des Marines. L'après-midi précédant l'appareillage, le thermomètre monta à 40° . Dans cette canicule, les officiers et officiers mariniers scrutaient attentivement les moindres signes d'insolation ou d'épuisement chez les marins qui chargeaient les matériels et équipements. Les navires et les aménagements intérieurs étaient si brûlants qu'ils resteraient chauds des jours durant.

Pour mon bonheur, j'échappai à cette vague de chaleur car je ne devais rejoindre le dispositif que quelques jours plus tard par avion. Mais pour John, la chaleur et la moiteur resteront à jamais dans sa mémoire.

Lundi 18 août 1997

> `JTFEX 97-3 – J 1 : la situation dans le golfe de Sabani continue d'empirer en raison du rassemblement des forces du Korona le long de la frontière kartunane. Répondant à la requête du gouvernement kartunan, des forces de la coalition navale alliée se constituent pour se porter dans le golfe afin de protéger les intérêts alliés et être prêtes en vue de possibles interventions telles que l'évacuation des civils et du personnel diplomatique.`

Ce matin, le commandant Rutherford devait quitter son mouillage à 7 h. « Yank » Rutherford fut de parole et, à l'heure pile, les aussières furent larguées. Dans le ciel, un hélicoptère HH-60G du HS-11 veillait au moindre incident et sur le trafic dans le chenal. Doucement, après quelques tours d'hélices en pas inversé, il amena le porte-avions assez loin du quai pour permettre à trois remorqueurs de prendre en remorque le *GW*.

Toutes ces manœuvres furent exécutées avec précision et calmement. Pas plus de trois mètres séparent les hélices du fond boueux. Jusqu'à ce que le bâtiment ait gagné le milieu du chenal, le nombre de tours des hélices doit être soigneusement dosé sinon le sable et la boue déplacés peuvent obstruer les fragiles admissions d'eau de mer et les distillateurs.

Maintenant écarté du quai, le CV Rutherford amena le *GW* en « Y » inversé, plaçant le porte-avions droit dans le chenal principal qui mène à Hampton Roads. « En avant toute, un tiers » et le navire descendit le chenal par tribord jusqu'à l'embouchure de la baie de Chesapeake.

Pendant ce temps, les autres navires du groupe de combat et de l'ARG larguaient les amarres après le *GW* et se préparaient à le suivre dans la descente du chenal. Parmi eux, les croiseurs *Normandy* et *South Carolina*, le *Seattle* et le *Guam*. Les croiseurs seuls allaient assurer la protection du *GW* dans l'attente des autres bâtiments prévus pour les assister dans ce rôle. Le *Guam* faisait route pour joindre les trois autres navires de l'ARG qui mouillaient dans la baie de Little Creek. De là, ils feraient route au sud vers Moorehead City, Caroline du Nord, pour embarquer le personnel et le matériel de la 24th MEU (SOC).

En fait, c'est tout au long de la côte Est que les navires de guerre s'ébranlaient pour rejoindre le *GW*. À la base sous-marine de Groton, Connecticut, les sous-marins d'attaque *Toledo* (SSN-769) et *Annapolis* (SSN-760) descendaient la rivière Thames pour passer Long Island avant de rejoindre le CVBG au sud. À Mayport, Floride, les destroyers *Carney* (DDG-64) et *John Rodgers* (DD-983) et les frégates lance-missiles *Boone* (FFG-28) et *Underwood* (FFG-36) franchissaient l'embouchure de la rivière Saint John afin de faire route au nord pour le rendez-vous au large de la Caroline. Et la STANAFORLANT achevait sa traversée transatlantique pour tenir son rôle.

Pendant ces activités navales, les divers éléments du CVW-1 préparaient leur mouvement vers le *GW* prévu le lendemain. Sitôt l'appontage dans l'après-midi, la plupart des pilotes subiraient des exercices de qualification avant d'entrer dans le bain de JTFEX 97-3.

Pendant que le *GW* cinglait vers la haute mer, l'équipage se conformait aux conditions de combat après plusieurs mois passés en bassin à Norfolk. Les câbles électriques, les tuyauteries et d'autres équipements furent lovés, arrimés ou remis en place. Bien avant la pleine mer, le bâtiment s'agitait comme une ruche. Le CV Rutherford fit procéder à plusieurs manœuvres comme le mouillage des ancres et des exercices anti-incendies et de contrôle des avaries. Après quoi, plein est pour les caps de la Virginie pour rencontrer les deux croiseurs et faire route au sud afin de recueillir l'air wing.

Mardi 19 août 1997

JTFEX 97-3 - J 2 : La guerre des communiqués entre le Korona et le Kartuna continue tandis que des forces supplémentaires kartunanes sont placées en état d'alerte. Les services de renseignements alliés commencent à repérer un mouvement de missiles balistiques SCUD kartunans vers leurs polygones de tir.

Ce matin, le *GW* et ses croiseurs évoluaient à 230 km au sud-est de la base MCAS de Cherry Point. Un peu plus tôt, ils avaient traversé une zone à haute pression permettant ainsi au système d'air conditionné de fonctionner au mieux et de commencer à contrecarrer la chaleur à l'intérieur des bâtiments. De leur côté, les équipes de pont se tenaient prêtes à réceptionner les premiers avions, non pas ceux du CVW-1 mais une formation de AV-8B Harrier II des Marines. À 11 h, leur présentation déclencha de l'intérêt. Beaucoup de jeunes marins n'avaient jamais assisté à l'atterrissage vertical d'un Harrier, spectacle étonnant pour ceux habitués aux appontages stoppés par les brins d'arrêt. Après le temps d'un bref déjeuner, les Marines reprirent l'air, laissant ainsi le pont libre pour l'arrivée du CVW-1 dans l'après-midi.

À 13 h, le *GW* et son escorte faisaient route dans la douce brise du sud-ouest dans l'attente du CVW-1. Moment dangereux pour les pilotes et leurs équipiers car plusieurs mois s'étaient écoulés depuis leurs dernières épreuves du CAPEX. La tension s'affichait sur tous les visages. Par le système interne de communications, les voix tonitruantes du CAG, le commander John Kinkred, et de son adjoint, le « mini boss », le commander Carl June, s'adressaient au personnel concerné et personne ne se serait risqué à contrevenir aux normes de sécurité au cours de son service à bord du *GW*.

Après s'être assurés que les officiers d'appontage (LSO) étaient à leur poste, que les équipes de pont et de la sécurité se tenaient prêtes, que le « Pedro » (hélicoptère de sauvetage) du HS-11 orbitait et que les croiseurs tenaient leur poste, le CAG et son adjoint allumèrent les balises du système d'appontage et se tinrent prêts à réceptionner la formation.

Aux commandes d'un F/A-18C Hornet, le CV Stufflebeem fut l'un des premiers à apponter. Les soixante-dix avions du CVW-1 suivirent. Sitôt chaque avion immobilisé, le brin d'arrêt était ôté de la crosse et le pilote dirigé vers le pont avant. Là, les avions étaient soit arrimés, soit placés deux par deux sur un ascenseur qui les descendrait au hangar. Ils y seraient soigneusement parqués, parfois avec seulement quelques centimètres de séparation. Les équipages se dirigèrent vers leur salle d'opérations au pont O-2 pour prendre connaissance de leur note d'appontage du LSO. Ces notes sont importantes pour les équipages, car en cas d'insuffisance, ils devront repasser les épreuves de qualification avant d'être autorisés à voler opérationnellement pour JTFEX. La majeure partie des activités du *GW* et du CVW-1 dans les jours suivants seraient d'ailleurs consacrées aux « requalifs ». Tant que l'effectif complet de chaque squadron n'aurait pas accompli son quota d'appontages de jour et de nuit, le *GW* ne serait rien d'autre qu'une base d'entraînement. Ces jours d'activités non-stop étaient le premier test d'endurance pour le *GW* et son équipage.

Mercredi 20 août 1997

`JTFEX 97-3 : J 3 : Sur avis du Département d'État, tous les citoyens américains au Korona et au Kartuna doivent quitter ces pays en raison de la menace de conflit armé. En raison de la menace d'une intervention du Korona, les plus hautes instances des États-Unis ont ordonné à la 24th MEU (SOC) de procéder à l'évacuation des non-combattants (NEO). Celle-ci interviendra dans la capitale kartunane au profit des citoyens américains et des personnes en danger dès l'arrivée de nos bâtiments dans le golfe de Sabani. De plus, les éléments du groupe de combat George Washington, le` groupe d'intervention amphibie du Guam, la STANAFORLANT et d'autres unités se tiendront prêtes à soutenir la NEO et à entreprendre d'autres opérations si besoin est.

Ma participation à JTFEX commença à midi par l'embarquement sur un C-2 Greyhound du VCR-40 à Norfolk. Il ne nous fallut qu'une heure pour rejoindre le CVBG mais nous dûmes effectuer un large virage sur la gauche avant d'apponter. Comme la qualification des pilotes est plus importante que l'appontage de VIP, nous avons fait des ronds dans l'air pendant une demi-heure en attendant que le centre de contrôle aérien du *GW* nous place dans le circuit. Quand ce fut le cas, les pilotes emballèrent les moteurs et entamèrent l'approche finale.

Dans le compartiment passagers/soute, le chef de bord nous ordonna d'attacher les ceintures de sécurité. Après le « thump » des roues qui touchaient le pont, je fus plaqué dans mon siège quand la crosse crocha un brin d'arrêt. Dès que l'avion s'immobilisa, l'équipe de pont désengagea la crosse et replia les ailes. Les pilotes amenèrent l'avion un peu avant l'îlot tandis que les personnels du pont arrimaient l'appareil.

Peu après m'être désharnaché, je retrouvai John Gresham et le LV Navritril, officier de relations publiques. Sitôt le dîner avalé en leur compagnie, j'allai me coucher. Même les bruits de catapultages et d'appontages un pont au-dessus ne réussirent pas à troubler mon sommeil.

Jeudi 21 août 1997

JTFEX 97-3 – Jour 4 : Le gouvernement koronan continue à menacer ses voisins kartunans. Il revendique la province septentrionale de Khemis comme faisant partie intégrante de la patrie koronane et demande sa rétrogradation pour éviter la guerre. Dans le même temps, les personnes devant être évacuées commencent à se rassembler à l'ambassade américaine de Temal, la capitale du Kartuna.

À 13 h, nous nous retrouvons dans le salon de l'amiral. Le vice-amiral Mullen, commandant le Cruiser-Destroyer Group Two (CRUDESGRU-2) et le groupe *GW* nous accueille chaleureusement. Bel homme, calme, intellectuel ; rien de surprenant qu'il ait décroché une maîtrise à Harvard mais pour l'instant il est préoccupé de la tenue de son escadre dans JTFEX.

Entre les grondements de la catapulte numéro un (juste au-dessus du salon), il nous livre sa conception des opérations du CVBG. Du temps de la guerre froide, nous rappelle-t-il, la marine craignait que l'Union soviétique n'essaie d'éliminer toute présence navale américaine en lançant contre elle des régiments de Tu-22M Backfire et de Tu-16 Badger armés de redoutables missiles air-surface. L'idée était de détruire les porte-avions américains après quoi les sous-marins et les unités de surface soviétiques auraient liquidé les rescapés avec leurs propres missiles surface-surface. Ce fut pour contrer cette menace que des systèmes d'armes comme l'intercepteur F-14 Tomcat et l'Aegis furent mis en ligne afin de constituer un bouclier anti-missiles au profit des CVBG.

Aujourd'hui, la tactique d'emploi des CVBG reflète les faibles menaces qui pèsent sur l'US Navy depuis la fin de la guerre froide. Les rares marines qui pourraient le faire ne manifestent aucune hostilité et la plupart appartiennent aux alliés de l'OTAN, mis à part le Japon qui est un pays ami. Si la pire éventualité devait arriver, il est plus que probable que les Américains sortiraient vainqueurs. Ce qui signifie que ces derniers peuvent réduire sensiblement leurs moyens aériens et navals de défense pour vouer leurs ressources à la projection de la puissance offensive. Maintenant relativement dégagés de la menace militaire de nations étrangères, les commandants de CVBG comme l'amiral Mullen veulent *être* la puissance militaire dans un théâtre opérationnel. De toute évidence, l'amiral ne veut surtout pas ignorer les menaces ennemies. Le contraire serait stupide et irresponsable. Au contraire, il prévoit de tirer le maximum de ses systèmes d'armes pour la défense de l'escadre avec le maximum d'efficacité.

La conséquence pratique de cette pensée doctrinale débouche sur la condamnation du concept de périmètre de défense lointaine des années 80. En remplacement des patrouilles de supériorité aérienne de F-14 Tomcat et de F/A-18 Hornet épaulées par un mur de missiles SAM dirigés par le système Aegis des croiseurs et des destroyers, un plan plus modeste de défense lui a été substitué. À cette fin, l'amiral Mullen prévoit de reposer la défense du CVBG et de l'ARG sur la « bulle » de protection représentée par les missiles SAM des *Normandy*, *South Carolina* et *Carney* qui continueraient parallèlement d'assumer leur rôle anti-sous-marins et anti-bâtiments de surface. Et qui permettrait d'affecter les Tomcat et les Hornet aux attaques sur des objectifs navals et terrestres. Autrement dit, l'escorte aurait un double rôle laissant le reste de la force projeter sa puissance de frappe sur les régions côtières de leurs secteurs opérationnels. Les missiles de croisière Tomahawk et Harpoon seront destinés aux frappes, sur des objectifs fixes ou navals, tandis que les avions se consacreront aux frappes sur des cibles très mobiles ou implantées dans un relief accidenté.

L'amiral avait l'intention de tirer le maximum du concours de la STANAFORLANT et des ravitailleurs KC-135 de l'USAF. Il n'avait pas non plus l'intention de laisser au placard son composant de forces spéciales (équipe SEAL et la 24th MEU (SOC) qui feraient office « d'antennes » à terre et procéderaient à des reconnaissances. Pour finir, tout en restant discret sur eux, l'amiral mijotait quelque chose pour les deux sous-marins *Toledo* et *Annapolis*. Ces derniers représentaient de précieuses plate-formes pour un certain nombre de missions (renseignement, chasse anti-sous-marine et tirs de missile Tomahawk).

En nous accompagnant pour dîner avec nous, l'amiral ne dissimula pas son souci quant à la sécurité au cours de l'exercice à venir. Il n'avait pas tort. Les trois précédents JTFEX avaient connu de douloureux cas mortels. En mai 1996, dans le cadre de JTFEX 96-2 dirigé par le XVIIIe Corps aéroporté, treize morts résultèrent de la collision entre deux hélicoptères des Marines. Pour « son » JTFEX, l'objectif principal de l'amiral était de ramener tous ses hommes entiers et en condition de travailler ! Il comptait y parvenir par divers moyens comme « l'appariement » des membres de l'équipe de pont et des exercices ponctuels de lutte anti-incendie et de contrôle des dommages. John et moi ne pouvions que prier pour que ces mesures fassent leur office.

Vendredi 22 août 1997

```
JTFEX 97-3 – Jour 5 : Alors que le Korona accentue sa menace, le Conseil de sécurité de l'ONU a voté la première des sanctions qui seront adoptées, sous la forme d'un embargo maritime sur les armes et les produits pétroliers. Cet embargo prend immédiatement effet et sera appliqué par les forces armées américaines et leurs alliés de la Coalition. Pour soutenir cette opération, les forces de la coalition navale se porteront rapidement dans le golfe de Sabani. L'ARG du Guam et la 24th MEU (SOC), appuyées par le CVBG du GW et la STANAFORLANT, procéderont à la NEO, à l'ambassade américaine à Temal.
```

John et moi sommes très affairés en raison de notre transfert du *GW* vers le croiseur Aegis *Normandy*. Des grains diffèrent notre départ. La température est supérieure à 32°, ce qui, conjugué avec la houle, les vents violents et la pluie, rend les mouvements aériens du CVBG et de l'ARG très risqués.

Avant notre départ, nous avons pu rencontrer trois des commandants de formation du CVW-1 dans la salle de réunion de l'escadre. Curt Dail du VF-102 est le classique cocher de F-14 jusqu'au bout des ongles, y compris l'ego et l'ambition qui marchent de pair. Il commande un squadron qui retrouve un nouveau souffle grâce aux nouveaux systèmes de reconnaissance tactique D-TARPS et au AAQ-14 LANTIRN de navigation à basse altitude (que nous connaissons déjà). Le *Commander* Bob Harrington est un homme tranquille, introverti, et qui laisse le bilan de son VFA-86 parler pour lui. Aviateur de longue date, sa carrière a pris des directions surprenantes. Du A-7 Corsair avec des bombes gravitationnelles classiques au F/A-18C armé des plus modernes munitions à guidage laser.

Le troisième arriva un peu plus tard. Et pour cause. Le *Commander* Mulcahy du HS-11 venait d'effectuer l'une des premières missions de l'embargo ordonné par l'ONU sur le Korona. Il n'en dit pas un mot, nous ne l'apprîmes que plus tard. Pilotant un

HH-60H avec un commando SEAL, il avait fondu sur le pétrolier-ravitailleur de la flotte *Merrimack* (AO-179), chargé par l'USA-COM de simuler un navire de commerce transportant des armes et des matériels sensibles au Korona. De l'hélicoptère en vol fixe au-dessus du pétrolier, les SEAL étaient descendus en rappel sur le navire et s'en étaient emparé. Sitôt leur prise assurée, les SEAL avait appelé un équipage de prise d'un des escorteurs du CVBG auquel ils avaient remis leur butin.

« Je n'ai réellement rien fait d'intéressant ce matin », fut l'unique commentaire du CV Mulcahy qu'il nous livra sur les opérations, autour d'une tasse de café.

Le HS-11 est l'une des rares unités embarquées à opérer sur deux aéronefs différents. En plus de la version anti-sous-marine SH-60F, il utilise le HH-60H pour les missions des forces spéciales et de recherche et de sauvetage. Leurs missions vont donc de la protection du *GW* contre un sous-marin pénétrant la zone « rapprochée » offerte par le rideau d'escorteurs à la récupération de l'équipage d'un avion abattu comme à l'infiltration et l'exfiltration de commandos des forces spéciales. Un tel éventail signifie qu'au moins un, sinon deux « ventilateurs » (quatre SH-60F et deux HH-60H) sont toujours en l'air.

Après notre entretien avec les chefs de formation, nous rejoignons nos quartiers pour y prendre nos bagages et percevoir notre équipement de vol. Cette formalité accomplie, le LV Navritril nous présente au CV Deppe, le pacha du *Normandy*.

Nous venons à peine d'entamer un dialogue que l'officier de quart nous informe qu'il est l'heure d'embarquer sur le SH-60F du HS-11 qui doit nous déposer à bord du *Normandy*. À la suite d'un « chien jaune », nous gravissons une échelle pour sortir de l'îlot passerelle et affronter une tornade qui balaie le pont d'envol et cingle nos visages de gouttes de pluie à l'horizontale, en raison des vents de quarante nœuds ! Luttant contre la tempête, nous serpentons entre les appareils prêts à décoller pour rejoindre le Seahawk dont le rotor est déjà en marche.

Sitôt harnachés, l'équipage nous avertit du décollage prochain. Mais, alors que le pilote se livre à la check-list, le voyant lumineux des moteurs T700 s'allume. Il coupe le contact aussitôt et nous sommes invités à quitter l'appareil pour rejoindre l'îlot. Tandis que nous redescendons, trempés jusqu'aux os, vers le pont O-2, les équipes de pont ont déjà évacué l'hélicoptère défaillant pour libérer le pont. De fait, au bout de quelques minutes, la voix du CAG résonne dans les haut-parleurs du bord bientôt suivie par le rugissement des réacteurs et les crissements des catapultes.

Débarrassés de notre équipement trempé, nous attendons autour d'une boisson froide. Quinze minutes plus tard, nous sommes prévenus qu'un SH-60B du *Normandy* viendra nous prendre. L'ennui est qu'il ne pourra le faire avant trois heures. Ce qui nous laisse le temps de converser avec le pacha du croiseur et d'apprendre la façon dont l'amiral Mullen a l'intention de l'utiliser, lui et son bâtiment.

En tant que commandant du vecteur le plus performant en matière de défense anti-aérienne, Deppe a été nommé coordinateur de la défense AA pour toute l'escadre. Tous les autres responsables (ASM, anti-surface, etc.) étant basés à bord du *GW*, et le *Normandy* étant dépourvu du système de communications satellitaires à bande large et sécurisée, il lui faut faire la navette avec le porte-avions. D'abord pour suivre les conférences de tous les responsables du CVBG sans risque « d'indiscrétions » électroniques. C'est ainsi que Jim Deppe passe plusieurs heures par jour à faire la navette entre son croiseur et le « pays bleu » du *GW*. Jusqu'à ce que le système de télécommunications satellitaires soit introduit sur toutes les unités, on verra des pachas faire l'aller et retour entre les navires.

Il est 15 h. Le dernier avion du *GW* a apponté et les balises de l'hélipad sont allumées. Depuis une heure, le Seahawk du HSL-48 orbitait et son équipage était plus qu'impatient de rentrer au bercail à 161 km de là. La bourrasque est calmée et nous rejoignons le Seahawk à peu près secs. Nous évoluons à 450 m d'altitude, en dessous de la couche nuageuse. À mi-chemin, je jette un coup d'œil par le hublot et j'aperçois une traînée d'un marron peu appétissant qui s'étale sur des milles. Interrogeant à ce sujet le chef de bord, il me répond : « pollution ». Encore un dégazage dans le grand bleu.

Notre prochain nid se dessine à l'horizon. Le *Normandy* se place dans le vent pour nous accueillir. Après juste un virage, le pilote s'installe dans le sillage du croiseur et se met en vol stationnaire au-dessus de la plate-forme. Le chef de bord file un mince câble avec une manille d'arrimage au bout. Un homme en bas l'insère dans la mâchoire du système mécanique de verrouillage de l'aire

Le *Captain* Jim Deppe, commandant le USS *Normandy* (CG-60) lors d'un ravitaillement en mer avec le USS *Seattle* (AOE-3). *John D. Gresham*

d'atterrissage. L'hélicoptère peut alors se poser en toute sécurité, même par mer forte. Nous sommes bientôt sur le pont et le CV Deppe se rue vers la passerelle.

La raison de cette hâte est évidente. La silhouette massive du USS *Seattle*, le ravitailleur du groupe *GW*, se profile à l'horizon. Nous arrivons à temps pour assister au délicat et souvent difficile ravitaillement en mer. Pour atteindre le haut du bloc passerelle du croiseur, il nous faut emprunter sept échelles. Le parcours du combattant ! L'effort est justifié car nous jouissons d'une vue imprenable pour assister à l'un des ballets les plus prenants que réserve la marine.

J'ai toujours été persuadé que ce qui différencie les grandes marines des autres est leur capacité de se ravitailler en mer. Cette innovation américaine, qui remonte à avant la Seconde Guerre mondiale, ressemble un peu à un ballet d'éléphants. L'opération qui consiste à maintenir un bâtiment à distance très rapprochée d'un autre ne s'apparente à aucune autre manœuvre navale.

D'abord, Deppe donne le feu vert au CV Firks du *Seattle* pour venir de conserve au *Normandy* sur bâbord. Le *Seattle* tire un lance-amarre sur le *Normandy*. Après quoi, l'équipage tire des câbles de soutien qui maintiennent les manches et il commence à gréer ces manches de ravitaillement. Deux seulement sont utilisées car le *Normandy* n'a besoin de JP-5 que pour ses turbines à gaz et ses hélicoptères. Le dispositif à tensionnement constant, plus « costaud », se prête au transfert de charges lourdes et/ou de palettes. De même, les soutes pleines du *Normandy* ne nécessitent pas un ravitaillement héliporté en vivres et autres denrées périssables.

En moins de dix minutes, les deux manches relient les deux bâtiments séparés par une trentaine de mètres. Chaque manche a une prise « mâle » qui se verrouille sur le réceptacle « femelle » du navire receveur. En cas d'urgence, le système peut être déverrouillé rapidement. Correctement connectée et pressurisée, chaque manche peut transférer plusieurs milliers de gallons à la minute de pétrole ou de ses dérivés. Graduellement, la pression s'équilibre à l'intérieur des manches et le flot de JP-5 s'accentue.

Tout au long de la manœuvre, les deux capitaines scrutent attentivement l'alignement et l'espace de leur bâtiment respectif. La différence de taille peut générer des difficultés. Si c'est le plus gros qui veut « sucer » le plus petit à son côté, le délicat maintien des positions se fera au nombre de tours d'hélice régulés ou par « saccades ». Cet après-midi, tout « baignait » et les deux capitaines nous donnaient une leçon de maîtrise que nous ne pouvions qu'admirer.

Le fait que tout se déroule virtuellement sans radio ou autres auxiliaires électroniques ne fait qu'ajouter à la beauté de l'opération. Pour maintenir le calme dans la simplicité, seuls sont utilisés les signaux lumineux ou les pavillons. Trente minutes plus tard, la salle des machines faisait savoir que les soutes étaient pleines. Tout en déverrouillant les manches, les deux équipages prenaient grand soin de répandre le moins possible de JP-5 sur la mer pour limiter la pollution. Peu d'entre nous mesurent combien la lutte anti-pollution est de règle chez les militaires et leurs efforts pour être « verts ». Dès les manches réintégrées sur le *Seattle*, les câbles de soutien sont ramenés au flanc du ravitailleur pour être récupérés. Vient maintenant le dernier épisode scabreux de l'opération.

Le commandant Deppe ordonne « En avant, deux tiers » (environ 20 nœuds/37 km/h) et amorce un virement graduel sur tribord pour s'écarter des 53 000 tonnes du ravitailleur le plus doucement possible. Deppe fait effectuer un virage sur 360° qui l'amène à 9 100 m du *Seattle* avant de s'estimer libre de manœuvre. Au terme de sa giration, il met plein ouest pour rejoindre les autres bâtiments du groupe. Il ne nous reste plus qu'à nous rafraîchir avant de dîner.

Avec un équipage d'environ 350 personnes, le *Normandy* est beaucoup plus intime et agéable que le porte-avions. S'il le veulent, les gens peuvent y trouver l'intimité. Autre attrait d'un « petit garçon » (bâtiment de tonnage moindre), l'absence des centaines de VIP, d'observateurs, de membres de la presse présentement embarqués sur le *GW* et qui rend le *Normandy* spacieux et confortable.

Mon seul regret est de ne pouvoir profiter de CNN et des autres networks diffusés par le système Athena.

Au carré, je suis frappé par la jeunesse des officiers. Si la plupart des responsables de services sont des capitaines de corvette, beaucoup d'autres sont des LV avec moins de cinq ans de service. Servir sur un bâtiment d'escorte est une affaire de jeunes et la majorité des visages accusent moins de la trentaine. Le carré est le centre de leur monde social. C'est un espace de libre expression où le rang et l'ancienneté n'ont pas cours. On y discute des problèmes, des missions, et l'expérience professionnelle y est transférée aux jeunes. On y est peu formaliste. La seule règle veut que l'on se lève à l'arrivée du commandant et que l'on attende qu'il se serve d'un plat avant d'en faire autant. La nourriture est aussi bonne que celle de n'importe quel autre bâtiment de la marine. Les cuisines regorgent de victuailles et, sur mon plateau, je trouve une sympathique salade, du poulet rôti et du riz. Le seul problème est le roulis du navire. Il tient à son histoire.

Les croiseurs Aegis de la classe *Ticonderoga* ont été construits à partir de coques conçues à l'origine pour des destroyers de la classe *Spruance*. En outre, ils partagent beaucoup d'équipements. Toutefois, avec la charge supplémentaire de l'armement et autres systèmes associés à Aegis, les croiseurs n'ont plus grand-chose à voir avec les *Spruance* originels. Les « *Ticos* » déplacent plus de 15 % vis-à-vis des *Spruance*. La plus grande partie de ce surcroît se situe dans le roof qui abrite les quatre grandes antennes des radars SPY-1 qui forment le cœur du système Aegis. Ce qui signifie que les *Ticos* sont super-lourds. Insuffisamment pour les cataloguer comme instables ou présentant une tendance à chavirer. Mais assez pour les rendre inconfortables pour ceux qui sont sensibles au tangage et au roulis. Pourtant, ils affrontent les flots assez bien et se manœuvrent comme un coupé sport italien aux mains d'un professionnel. Mais c'est vrai qu'ils roulent ! Par grosse mer ou en évolution serrée, il n'est pas rare qu'ils gîtent jusqu'à 40° . Sans être insupportable et provoquer le mal de mer, leur tenue à la mer met du piment au moment des repas. Et ce soir, les mouvements du bâtiment nous contraignent à saisir fermement les plats et les assiettes.

Après le dîner, nous faisons le tour du propriétaire. Le *Normandy* est entré en service en 1989 et son aspect est saisissant. Je suis surpris de voir l'équipage l'entretenir à ce point. Tout est immaculé sans la moindre trace suspecte, même dans les coins et les angles. Ne parlons même pas de l'état des systèmes électroniques.

Le *Normandy* est représentatif de la troisième tranche des *Ticos* avec ses radars SPY-1B améliorés et plus légers (chaque navire Aegis en a quatre) et de nouveaux ordinateurs. À la suite de la croisière 1997/98, il subira une refonte complète et une optimisation du système Aegis conformé à la dernière technologie. À l'heure où vous lirez ces lignes, il sera doté du nouveau missile SAM SM-2 du block 4 avec lequel il peut engager et détruire des missiles balistiques. Ultérieurement, cette capacité sera étendue à tous les croiseurs et destroyers Aegis, réduisant sensiblement la menace de missiles balistiques contre les forces de projection.

Après ce tour, je descends pour dormir. John et moi avons perçu des rumeurs comme quoi la « guerre » (du scénario JTFEX) pourrait bien éclater dans les deux prochains jours. Je souhaite être à bord du *GW* à ce moment pour avoir une vision globale de l'engagement des hostilités. Les événements en décideront autrement et heureusement car cela nous vaudra l'un des plus passionnants épisodes de l'exercice.

Samedi 23 août 1997

JTFEX 97-3 – Jour 6 : Le gouvernement koronan accentue, ce jour, sa pression sur le Kartuna en procédant à des tirs de missiles SCUD sur leur polygone de tir. Cela est interprété comme la volonté de placer leurs unités de missiles balistiques en état opérationnel. De plus, la flotte koronane a quitté ses ports pour pister les forces navales de la Coalition qui s'assemblent dans le golfe de Sabani. Dans le même temps, des éléments de la 24th MEU (SOC) et l'ARG du Guam ont commencé la NEO dans le complexe de l'ambassade américaine à Temal. Cette opération devrait se terminer dans la matinée du 24 août.

En ce samedi matin, les choses ont évolué. Dans la nuit, le *Normandy* et les autres escorteurs ont fait leur jonction avec le

GW, puis le groupe combiné a pénétré dans le golfe de Sabani par son extrémité septentrionale. Passant entre les îles (fictives) Willo et Hirt, le groupe vire au sud pour apporter son soutien au *Guam* et à la 24th MEU (SOC) dans leur évacuation du personnel du Kartuna.

De leur côté, les leaders de l'USACOM travaillent dur sur la partie « flexible » du scénario en essayant de faire prendre à l'amiral Mullen des initiatives qui provoqueraient irrémédiablement l'ouverture des hostilités. L'amiral et son état-major s'efforcent de maintenir le couvercle sur le chaudron aussi longtemps qu'il sera possible – très important pour la 24th MEU (SOC) impliquée depuis l'aube dans l'évacuation des civils. C'est la phase « les yeux dans les yeux », simulant les réalités du « proche de la guerre » que les responsables connaîtront dans une crise réelle. Même s'il ne s'agit que d'un exercice, chacun ressent la dégradation de la situation. Chaque homme du CVBG sait qu'ils seront tous jaugés pour leur promptitude à faire face à une situation conflictuelle et personne ne voudrait laisser tomber qui que ce soit de la force coalisée.

Tout autour du groupe de combat, des navires de la Flotte de l'Atlantique simulaient le rôle d'agresseurs de la marine koronane. De nombreux autres navires tiennent le rôle de neutres essayant d'échapper à la confrontation qui s'annonce. La preuve finale que nous sommes au bord de la phase « chaude » est l'arrivée dans un hélicoptère de transport UH-46 d'un représentant du SOOT à bord du *Normandy*. Le CV Phillips, commandant le croiseur Aegis *Vella Gulf* (CG-72), vient observer les décisions à venir et évaluer le comportement du commandant Deppe et de son équipage. Tous deux sympathisent immédiatement et discutent bientôt du meilleur endroit du croiseur pour pêcher un bar de compétition. Mais il suffit de jeter un coup d'œil par un hublot du carré du *Normandy* pour deviner qu'il vaut mieux pêcher de la côte.

Les choses deviennent de plus en plus intéressantes dans cette fraction du golfe de Sabani. À 900 m sur tribord, une baleinière du *Normandy* emmène une équipe d'arraisonnement sur la frégate *Samuel Elliot Morrison* (FFG-13) qui tient le rôle d'un navire de commerce neutre. Le déjeuner est brutalement interrompu par l'annonce que la frégate compte un vrai blessé qu'il faut évacuer sur le continent. Le diagnostic révèle une hépatite et le patient est transbordé sur la baleinière avec un infirmier, ce qui nous pose problème à John et à moi.

Avec une seule rotation d'hélicoptère de prévue pour la journée entre le *Normandy* et le *GW*, cela signifie que le malade et l'infirmier prendront nos places à bord du Seahawk et qu'il nous faudra attendre un jour ou deux avant de rejoindre le porte-avions. Le commandant Deppe nous assure qu'il fera son possible pour nous ramener le plus tôt possible. Et ajoute-t-il, il y a plein de place pour nous à son bord et comme c'est samedi dans le monde « réel », il y aura la nuit de la pizza. Le *Normandy* étant l'une des meilleures tables de la Flotte de l'Atlantique, cela nous console de notre désillusion.

Après l'évacuation sanitaire, le bâtiment entre dans une zone à haute pression qui fait chuter la température à 27° et purifie le ciel. La vision porte à son maximum soit 27 400 mètres. Cette journée est la plus belle depuis de nombreux mois, avec une mer d'huile et sans le moindre souffle de vent. Autour de nous, tout l'espace marin est bourré de navires.

Vers 16 h, alors que je me tenais sur la plate-forme de l'hélicoptère, je notai quelque chose d'étrange. L'un des plus proches navires se rapprocha de nous jusqu'à environ 2 000 m par l'arrière pour essayer d'évoluer autour de nous, un peu comme un automobiliste cherchant à doubler un poids lourd lancé plein pot. Un moment plus tard, je perçus les trépidations du pont sous mes pieds et le gémissement des quatre turbines LM-2500 du *Normandy* poussées à plein régime. En quelques secondes, le croiseur passa de douze à trente nœuds et le CV Deppe coupa droit la route à l'autre navire, bloquant la passe. Stupéfait par cette manœuvre, j'examinai l'autre bâtiment, un destroyer classe *Spruance* que j'avais pris d'abord pour le USS *John Rodgers* (DD-983) de notre propre groupe de combat. Mais je notai alors qu'il était dépourvu des lanceurs ASROC comme le *John Rodgers* et un rapide coup d'œil sur son numéro d'identification confirma mes soupçons. Il s'agissait du USS *Nicholson* (DD-982), classe *Spruance* doté du VLS et qui faisait fonction d'un destroyer lance-missiles de la classe *Kashin* de la marine koronane. De toute évidence, le scénario de JTFEX se corsait. John et moi avançâmes sur l'avant du pont pour voir ce qui allait survenir.

Je vis le *Nicholson* tenter de nous couper par le travers. Sur la passerelle, les CV Deppe et Phillips observaient intensément les manœuvres du destroyer. En même temps, le circuit radio entre bâtiments TBS s'anima. Deux frégates simulant des patrouilleurs lance-missiles koronans manœuvraient agressivement. Je m'adressai à l'un des jeunes lieutenants : « Que se passe t-il ?

– Ils jouent à "Ivan le fou", répondit-il, comme les Russes. » La remarque produisit un déclic dans ma mémoire.

Du temps de la guerre froide, les bâtiments de surface et les sous-marins soviétiques cherchaient noise à nos CVBG de la même manière que le faisait le *Nicholson.* C'était l'une des tactiques favorites de l'amiral Gorchkov et qui tirait avantage de la « liberté de navigation » dont jouissaient les navires en haute mer. L'idée était de naviguer à vue du porte-avions comme ils l'auraient fait juste avant d'ouvrir les hostilités. La première salve de missiles, torpilles et obus devait mettre le porte-avions hors d'action. La seule parade pour contrer cette initiative consistait pour nos escorteurs à manœuvrer agressivement et à se placer entre les navires ennemis et le porte-avions. À l'occasion, les bâtiments s'abordaient. Avec pour résultat d'augmenter la tension entre les deux super-puissances [1]. Les Américains appelaient ça « jouer aux cowboys et aux Russes ». Je croyais que cette agressivité appartenait au passé. J'avais tort.

Bien que l'US Navy se taise à ce sujet, la tactique d'interposition d'un escorteur entre l'opposant et le porte-avions est toujours d'actualité ; ce n'est pas sans évoquer les « confrontations » qu'engagent entre eux les pilotes de chasse pour soutenir leur agressivité. Mais le « combat tournoyant » impliquant des croiseurs ou des destroyers d'un milliard de dollars est plus risqué. Évidemment, l'état-major de l'USACOM voulait placer l'amiral Mullen et son staff dans une situation telle que les forces koronanes pourraient invoquer la provocation et passer à l'action musclée, alors que la 24th MEU (SOC) était toujours engagée dans l'évacuation à Temal. Le défi était évident. Qu'un navire du Korona devienne de plus en plus chatouilleux envers le *GW*, l'escorte serait contrainte d'ouvrir le « feu » pour sauvegarder le porte-avions. Et comme le *GW*

1. Ces abordages provoquèrent des traités sur les « accidents navals » entre les États-Unis, l'Union soviétique/Russie et un certain nombre d'autres nations.

Le destroyer USS *Nicholson* (DD-982) lors de son duel avec le USS *Normandy* (CG-60). *John D. Gresham*

préparait des sorties aériennes, le CAG Rutherford ne pouvait rien faire contre les intrus.

Les prochaines heures des « petits garçons » seraient consacrées à maintenir au large les navires lance-missiles koronans. La nuit de la pizza risquait d'être reportée. La résolution affichée sur le visage, le commandant Deppe releva le défi. Les occasions de pousser son bâtiment jusqu'à ses limites contre un homologue de force égale étaient trop rares. Il y avait un risque. Les règles d'engagement au cours d'un exercice sont claires concernant la distance entre les protagonistes. Mais les règles sont faites pour être transgressées. En fait, le seul impératif était : ne « heurtez » pas l'autre !

Les heures suivantes passèrent vite. Nous pariions sur le *Nicholson*. Son capitaine, le CV Langman, se montrait extrêmement agressif et faisait tout pour nous dépasser. Il n'y réussit jamais. Le commandant Deppe manœuvrait le *Normandy* comme une formule 1, maintenant résolument le destroyer au large du porte-avions. À plusieurs reprises, alors que nous faisions trente nœuds, nous fonçâmes sur l'autre presque jusqu'au « crash » pour ne laisser qu'un espace de la longueur d'un bâtiment entre nous. Comme deux boxeurs qui reprennent leur souffle, les deux bâtiments réduisaient leur allure pendant dix à quinze minutes à près de mille mètres l'un de l'autre. Puis, le *Nicholson* poussait sa vitesse et la joute recommençait. Chaque fois, le commandant Deppe contrait la manœuvre. Parfois, le *Normandy* donnait de la bande jusqu'à 40° et nous percevions les bruits des plats et de la vaisselle heurtant le plancher des cuisines. D'autres fois, c'était une course de vitesse derrière lui pour voir si le *Nicholson* pouvait gagner un pouce sur nous : une évolution serrée nous remettait en position vis-à-vis du *GW*.

Ce n'est que vers 20 h que le *Nicholson* et les deux autres trublions koronans jetèrent le gant. Le tournoi prenait fin. Alors que le commandant Deppe réduisait les machines et se dirigeait pour reprendre son poste dans l'écran de la défense, la voix de l'amiral Mullen se fit entendre sur le TBS. Pendant plusieurs minutes, l'amiral commenta les performances de chaque bâtiment de l'escorte, après quoi il fit l'éloge des capitaines des trois navires d'escorte qui avaient paré les initiatives ennemies. Après son chaleureux « bien joué », on perçut nettement la dissipation de la tension. Nous l'ignorions à ce moment mais le groupe de combat *GW* venait de surmonter un test probant. Il avait procuré deux jours de « paix » aux Kartunans et à la Coalition.

À bord du *Normandy*, la vie reprenait son cours. Les responsables du carré sauvaient ce qu'ils pouvaient des pizzas. Finalement, vers 23 h, beaucoup d'officiers et de marins, n'ayant pas faim, préférèrent se coucher. C'étaient les vétérans qui savaient que ce qu'ils avaient connu aujourd'hui n'était qu'un avant-goût des deux semaines de « combat » qui allaient suivre. Les néophytes se jetèrent sur les pizzas tout en discutant de la terrible démonstration que le commandant Deppe avait faite à tout le groupe de combat. Tout en dégustant un pâté en croûte, la réponse à une question que j'avais en tête depuis quelque temps me vint : depuis la fin de la guerre froide, les forces de surface américaines n'ont plus d'ennemi dangereux. Cette situation ne peut-elle conduire à se reposer sur ses lauriers et générer le laxisme des commandants comme des équipages ? L'attitude de Jim Deppe sur sa passerelle me convainquit que nos forces de surface sont encore de « l'étoffe des héros ».

Dimanche 24 août 1997

JTFEX 97-3 – Jour 7 : La 24th MEU (SOC) a terminé sa NEO tôt ce matin et procède à l'évacuation des civils en terrain neutre. Le Conseil de sécurité de l'ONU a pris connaissance de la provocation navale koronane d'hier et, en conséquence, a promulgué une résolution supplémentaire permettant l'usage de la force dans l'éventualité d'un autre harcèlement. La seule réponse du gouvernement koronan est d'augmenter la mobilisation de ses forces armées.

À 6h, un officier marinier me prévint que le pacha avait prévu un hélicoptère UH-46 pour nous déposer sur le *GW*. Le vol étant programmé pour 10 h, j'avais le temps de remercier le commandant Deppe pour son hospitalité. En rejoignant ma couchette, je rencontrai le CV Phillips qui confirma mes impressions sur l'expérience de la veille. Dans son rapport au commandant du SOOT à bord du navire de commandement *Mount Whitney*, il avait souligné la magnifique prestation du *Normandy*. « Faites bien attention à ce qui arrivera demain », ajouta-t-il d'un air espiègle. Forts de cette information, John et moi nous dirigeâmes vers le hangar à hélicoptère.

Un gradé nous donna l'équipement de vol et les consignes de sécurité pour le Sea Knight. À l'heure prévue, le UH-46 se posa tranquillement sur l'hélipad du *Normandy*. Le bi-rotor Sea Knight encombra tout l'hélipad et le personnel de pont prit bien garde à la distance séparant les pales des superstructures. Nous grimpâmes à bord, attachâmes les ceintures et deux minutes plus c'était l'envol pour une traversée de quinze minutes. Je me suis couché tôt, car je tenais à être prêt pour les « événements » du lendemain.

Lundi 25 août 1997

JTFEX 97-3 - Jour 8 : - Ce matin, à l'aube, les forces armées du Korona ont envahi le Kartuna. Toutes les armes du Korona sont engagées et ont été identifiées. Elles submergent le pays. Le Conseil de sécurité, le gouvernement des États-Unis et ceux des nations adhérant à la Coalition condamnent cette action. Le Conseil de sécurité des Nations unies a voté plusieurs résolutions dont l'une qui autorise « l'usage de toute mesure appropriée de la force » pour stopper l'agression.

Dès que le terme invasion lui parvint, l'amiral Mullen activa un ordre d'engagement modifié pour mettre en œuvre les plans d'attaque que son état-major et lui avaient mis au point depuis que nous avions pris la mer. L'une de ses premières décisions fut d'appliquer le plan des défenses antiaériennes mis au point par Deppe qui consistait à poster les trois bâtiments lance-missiles de façon à couvrir les unités de valeur. Le *Normandy* resterait à proximité du *GW* tandis que le *South Carolina* en ferait autant pour l'ARG du *Guam* (les performances de ses radars directeurs de tir sur les zones terrestres sont supérieures à celles des Aegis à vocation maritime). Le *Carney* jouerait le rôle d'appeau ou plutôt de piège à missiles en restant à l'écart de l'escadre et ferait son possible pour casser les attaques des forces aériennes koronanes.

Ce jour allait voir l'ouverture de la campagne aérienne (selon le schéma de Tempête du désert). Les frappes aériennes et de missiles du jour sont destinées à éliminer la menace koronane sur la flotte coalisée. Au CVW-1 d'éliminer le système de défenses antiaériennes, l'aviation et la marine du Korona tandis que les missiles Tomahawk tirés du *Normandy*, du *Carney* et des sous-marins décapiteraient l'infrastructure koronane de commandement et de contrôle. Un bon plan. Pourtant, afin d'assurer une bonne exécution d'un plan il faut prévoir une certaine flexibilité pour parer toute contre-mesure que l'ennemi pourrait appliquer. C'est là qu'interviennent les F-14 TARPS du VF-102 chargés de déterminer au profit du CVW-1 tous les objectifs dignes d'intérêt. Avec seulement quatre F-14 TARPS et l'imagerie satellitaire qui pourrait être transmise par le système Challenge Athena, le bureau de renseignement du CVBG resterait borgne. Par chance, les trois ES-3 du VQ-6 seraient les oreilles qui viendraient supplémenter leurs yeux.

À partir d'aujourd'hui, le groupe entier plongeait dans l'ambiance de guerre ouverte ; il en serait ainsi jusqu'au terme de l'exercice, un jour de la semaine suivante.

Mardi 26 août 1997

`JTFEX 97-3 – Jour 9 : Les forces armées du Korona continuent l'invasion du Kartuna et revendiquent le` contrôle de la moitié du pays ; elles ont entrepris de nombreuses missions dirigées contre les forces aériennes et navales de la Coalition dans le golfe de Sabani (et dont les résultats sont encore inconnus). Pendant ce temps, les forces de la Coalition articulées autour du porte-avions George Washington (CVN-73) et son groupe de combat ont entamé le cycle de contre-attaques contre les envahisseurs koronans.

L'une des premières impressions ressenties à bord d'un porte-avions est que vous ne serez jamais au calme. Si vous descendez, vous entendez les bruits des machines qui sont le cœur et les poumons du navire. Lorsque vous remontez par les différents ponts, les bruits du pont d'envol deviennent de plus en plus distincts jusqu'au pont 0-2 où vous avez un « aéroport » en guise de toit. Et vous arrivez même à dormir malgré les bruits des catapultes, les crissements des brins d'arrêt, le choc et le striement des crosses d'appontage et des trains d'atterrissage martelant le pont, le bruit des réacteurs qui arrivent à passer le pont blindé en acier au-dessus de votre tête. Au bout d'un certain temps, ces bruits se confondent pour bercer votre sommeil.

En ce second jour de « guerre », je déambule à travers le bâtiment pour percevoir comment les jeunes hommes et les jeunes femmes conjuguent leurs activités professionnelles et à quels loisirs ils consacrent leur temps libre. Dans le hangar, j'assiste à des exploits mécaniques et techniques. Des réacteurs pesant cinq tonnes sont changés alors que moins d'un mètre d'espace sépare deux avions. Des garçons d'aspect juvénile manient des « boîtes noires »

Un jeune technicien de maintenance au travail sur un hélicoptère du HS-11 dans le pont hangar du USS *George Washington* (CVN-73). *John D. Gresham*

d'un million de dollars. La sueur, l'huile, le kérosène, le fluide hydraulique, les copeaux métalliques, l'air salin, autant d'effluves qui ne forment plus qu'une odeur âcre qui vous prouve que vous êtes bien dans le hangar atelier d'un porte-avions. Ce territoire n'est pas tant régi par les officiers que par ces êtres quasi mythiques qui sont le ciment de la marine : les chefs.

Un dicton de la marine veut que les officiers prennent les décisions et les chefs les appliquent. C'est la vérité vraie. Ici, dans le hangar, le plus gros des travaux de maintenance et de réparations est effectué par des matelots spécialistes et des officiers mariniers qui consacrent leurs journées (et souvent leurs nuits) à remettre en état les aéronefs que des officiers ont maltraités. Quelle que soit sa robustesse et la qualité de sa construction, toute machine sera hors service ou cassée si elle est utilisée trop longtemps. C'est à ces héros inconnus de l'aéronautique navale qu'incombe la tâche, peu reluisante et qui débouche rarement sur des récompenses, de maintenir les aéronefs en état de vol. Comment les contribuables américains récompensent-ils ces jeunes aussi dévoués ? Bien que la solde des marins de base et des officiers mariniers ait régressé (en comparaison du salaire moyen du citoyen américain), elle reste à des années lumière du seuil de la pauvreté. Le Congrès a tout de même récemment voté une légère augmentation qui entrera en vigueur en 1999.

Quant au confort, n'espérez pas un quatre étoiles. Avec un personnel composé à 90 % d'engagés et d'officiers mariniers, l'espace personnel est réduit à sa plus simple expression. Les postes de couchage sont conçus pour six. Chacun dispose d'une couchette, d'un lavabo et d'une armoire. Chaque couchette est surmontée d'une lampe de lecture, d'un rideau, d'une arrivée d'air frais, le tout dans un espace de la dimension d'un cercueil confortable. Ces modules de six hommes sont regroupés en postes de couchage et partagent une douche commune ainsi qu'un espace de détente avec la TV, des tables et des sièges. En temps normal, ce sont des veilleuses rouges (pour préserver la vision nocturne) qui assurent l'éclairage et permettent à ceux qui ne sont plus de service de se reposer. Dans les espaces communs, il est bien rare que la télévision soit éteinte et qu'il ne se trouve pas au moins un homme en train de repasser ses effets.

Le mess des officiers dans le carré 3 du USS *George Washington* (CVN-73). *John D. Gresham*

La marine, qui connaît l'insuffisance de confort que supporte le personnel, le compense par une qualité optimale de la nourriture. Rien à voir avec une vulgaire cantine scolaire ; cuisine variée élaborée par des spécialistes et qui offre plusieurs fois par semaine des pizzas, des grillades, des plats mexicains. Les diététiciens ne trouveraient rien à redire devant la profusion de légumes frais et de salades. Pour le personnel de base, les repas sont servis dans un décor style cafeteria. Là, les marins peuvent se restaurer, discuter, attendre un cours, se distraire avec des jeux vidéo, bref s'échapper de la routine pour un moment. Il existe d'autres dérivatifs.

Des salles d'entraînement physique sont aménagées à travers tout le bâtiment. Ces dernières années, ces salles sont devenues très populaires avec la mode de la musculation. Mais pour les adeptes plus sérieux, des cours de culture physique et d'aérobic se déroulent plusieurs fois par jour dans le hangar, de même que les joggers peuvent s'adonner à leur passion sur le pont d'envol quand le temps et les opérations aériennes le permettent. Le circuit interne de télévision diffuse plus de six chaînes à partir d'un petit studio au pont O-1 sous l'îlot. Dirigé par le LV Navritril, il diffuse des films, des informations, des nouvelles du bâtiment, etc. Une petite station radio émet un programme « éclectique » de rock and roll, blues et jazz. Un journal de quatre pages, *The Guardian*, est distribué quotidiennement au moment du déjeuner. Il forme un délicieux mélange d'informations concernant le « monde » et des articles sur l'actualité proche puisqu'ils concernent la vie journalière à bord du *GW*. Finalement, des films (fournis avec des paquets de popcorn) et des disques DVD sont loués pour être projetés dans les espaces vidéo du personnel.

Une innovation est offerte par le système Challenge Athena qui permet à chacun d'envoyer des e-mails par le réseau Internet. Chaque message passe par un serveur central couplé au réseau interne Intranet, puis via Challenge Athena est envoyé au centre de communications de la Flotte de l'Atlantique à Norfolk. Chacun a donc accès à un ordinateur qui lui permet d'émettre comme de recevoir des e-mails. Cette innovation a changé la vie à bord.

Ainsi, les trois mille marins et Marines du bâtiment amphibie *Peleliu* (incorporé au CBG *Nimitz*) envoyèrent plus de cinquante mille e-mails rien qu'au cours du premier mois de campagne ! L'effet sur le moral de l'équipage fut phénoménal. L'avènement de la correspondance électronique a rendu obsolète le vieux slogan de la marine : « Enrôlez-vous dans la marine, vous découvrirez le monde. » Depuis dix ans, les bâtiments des CVBG n'ont pas utilisé plus de la moitié des ports étrangers où ils étaient autorisés à mouiller. Longtemps un argument de recrutement, la découverte de pays étrangers n'est pratiquement plus qu'un souvenir. Depuis la crise iranienne de 1979, les campagnes de plus de quatre-vingt-dix jours sont devenues la norme des CVBG et ont influé sur le moral des équipages.

Mercredi 27 août 1997

JTFEX 97-3 – Jour 10 : Les forces armées du Korona ont achevé ce jour l'occupation complète du Kartuna, y compris la capitale Temal. Les derniers éléments du gouvernement kartunan ont rejoint le Telari qui vient d'annoncer qu'il se joignait à la coalition alliée. Dans le même temps, la Coalition a intensifié ses attaques d'objectifs militaires koronans qui ont subi de graves dégâts. La bataille se poursuit...

Ce matin trouva le groupe de combat du *GW* poursuivant le châtiment des Koronans. L'objectif était la destruction de suffisamment de leurs moyens pour permettre aux Marines de la 24th MEU (SOC) de débarquer à proximité de Temal, la capitale du Kartuna (simulé par Camp Lejeune en Caroline du Nord) au cours de la semaine à venir. Un bataillon para de la 82e division aéroportée devait s'emparer d'un aérodrome avoisinant la capitale en soutien de l'opération amphibie. Tête de pont qui permettrait l'acheminement des renforts par air comme par mer.

Pour en arriver là, les forces koronanes devaient subir des pertes pour réduire leurs effectifs et leur puissance de feu. C'était le rôle des navires, des missiles et des avions du groupe *GW*. Des résultats significatifs en ce sens avaient déjà été obtenus. Les attaques déterminées des forces aériennes et navales contre les navires de la Coalition s'étaient brisées sur les défenses dont les plans avaient été élaborés par l'amiral Mullen. Au sein du groupe, tous les responsables de systèmes ne ménageaient pas leurs efforts et leur temps pour anéantir les menaces spécifiques qu'ils étaient chargés d'éliminer.

Le commandant Deppe sur son *Normandy* fut particulièrement actif dans la défense antiaérienne avec ses autres bâtiments lance-missiles contre la Korona Air Force. Le *Normandy* avait déjoué la plupart des attaques dirigées contre le *GW*. Le *Carney* et le *South Carolina* avaient aussi prélevé leur tribut d'avions ennemis, ce qui amena les contrôleurs de l'USACOM à renforcer l'aviation koronane, et ce alors que l'exercice n'avait commencé que trois jours auparavant. Ce « rachat » s'expliquait par le souci de maintenir le taux de dangers pour mieux éprouver le groupe *GW*.

> « Donnez-moi un vaisseau rapide parce que j'ai l'intention de nuire ! »
>
> Capitaine John Paul Jones, marine continentale

La marine koronane subit un sort aussi rapide. En raison des règles d'engagement qui imposaient une distance de sécurité entre les sous-marins koronans classe *Kilo* à propulsion diesel (rôle tenu par des sous-marins nucléaires américains), les bâtiments de surface et les sous-marins du groupe *GW*, les bâtiments koronans n'étaient plus que des canards posés. Les navires de surface koronans offrirent plus de difficultés mais leur fin fut similaire. Dès les premières heures de l'ouverture des hostilités, les destroyers lance-missiles et les patrouilleurs rapides furent traqués et coulés. Parfois par des avions tirant des missiles trans-horizon comme les AGM-65 Maverick et AGM-84 Harpoon. Les hélicoptères SH-60B

LAMPS III armés de missiles air-surface AGM-119 Penguin, basés sur les escorteurs, se distinguèrent particulièrement contre les patrouilleurs lance-missiles. Ces petits hélicoptères maintenaient un périmètre de sécurité suffisamment hermétique pour garder à distance les patrouilleurs sans demander l'intervention de F/A-18 ou de S-3B pour les détruire.

Il y eut également des engagements entre bâtiments de surface de l'escorte du *GW* et de la STANAFORLANT – tous ne tournèrent pas à l'avantage des navires de la Coalition. En un seul jour, les missiles mer-mer koronans (supposés être des C 802 de fabrication chinoise) mirent hors de combat, pour des durées variées, le *Carney*, le *Samuel Elliot Morrison* et le *Seattle*. De plus, le *Boone* fut touché par l'artillerie. De l'autre côté, le *Underwood* et le HMS *London* furent crédités d'un patrouilleur lance-missiles koronan par missiles surface-surface RGM-84 Harpoon. La guerre côtière ressemble au combat à l'arme blanche : rapprochée et meurtrière. Toutefois, par sa conduite des opérations, l'amiral Mullen maximisa le nombre de sorties aériennes du CVW-1 à partir du *GW*. S'il risqua ses bâtiments de surface, il obtint les résultats désirés sur les plages.

Jeudi 28 août 1997

JTFEX 97-3 – Jour 11 : Des rapports de ce jour font état d'atrocités commises par les militaires koronans sur la population de Temal, la capitale du Kartuna occupé. De plus, les forces koronanes s'enterrent pour consolider le terrain en prévision d'une possible intervention des forces amphibies et aéroportées alliées.

Depuis notre départ, le CV Rutherford avait soumis son équipage à de constants exercices d'alerte – un entraînement vital à bord de tout bâtiment et particulièrement un porte-avions. La plupart des dommages subis par les ponts-plats résultent d'incendies. C'est le cauchemar de tout marin servant sur un porte-avions qui constitue un énorme récipient en métal rempli de carburant aviation, d'explosifs et d'autres matériaux combustibles. À moins qu'un porte-avions ne soit complètement « boutonné » (toutes les cloisons étanches fermées, ce qui lui assure une chance de survie), le feu peut le dévaster comme cela s'est produit dans les années 60 à bord de l'*Oriskany* (CVA-34), du *Forrestal* (CV-59) et de l'*Enterprise* (CVN-65). La fermeture des cloisons étanches intervient généralement au branle-bas de combat (GQ) ou condition « zebra ». Comme il faut du temps aux marins pour s'habituer à vivre et travailler en postes de combat, le CV Rutherford s'était attaché à les y entraîner régulièrement. Le mardi et le jeudi à 20 h, le *GW* passait en condition zebra pendant quelques heures ponctuées d'exercices anti-incendies et de contrôle d'avaries. C'est dans ces conditions qu'un bateau de guerre devient vraiment un organisme vivant que les nerfs, les muscles, les systèmes immunitaires de l'équipage rendent opérant et fort.

En quelques minutes, le bâtiment était complètement cloisonné et paré à subir tous les coups que pouvait lui décocher un ennemi. Chacun à bord a son poste de combat (y compris John et moi) qu'il doit tenir tout au long du GQ. Ainsi à 20 h, nous occupions nos postes, deux bureaux dans le minuscule carré du LV Navritril des relations publiques au pont O-1. Nous y transpirions à souhait (en raison de l'ordinateur et du récepteur de télévision) tout en suivant les exercices qui agitaient le navire.

Ce soir, l'exercice anti-incendie se déroulait sur plusieurs niveaux de l'îlot passerelle au-dessus de nous. Dans le même temps, les missiliers menaient leur propre exercice auprès de leurs lanceurs de Mk 29 Sea Sparrow. Tout autour de nous, l'équipage ne faisait plus qu'un avec le bâtiment, au même titre que les réacteurs nucléaires, les canalisations et les catapultes. C'est aussi l'heure du stress et de la préoccupation, même pendant un exercice. Parce qu'il faut que le navire fonctionne. Se mouvoir d'un compartiment à l'autre est physiquement éprouvant. Il faut déverrouiller les lourds panneaux d'accès et les portes étanches puis les verrouiller derrière soi. Il y a des risques d'erreurs et ce soir-là, il y en eut une.

Une importante tâche quotidienne à bord consiste à vérifier que tous les circuits de carburant et d'huile sont vierges de toute contamination par l'air et la poussière. Ce soir, un jeune matelot qui portait plusieurs récipients en verre, du pont d'envol jusqu'au labo d'analyses, en fit tomber un au pont O-2 juste au-dessus de nous. Malheureusement, l'obscurité aidant, il glissa sur le liquide visqueux répandu et boula par une échelle. Pratiquement instantanément, une sirène d'alarme retentit et l'appel d'une équipe médicale fut lancé par la radio du bord. Bien vite, un infirmier assistait le jeune marin tandis qu'une équipe de sécurité nettoyait la flaque dangereuse. Je fus frappé de la façon dont les marins qui nous entouraient, John et moi, cessèrent toute activité dans l'attente de nouvelles du jeune homme. Leur attitude évoquait le recueillement du public devant un joueur blessé en cours de compétition et attendant qu'il se relève. Après quelques minutes de silence, la voix du commandant Rutherford passa par le réseau intérieur en nous informant que la blessure était légère (fracture d'un poignet) et que les équipes d'intervention avaient accompli du beau travail.En sortant du carré pour avaler un bon verre d'eau, je vis le jeune homme hissé au pont supérieur au moyen d'une chaise suisse avec des précautions qui n'étaient pas sans rappeler celles d'une ménagère ramenant chez elle une douzaine d'œufs.

Quelques minutes plus tard, le GQ fut levé. J'avais apprécié la façon dont il avait été suivi. Exactement comme au combat. C'est à cet instant que je perçus la réalité du bâtiment. Le *GW* et son équipage étaient prêts à toute éventualité.

Vendredi 29 août 1997

JTFEX 97-3 – Jour 12 : Des articles de presse font écho au communiqué de la Coalition : les forces aériennes et navales du Korona ont subi de graves dommages et ne sont virtuellement plus en état d'intervenir. Les unités aériennes du George Washington (CVN-73), du USS Guam (LPH-9) et d'autres bâtiments ont enregistré plus de 100 sorties quotidiennes depuis l'ouverture des hostilités.

Les efforts des « petits garçons » du groupe de combat et de la STANAFORLANT firent que le CVW-1 put se consacrer totalement à sa mission – les frappes sur les objectifs militaires koronans sur le littoral. Détruisit-il des objectifs aériens ou navals d'opportunité ? Absolument. Et d'une façon impitoyable quand l'occasion se présentait. Mais un vieux dicton traduit ce que l'amiral Mullen avait en tête pour ses aviateurs :

Les *Commanders* John Kindred (patron « avia », à gauche) et Carl June (son « mini boss ») dans leur fief de la passerelle aviation du USS *George Washington* (CVN-73). *John D. Gresham*

« Les pilotes de chasse font les films. Les pilotes de bombardier font l'histoire ! »

Pilote inconnu de bombardier en piqué de l'US Navy

Les avions et les équipages du CVW-1 ne justifiaient l'investissement qu'ils représentaient qu'en larguant leurs projectiles sur des objectifs de valeur. C'est pourquoi les cinquante F-14 Tomcat et F/A-18 Hornet du *GW* volaient du matin au soir pour attaquer autant d'objectifs dignes d'intérêt qu'il s'en présentait. Les unités ennemies et les systèmes d'armes qui pouvaient donner du fil à retordre aux Marines de la 24th MEU (SOC) et aux paras de la 82e Airborne étaient particulièrement dans le collimateur du CVW-1. Ces objectifs prioritaires comprenaient des rampes mobiles de missiles anti-navires postées sur la côte (qui pouvaient toucher les navires de débarquement de l'ARG du *Guam*), des rampes mobiles de lancement de SCUD, des sites de missiles sol-air et des emplacements de DCA implantés dans la zone prévue pour le débarquement. En plus de ces cibles koronanes prioritaires, l'aviation embarquée s'attaquerait aux unités terrestres au Kartuna et à sa périphérie. Parce que ce sont les équipages qui font la valeur de l'aéronautique navale, examinons de près comment ils accomplissent leur dangereux job.

Il n'y a qu'un seul endroit pour jouir de la meilleure vue des mouvements aériens d'un porte-avions : la salle de contrôle des opérations aériennes ou « Pri-Fly » comme on la surnomme. Les CV Kinred (chef avia) et June (le mini boss) règnent en maîtres sur le pont d'envol du *GW* et son espace aérien proche. Depuis des générations, la marine confie toutes les responsabilités de ce qui a trait à l'aviation à des aviateurs hautement qualifiés. Ces missions exigent de la compétence. D'ailleurs ce n'est pas une « voie de garage » pour les officiers qui occupent ces fonctions. Ceux qui s'y distinguent bénéficient de promotions. Les autres peuvent se consacrer à la recherche d'un travail dans le civil. Parmi toutes les fonctions concernées, celle de commandant de porte-avions comporte le plus de responsabilités. Immédiatement après, viennent le chef avia et son adjoint le mini boss. Aucun autre individu n'a autant d'influence sur les services du bord. Ces deux officiers contrôlent tous les aspects des opérations aériennes, du rythme et du nombre de missions au nombre d'aéronefs parqués et leur disponibilité. Malgré le stress, un travail administratif pesant qui ne donne lieu à aucune reconnaissance et peu de sommeil, ils n'ont droit à aucune marge d'erreur. Il faut des gens d'une trempe spéciale pour être « boss ».

Depuis que je lorgnais le Pri-Fly, essentiel pour avoir une expérience complète d'un porte-avions, j'avais décroché l'autorisation de passer une journée avec Kinred et June. Après l'ascension de cinq échelles (rien à voir avec un escabeau !), je fis irruption dans le sanctuaire bondé de l'équipe fébrile du Pri-Fly. Le long du côté gauche, en surplomb du pont d'envol (le Pri-Fly ressemble à une tour de contrôle), trois fauteuils sont disposés en ligne et ils ressemblent à celui du pacha un pont en dessous. C'est là que Kinred et June passent leurs jours et leurs nuits. Dès mon entrée, ils m'invitent gentiment à m'asseoir entre eux. Vision impressionnante. Sur ordre du CV Kinred, un officier marinier me tend une tasse de café et l'ordre de mission quotidien. Imprimé sur les deux faces, c'est la bible des équipes de pont. Au recto, on trouve la programmation minutée des sorties sur une ligne par unité(s) concernée(s). Ces lignes s'intercalent avec d'autres qui représentent chacune un « événement » individuel qui stipule l'horaire du catapultage et de l'appontage. Au verso, l'espace est dévolu aux prévisions de vol ainsi qu'au ravitaillement en vol et la feuille est personnellement signée par les responsables Air, Attaques et Opérations.

Le volume des vols me frappa. Neuf, ce qui constitue la normalité en cette phase d'exercice. Mais June m'informa qu'en raison des efforts de la marine pour augmenter le nombre de sorties de jour, les deux officiers tentaient de mettre en œuvre les leçons tirées du récent exercice SURGEX du groupe *Nimitz*. Si le *GW* ne bénéficiait pas de personnel volant et de pont supplémentaire comme le *Nimitz*, il restait encore la possibilité d'augmenter les sorties vis-à-vis des normes de la marine. Par une gestion plus efficiente du personnel et des ressources (meilleure organisation du hangar et des équipes de pont), des périodes de repos et de restauration entre les séquences de vol, Kinred et June avaient porté le nombre d'« événements » à dix/douze contre les cinq/six « normaux ». De cette façon, le CVW-1 pouvait effectuer sans contrainte plus de 150 sorties quotidiennes sur une période indéfinie si le besoin l'imposait.

Je levai la tête pour observer les deux hommes prendre en charge le deuxième « événement » du jour. Parmi les douze avions se trouvait le CAG Stufflebeem aux commandes d'un Hornet du VMFA-251 et qui fit un appontage parfait, le « troisième » brin. En même temps, les avions de la prochaine mission prévue à midi (« événement » 3) se préparaient pour l'attaque des sites SAM et des batteries mobiles de missiles. La plupart des avions étaient à la proue et devront être tractés sur l'arrière dès le dégagement du pont oblique.

Dès l'appontage du dernier appareil, le chef avia commanda à l'officier d'appontage de couper les balises lumineuses (plus elles fonctionnaient, plus leur durée était limitée). Quelques instants plus tard, le CV June pointait l'index sur des hélicoptères en position d'attente d'atterrissage. Le temps de les recevoir était minuté en fonction du raid en préparation. Pendant un créneau de moins de quinze minutes, deux SH-60 du HS-11 et un SH-3 Sea King transportant des galonnés du bâtiment de commandement de la Flotte *Mount Whitney* se posèrent. Sitôt les voilures tournantes parquées et l'objet des préparatifs fixé pour leur prochain envol, le pont retrouva un calme relatif tandis que les divers personnels aux maillots de couleur vaquaient à leurs occupations respectives.

Calme qui ne touchait pas le Pri-Fly. Derrière moi, les chefs et les commandants d'unités du CVW-1 échangeaient des infos et s'assuraient du respect de la synchronisation des opérations. Si quelqu'un avait une interrogation à formuler, il attendait respectueusement l'avis de Kinred ou de June. Je me tournai à nouveau vers le pont d'envol. J'y voyais une grande activité mais sans gaspillage d'énergie, pas d'actes gratuits. C'était un ballet dangereux d'autant plus dangereux que – nécessité oblige – les équipes

Le pont d'envol animé du USS *George Washington* (CVN-73) grâce aux avions du CVW-1 pendant JTFEX 97-3. *John D. Gresham*

de pont risquaient d'être sur la brèche jusque dans la soirée, en raison du rythme des sorties prévues.

J'observai autour de moi. Surpris de voir que certaines choses ne changeaient pas et ne devraient pas changer. En dépit des ordinateurs et autres bidules high-tech, Kinred et June se servaient des mêmes instruments et des procédures que leurs anciens de la Seconde Guerre mondiale. Ainsi, chaque homme disposait de crayons gras qui lui servaient à inscrire sur les épaisses fenêtres quel avion était en l'air et sa charge de carburant.

« Pourquoi faites-vous ça ? demandai-je.

– Aucun ordinateur ni logiciel ne nous sera plus utile que ça, expliquèrent-ils. Les ordinateurs et l'électronique peuvent avoir des défaillances. Une explosion peut les détruire mais les crayons gras et les feuilles de papier rendront service aussi longtemps qu'ils existeront. C'est peut-être moins chic ou moins rapide mais ils serviront tout le temps. »

Vers 11 h 50, Kinred avertit par haut-parleurs les équipes de pont qu'il était temps d'allumer les réacteurs des avions de la troisième sortie. Les responsables avions dirigeaient les pilotes vers les catapultes 3 et 4. Quand tout le monde était à son poste et avec l'approbation du CV Rutherford, Kinred donna l'autorisation au responsable catapultes de procéder au lancement. Au-dessus de nos têtes orbitaient le HH-60G de sauvetage du HS-11 et un ravitailleur KC-135 de l'USAF en provenance de Langley (censé être le territoire du Telari).

Les premiers à quitter le pont du *GW* furent une paire de S-3B Viking du VS-32 en configuration ravitailleurs suivis par un E-2C Hawkeye de guerre électronique du VAW-123. Quatre F-14 du VF-102 leur emboîtèrent non pas le pas mais la catapulte ! Deux portaient la nacelle de reconnaissance D/TARPS et les deux restants la nacelle LANTIRN pour les frappes laser. Après les Tomcat vint le tour d'un EA-6B Prowler du VAQ-137 chargé de l'élimination des défenses antiaériennes. Douze F/A-18 Hornet fermèrent la marche. Leur panoplie allait du missile HARM et de simulateurs de bombes guidées laser aux bombes gravitationnelles réelles pour des passes sur un polygone local. Avec près de deux douzaines d'avions, ce lancement était d'importance. Davantage d'avions compromettraient le cycle de quatre-vingt-dix minutes entre chaque sortie et risqueraient de réduire le total des sorties quotidiennes du CVW-1. Et puis, il faisait un usage optimum de l'espace du pont qui reste limité même dans le cas du *GW*.

Après le catapultage qui ne prit que quinze minutes, l'angle oblique fut attribué à l'atterrissage du HH-60G et à l'envol de son remplaçant. Pour ceux du pont, le moment était venu de grignoter les sandwiches amenés par l'un des chefs. À 13 h, les F/A-18 étaient de retour en configuration d'appontage. La relativement courte autonomie des Hornet leur interdit de prolonger leur participation jusqu'au terme de la quatrième sortie comme c'est le cas des F-14 et d'autres appareils. Le pont était dégagé, les brins d'arrêt vérifiés et les balises d'appontage allumées. L'appontage prit à nouveau quinze minutes, à la suite duquel les avions furent rapidement dirigés vers la proue pour y être ravitaillés en carburant et réarmés en prévision des autres sorties de la journée. L'un des trois C-2 du VCR-40 apponta aussi en amenant sa charge de courrier, de personnel et de pièces détachées en provenance de Norfolk. Il s'en retourna avec un lot de personnes superflues. Le bâtiment appareilla avec bon nombre d'invités mais à l'approche du week-end du 1er mai, beaucoup de VIP, de journalistes et de techniciens jugeaient préférable de rentrer chez eux.

Pour moi, il était temps de libérer les deux « boss ». Six autres lancements et autant de récupérations les attendaient avant qu'ils puissent prendre un peu de repos pour la première mission du lendemain matin.

Samedi 30 août 1997

```
JTFEX 97-3 - Jour 13 : Selon des rapports, les forces
alliées se prépareraient à envahir le territoire
occupé du Kartuna pour en chasser les forces armées
koronanes. À ce stade, les officiers de relations
publiques alliés se bornent à répéter que les opéra-
tions contre les Koronans se poursuivent sans rien
ajouter.
```

Alors que l'Amérique allait profiter du pont du 1er mai, les acteurs de JTFEX entamaient seulement la partie la plus délicate. Les chasseurs de mines du CV Van Velle se préparaient à ouvrir des chenaux parmi les champs de mines koronanes au profit des engins amphibies. C'est le dernier acte pour le CVW-1 pour nettoyer les derniers sites de missiles anti-navires et SCUD avant que les navires vulnérables de débarquement de l'ARG du *Guam* n'arrivent à proximité du littoral koronan. Ces engins et leurs Marines bénéficient d'une couverture aérienne ininterrompue. Le passage à la phase amphibie de l'opération signifie que chacun voit son activité augmenter alors que le temps n'est pas extensible.

Voulant connaître le déroulement de l'offensive aérienne sur les plages, j'allai là où je savais que l'on ne bluffait pas sur l'évolution de la situation : le mess des « chemises sales ». Il est moins formaliste que la salle n° 3. C'est pour ça et les viandes-pommes de terre à volonté que la plupart des officiers le préfèrent. Les pilotes peuvent garder leur combinaison de vol, s'y relaxer ou casser la croûte. Les plats sont servis dans un style cafeteria et chaque formation a ses tables attribuées. Si vous êtes un étranger, vous devez demander la permission de vous joindre à eux. C'est rarement refusé. Ce jour-là, j'avais droit à une vieille valeur sûre de la marine, le « slider and fries » (terme « naval » pour les sandwiches style McDo mais au fromage et accompagnés de frites) et un verre de lait glacé en compagnie de quelques cochers de F-14B optimisés des Diamondbacks du VF-102.

Ils prenaient leur pied les Diamondbacks qui, à l'instar du Phénix, renaissaient des cendres de la guerre froide et qui, de leur vocation d'intercepteurs, étaient devenus des vecteurs indispensables de la reconnaissance et de l'attaque au sol. L'apport de la nacelle AAQ-14 LANTIRN d'acquisition d'objectifs et la D/TARPS de reconnaissance avait métamorphosé la communauté des Tomcat en les replaçant comme les dieux du ciel. La fierté rayonnait sur les jeunes visages des pilotes maintenant certains de leur utilité dans les CVW du XXIe siècle. Ils seront peut-être les premiers à recevoir les nouveaux F/A-18E/F Super Hornet et les récentes nacelles leur feront paraître l'attente moins longue. Elles ont été expérimentées intensivement au cours de JTFEX lors des quinze à vingt missions quotidiennes des Tomcat. Et comme leurs missions durent deux à quatre fois plus longtemps que celle des Hornet en raison du volume de carburant et du rayon d'action, les équipages de F-14 Tomcat ont enregistré un nombre d'heures de vol supérieur à celui des cochers de Hornet.

Quand je les interrogeai sur le déroulement des opérations, la diversité des réponses exprimait la vaste gamme de leurs activités au cours des deux précédentes semaines. Tous étaient d'accord sur les terrifiantes caractéristiques d'acquisition et de poursuite d'objectifs de la nacelle LANTIRN mais ils reconnaissaient avoir encore des progrès à faire pour en exploiter toutes les possibilités. La version marine du AAQ-14 avec une unité GPS/INS incorporée a ouvert de nouvelles perspectives de poursuite. Mais au débit du système, la nacelle ne peut transmettre au porte-avions les images du LANTIRN en temps réel comme le fait la nacelle D/TARPS. Cette carence sera probablement corrigée en 1998. Quant au D/TARPS, la seule critique formulée est le nombre restreint d'exemplaires. Avec l'apport d'un scanner numérique et la transmission en temps réel de l'imagerie, les responsables de théâtres opérationnels disposent de la possibilité de surprendre et de poursuivre des cibles mobiles de grande valeur comme les lanceurs SCUD. Avec seulement quatre F-14 D/TARPS par CVW, cette version fait du Tomcat l'appareil le plus précieux de l'escadre.

Tous furent unanimes sur la prestation de toutes les composantes aériennes du CVW-1 dans le cadre de JTFEX. Les rares combats aériens furent exclusivement à leur avantage, la plupart se soldant par des salves de AIM-54 Phoenix et de AIM-120 AMRAAM qui ne laissaient aucune chance aux avions koronans. Les missions de reconnaissance connurent un égal succès mais les impératifs du secret concernant les tactiques et le matériel en ambiance opérationnelle empêchaient les aviateurs de s'exprimer à ce sujet. Les sourires revinrent à l'évocation des résultats des bombardements effectués grâce aux nacelles LANTIRN et aux bombes laser Paveway II et III. Grâce à leurs FLIR, aux officiers systèmes d'armes et à un excellent armement, les Tomcat se sont révélés comme le fléau des objectifs mobiles. Toutefois, si le sentiment général prévalait quant à la destruction quasi totale des SCUD et des missiles anti-navires koronans, quelques pilotes de F-14 aux tempes grises et qui avaient combattu lors de Tempête du désert restaient sceptiques. Cette nuit, ils repartiraient encore à la « traque aux SCUD » pendant que les autres s'en prendraient aux canons qu'ils devaient détruire avant de nuire aux Marines dont la rumeur disait qu'ils débarqueraient la nuit suivante.

Il était temps pour moi de les quitter. La fatigue se lisait dans leurs yeux et je ne voulais pas entamer leur temps de repos. D'autant qu'il leur faudrait très bientôt s'engoncer dans leur cockpit et foncer dans un ciel d'encre pour une nouvelle mise à mort. Entre-temps, l'état-major de l'USACOM déployait toute son inventivité pour mettre du piment dans l'exercice. En m'arrêtant au bureau relations publiques, le lieutenant Navritril m'apprit qu'un avion d'affaire Learjet, se prétendant loué par une équipe de télévision de CNN, avait simulé une attaque suicide en plongeant sur un des escorteurs. L'attaque du *kamikaze* avait été brisée par un missile surface-air à très courte portée mais il était moins deux.

Dimanche 31 août 1997

JTFEX 97-3 – Jour 14 : La rumeur d'une invasion alliée à proximité de Temal, la capitale du Kartuna, s'amplifie en raison des bombardements côtiers par les navires alliés. Le sentiment général est que le débarquement des forces de la Coalition n'est plus qu'une question de jours, voire d'heures.

Ce matin, tout le monde à bord du *GW* était survolté par la perspective du débarquement prochain. La date en était inconnue pour la plupart, y compris moi. Comme beaucoup, je situais le débarquement des Marines de la 24th MEU (SOC) aux alentours de minuit de la nuit prochaine – une heure tactique devenue plus ou moins un classique des derniers JTFEX. D'ici là, je voulais assister à la passerelle commandement à une petite cérémonie dont l'origine est séculaire. Aujourd'hui, le CV Groothousen, le second du *GW*, avant de quitter le bord, allait remettre son commandement au CV Chuck Smith, aviateur de la communauté des S-3 Viking. D'ici quelques mois, « Groot » (pour ses amis) allait prendre le commandement du *Shreveport* (LPD-12) de l'ARG du *Guam* qui serait le tremplin de son commandement d'un porte-avions. À midi, l'état-major et les responsables de service se réunirent à la salle de contrôle du pont d'envol pour faire leurs adieux à « Groot ». Après quoi, ce dernier se dirigea sur le pont d'envol pour embarquer sur l'avion de liaison. Tandis que chacun rejoignait son poste, je restai pour observer les activités.

La salle de contrôle, à la base de l'îlot, dirige et gère le mouvement des appareils, du personnel et des équipements sur le pont d'envol et les ponts hangars. Les maquettes de ces sites sont garnies de modèles réduits qui montrent l'emplacement des avions (aux ailes repliées) et des équipements (comme les tracteurs de piste, les véhicules de pompiers, etc.). Sur les murs, des panneaux transparents sur lesquels est noté au crayon gras le numéro de chaque avion embarqué. D'un seul coup d'œil, on peut voir où en est chaque avion, sa charge et qui le pilote. Ces modèles sont manipulés par des spécialistes qui savent exactement comment parquer une rangée d'aéronefs dans un espace minimum. Les procédures qui régissent le pont et les hangars sont en vigueur depuis des décennies et seront en vigueur aussi longtemps qu'il existera un porte-avions américain.

Cette nuit, alors que les avions poursuivaient leur ballet initerrompu sur les plages, John, le lieutenant Navritril et moi avons rendu visite au CV Smith dans ses nouveaux quartiers. Ceux du second sont assez agréables mais le temps qu'il y passe l'empêche d'en profiter. Assis derrière son bureau et nous confortablement installés sur les divans, Smith nous retraça comment il était arrivé là. Il développa le cheminement pour accéder au commandement d'un porte-avions et les raisons pour lesquelles il est un fervent partisan de la propulsion nucléaire pour les futurs porte-avions. Il consacra quelques minutes à faire l'éloge des gens et des méthodes de travail que le CV Groothousen lui avait laissés. Les minutes devinrent une heure, il nous parla de son expérience et des splendides postes qui attendent les gens des S-3 Viking. Il ne manquait plus à cette chaleureuse atmosphère qu'un bon cigare et un non moins bon verre de cognac. Mais l'US Navy est « sèche » et fumer est une pratique de moins en moins tolérée. Chuck Smith devra trouver par lui-même sa stimulation. Nouveau « maire » de six mille personnes, il disposera de près de deux ans pour exercer sa charge. Nous prenions congé quand l'aumônier, par le circuit radio, annonça l'ordre d'extinction des feux et prononça une prière. En escaladant les échelles pour rejoindre ma couchette, je me remémorais pourquoi j'aime autant la marine. Voilà des milliers de jeunes en mer pour préserver toutes ces choses qui font que j'aime l'Amérique. Je m'endormis avec la satisfaction de savoir que tous ces braves gens m'entouraient.

Lundi 1er septembre 1997

JTFEX 97-3 – Jour 15 : Les forces de la Coalition imposent le silence ce qui semble indiquer l'imminence de l'invasion du territoire du Kartuna occupé. De son côté, le gouvernement koronan appelle ses forces à remporter la « bataille maximum » dont dépendra le sort de la région.

Plus de deux semaines auparavant, l'amiral Mullen avait qualifié le colonel Richard Natonski, commandant la 24th MEU (SOC), de Marine « sournois ». Il le prouva par sa décision de débarquer avant le coucher du soleil. À 16 h, les premiers éléments du 3e bataillon du 6e régiment de Marines prenaient pied sur les plages et les zones de débarquement autour de Temal alors qu'un bataillon para de la 82e Airborne sautait. J'ai entendu plus tard que les troupes koronanes (jouées par plusieurs bataillons de la 2nd Marines Division) avaient été surprises alors qu'elles se préparaient à suivre le premier match de football (américain !) de la nuit. La vérité est que l'audace de la manœuvre du colonel les avait complètement pris de court. Et l'opposition ayant déjà gravement souffert des frappes aériennes et de missiles du groupe *GW*, les Marines gagnèrent rapidement du terrain.

Ce qui n'altéra en rien le rythme des sorties aériennes non-stop bien que la fatigue se traduisît dans les mouvements des équipages et des équipes de pont. Ils faisaient du bon boulot.

Mardi 2 septembre 1997

> `JTFEX 97-3 – Jour 16 : Les forces alliées de la Coalition ont débarqué hier près de Temal, capitale du Kartuna occupé. Des éléments de la 24th MEU (SOC) et de la 82e Airborne ont formé une tête de pont en attendant le gros des forces d'intervention. Les forces koronanes font retraite en direction de leur frontière originelle. Des rapports font état du retour ce jour du gouvernement exilé du Kartuna...`

Ce dernier matin de l'exercice, les coups frappés à ma porte me tirèrent du sommeil. Le lieutenant Navritril, souriant, m'informait que l'exercice s'achèverait dans quelques heures. Puisque la réoccupation du Kartuna était complète, il nous avait déjà préparé nos places, à John et moi, dans l'avion de liaison qui décollerait à midi pour rejoindre Norfolk. Vers 10 h, le commandant Rutherford annonça par radio à tout l'équipage la fin de l'exercice en ajoutant qu'ils seraient à la maison demain. Il précisa « qu'en conséquence, il ordonnait la suspension immédiate des opérations aériennes. J'espère que chacun aura le temps de prendre du repos avant de nous mettre à quai à Norfolk ».

John et moi avons réglé l'addition (oui, la marine nous a facturé les repas pris à bord de ses bâtiments), acheté quelques insignes et fait nos adieux. Puis vers midi, nous eûmes la vision de l'impressionnant C-2A Greyhound déjà sur la catapulte. Avec la fin de l'exercice, les bâtiments de la STANAFORLANT avaient demandé à parader devant le *GW* avant de mettre le cap pour l'Europe.

Pendant que la force multinationale passait en revue, nous nous préparions au catapultage. Deux secondes et quelques emballe-

Le croiseur nucléaire USS *South Carolina* (CGN-37) affecté au groupe de combat aéronaval *George Washington* pour JTFEX 97-3. C'était sa dernière croisière. Au retour, le bâtiment sera retiré du service. *John D. Gresham*

ments cardiaques plus tard, nous étions en l'air et mettions le cap au nord-ouest pour Norfolk. Notre séjour à bord du *GW* était terminé. Mais pour le personnel du groupe de combat, c'était un nouveau commencement. L'école était finie et chacun s'attendait à être qualifié pour le travail auquel il postulait. Une campagne à l'autre bout du monde pour soutenir nos intérêts outremer.

L'épreuve décisive du déploiement

En octobre 1997, John et moi avons repris la route du sud pour saluer les hommes et les femmes qui avaient été nos compagnons de bord quelques mois plus tôt et arpenter le pont d'envol une fois encore. La première chose que nous aperçûmes en déambulant à bord fut le revêtement anti-dérapement du « toit ». Au cours de JTFEX, il avait eu le temps d'être laminé par le nombre de mouvements et le métal était à nu. Le pont était maintenant tout frais et prêt à recevoir les avions du CV Stufflebeem. Plus bas, les approvisionnements étaient chargés et le personnel embarquait les derniers de ses effets personnels. La plupart des marins passeraient la nuit à bord. De retour à l'hôtel, nous avons demandé un réveil très tôt pour ne rien rater d'un émouvant cérémonial : le départ du groupe de combat du *GW*.

Vendredi 3 octobre 1997

Les familles et les amis noircissaient le quai d'où allait appareiller le *GW*. Les hommes et les officiers, tous en uniforme blanc immaculé, paraissaient en meilleure forme qu'un mois auparavant. La chaleur tropicale de l'été laissait place à celle, délicieuse, de l'automne atlantique.

Les préparatifs de l'appareillage tiraient à leur fin alors que le lever du soleil illuminait de rose l'horizon. C'était le moment pour l'équipe des relations publiques de prendre des vues du commandant Rutherford et de son épée, copie de celles en usage du temps de George Washington. Les derniers retardataires embarquaient en catastrophe tandis que la foule commençait à exprimer ses encouragements pour les siens à bord.

La suite ressembla à ce qui s'était passé un mois plus tôt. Le commandant Rutherford à la passerelle de commandement, l'hélicoptère HH-60G orbitant dans le ciel tandis que Chuck Smith ordonnait de larguer les amarres et de hisser les ancres. À 8 h précises, un signal fut donné et le pavillon national s'éleva tandis que plus de mille marins se tenaient à la bande. L'impression qui se dégageait de ce tableau prit le public d'émotion – certains retenaient avec peine leurs larmes, beaucoup restaient stoïques, d'autres parlaient nerveusement.

Pendant que les remorqueurs halaient le *GW* dans le chenal, la foule se déplaça pour quelques points sur la rive de la baie d'où elle pourrait voir le porte-avions gagner la mer. En regagnant nos voitures, nous avons parlé avec une jeune femme arborant une veste qui devait appartenir à un membre de l'équipage. Son marin faisait partie de l'état-major du CVW-1 et tous deux avaient décidé de se rencontrer en Europe pour les congés. En la quittant, je ne pouvais refréner le pressentiment que cette chance lui serait refusée. Ce monde chaotique s'agitait de nouveau. Ce matin déjà, le groupe de combat du *Nimitz* avait reçu l'ordre de montrer les couleurs dans le golfe Persique en raison du regain de tension entre l'Irak et l'Iran. Et la crise qui provoquerait le départ du *GW* dans le Golfe éclaterait dans un mois.

Pour l'instant, le *GW* descendait le chenal, suivi à un intervalle de dix minutes par le *Normandy*, le *Guam*, le *South Carolina* et le *Seattle*. À nouveau, sur les bases atlantiques, d'autres bâtiments du groupe de combat et de l'ARG prenaient la mer pour le grand rendez-vous au large de la Virginie prévu pour le lendemain. Le CVW-1 rejoignit le bord dans l'après-midi. La 24th MEU (SOC) avait déjà embarqué. En quittant la base navale, je longeai le porte-avions britannique HMS *Invincible* (R 05) et son groupe de combat en visite de courtoisie. Non sans ironie, le sort voudrait que ces mêmes bâtiments soient aussi envoyés d'urgence dans le golfe Persique quelques mois plus tard aux côtés du *Nimitz* et du *GW*. Entre-temps, il y aurait des exercices mixtes et d'autres escales prévues avant que ce trublion de Saddam Hussein ne fasse encore des siennes.

Le CVBG du *GW* et l'ARG du *Guam* prirent part à l'opération Bright Star 97, les manœuvres combinées annuelles américano-égyptiennes dans le désert à l'ouest du Caire. Mais à la mi-novembre, la tension avec l'affaire des inspecteurs de l'ONU avait éclaté et les plans de déploiement du groupe de combat étaient déjà en application. Le *GW*, le *Normandy*, le *Carney*, l'*Annapolis* et le *Seattle* allaient emprunter le canal de Suez pour passer en mer Rouge après une courte escale au port israélien d'Haifa. Le reste du groupe allait rester en Méditerranée avec l'ARG *Guam* pour soutenir les interventions en Bosnie et plus généralement « montrer les couleurs »[1]. Dans la nuit du 20 au 21 novembre, le *GW* et son escorte passèrent en conditions GQ et franchirent le détroit d'Ormuz pour épauler le groupe *Nimitz* dans les patrouilles aériennes au-dessus du sud irakien. Les hommes et les femmes du CVBG ne fêtèrent jamais Noël en Europe.

Il y eut une facture à payer pour le *GW* et le CVW-1 pour ces opérations. Le 6 février, deux F/A-18 du VMFA-251 entrèrent en collision au cours d'une patrouille. Si les deux pilotes s'éjectèrent (bien que blessés), le lieutenant-colonel Henry Van Winkle, l'officier en second du VMFA-251, trouva la mort. Ce fut la seule perte

1. Le groupe *GW* qui arriva dans le Golfe présentait deux similitudes avec le CVBG *Nimitz*. En plus du porte-avions et du bâtiment logistique, les deux escortes se composaient de navires Aegis et disposaient de missiles Tomahawk ainsi que de sous-marins. Ces bâtiments renfermaient la puissance de feu totale qui pouvait être engagée où le besoin s'en ferait sentir.

humaine de cette crise avec l'Irak. Le *GW* et le *Nimitz* continuèrent à monter la garde en attendant la relève par les groupes des *Stennis* et *Independence*. Le *Seattle* resta sur place, compte tenu du besoin de bâtiments logistiques dans le golfe Persique. Remontant le canal de Suez, le *GW* rejoignit l'ARG *Guam* et son escorte avant de mettre le cap sur les États-Unis.

Ils rejoignirent le bercail quelques semaines plus tard et le cycle des dix-huit recommença. Des changements intervinrent concernant certains que nous avions côtoyés. Le CV Stufflebeem quitta son poste en 1997 pour devenir un aide de camp du chef d'état-major de la marine. Le CV Groothousen prit le commandement du *Shreveport* à la même époque et poursuit sa carrière de commandant potentiel de porte-avions. En dépit des crises mondiales, le cycle ne s'arrêtera pas. Les groupes de combat se préparent, prennent la mer, reviennent. Souhaitons qu'il en soit ainsi longtemps.

Les porte-avions dans la réalité

Fidèle à l'esprit de cette collection d'ouvrages, j'ai réservé la dernière partie de ce livre à ce que pourra être une future, mais cependant très plausible, intervention d'un porte-avions. Si l'action se déroule en 2016, elle n'en a pas moins de sérieux fondements. J'espère qu'elle traduit l'évolution de notre monde et l'action des nations démocratiques au cours du XXIe siècle.

La naissance d'une nation : le Sri Lanka, 2016

En ce terrible été 2015, les grandes puissances – États-Unis, Russie, Chine – savaient que le conflit indo-pakistanais dégénérerait en guerre atomique. Ils savaient aussi que rien ni personne ne pourrait l'éviter. Le conflit débuta par une série d'escarmouches frontalières au Cachemire. Mais à l'instar de la boule de neige qui provoque une avalanche, la soudaineté et l'ampleur de la catastrophe prirent tout le monde par surprise.

Le conflit s'enracinait dans soixante ans de haine viscérale. Raids de bombardements et guerres ouvertes, actions terroristes, guerre à tous les niveaux, tel était le bilan de la séparation du Pakistan avec l'Inde depuis la fin de l'ère coloniale britannique. Mais la crête du conflit se situa en 2015 quand les éléments les plus fanatiques de l'armée et du gouvernement indien ne virent plus de solution dans les moyens conventionnels. Ils choisirent la politique du pire, le « ça passe ou ça casse ». L'Inde tira huit missiles balistiques à ogive nucléaire sur Karachi et Islamabad, les deux plus importantes cités du Pakistan. L'horreur dépassait les pires expectatives de la guerre froide, maintenant plutôt oubliée, du XXe siècle.

Chaque ville fut la cible de quatre missiles avec une ogive de cinq cents kilotonnes qui explosèrent dans l'atmosphère pour créer le maximum de dommages matériels et de pertes de vies humaines. En quelques minutes, les villes furent dévastées. Des tempêtes de feu soufflèrent à partir de l'épicentre des explosions à une vitesse de plus de cent kilomètres/heure. Plus de vingt-deux millions de Pakistanais connurent une mort subite. La riposte fut immédiate et automatique. Sans disposer d'un arsenal égal en importance à celui des Indiens, les forces armées pakistanaises possédaient des missiles nucléaires et ils s'en servirent. Une douzaine de missiles furent tirés sur l'Inde, chacun doté d'une ogive de quatre cents kilotonnes. Leurs objectifs étaient Bombay, New Delhi et Bangalore – le centre de haute technologie du complexe militaro-industriel de l'Inde. Cinquante-deux millions d'Indiens moururent instantanément. Des vents dominants charriaient des nuages mortels sur tout le Sud-Est asiatique et le monde indigné exigea un cessez-le-feu immédiat. Indignation renforcée par une résolution unanime du Conseil de sécurité de l'ONU. Dans les jours suivants, cette décision fut appuyée par un déploiement militaire international croisant dans l'océan Indien.

Le gouvernement provisoire militaire pakistanais accepta immédiatement le cessez-le-feu. Ils avaient vu le gouvernement et dix pour cent de la population soufflés comme une bougie et les conséquences de l'attaque indienne avaient de quoi les occuper pour quelque temps. Réfugié dans un central de commandement abrité dans un tunnel creusé sous l'Himalaya, avant que sa capitale ne soit vitrifiée, le gouvernement indien accéda avec réticence à la demande. Il n'en continua pas moins à dénoncer « l'ingérence extérieure dans notre légitime et inéluctable leadership de l'Asie du Sud ». Il était clair pour tout un chacun dans le monde que cette situation instable pouvait à nouveau exploser d'un moment à l'autre. Pendant que les diplomates peaufinaient la nouvelle ligne

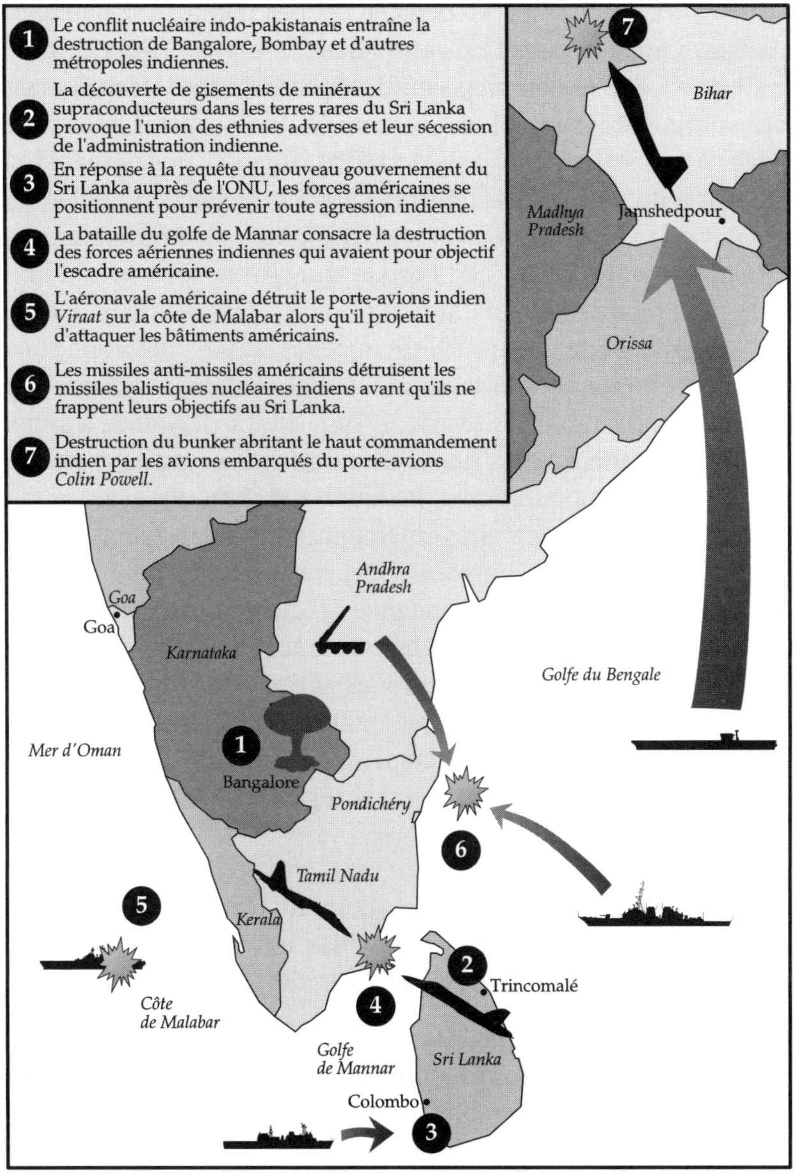

Carte des opérations du théâtre opérationnel du sous-continent indien en 2015 et 2016. *Jack Ryan Enterprises, Ltd, par Laura DeNinno*

du cessez-le-feu à la fin 2015, les autres nations de la région faisaient le point sur les options qui s'offraient.

Depuis la partition du « joyau de la couronne » de l'Angleterre impériale qui avait débouché sur la création de l'Inde et du Pakistan en 1947, le conflit entre les deux nouvelles nations indépendantes ne s'était jamais éteint. Les autres nations bordant l'océan Indien prirent parti. Les musulmans soutinrent le Pakistan, les non-musulmans soutinrent l'Inde. Mais à la suite de l'holocauste nucléaire qui menaçait non seulement l'Inde et le Pakistan mais également toute cette partie du monde, les États concernés commencèrent à prendre leurs distances politiques envers les deux nations criminelles.

Ainsi la petite île du Sri Lanka, qui vivait sous la tutelle de l'Inde pratiquement depuis la partition, prit les premières mesures pour s'écarter de la sphère d'influence de son encombrant voisin. La réaction indienne à la tentative de déclaration d'indépendance du Sri Lanka fut rapide et féroce. L'Inde était déterminée à conserver son hégémonie sur l'île. Elle aurait même pu le faire si la rivalité entre les populations cinghalaise et tamoule avait perduré comme à l'ordinaire. Le gouvernement indien avait retenu de deux siècles de domination anglaise l'art de « diviser pour régner ». Après la déclaration d'indépendance, la classe dirigeante indienne avait appliqué cette leçon, jonglant avec les intérêts et les buts des diverses minorités les unes contre les autres pour mieux maintenir son emprise sur les affaires nationales. Mais le désastre actuel transformait à jamais le sous-continent indien. Et dans les jours à venir, l'Inde allait découvrir que les règles avaient changé.

À bord du bâtiment de commandement USS *Mount McKinley* (LCC-22), deux cent cinquante milles nautiques au nord-est de Diego Garcia, le 4 février 2016

Le vice-amiral Matt Connelly n'était jamais aussi heureux que lorsqu'il était en mer. Sa fonction de commandant de la 5e Flotte américaine et de responsable naval (NAVCENT) du commandement central américain (CENTCOM) le maintenait en mer depuis des mois dans l'éventualité d'une mission vitale pour son pays et le monde entier. Il était en charge de navires et d'aéronefs dans un secteur géographiquement aux antipodes du climat et de la politique débilitante de Washington. Et ce qui était encore mieux, il était le *vrai* patron d'une flotte, responsable d'hommes *vrais*, de navires et d'avions accomplissant une mission critique dans une zone à haut risque. Ses navires et ses avions étaient les plus récents et les meilleurs de la marine, ce qui ne gâchait rien. L'Inde balançait à nouveau dans l'attrait d'une guerre nouvelle, peut-être encore nucléaire. Le succès ou l'échec de l'amiral pourrait sceller le sort de cette partie du monde.

Son bâtiment, le *Mount McKinley* (LCC-22) était un navire de commandement dont la conception s'inspirait du transport d'assaut *San Antonio*. Après la construction de douze bâtiments de la classe *San Antonio*, la sienne avait été motivée par la concession politique de maintenir en activité plusieurs chantiers navals. Le *Mount McKinley* n'en était pas moins l'un des meilleurs jamais construits de sa catégorie. Confortable et rapide, il représentait la synthèse parfaite des technologies complexes qui caractérisent les navires de guerre spécialisés. D'autres bâtiments remarquables servaient dans la 5e Flotte, chargés par l'amiral Connelly de mettre le sous-continent indien en quarantaine, en attendant la décision des Nations unies sur la conduite à tenir envers les Indiens et les Pakistanais.

À plusieurs centaines de milles à l'est naviguait le récent porte-avions USS *Colin Powell* (CVN-79), un autre fier bateau dont le nom était notable. Deuxième d'une nouvelle classe de porte-avions en construction, il emportait un air wing avec dix des nouveaux chasseurs-bombardiers F-25B et trente avions d'attaque F-18E et F-18F Super Hornet. Ces jets étaient équipés de nouvelles armes de précision largables à distance des défenses adverses et aux ogives surprenantes par leurs effets.

Toujours à bord du *Colin Powell*, plusieurs nouvelles versions du V-22 Osprey dont le SV-22 ASM de surveillance maritime, le EV-22 d'alerte avancée et de surveillance de surface et le KUV-22 de ravitaillement en vol et de transport. Même si le *Colin Powell* n'était qu'un navire doté de quelques douzaines d'avions, il constituait une arme formidable dans la crise actuelle. Ses avions pouvaient manœuvrer n'importe où dans la région et frapper n'importe quel objectif désigné par les autorités du commandement national.

Connelly disposait aussi d'une MEU (SOC) embarquée sur les trois bâtiments du groupe d'intervention amphibie (ARG) et d'une douzaine de navires d'escorte. Huit de ces derniers étaient des croiseurs et des destroyers Aegis et les autres appartenaient à la classe SC-21 spécialisée dans l'attaque du littoral et des destroyers de lutte anti-sous-marine pour protéger les navires ravitailleurs. Pour finir, il avait quatre sous-marins.

Quelques navires alliés allaient permuter dans ce qu'il venait de désigner comme la Task Force 58 (en l'honneur de la célèbre flotte de l'amiral Raymond Spruance au cours de la Seconde Guerre mondiale). L'amiral Connelly montrait peu d'enthousiasme à travailler avec les alliés de la coalition. Au gré des ans, il s'était forgé une réputation de maître en diplomatie navale. Mais comme tout responsable, il se sentait plus à l'aise avec une force dont il connaissait intimement les hommes et les moyens, dont les commandants s'exprimaient dans sa langue et sans le truchement d'interprètes, et dont le personnel exécutait ses ordres sans qu'il lui faille dire d'abord « s'il vous plaît ».

Sa mission était essentielle même si elle pouvait s'avérer monotone à la longue. Il avait expérimenté le jeu du blocus en 1990 lors de Bouclier du désert et en connaissait les ressorts. Bénéficiant d'avions de surveillance basés à Diego Garcia et des satellites du US Space Command (US-SPACECOM) du centre de conduite des opérations à Colorado Springs, la Task Force exerçait une surveillance serrée de la région. Sa force tiendrait aussi longtemps que les équipements, les équipages et les vivres seraient là. L'amiral devenait un officier de marine qui avait subi un entraînement sa carrière durant pour faire ce qu'il avait à faire, au moment où le pays en aurait besoin. Ici, à bord du *Mount McKinley*, centre de commandement tactique de l'amiral (TFCC), avec tous ses équipements informatisés qui interceptaient dans le secteur surveillé toute créature et objet d'une taille supérieure à celle d'un moustique, Connelly était exactement là où il avait toujours voulu être. Il mit de l'ordre dans ses idées pour la télé-conférence avec son équipage et les chefs de flottilles aériennes, prit une profonde respiration, but un café avant de vérifier ce qui s'affichait sur l'écran de l'ordinateur devant lui. Ce fut une matinée tranquille. Son travail était de s'assurer que la situation le resterait.

Laboratoire des grandes énergies physiques de l'université du Nouveau-Mexique, 5 février 2016

Jill Jacobs était une blonde superbe. Elle aurait pu être la capitaine des pom-pom girls d'une université texane ou même starlette à Beverly Hills. Partout où elle passait, elle faisait tourner les têtes ;

elle avait cette apparence qui faisait penser aux gens que tout est dans le corps et rien dans la tête. Ils ont tort. Elle était une candidate très respectable pour un doctorat en chimie des grandes énergies physiques et travaillait pour sa thèse sur les propriétés de terres rares. Un travail de bénédictin qu'elle faisait de nuit quand les labos étaient libres et qu'elle pouvait se livrer aux mélanges et aux essais des bizarres concoctions qui formaient la base de ses idées sur la supraconductivité. Le travail de ce soir était dans la lignée des six mois précédents – apparemment un échec de plus. Il n'avait généré aucune des améliorations que son ordinateur avait projetées deux ans auparavant. *Bon*, pensa-t-elle, *au moins cette mixture n'a pas explosé.*

Elle considéra ensuite la prochaine sélection de sa liste – un mélange hybride de cuivre-platine-scandium qui faisait plutôt office de cul-de-sac dans sa famille recherchée de matériaux supraconducteurs. Son ordinateur affectait au mélange une faible probabilité de réussite mais elle avait profité de son temps libre et de la disponibilité des ingrédients pour faire son « cocktail ». Elle plaça des échantillons qui se présentaient sous forme de fils sur son banc d'essais pour mesurer leur résistance et leur conductivité. Elle se sentait fatiguée jusqu'aux os. Travailler sans relâche et sans résultat notable était décourageant.

Elle connaissait le besoin du monde en métaux supraconducteurs à température ambiante moyenne mais elle se demandait si elle finirait par les découvrir. Si elle ne réussissait pas bientôt, elle finirait dans le laboratoire d'une société travaillant sur des alliages améliorés pour des réacteurs ou des applications ménagères. C'était la première fois qu'elle s'autorisait à envisager l'échec et s'en étonna. Ne serait-ce pas le sommeil qu'elle perdait chaque nuit pour procéder à ses essais qui prélevait son tribut ? Ou bien les nouvelles qui s'étalaient à la une des journaux du matin ? Elles avaient de quoi déprimer n'importe qui. Non, quelque chose ne va pas, décida-t-elle. Elle faisait normalement partie de ces optimistes qui voient la vie en rose. Elle avait besoin d'une pause. Après ce test, elle pourrait partir pour le week-end et descendre dans une station thermale à Taos ou bien crapahuter et camper en montagne. Si elle dégageait pour un temps, peut-être se sentirait-elle à nouveau humaine. Pourquoi pas ?

Revenant à l'échantillon sur le banc d'essais, elle commença à induire du courant pour atteindre une gamme de températures. À la première lecture, les instruments n'affichaient rien qui ne sortît de l'ordinaire. À moins 200° centigrades, l'échantillon avait les propriétés supraconductrices auxquelles on pouvait s'attendre. Mais quand l'échantillon passa le 0° C, elle sut ce qui n'allait pas ou plutôt qu'*elle avait raison*. L'échantillon avait stabilisé sa conductivité à 98 % de sa capacité et la conservait. Elle continua d'augmenter la température jusqu'à ce que le métal fonde aux alentours de 300° C.

Elle avait réussi.

Si ses yeux et les instruments ne l'abusaient pas, elle avait découvert son matériau. Un peu étourdie, elle nettoya la chambre, recalibra son équipement de mesures avant de soumettre au même test un échantillon identique. Résultat similaire.

« J'ai vraiment réussi », siffla-t-elle.

En fouillant dans son sac pour en extraire son téléphone cellulaire afin de joindre son conseiller à la faculté, son cerveau tournoyait comme des dés à Las Vegas. Elle tenait la bonne donne pour sa thèse. Elle pourrait terminer son diplôme et vivre sa vie dans le monde réel. Elle avait atteint son but dans son laboratoire banal et pouvait maintenant envisager de nouveaux horizons. Pendant qu'elle faisait partager sa découverte à son conseiller, elle n'avait pas la moindre idée de l'aspect crucial que sa découverte aurait pour le monde. Elle venait tout simplement de créer un supraconducteur qui changerait la face de la civilisation. La « *puissance* » et la « *richesse* » ne seraient plus jamais les mêmes.

Quartier général des Tigres de la Libération de l'Eelam tamoul, près de Mankulam, Sri Lanka, 7 février 2016

Arjuan Ranatunga s'assit dans ce qu'il appelait son bureau pour réfléchir à la manière dont il pourrait changer le cours de l'histoire de son pays. Pensées profondes pour un homme dont l'unique passion récemment encore était de jouer au cricket. Mais l'élimination continue des Tamouls par les Indiens sur leur continent et par les Cinghalais dans la partie méridionale du Sri Lanka ne semblait pas finir. Cette répression l'avait incité à rejoindre les Tigres de la Libération de l'Eelam tamoul (LTTE), plus connus comme les « Tigres tamouls ». Depuis toujours, les Tigres faisaient partie du paysage politique de son pays. Arjuan était un combattant révolutionnaire dans une bataille qui avait commencé avant sa naissance. Maintenant âgé de trente-sept ans – un âge où il aurait dû diriger une équipe régionale de cricket –, il était devenu le chef des LTTE. Quand les événements s'étaient déclenchés, il n'avait pu tourner le dos aux besoins de son peuple. L'étincelle finale qui avait rendu inexorables ses fonctions actuelles avait été la mort du précédent chef des Tigres, son propre frère Sanath. Sanath avait été tué quelques semaines plus tôt par un hélicoptère armé indien.

Il était assis dans une tente cernée par la jungle, près de la route A9. Une table pliante lui servait de « bureau » et une caisse de rations de siège. Devant lui, un ordinateur portable et son téléphone cellulaire crypté. Malgré cet environnement spartiate, il détenait un pouvoir militaire considérable au bout de ses doigts. Quelques touches sur son clavier ou une communication téléphonique lui suffisaient pour faire entrer en action des patrouilleurs ou des équipes spécialisées dans les assassinats.

Pourtant, la force ne suffisait pas. Des décennies de résistance armée contre les Indiens et les Cinghalais n'avaient pas procuré aux Tamouls la patrie dont ils rêvaient. Aujourd'hui encore, ses commandants régionaux le pressaient de lancer une campagne de terreur au sud pour venger son frère. Pourtant, la vengeance ne faisait pas partie de son objectif. Mieux que quiconque, il en connaissait la futilité. Rien ne ramènerait son frère à la vie. Au lieu de mettre au point et d'appliquer une campagne de terreur, il préférait consacrer sa matinée à réfléchir aux options qui s'offraient à lui, à son organisation, à son peuple. Malgré le conséquent soutien financier de la diaspora tamoule, il ne voyait pas de solution militaire capable d'aboutir à la domination tamoule du Sri Lanka. Même s'ils gagnaient l'inévitable et sanglante guerre civile qui s'ensuivrait, ils perdraient inévitablement la paix qui viendrait après. À leur tour, les Cinghalais créeraient leur propre mouvement de libération et le cycle infernal reprendrait.

Ce dont il avait besoin était différent. Une nouvelle sorte d'arme – d'une puissance qui briserait les règles, qui donnerait à sa cause un argument de poids aux yeux d'un monde où la violence à grande échelle était relativement rare mais où la guerre du commerce, des sociétés, de l'économie faisait rage partout. Quelques jours auparavant, l'idée lui vint que la terre riche que ses pieds foulaient constituait la réponse. Le Sri Lanka était son foyer, la mère de son peuple. Peut-être que cette mère leur procurerait le lait qui les rendrait assez puissants pour gagner, assez puissants pour empêcher les Indiens de les martyriser, assez puissants pour encourager une super-puissance comme l'Amérique à les soutenir comme elle l'avait fait pour le Koweit en 1990.

Entreprise difficile.

Capter l'attention des États-Unis et la focaliser sur une poignée d'individus à l'autre bout du globe relevait de la magie. Par chance, il connaissait depuis peu un bon génie.

À l'ouest du sanctuaire de l'Oiseau Kokkita, Sri Lanka, 9 mars 2016

Les collines basses du nord au Sri Lanka sont uniques en Asie méridionale. Si les terres du continent indien comptent parmi les plus « jeunes » – au sens géologique –, ces collines sont parmi les plus anciennes. L'ancienneté est souvent révélatrice, ce qui explique la présence du géologue. Le contrat pour l'étude du secteur était à la fois lucratif et opportun. Pour couvrir les frais de scolarité de ses enfants, il avait sauté sur la chance quand par Internet, dans son foyer de Perth en Australie, il avait été questionné sur sa disponibilité. Sa réponse immédiate avait été OUI.

Avant d'avoir bouclé ses bagages, il s'était procuré des photos multi-spectrales d'un mètre de résolution prises par le satellite français SPOT. L'examen de la série de photos étalée sur son bureau de Perth lui révélait plusieurs zones prometteuses à explorer. L'ordre de mission était explicite. Trouver des gisements de minéraux rares et précieux, fournir les coordonnées à son commissionnaire, empocher la prime puis nier avoir jamais mis les pieds au Sri Lanka. Pour s'assurer de son silence, l'agent lui avait promis dix pour cent de royalties sur tout ce qui serait exploité sa vie durant. Avec une offre pareille, il n'avait pas ménagé ses efforts au profit de ses employeurs. Au bout d'un mois, sa Land Rover de location roulait presque sur les jantes tant il avait sillonné la région pour découvrir un gisement exceptionnel.

Il travaillait maintenant sur la dernière portion de sa liste de probabilités. Jusqu'à présent, il avait fait des découvertes prometteuses mais rien de spectaculaire. Quelques jours plus tôt, sur le flanc d'une montagne, il avait repéré ce qui pourrait être une veine de platine dont il avait fait un prélèvement pour l'analyser à son retour. Aujourd'hui, son « renifleur » chimique lui faisait découvrir des parcelles de métaux de terres rares ; et le site semblait receler des concentrations particulièrement importantes de scandium. La pureté des échantillons le frappa – largement supérieure à tout ce qui avait été découvert à ce jour.

Dans trois jours, il s'en reviendrait à Perth et procéderait aux analyses qui nourriraient son rapport. Pour le montant de ses futures royalties, il priait pour que le platine découvert convienne. Car personne n'avait trouvé un usage quelconque du scandium.

Club de la presse nationale, Washington, 1er avril 2016

Ce jour est normalement celui des farces et des canulars mais il s'inscrira dans les livres d'histoire comme celui de nouvelles révélations. Jill Jacobs et le directeur de Sandia Labs se tenaient devant un parterre de journalistes scientifiques incrédules à l'annonce d'une percée révolutionnaire dans la technologie des supraconducteurs et qui permettrait le développement de moteurs électriques des milliers de fois plus compacts, plus puissants et plus performants que tout ce qui avait été construit à ce jour. Un brevet avait été déposé et le droit de licence commerciale était immédiatement disponible.

Des ricanements fusèrent parmi les journalistes puis des commentaires sarcastiques à l'annonce d'une fusion à froid – jusqu'à ce que Jill monte au podium pour inviter chacun à descendre dans la rue où elle promettait de faire une démonstration. Quelques moments plus tard, les membres de la presse découvraient deux autocars d'apparence banale avec les logos de l'Université du Nouveau-Mexique et de Sandia Labs. Sitôt les journalistes installés à l'intérieur, Jill pénétra dans le premier, le directeur de Sandia Labs dans le second juste derrière. Peu après, les autocars démarrèrent comme des fusées, silencieux comme des fantômes, sans rien du bruit typique du diesel. C'est le bruit extérieur de la rue qui devenait assourdissant par comparaison. Éberlués, les journalistes se tenaient silencieux dans leurs sièges tandis que les véhicules se dirigeaient vers le Washington Monument à quelques kilomètres.

Quand tout le monde fut sorti des autocars, Jill et le directeur ouvrirent les capots pour montrer à la presse une batterie de voiture alimentant un moteur électrique de la dimension d'une canette de bière. Ils ajoutèrent que les véhicules avaient consommé moins d'un ampère/heure, soit moins d'un pour cent du potentiel de la batterie. Ce qui ne gâtait rien, il avait été conçu d'après des modèles existants et avait coûté moins d'un millier de dollars à construire. Plutôt que d'attendre leur retour en autocars au Club de la presse, beaucoup des journalistes sortirent leurs téléphones cellulaires pour contacter qui de droit.

Quartier général des Tigres de la Libération de l'Eelam tamoul, près de Anuradhapura, Sri Lanka, 3 avril 2016

Ce jour-là, le QG de Arjuan Ranatunga se situait dans la cabane d'un garde-forestier. La table et la chaise devenaient confortables. Mais surtout, les nouvelles qui s'affichaient sur l'écran de son portable ressemblaient à un don de Dieu. Depuis quelques jours, il avait le rapport de la mission d'expertise qu'il avait commissionnée mais qui, jusqu'alors, lui semblait décevante. Rien des richesses minérales qu'il escomptait. Mais depuis cette nuit, les nouvelles d'Amérique bouleversaient l'économie mondiale. Tout le monde succombait à la folie des supraconducteurs. Le prix du pétrole était en chute vertigineuse tandis que ceux du platine et du scandium explosaient. Ce qui n'avait plus rien de surprenant. Les ressources mondiales connues de scandium se mesuraient en quelques tonnes. Juste une brassée pour satisfaire les applications de la nouvelle formule.

Il ne lui fallait pas être un génie de la finance pour savoir que ce qui avait été découvert dans les collines de l'est ferait du Sri Lanka la capitale du monde en supraconducteurs. L'inconnue tenait dans les intentions de l'Inde quand elle saurait ce qui reposait dans les collines du Sri Lanka. Quand les Indiens le sauraient, il est certain qu'ils écraseraient à la fois les Tamouls et les Cinghalais encore plus rapidement qu'ils avaient atomisé les Pakistanais. Pis encore, le reste du monde s'en désintéresserait, si ce qu'il avait vu aux informations sur Internet s'avérait exact. Tant que les ressources seraient exploitables, les acheteurs se soucieraient peu de la qualité du vendeur. Il lui fallait agir vite s'il voulait sauver son peuple et – non sans ironie – ses ennemis cinghalais. Respirant profondément, il émit un e-mail à l'attention de son homologue cinghalais à Colombo.

Bunker du Commandement national indien, près de l'Himalaya à Puranpur, 4 avril 2016

Pour Roshan Gandhi, c'était un mauvais moment de plus. Le Premier ministre indien n'avait pas vu un rayon de soleil depuis des semaines et il commençait à se demander s'il reverrait l'astre un jour. Depuis que, quatre mois plus tôt, il avait autorisé le tir de missiles nucléaires sur le Pakistan, sa destinée et celle de son pays devenaient incertaines.

Comme beaucoup d'autres politiciens indiens qui portaient le même nom, Gandhi n'avait pas le moindre lien avec le grand homme qui avait mené l'Inde à l'indépendance soixante-dix ans auparavant. De toute apparence, le peuple indien n'avait jamais été choqué que le nom de Gandhi eût aidé des politiciens à gagner le pouvoir. C'était sa famille qui partageait une affinité avec le grand homme. Le grand-père de Roshan avait été son disciple et avait adopté son nom après l'assassinat du leader.

L'actuel Gandhi s'était révélé un populaire gouverneur de province avant sa présente nomination. Il était devenu le chef de file de son parti et avait gravi les échelons grâce à son honnêteté. Son personnage contrastait avec les scandales et la corruption qui entachaient le précédent gouvernement. Malheureusement (et tragiquement pour la suite), il n'était venu à l'idée de personne de se demander quel leader Roshan ferait s'il détenait le pouvoir. C'eût pourtant été une bonne question. Roshan avait admis lui-même qu'il faisait un meilleur second qu'un responsable. Et en honnête homme, il l'avait déclaré devant la presse. Mais personne n'avait pensé à se poser la question. Dès son premier jour comme Premier ministre de l'Inde, élu avec une majorité parlementaire très confortable, Roshan Gandhi était au-delà de son niveau de compétence.

Dès son accession au pouvoir, son ministre de la Défense le

harcelait pour qu'il déclenche une guerre nucléaire contre le Pakistan. Même après le catastrophique déclenchement de la guerre, le ministre ne cessait de le presser pour le pousser à l'escalade. Roshan était mécontent de la tournure des événements, pour lui comme pour son pays. Il était conscient des problèmes causés par les actes de son gouvernement. Comment aurait-il pu en être autrement malgré son isolement dans le bunker d'une forteresse himalayenne ? Des dizaines de millions d'Indiens étaient passés de vie à trépas. Quatre mois plus tard, beaucoup d'autres succombaient quotidiennement des effets nucléaires. Les tornades résultant des conflagrations avaient rendu des territoires entiers inhabitables. L'eau potable manquait cruellement dans tout le pays. La famine et les épidémies sévissaient. Les vivres dans les magasins, les cultures, les produits laitiers, tout était contaminé par la radioactivité.

Des troubles éclataient partout en Inde, dans des milliers de villages et de villes. Dépassée la guerre, dépassée la pénurie de nourriture et d'eau, dépassée la destruction des infrastructures, ainsi que la quarantaine de l'ONU. Les émeutiers se rassemblaient, passaient aux actes. L'armée réprimait les meneurs et les grévistes, parfois mortellement. Roshan en avait décidé ainsi. Mauvais choix mais le seul qui permettrait à l'Inde de survivre en tant que nation.

Mais les dramatiques difficultés intérieures n'étaient pas au centre des préoccupations de Roshan. Il était davantage concerné par ce qui adviendrait si un des voisins de l'Inde devenait trop indépendant. Le Bangladesh et le Sri Lanka se détachaient de la sphère d'influence indienne. L'Inde n'avait rien du « melting pot » américain. Elle formait un immense patchwork de groupes ethniques, où l'on parlait des milliers de langues distinctes. Seule la main de fer de l'armée indienne maintenait l'actuelle cohésion mais l'Inde pouvait éclater en des centaines de petits royaumes et régions – à moins que Roshan maintienne un noyau central fort. Pour Roshan, une étape cruciale serait la levée de l'embargo imposé par l'ONU. Son peuple mourait de faim, mourait de soif, pourrissait par l'atome et beaucoup d'autres succombaient à des maladies conventionnelles qui pouvaient être éradiquées par des médicaments.

Roshan voulait les moyens de réparer le mal qu'il avait causé. Il avait besoin de denrées vitales – nourriture, eau, médicaments. Ce que le ministre de la Défense réclamait – des munitions –, il en avait malheureusement en abondance. D'un autre côté, en les utilisant, peut être gagneraient-ils du temps ? Car à présent, le temps travaillait contre l'Inde. Roshan avait *vraiment* besoin de trouver une solution au problème dont il était la cause pour avoir autorisé des frappes nucléaires sur le Pakistan. La solution était loin de se concrétiser.

Une plantation privée près de Colombo, Sri Lanka, 5 avril 2016

La plantation était un lieu consacré dans l'histoire du Sri Lanka. Un célèbre scientifique et auteur de science-fiction y avait vécu ses dernières années, consacrées à l'écriture sur ordinateur de nouvelles qu'il transférait à son éditeur new-yorkais via une parabole satellitaire dans la cour de la plantation. Ce lieu de pèlerinage pour les touristes était fermé aujourd'hui pour des raisons d'entretien. Le Premier ministre cinghalais Venkatesh Prasad y était venu à la suite de l'e-mail qu'il avait reçu, la veille, de son homologue des LTTE. Le cessez-le-feu officieux entre le gouvernement et les Tigres tamouls tenait mais Prasad attendait la rencontre avec méfiance.

Le doute de Prasad laissa vite place à la surprise quand il vit arriver, quelques minutes plus tard, Arjuan Ranatunga avec pour toute escorte le chauffeur de sa Land Rover. Prasad avait consacré sa vie à combattre les LTTE pour maintenir le contrôle des Cinghalais sur le Sri Lanka. Le voilà maintenant sur le point de s'asseoir pour un entretien privé avec son ennemi juré. Dans quel but ? Il n'en avait pas la moindre idée. Peut-être Arjuan suggérait-il de régler leur différend de façon civilisée, comme un match de cricket. Cette pensée le fit sourire.

Les deux hommes prirent place dans le bureau de l'auteur disparu et le chef des LTTE avança une offre étonnante. Arjuan proposa de cesser le combat, de mettre bas les armes et de partager le gisement minéral le plus fabuleux de l'histoire de l'humanité. Cette offre de paix était d'une telle simplicité qu'elle ne pouvait être refusée. Les deux hommes voyaient clairement ce qui arriverait s'ils coopéraient. Leur île minuscule deviendrait l'équivalent au XXIe siècle de l'OPEP avec toutes les retombées de richesse, de puissance, d'avantages comme de responsabilités qui en découleraient. Ils furent d'accord sur la nécessité de soutiens extérieurs, notamment des Américains. Par-dessus tout, ils décidèrent de tenir secrets l'existence et l'emplacement des gisements de platine et de scandium jusqu'à ce que la sécurité de leur nouvelle nation soit assurée. Car, dans le cas contraire, leurs deux peuples seraient exterminés.

Chambre du Conseil de sécurité de l'ONU,
New York, 2 mai 2016

Les deux responsables sri-lankais s'étaient mis d'accord pour confier à l'ambassadeur britannique, plutôt qu'aux Américains, la présentation de leur proposition devant le Conseil de sécurité. Les vieux liens coloniaux avec l'Empire britannique apporteraient du crédit à la proposition, et l'appui américain assurerait certainement son adoption. Dans la soirée, la résolution suivante était adoptée avec seulement deux abstentions :

RESOLUTION 2209

Le Conseil de sécurité,

Reconnaissant l'aspiration unanime des peuples de l'île du Sri Lanka pour l'autodétermination,
Alarmé par les récentes actions de l'Inde dans la répression de ses propres minorités ethniques ainsi que par l'emploi illégal d'armes de destruction massive à l'encontre de tous les conventions et traités internationaux,
Déterminant que le gouvernement de l'Inde a ouvert une brèche dans la paix universelle,
Agissant au titre des articles 39 et 40 de la Charte des Nations unies,

1. Condamne la répression indienne dans son territoire ;

2. Demande la reconnaissance immédiate de la République sri-lankaise par le gouvernement indien ;
3. Appelle le gouvernement de la République sri-lankaise et le gouvernement de l'Inde à entamer immédiatement des négociations pour résoudre leurs différends et à déployer tous les efforts pour y parvenir ;
4. Ordonne que les Indiens soient soumis à un embargo renforcé et appliqué par les forces de l'ONU dans les airs, sur terre, sur mer, contre toute initiative contre la République sri-lankaise ;
5. Autorise les pays membres de la coalition armée exerçant l'embargo à faire usage de la force pour leur propre sécurité et la mise en vigueur de l'embargo ;
6. Décide d'une prochaine réunion si la nécessité de prendre des mesures complémentaires à la présente résolution s'imposait.

Bunker du commandement national indien près de la ville himalayenne de Puranpur, 4 mai 2016

Le Premier ministre Gandhi se trouvait au milieu d'un débat animé entre son ministre de la Défense et les chefs d'état-major. L'inexplicable union des deux factions ennemies du Sri Lanka pour former un gouvernement unique était aussi bizarre qu'irrecevable. De plus, l'île étant *de facto* une province indienne, la population métropolitaine verrait dans la sécession des insulaires un signe de la faiblesse du gouvernement de Gandhi. Mais ni Gandhi ni les hommes qui l'entouraient ne parvenaient à trouver une solution. Les commandants en chef de la marine et de l'aviation tentaient d'expliquer que ce serait une folie suicidaire que de s'emparer du Sri Lanka après le vote de l'ONU de la veille. Après la guerre avec le Pakistan, les Nations unies cherchaient le moindre prétexte pour rabaisser l'Inde au niveau zéro dans cette partie du monde. En cas de coup de force, les unités américaines de toutes armes pré-positionnées interviendraient à partir de Diego Garcia. Quatre jours plus tard, elles pourraient décharger dans les ports de Colombo et Trincomalé suffisamment d'équipements pour permettre à une Task Force combinée air/terre de protéger la petite île.

Des rapports signalaient déjà qu'une ARG américaine cinglait vers le Sri Lanka. Et comme pour ajouter aux soucis de Roshan, la BBC et CNN faisaient état que des unités de la 82e division aéroportée se préparaient à quitter Fort Bragg pour le Sri Lanka. En moins d'une semaine, le Sri Lanka serait aussi libre du joug indien que l'Antarctique.

Gandhi savait que cette tournure des événements signifiait la chute de son gouvernement. Il s'y refusait. L'intervention indienne impliquait des opérations aériennes et amphibies. Il importait donc aux deux responsables de tout mettre en œuvre pour ce faire mais ils ne le voulaient pas. Leurs forces avaient été très éprouvées par le court mais sanglant conflit de l'hiver précédent avec le Pakistan ; de plus, les missions humanitaires et de maintien de l'ordre n'avaient contribué en rien à améliorer leur condition. Les deux responsables, qui faisaient tout ce qui était en leur pouvoir pour conserver ce qui restait de leurs forces afin de les engager pour de meilleures causes et en des jours meilleurs, s'opposaient fermement à la décision de Roshan. Sans surprise, le ministre de la Défense était en faveur de l'intervention au Sri Lanka. Ménager la vie de ceux qui servaient dans les forces armées n'entrait pas en ligne de compte ; les hommes peuvent être remplacés ou achetés.

Poursuivre le débat serait stérile. Une décision devait être prise. Roshan ferma les yeux, se concentra un moment avant d'ordonner l'expédition. Un mauvais choix de plus qui s'inscrivait dans une longue série qui avait débuté dès le moment où il avait œuvré pour devenir Premier ministre.

À bord du navire de commandement USS *Mount McKinley* (LCC-22), cinq cents milles nautiques au sud de Colombo, 5 mai 2016

« Bien, Jack, je pense que nous comprenons ce dont nous avons besoin ici. Je vais faire plancher mon état-major là-dessus », disait le vice-amiral Connelly sur son terminal de vidéo-conférence. Son entretien par liaison satellite avec le chef d'état-major commandant l'état-major combiné s'était déroulé comme il l'espérait et les ordres officiels lui seraient transmis par fax sécurisé dans les minutes à venir. Plus rien ne lui interdisait de faire officiellement ce qu'il avait commencé deux jours plus tôt quand le chef d'état-major lui avait clairement laissé entendre le résultat du vote de l'ONU. Il avait déjà concentré ses forces autour du Sri Lanka pour constituer un rideau de feu et de capteurs électroniques vital pour la protection de l'île devant la réaction indienne qu'il considérait comme inéluctable.

Il coupa le terminal avant de rejoindre sa cabine. Il prit un bloc de papier réglementaire jaunâtre et son stylo pour esquisser le plan de défense du Sri Lanka. Il savait que se servir d'un stylo et de papier prêtait à rire, mais c'est de cette façon « archaïque » qu'il couchait ses meilleurs écrits. Il se prit à sourire dès les premiers mots, à la seule pensée que son état-major de la 5e Flotte mettrait deux fois plus de temps à en discuter que lui à écrire. Ils riraient aussi de sa façon de coder ses décisions. *C'est comme ça que l'on procédait*, pensa-t-il, *avant les processeurs d'identification vocale et les dispositifs d'analyse de l'iris de l'œil. Et ça continuera de marcher en toutes circonstances même dans un bordel complet. Et c'est eux qui auront l'air fin avec leurs ordinateurs*. Trente minutes plus tard, il avait fini.

Son plan avait l'avantage de la simplicité. La 26th MEU (SOC) débarquerait sur l'île et aménagerait des défenses côtières pour interdire aux Indiens la velléité de franchir le golfe de Mannar. Deux brigades paras de la 82e devraient arriver dans les trente-six heures pour épauler les Marines. Il formerait ensuite une série de « pièges à missiles » composée de bâtiments Aegis et de destroyers spécialisés dans les opérations côtières pour assurer la protection du dispositif contre les attaques d'avions et de missiles. Pour finir, son navire de commandement, le porte-avions et les quatre escorteurs disponibles se posteraient au sud-est du Sri Lanka pour assurer la protection et le soutien aérien des forces terrestres et navales. Quand les navires de pré-positionnement arriveraient, dans trois jours, ils déchargeraient leur cargaison tandis que les hommes de l'US Army et du Marine Corps chargés de transformer l'île en forteresse seraient acheminés par air. Après quoi, les bérets bleus de l'ONU relèveraient les Américains tout en bénéficiant de l'inévitable armada internationale aérienne et de la marine pour contrer une réaction hostile. Tout ce qu'il avait à faire c'était de ne pas pousser les Indiens à se départir de leur apparente bonne foi.

Malheureusement, ledit gouvernement indien se composait de

gens irrationnels ayant la fâcheuse habitude de lancer des frappes nucléaires quand ils perdaient leur sang-froid. Il était plus préoccupé par l'aptitude de ses bâtiments Aegis et de l'état-major du USSPACECOM de Colorado Springs à jouer toutes leurs billes. Les Indiens disposaient d'une sérieuse puissance de feu. Non de SCUD tirés comme un barrage d'artillerie mais de missiles à moyenne portée et à ogives nucléaires. La magie américaine serait-elle plus puissante que la magie indienne ?

Base navale indienne de Goa, 6 mai 2016

Après la destruction de Bombay, Goa était la nouvelle base des principales unités de la marine indienne. Un peu plus d'une douzaine de bâtiments de surface et autant de sous-marins étaient à l'ancre, entourés des navires de commerce réquisitionnés pour transporter les soldats et leurs équipements de corps expéditionnaire au Sri Lanka. En contemplant sa flotte, l'amiral Ajay Jadeja, commandant la marine indienne, ne pouvait s'empêcher de penser qu'il s'agissait d'une charge suicide pour sa marine. Il se demandait combien de ses marins il devrait sacrifier au nom de l'honneur indien et combien de jeunes hommes des deux côtés il devrait faire tuer.

Il n'avait aucun doute sur la capacité des Américains à détruire sa force de surface avant qu'elle ne double le cap Comorin à l'extrémité méridionale de l'Inde. À présent, son plus fervent espoir était que, devant *son* taux de pertes, le monde horrifié fasse revenir l'ONU sur sa décision d'embargo total contre l'Inde. Enfin, le gros de sa force sous-marine ayant été détruit en même temps que Bombay, il ne devait pas gaspiller la poignée de sous-marins qu'il lui restait. Il conservait l'espoir que ses sous-marins enregistreraient quelques succès contre les navires américains, bien que personne n'ait eu cette occasion depuis les années 1990.

Ce qu'il craignait le plus, c'était que le tir de missiles nucléaires indiens sur le Sri Lanka ne provoque des représailles du même registre sur son pays. Si tel était le cas, pensait-il, le problème démographique permanent de l'Inde serait résolu. C'était un homme d'une intégrité absolue ; il avait protesté contre cette aventure insensée devant les responsables du pays. En vain. Ils lui dirent simplement de « se taire et de mener ses hommes au devoir ». Il suivrait ces ordres jusqu'à la mort, une mort qui serait tout sauf glorieuse. Un massacre. D'un autre côté, s'il démissionnait, son remplaçant ne serait pas sensible aux craintes qui le consumaient. Mieux valait donc prendre la mer avec sa flotte et essayer de sauver ce qu'il pourrait.

Espace aérien du golfe de Mannar, 6 mai 2016

Comme il était prévisible, le premier engagement entre les Américains et les Indiens eut lieu dans les airs. En fin d'après-midi, vingt-quatre chasseurs-bombardiers Su-30 Flanker armés de missiles anti-navires et leur escorte d'une douzaine de MiG-29 Fulcrum décollèrent. Deux bâtiments-pièges lance-missiles dans le détroit séparant le Sri Lanka et la métropole indienne constituaient leur objectif. Les pilotes indiens ne soupçonnaient pas qu'ils avaient été détectés avant même que leurs avions quittent le sol. Leur décollage avait été repéré par un des nouveaux EV-22 de surveillance. En cours de route, ils furent interceptés par huit chasseurs furtifs F-25B du *Colin Powell*, armés de la nouvelle version à longue portée du missile air-air AIM-120 AMRAAM. Avant que les chasseurs indiens puissent se placer en formation de combat, les deux tiers de leur effectif furent transformés en boules de feu par les missiles américains. Quatre F-18E Super Hornet prirent le relais des missiles et liquidèrent le reste sauf trois appareils. Puis un destroyer Aegis tira une salve de missiles SAM. Ne resta plus qu'un seul MiG-29 qui mit le cap sur sa base pour raconter le massacre du golfe de Mannar. Ce que les Américains appelleraient plus tard une « déculottée » avait été pour les Indiens un suicide.

À bord du porte-avions USS *Colin Powell* (CVN-79)
à cinquante milles nautiques au sud-est du Sri Lanka,
20 heures, 6 mai 2016

L'amiral Connelly était arrivé par hélicoptère sur le *Colin Powell* pour congratuler les pilotes qui avaient intercepté les chasseurs indiens et pour conférer avec le commandant et les chefs des unités aériennes sur la conduite à tenir le lendemain matin quand la flotte indienne arriverait à portée. Ils furent tous d'accord que les événements à venir seraient délicats à négocier si l'amiral indien adoptait une course ou une formation radicale.

Tout était possible. Le responsable indien semblait pousser la charge jusqu'à la mort. Les analystes de l'état-major de la 5e Flotte jugeaient que les Indiens espéraient couvrir de honte les Américains d'avoir perpétré un tel massacre – ce qui avait réussi aux Irakiens pendant Tempête du désert en attirant l'attention des médias sur ce qui avait été fallacieusement baptisé « l'autoroute de la mort ». Les historiens dignes de ce nom notèrent que la couverture médiatique de cet événement avait provoqué l'arrêt des hostilités au moins un jour, sinon deux, avant la date fixée. Le prix en avait été des dizaines d'années de problèmes dans le golfe Persique. Connelly n'avait pas du tout l'intention de répéter cette erreur.

Espace aérien de la mer de Lakshadweep,
7 heures, 7 mai 2016

Le drone de reconnaissance Global Hawk orbitait en toute impunité au-dessus de la Task Force indienne et l'imagerie était transférée sans problème en temps réel par satellite. Lancé dix-huit heures plus tôt de Diego Garcia, le drone resterait en l'air pendant des jours en transmettant ses images aux forces américaines. Jusqu'à maintenant, sa caméra principale était braquée sur le porte-avions indien *Viraat*, ex-Britannique *Hermes*. Il emportait une douzaine de chasseurs-bombardiers remodernisés Sea Harrier dont l'armement principal consistait en missiles anti-navires Sea Eagle relativement anciens. Tout d'abord, l'amiral Jadeja avait pris ses désirs pour des réalités grâce aux Harrier. Maintenant, il se doutait qu'ils n'auraient probablement jamais l'occasion de quitter le pont du *Viraat*. Sa véritable interrogation portait sur le point de savoir si l'attaque dévastatrice viendrait d'un sous-marin ou des airs. Quelle qu'en soit l'origine, puisse la fin de sa flotte mortifier la superpuissance et relâcher son emprise sur le Sri Lanka. En son for intérieur, il en doutait.

Centre CNN, Atlanta, Géorgie, 20 heures, 6 mai 2016

Le générique des événements en direct venait de s'afficher sur les écrans suivi d'une introduction. La séquence relative au blocus du Sri Lanka se doublait des propos du chef d'état-major général qui donnait à l'univers les premiers commentaires officiels sur les présents affrontements. Le monde entier pouvait voir le groupe de combat indien par l'optique de Global Hawk. Les commentaires qui suivirent stupéfièrent l'audience internationale.

« Les États-Unis rempliront leurs engagements envers le peuple du Sri Lanka et ses partenaires de l'ONU mais ne souhaitent pas un inutile bain de sang. Dans cette perspective, nous allons montrer au monde, et particulièrement au gouvernement indien, ce qui arrivera à tous ses navires si leurs forces ne font pas immédiatement demi-tour. »

Le chef d'état-major fit signe à son aide de camp qui envoya un signal à l'amiral Connelly sur le *Mount McKinley.*

Espace aérien de la mer de Lakshadweep, 7 h 05, 7 mai 2016

Les quatre F/A-18E Super Hornet venaient d'introduire tous les paramètres de tir dans le logiciel ATA de leurs missiles de croisière et avaient chargé l'image du *Viraat* dans les autodirecteurs. Sur l'ordre de l'amiral Connelly, les quatre pilotes tirèrent leurs missiles avec des intervalles de quinze secondes permettant ainsi au monde de mieux observer les résultats. Sitôt tiré, chaque missile alluma son moteur-fusée et grimpa à Mach 6 dans l'ionosphère pour les deux minutes qui restaient avant de frapper sa cible. Parvenu à la verticale du *Viraat*, il se mettait en piqué tandis que l'autodirecteur balayait la surface de la mer avant de verrouiller le *Viraat* sur l'image déjà introduite en mémoire. Les résultats laissèrent cois même ceux qui avaient préparé l'attaque.

La caméra du Global Hawk zooma sur le *Viraat* juste avant que le premier missile ne l'atteigne à l'arrière du pont d'envol. Le missile pénétra le pont et l'ogive de 1 000 livres explosa en projetant en l'air les débris du pont d'envol. Quelques secondes plus tard, le missile suivant toucha à une trentaine de mètres du précédent impact. Cette fois, trois Sea Harrier volèrent en éclats. Les explosions continuaient. Au moment de l'arrivée des deux derniers missiles, le bâtiment était déjà un brûlot secoué par des explosions. N'ayant plus d'objectif à frapper, les missiles percutèrent l'océan. Le vieux porte-avions ne tarda pas à chavirer. Dix minutes plus tard, il ne restait plus sur les flots enflammés que quelques fragments épars au milieu desquels se débattaient des hommes luttant pour leur survie. L'amiral Jadeja en faisait partie.

Centre CNN, Atlanta, Géorgie, 20 h 10, 6 mai 2016

Les images de la mort en direct du *Viraat* secouèrent même le chef d'état-major qui eut besoin de s'en remettre quelques instants avant de terminer son avertissement.

« Vous venez de constater que les États-Unis ont les moyens de frapper et de détruire à volonté toute unité navale indienne. Au nom de l'humanité, je m'adresse aux plus hautes autorités du commandement national indien. Vous disposez de deux heures pour procéder aux missions de recherche et de sauvetage. Passé ce délai, si vos navires n'ont pas rebroussé chemin, nous commencerons à couler les autres unités. Au nom de la décence, faites revenir immédiatement votre flotte à sa base de Goa. »

Commentaires superflus. Quand l'amiral Jadeja, brûlé et blessé, fut extrait de l'eau mazoutée, il ordonna de lui-même à sa flotte de terminer les sauvetages et de retourner ensuite à Goa rapidement. L'expédition indienne contre le Sri Lanka était terminée.

Bunker du commandement national indien, près de la ville himalayenne de Puranpur, 9 heures, 7 mai 2016

Une fois encore, le Premier ministre Gandhi assistait au tir croisé entre son ministre de la Défense et les chefs d'état-major. Ce débat dégénérait. Des coups avaient été échangés avant même la nouvelle du retrait de la flotte de l'amiral Jadeja. Loin d'avoir poussé les Américains à un massacre honteux, la marine indienne, la plus puissante de cette partie du monde, avait été humiliée aux yeux du monde entier et ce, non par une démonstration de force mais par pitié.

Après avoir assisté à la diffusion de la séquence sur CNN, les chefs d'état-major se retirèrent pour des raisons de sécurité personnelle (ils craignaient que le ministre de la Défense ne les fasse abattre). En leur absence, le ministre de la Défense reporta son courroux sur Gandhi. Cette infamie, déclamait le ministre, devait être vengée et l'intervention américaine stoppée à n'importe quel prix. Ce fut à cet instant précis que Roshan réalisa qu'il était un lâche ; le courage physique pour défendre sa personne et son pays lui manquait. Et lorsque le ministre de la Défense insista pour une frappe nucléaire sur le Sri Lanka – en fait le dément le menaçait –, Gandhi signa l'ordre fatidique.

Tandis que le ministre de la Défense s'en allait pour accomplir un nouveau crime contre l'humanité, le Premier ministre mit ses mains sur son visage pour sangloter, priant pour que quelqu'un arrête ce fou, même si tous devaient mourir. Lui, Gandhi, ne pouvait mourir qu'une fois. Il valait mieux que cela arrive avant que le sang de millions d'autres innocents ne souille ses mains.

Côte septentrionale du Sri Lanka près de Jaffra, 12 heures, 7 mai 2016

Ce qu'il voyait contentait l'amiral Connelly. La MEU (SOC) tenait ses positions défensives. Les paras de la 82e division aéroportée qui avaient sauté à Colombo s'étaient portés volontaires pour lui envoyer une section du génie avec des bulldozers et des niveleuses pour améliorer les emplacements. L'artillerie était déjà enterrée et les véhicules lance-missiles disposaient d'excellents angles de tir. Assuré que le colonel des Marines tenait la situation bien en main, il se dirigea vers son hélicoptère HH-60R pour rejoindre le *Mount McKinley*.

En plein vol, il reçut sur son téléphone cellulaire un message qui l'alerta. Un satellite espion de la NSA avait intercepté les ordres destinés à un bataillon de missiles à moyenne portée. Les premières analyses indiquaient que l'unité devait mettre ses missiles en batterie, les ravitailler en carburant et se préparer pour le lancement. Le temps estimé pour les mettre en action est inférieur à trois heures. Réalisant que sa force disposait de très peu de temps pour se préparer à ce qui pourrait être la première confrontation mondiale entre missiles balistiques à ogives nucléaires et forces de missiles anti-missiles, il ordonna à son pilote de pousser l'hélicoptère à son régime maximum.

Centre de direction du champ de bataille du USSPACECOM, 3 h 22, 7 mai 2016

Il ne manquait personne à l'état-major ; même le personnel de relève attendait entre la salle d'opérations et les couloirs. Un général de l'Air Force du 50th Space Wing exerçait le commandement de l'armée de terminaux et du réseau satellitaire. Depuis des années, tous se préparaient à un tel scénario et l'avaient expérimenté sur le réseau informatique contre des missiles virtuels. Cette fois, c'était pour de vrai, avec des ogives nucléaires en prime et des millions de vies en jeu. L'heure fatidique du lancement possible des missiles indiens avait dépassé les vingt minutes. La tension montait d'autant. Au moment même où le général allait déclarer une pause dans l'alerte pour permettre à ses gens de prendre du café et quelques beignets, l'opérateur de la console qui recevait les données du satellite DSP se fit entendre sur le réseau interne d'une voix qui se voulait détachée mais qui glaça les auditeurs :

« Nous avons des lancements de missiles en Inde centrale. Je répète, multiples lancements de missiles en Inde centrale. Confiance dans le fait élevée, je répète, la confiance est *élevée.* »

Il n'avait fallu que quelques secondes au satellite DSP pour déceler et suivre ce qui ressemblait au tir de six missiles à partir d'une zone près de Nagpur. L'information passa immédiatement dans les ordinateurs de gestion du théâtre opérationnel qui commencèrent à émettre des ordres vers plusieurs satellites de poursuite à haute résolution qui stationnaient sur des orbites moyennes. Constatant qu'il n'y avait qu'une vague de missiles qui se dirigeaient au sud vers le Sri Lanka, le général prit rapidement sa décision et fit savoir sur tout le réseau :

« De Silicon Palace à toutes les stations. Werewolf. Werewolf ! [loup-garou]. Nous avons six missiles en route pour le Sri Lanka. Fiabilité [du renseignement] élevée. Je répète, fiabilité *élevée.* À tous les navires et batteries, j'ordonne *feu à volonté*. Je répète *feu à volonté* ! Descendez-les, vous les Rangers de l'espace ! »

Il avait fait son travail. Maintenant, tous pourraient voir si quelques centaines de milliards de dollars avaient été gaspillés à bon escient.

À bord du navire de commandement USS *Mount McKinley* (LCC-22) au sud de Colombo, 15 h 25, 7 mai 2016

Les écrans montraient la trajectoire des missiles bien que les radars des bâtiments Aegis ne les captent pas encore. Bien sûr, l'amiral Connelly avait pratiqué régulièrement des simulations de défenses anti-missiles. Mais cette fois, c'était vrai. Les coordonnées de poursuite étaient relayées par satellite à partir de Falcon AFB. Elles étaient assez précises pour autoriser le tir. L'idée était d'engager les missiles dès qu'ils seraient en vue des bâtiments Aegis. Il avait déjà donné l'autorité d'agir à l'officier responsable de la défense anti-missiles. Le jeune capitaine de corvette disposait d'un croiseur Aegis et de deux destroyers plus deux batteries de missiles Patriot du XVIIIe Airborne Corps au Sri Lanka même. Cela lui donnait deux couches de défenses. Il espérait que ce serait suffisant.

Sur les destroyers *Mahan* (DDG-72) et *Hopper* (DDG-70) ainsi que sur le croiseur *Cape St George* (CG-71), les données informatiques provenant de Falcon Field ordonnaient à chaque navire de lancer un SAM Standard avec un autodirecteur comme charge utile. En raison du nombre restreint de missiles anti-missiles, les trois navires devaient tirer à un moment bien précis sur les missiles indiens pour maximiser les chances de destruction. La première salve fut tirée avant même l'apparition à l'horizon des missiles indiens, de façon à augmenter le nombre de tirs possibles de la défense.

Sur le large écran de suivi des missiles, l'amiral suivait la course des six engins vers les IRBM indiens. Le temps de vol des missiles anti-missiles était de deux minutes avant l'impact. Les résultats furent gratifiants. Trois des missiles indiens furent détruits par l'énergie cinétique de l'explosion des anti-missiles. Il fallait engager les trois derniers. Le départ d'une autre salve de trois missiles anti-missiles illumina les bâtiments Aegis. Cette fois, le temps de vol était inférieur à quarante-cinq secondes. Grâce à l'autodirecteur, deux autres furent volatilisés. Il n'en restait plus qu'un qui filait sur Colombo.

Connelly commença à serrer les poings en voyant deux coups manquer ce dernier missile par la faute d'une trajectoire insuffisamment programmée et lui faire dépasser la sphère de tir des bâtiments Aegis. La batterie de Patriot de l'armée implantée sur la colline surplombant Colombo restait l'unique chance. Ce site qui, pendant la Seconde Guerre mondiale, avait abrité le quartier-général de Lord Mountbatten, offrait maintenant un superbe arc de tir pour les batteries de l'armée. Le missile indien était à moins de deux cents miles quant la batterie tira deux missiles anti-missiles PAC-3 ERINT. L'armée avait déployé ce système en grand nombre et une seconde paire d'ERINT fut lancée pour ne laisser aucune chance au missile.

Le problème, c'est que ce missile était de conception avancée avec un système qui provoquait le largage de l'ogive à son apogée. Ce qui améliorait la précision de l'ogive et réduisait les risques d'interception. Mais les bureaux d'études américains avaient réfléchi. L'expérience chèrement acquise dans le golfe Persique près de trente ans plus tôt avait enseigné quelques trucs aux ingénieurs et le radar des Patriot sélectionna facilement l'ogive parmi les fragments de missile qui se désagrégeaient lors de l'entrée dans l'atmosphère. La première salve d'ERINT était suffisante. Le second PAC-3 percuta l'ogive et la fit exploser dans un nuage de plutonium et de céramique provenant du bouclier anti-chaleur. Dans les deux hémisphères, ceux qui appartenaient au camp des vainqueurs de cette première bataille entre missiles nucléaires et missiles anti-missiles sautèrent de joie en poussant un unanime cri de victoire. La magie américaine était la meilleure.

Bunker du commandement national indien, près de la ville himalayenne de Puranpur, 18 h 35, 7 mai 2016

Le Premier ministre Gandhi était maintenant assis seul dans la salle de conférences. Il avait renvoyé les responsables militaires à leurs quartiers et fait arrêter le ministre de la Défense. Il avait enfin réussi à trouver en lui-même un sursaut de volonté. L'échec de la frappe des missiles avait réduit ses options et il ne s'efforçait plus que de limiter la riposte sur son propre bunker et probablement le site de lancement. Il se doutait que les Américains avaient déjà ciblé ces deux sites et que leur frappe ne tarderait pas. Il ordonna au personnel subalterne de quitter les lieux. Il s'assit à nouveau et pria. Il souhaitait que tout finisse rapidement.

Pont d'envol du porte-avions *Colin Powell*, 19 h 25, 7 mai 2016

Ils avaient été contraints d'attendre l'issue de l'épisode des missiles indiens pour savoir quelles armes ils devraient emporter. Si un seul des IRBM indiens avait frappé sa cible, alors les F-25B auraient reçu chacun deux bombes nucléaires gravitationnelles B-61-15 destinées à des objectifs dits « stratégiques ». La densité de la population en Inde est telle que l'usage d'une telle arme provoquerait au bas mot la mort de centaines de milliers de civils. Heureusement pour les armuriers et les pilotes, les ordres des autorités du commandement national étaient explicites. À moins d'une conflagration atomique, seules étaient autorisées des armes conventionnelles pour l'attaque du gouvernement indien et les dépôts de missiles nucléaires.

Les F-25B emporteraient donc chacun une GBU-32 JDAMS avec une ogive perforante BLU-109 de deux mille livres d'explosifs pour « taquiner » les entrées du bunker. Les F/A-18 Super Hornet termineraient le travail avec des bombes dites « gorge profonde » GBU-28 de 4 700 livres armées d'ogives BLU-113 qui feraient s'effondrer les tunnels. Les silos des missiles indiens près de Nagpur bénéficieraient d'une attention similaire.

Armer les avions et briefer les équipages prit un peu plus de trois heures. Comme toujours pour ce genre d'interventions, les avions effectueraient leur attaque de précision la nuit pour réduire l'efficacité de la défense. Tandis que la première paire de F-25B se préparait au catapultage, beaucoup de membres d'équipage s'alignaient sur les passerelles pour ovationner les pilotes à chaque fois qu'ils prendraient leur envol dans cette nuit absolument magnifique. Il leur faudrait quelques heures pour atteindre leurs objectifs.

Bunker du commandement national indien, près de la ville himalayenne de Puranpur, 22 h 42, 7 mai 2016

Le Premier ministre Gandhi se tenait dans sa chambre à coucher en attendant la fin. Il avait autorisé des actions qui avaient coûté des dizaines de millions de vies humaines. On se souviendrait de lui comme le premier grand génocidaire du nouveau millénaire et c'était avec cette pensée qu'il allait mourir. Du bas du couloir lui parvinrent les bruits des explosions des premières bombes à pénétration faisant sauter les orifices du bunker. Au même instant, les sirènes d'alerte se déclenchèrent. Dérisoire. La mort était proche. Dans une à deux minutes.

Quand les F/A-18 arrivèrent à la verticale de l'objectif trente secondes après le passage des F-25B, il ne fallut qu'un court instant pour optimiser leur illuminateur laser, introduire les paramètres de tir dans les systèmes d'armes et larguer les « bébés ». Trente secondes plus tard, huit des grosses bombes pénétraient la couche solide de granit protégeant le bunker. Elles fendirent la roche friable sur près de trente mètres avant d'exploser et de faire éclater sous l'onde de choc les strates rocheuses. Avec pour effet l'effondrement des bunkers en dessous qui tua instantanément les occupants et détruisit tous les équipements. La destruction du bunker de commandement menée à bien, les avions américains prirent le cap du *Colin Powell* et d'un bon petit déjeuner.

À bord du navire de commandement USS *Mount McKinley* (LCC-22), cinq cents milles nautiques au sud de Colombo, 4 heures, 8 mai 2016

« Tout va bien, Jack, dit l'amiral Connelly au chef d'état-major par l'intermédiaire du téléphone de la salle de conférence. Ils sont tous revenus et tous les objectifs sont touchés, au moins selon les premières estimations. De plus, les deux premières flottes de navires de pré-positionnement vont arriver ce matin et seront déchargées de leurs cargaisons à midi. Que savez-vous de votre côté ? »

Le chef d'état-major fut rapide et concis ; il n'avait pas dormi ces dernières quarante-huit heures en assumant le rôle de conseiller du Président et du Conseil national de sécurité au cours du court mais brutal conflit. « Ce qui reste du gouvernement indien demande aux délégations de l'ONU chargées du maintien de la paix et de la reconstruction de former un nouveau gouvernement. Le Pakistan adopte une démarche similaire. Mon souhait est de vous faire revenir vous et vos équipages dans les prochaines semaines dès que les unités permanentes de l'ONU seront sur place. Le patron me charge de vous dire que les vôtres ont accompli un travail extraordinaire et qu'il les rencontrera le mois prochain à leur retour au pays.

– Merci Jack, répondit Connelly. Vous savez, il me décernera probablement une autre étoile ou l'un de ces sacrés hochets avant de m'affecter au service à terre.

– C'est bien ce qu'il peut décider. Vous trouverez un de ces boulots pépère que vous aimez tant », précisa le chef d'état-major. Et incapable de résister à cette plaisanterie, il termina la conversation par « Faites une bonne sieste. »

Connelly fit mieux. Il dormit deux jours d'affilée.

Stockholm, 14 février 2017

Les cérémonies du prix Nobel furent agréablement courtes cette année bien que la signification des attributions et la personnalité des récipiendaires aient enflammé les commentaires. Les prix combinés de physique et chimie allèrent, à juste titre, à Jill Jacobs qui était déjà millionnaire grâce à ses brevets sur la formule des supraconducteurs. Elle choisit de faire don de l'argent du prix Nobel à son *alma mater* du Nouveau-Mexique. Le prix de la Paix fut conjointement attribué à Venkatesh Prasad, Premier ministre cinghalais et à son nouveau ministre de l'Intérieur, Arjuan Ranatunga, pour leur engagement pacifique à forger une nouvelle nation. Les deux hommes décidèrent de léguer le montant de leur prix et surtout des fonds substantiels tirés des coffres maintenant florissants de leur pays pour soulager en Inde et au Pakistan la misère résultant du récent désastre. Pour finir, le comité du prix Nobel avait décidé de récompenser d'un prix spécial pour la sauvegarde de la paix l'amiral Connelly, maintenant chef d'état-major général à Washington. Tous se rencontraient pour la première fois mais leurs chemins s'étaient croisés dans le courant de l'histoire et tous avaient contribué à créer un monde meilleur.

Conclusion

En commençant à travailler sur ce livre, je ne doutais pas que je parviendrais à justifier l'intérêt de l'Amérique pour l'aviation embarquée. Si je n'en avais rien fait, ces raisons seraient maintenant éclatantes. Toutefois, en même temps, je progressais dans ce livre avec le souci réel de critiquer la marine pour les problèmes de commandement et de matériels qui ont empoisonné cette arme depuis la fin de la guerre froide. Finalement, je n'avais pas de raisons d'être inquiet. La marine américaine est une institution qui a du ressort, qui a subi des épreuves de force, des scandales et souvent d'autres avanies mais qui est une réussite. Une nation dont le commerce se fonde d'abord sur les mers a besoin de la liberté de ces mêmes mers comme les humains ont un besoin vital d'oxygène. Les États-Unis se sont bâtis sur une forte tradition maritime et il en sera ainsi tant qu'ils existeront. Par conséquent, la question n'est pas de savoir si nous avons besoin de forces navales, mais plutôt quelles doivent être leur composition et leur importance. Dans le concept actuel des opérations navales, cela signifie que les porte-avions et leurs flottilles embarquées doivent exister.

En fait, après les désastreuses années suivant Tempête du désert et la guerre froide, l'aviation embarquée semble être proche d'un nouvel âge d'or avec de nouveaux porte-avions, de nouveaux aéronefs, des armements dernier cri et un commandement de caractère. Et ce qui est peut-être le plus important, l'US Navy semble s'écarter de l'auto-tyrannie qui a accompagné le développement et l'utilisation de l'aviation embarquée depuis la fin de la Seconde Guerre mondiale. Loin de justifier les appréhensions, la nouvelle politique de « mixité » dans la composition et le déploiement des forces armées américaines (résultant de la loi de réforme Goldwater-Nichols) confère aux amiraux une latitude accrue dans l'utilisation de leurs ponts-plats. L'innovation créative de l'amiral Johnson concernant ses porte-avions au cours de l'opération à Haïti aurait été impensable quelques années plus tôt. Encore aujourd'hui, beaucoup de responsables de l'aéronautique navale considèrent ses actions comme une hérésie. Toutefois, ces voix perdent du volume à chaque nouvelle JTFEX et autres exercices. La guerre combinée est déjà là et la meilleure assurance de la longévité des porte-avions et de leurs aéronefs dans le futur repose sur les commandants de théâtres opérationnels et les responsables de Task Forces combinées qui *exigent* un groupe de combat aéronaval dans leur dispositif.

De là de nouveaux rôles innovants pour les porte-avions et les groupes d'opérations amphibies qui leur sont adjoints. L'un d'eux permet « l'adaptabilité » des formations aériennes dont la composition et le type peuvent changer au gré d'une mission particulière. Haïti, en 1994, ne faisait que préfigurer ce qui sera possible dans le futur. Utilisant des avions et des engins sans pilotes d'autres armes en plus des siens, la marine a vu sa participation augmenter dans les interventions militaires et la gamme de ces interventions s'amplifier. Participation qui l'autorise à affecter des porte-avions aux opérations de secours ou d'aide humanitaire qui sont devenues pour les militaires incontournables depuis la fin de la guerre froide. Par un retour des choses qui ne manque pas d'ironie, ce développement des missions justifiera la construction de futurs porte-avions dont la valeur intrinsèque et la flexibilité ont gagné un éventail plus large d'utilisateurs. L'idée que des généraux de l'armée de terre puissent approuver la construction de nouveaux navires de guerre peut sembler surréaliste mais cela s'est déjà vu au Capitole et au Pentagone.

Nanti de ces connaissances, je veux jeter un dernier regard sur ce que le nouveau siècle réserve aux marins aviateurs. Pour commencer, une nouvelle conception du porte-avions. Le programme CVX fera la transition entre ceux en service de la classe *Nimitz* et le projet de bâtiments polyvalents pour missions diversifiées du nouveau millénaire. Ce programme déjà lancé entraîne une restructuration du moment tandis que l'on étudie deux à trois projets transitionnels qui élimineront si faire se peut les aléas de la construction des porte-avions de conception futuriste. Vers 2020, la conception des futurs porte-avions sera clarifiée, étant donné l'évolution géopolitique du monde depuis une génération. La possibilité de percées technologiques est loin d'être exclue et aura des conséquences sur les projets, notamment si les supraconducteurs à basse température et les cellules énergétiques à fort développement deviennent une réalité.

De nouveaux aéronefs, certains si étonnants que je ne peux les décrire, JSF et Super Hornet, déjà décrits, seront en service. Toutefois, la nouvelle génération de véhicules de combat sans pilote fera son apparition plus tôt que prévu, en raison de l'escalade croissante du coût des aéronefs conventionnels. Leurs performances sont absolument inimaginables selon les actuels critères dont une manœuvrabilité qui s'apparente davantage aux missiles air-air qu'à un avion du XXe siècle. Les pilotes de chasse de demain n'auront même plus besoin d'être qualifiés pour le vol. À partir de consoles à bord de navires ou d'avions gros porteurs, ils seront capables d'accomplir des missions qui paraîtraient invraisemblables pour un actuel avion piloté. Ce qui ne gâte rien, un aéronef perdu ne représentera qu'une perte matérielle. Avant que vous ne hurliez à la science-fiction, il est utile de rappeler les essais de la marine aux débuts des années 70, qui opposaient un F-4 Phantom à un drone Firebee. Ce fut le drone qui l'emporta !

Autant de faits qui concerneront la prochaine génération d'Américains dont certains ne sont même pas encore nés. De nos jours, le problème crucial est de trouver l'argent qui permettra la transition pour arriver jusqu'à ces futurs et étonnants bâtiments, avions et armements. C'est le réel défi. Depuis la fin de la guerre froide, nous et nos alliés avons réduit les forces armées au point que leur crédibilité est actuellement remise en question. Pour la marine, cela se traduit par un minimum d'une douzaine de porte-avions et de groupes d'action amphibie, minimum au seuil de l'acceptable pour assumer les simples rotations conventionnelles. Cela signifie également que le personnel est parvenu au point de rupture. On assiste à une hémorragie des militaires américains qui quittent le service pour se lancer sur le marché civil. De longs déploiements et des soldes qui s'érodent forment un cocktail qui mènera au désastre et doit être résolu si l'on veut conserver des forces capables et crédibles. La réponse est facile : plus de crédits et du charisme dans le commandement. Un commandement qui soit choisi par un gouvernement et un Congrès moins intéressés par les querelles « politicardes » que par la sécurité nationale. Il appartiendra aussi aux responsables militaires de mettre leur carrière en jeu pour dire leurs vérités à ces politiciens, même s'ils ne veulent rien savoir. Des hommes comme Jay Johnson (US Navy) et Chuck Krulak (US Marines) sont à la pointe du combat mais ils ne peuvent tout faire à eux seuls. Tous les Occidentaux se rengorgent du fait que le boom économique des années 90 s'est produit alors qu'aucune menace ne pesait sur l'Amérique et ses alliés. Penser que cette conjecture continuera témoigne d'une coupable naïveté. Les éruptions des nationalismes, quand ils ne se camouflent pas sous le couvert d'une religion, se multiplient. Les menaces sont réelles. Inutile de les chercher, elles viendront à nous. Espérons que nos forces navales auront les moyens de nous en protéger. Nous en aurons bientôt besoin.

Remerciements

Au terme de ce livre, il est temps de remercier qui de droit. Tout d'abord mon vieil ami et partenaire John D. Gresham. Une fois encore, John a rencontré les protagonistes, pris les photos, passé des nuits en mer et fait le nécessaire pour que le lecteur se sente lui-même dans « le bain ». Nous avons à nouveau bénéficié de la sérénité, de l'expérience et des efforts du professeur Martin H. Greenberg, responsable de la série, et de Larry Segriff comme des collaborateurs de Tekno Books. En particulier Laura DeNinno dont les splendides dessins ajoutent tellement au présent ouvrage. Sans oublier Tony Koltz et son équipe pour leur soutien.

Porte-avions a demandé le concours de beaucoup d'officiers supérieurs embarqués et occupant des postes clés. En ce domaine, nous avons bénéficié d'un soutien total qui a dépassé nos espérances. En premier viennent l'amiral Jay Johnson et notre vieil ami le général Chuck Krulak, commandant les Marines. Ces deux officiers ne nous ont jamais ménagé leur temps et leur soutien au point qu'il nous serait difficile de leur rendre cette confiance et cette amitié. Sans oublier leur patron, le ministre de la Marine John Dalton pour ses conseils précieux. Dans la périphérie de Washington, bon nombre de responsables nous ont aidés. Les contre-amiraux Dennis McGuinn et Carlos Johnson et le capitaine de vaisseau Chuck Nash nous ont procuré toute l'iconographie dont nous avions besoin. Notre « résidence secondaire » a été le groupe de combat articulé autour du *George Washington*, ce qui nous a valu de visiter des lieux privilégiés. Commandée par le contre-amiral Mike Mullen, cette escadre est un atout maître pour maintenir la paix dans un monde instable. Les hommes du *GW* sont chapeautés par les capitaines de vaisseau « Yank » Rutherford et Mark Groothausen et le capitaine de frégate Chuck Smith. Ces officiers nous ont pris sous leur aile et nous ont offert un gîte douillet. Que soient aussi remerciés les capitaines de vaisseau Jim Deppe du USS *Normandy* et Jim Phillips du USS *Vella Gulf* pour les longs entretiens passionnants et pour nous avoir acceptés à leur table. Quant aux milliers d'hommes et de femmes anonymes du groupe *GW* qui furent autant de cicérones pour nous faire partager sans restriction leur environnement et leur mission, un chaleureux merci.

Un autre groupe, très important, est constitué par les personnels des services militaires d'information et de relations publiques qui gèrent nos demandes de visites, de rencontres et d'information. Au sommet, citons les contre-amiraux Kendall Pease et Tom Jurkowsky du Service d'informations du Pentagone. Dans le même service, les lieutenants de vaisseau Merritt Allen et Wendy Snyder qui ont fait le maximum pour que tout se passe au mieux. Au bureau des Opérations navales, le capitaine de vaisseau Jim Kudla, coordinateur de nos demandes d'entretiens. Au niveau du QG de la Flotte de l'Atlantique à Norfolk, en Virginie, les capitaines de corvette Joe Gradisher, Roxy Merritt et Mike Maus nous ont épaulés efficacement. Viennent ensuite les personnels du Service d'information du *GW* sous le commandement du lieutenant de vaisseau Joe Navritril. Sans oublier son équipe spécialiste des relations avec la presse à laquelle nous sommes redevables de mémorables aventures. Un grand merci aux gens du Service photographique de la marine qui comblent nos besoins depuis des années : il s'adresse particulièrement au lieutenant de vaisseau Chris Madden et à son incomparable équipe de spécialistes. Nous saluons leurs efforts en tant qu'amis et professionnels.

À nouveau que soient remerciés nos divers partenaires de l'industrie de l'armement sans lesquels la masse de renseignements sur les navires, les aéronefs, les armes et les systèmes n'aurait jamais été révélée. Aux chantiers navals de Newport News, nous avons pu voir ce qui n'est réservé qu'à de rares privilégiés. Notre gratitude à Jerri Fuller Dickseski, Bill Hatfield, Mike Peters, Mike Shawcross du bureau SUSHIPS de la marine et aux milliers d'autres. Chez les avionneurs, Barbara Anderson et Lon Nordeen de Boeing, Joe Strout, Karen Hagar et Jeff Rhodes de Lockheed Martin ainsi que notre vieil ami Bill Tuttle de Boeing Sikorsky. Nous avons également retrouvé de nombreux amis dans les usines de missiles, d'armement, d'avionique dont : Tony Geishanuser et Vicki Fendalson chez Raytheon Strike Systems, Larry Ernst chez General Atomics, Craig Van Bieber chez Lockheed et l'incontournable Ed Rodemsky chez Trimble Navigation. Dave « Hey Joe » Parsons et la fine équipe de Whitney, Bradley & Brown, Inc. nous ont été aussi d'une aide incroyable.

Remercions tous nos amis new-yorkais, notamment Robert Gottlieb, Debra Goldstein et Matt Bialer chez William Morris sans omettre Robert Youdelman et Tom Mallon qui ont veillé à tous les détails juridiques. Chez notre éditeur, le directeur de collection Tom Colgan ainsi que David Shanks, Kim Waltemyer et tous les divers responsables de chez Berkley Books. Merci à de vieux amis comme Matt Caffrey, Jim Stevenson, A. D. Baker, Norman Polmar et Bob Dorr pour leur contribution et la pertinence de leurs conseils. Sans oublier les regrettés Jeff Ethell et Russ Eggnor à qui nous devons tant. Enfin, à tous ceux qui ont initié au fonctionnement réel des choses les ignorants que nous étions. Et pour finir, à nouveau merci à nos amis intimes, nos parents et nos proches.

Table

Cet ouvrage a été composé
par I.G.S. - Charente Photogravure
à L'Isle-d'Espagnac
et imprimé sur les presses
de Pollina à Luçon - n° L85639

N° d'édition : 20311
Dépôt légal : février 2002